Man hat Arbeitskräfte gerufen, … es kamen Schriftsteller

Anna Warakomska / Mehmet Öztürk (Hrsg.)

Man hat Arbeitskräfte gerufen, ... es kamen Schriftsteller

Migranten und ihre Literaturen

Bibliografische Information der Deutschen Nationalbibliothek
Die Deutsche Nationalbibliothek verzeichnet diese Publikation
in der Deutschen Nationalbibliografie; detaillierte bibliografische
Daten sind im Internet über http://dnb.d-nb.de abrufbar.

Mit finanzieller Unterstützung der
Stiftung für Deutsch-Polnische Zusammenarbeit in Warschau
und des Instituts für Germanistik Universität Warschau.

Gutachter: Prof. Tomasz G. Pszczółkowski

Lektorat: Sonja Galler

Umschlagabbildung: © Martyna Fedorowicz

Gedruckt auf alterungsbeständigem,
säurefreiem Papier.

ISBN 978-3-631-66837-5 (Print)
E-ISBN 978-3-653-06702-6 (E-Book)
DOI 10.3726/978-3-653-06702-6

© Peter Lang GmbH
Internationaler Verlag der Wissenschaften
Frankfurt am Main 2015
Alle Rechte vorbehalten.
Peter Lang Edition ist ein Imprint der Peter Lang GmbH.

Peter Lang – Frankfurt am Main · Bern · Bruxelles ·
New York · Oxford · Warszawa · Wien

Das Werk einschließlich aller seiner Teile ist urheberrechtlich
geschützt. Jede Verwertung außerhalb der engen Grenzen des
Urheberrechtsgesetzes ist ohne Zustimmung des Verlages
unzulässig und strafbar. Das gilt insbesondere für
Vervielfältigungen, Übersetzungen, Mikroverfilmungen und die
Einspeicherung und Verarbeitung in elektronischen Systemen.

Diese Publikation wurde begutachtet.

www.peterlang.com

Inhaltsverzeichnis

Einleitung 7

Martin Gillo (Freiberg)
Flüchtlinge und Asylsuchende aus aller Welt kommen zu uns.
Wie gehen wir damit um 11

Bojana Bajić (Karlovac)
Emotionen, von denen man nicht sprechen kann.
Identitätsverlust und Störungen des Gefühlslebens durch
sprachliche Unfähigkeit beim kulturellen Austausch 31

Marie-Noëlle Faure (Paris)
Von der Chamissoliteratur zur Ankunftsliteratur – interkulturelle
Literatur und Neubestimmung des Deutschseins 41

Bülent Kırmızı (Elazığ)
Heimweh in der Literatur 57

Sabri Eyigün (Diyarbakır)
Die Stellung der Religion im Prozess der Migration und Integration
am Beispiel von Alev Tekinays Roman *Nur der Hauch vom Paradies*
(Eine literatursoziologische Untersuchung) 69

Dorota Masiakowska-Osses (Poznań)
Ein „Ausnahme-Ausländer" und die zweite Generation in
Alev Tekinays Roman *Nur der Hauch vom Paradies* 81

Slavija Kabić (Zadar)
Bilder der Fremde und Heimat in Emine Sevgi Özdamars
Roman *Die Brücke vom Goldenen Horn* 99

Nuran Özyer (Ankara)
Die Rückkehr in die deutsche Heimat 125

Anna Górajek (Warschau)
Von einem, der nicht aufhörte zu migrieren. Gabriel Laub – ein
Denker in vier Sprachen 139

Raluca Rădulescu (Bukarest)
„texte in den zwischenräumen". Zur Rezeption der Moderne in der
Lyrik ausgewählter rumäniendeutscher und deutschsprachiger
AutorInnen mit Migrationshintergrund 149

Pino Valero (Alicante)
Didaktische Anwendungen der interkulturellen Literatur im
Deutschunterricht sowie im Fach „Literarische Übersetzung" 167

Dieter Hermann Schmitz (Tampere)
Vom Kampf der Kulturen zur humoristischen Begegnung?
Die andere Form von Migrantenliteratur 183

Elena Witschewa (Sofia)
Über bulgarische Migranten in Deutschland 201

Felicitas Söhner (Köln)
Leben als Migrant in Deutschland – das Gödelitzer Modell
zum Abbau von Vorurteilen 207

Anna Warakomska (Warschau)
Kann Deutschland zur Wahlheimat werden? Einwanderungspolitik
als eine der größten Herausforderungen unserer Zeit. Mit positiven
Beispielen der Integration aus Kultur und Literatur.............................. 219

Mehmet Öztürk (Elazığ)
Die Reise der Hoffnung dauert an.. 243

Über die Autoren der Beiträge... 259

Einleitung

„Hätte Max Frisch noch gelebt, hätte er seinen bekannten Ausspruch ‚Man hat Arbeitskräfte gerufen, und es kamen Menschen' in ‚Man hat Arbeitskräfte gerufen, und es kamen Schriftsteller' umformulieren können". Mit diesem, wie es scheint, treffenden Satz endet der vorliegende Sammelband, an dem seit einiger Zeit Wissenschaftler aus verschiedenen Ländern arbeiteten und der von zwei angefreundeten Forschern aus Polen und der Türkei herausgegeben wurde. Beobachtet man den deutschen Büchermarkt und die mittlerweile enorme Zahl an Veröffentlichungen, die aus der Feder von Autoren nichtdeutscher Herkunft stammen, muss die Adäquatheit dieser Feststellung bestätigt werden, was u.a. viele der hier publizierten Texte beweisen.

Am Anfang ihres Aufenthaltes in Deutschland dachten die ersten Gastarbeiter nicht an Bücherschreiben, und bestimmt kein Einheimischer hätte ihnen dies zugetraut. Man war auch weit davon entfernt, über Migranten zu sprechen, geschweige denn Deutschland als Einwanderungsland zu bezeichnen. In der globalisierten Welt wird jedoch die Migration erkennbar zum festen Bestandteil des Lebens vieler Nationen. Sehr viele Migranten wählen Deutschland als Ziel ihrer Hoffnungen auf ein besseres Leben, und diese Hoffnungen werden oft positiv erfüllt, so dass Deutschland in der Vorstellung dieser Menschen zum neuen Land der unbegrenzten Möglichkeiten wird. Mit der immer steigenden Anzahl der Antreffenden vermehren sich jedoch auch manche Probleme vor Ort: mangelnde Sprachkenntnisse, Arbeitslosigkeit, Fremdenfeindlichkeit, Isolation. Diverse Religionen und Weltanschauungen sowie die daraus folgenden Gewohnheiten, Sitten und Bräuche tragen oft zu Missverständnissen und gar Konflikten mit der einheimischen Bevölkerung bei.

Allerdings gibt es auch positive Erscheinungen: friedliches Zusammenleben der Nachbarn, binationale Ehen und ihre Kinder, kulturelle Organisationen zur Förderung der Annäherung unterschiedlicher Kulturen, berühmte Persönlichkeiten, nicht zuletzt Schriftsteller, die trotz oder dank ihrer Herkunft erfolgreich in der neuen Gesellschaft sind, und dergleichen mehr. Insbesondere die zuletzt Genannten thematisieren oft in ihren Werken das komplizierte Dasein in der neuen Hemisphäre des fremden Landes, was natürlich reichlich Interpretationsmöglichkeiten bietet. Viele betrachten ihre Ankunftsländer (bzw. die Ankunftsländer ihrer Eltern) gar nicht mehr als die Fremde und schreiben mittlerweile von Deutschland als von ihrer Heimat.

Es leben schon mehrere Generationen von Migranten (Zugezogenen/Einwanderern) in Deutschland und es ist auch eine umfangreiche Fachliteratur entstanden, die sich mit eben genannten Themen befasst. Über diese Gruppe der Menschen (ebenfalls die fiktiven Protagonisten literarischer Werke) wie auch die markierten Fragen wollten wir in unserem Sammelband schreiben. Wir meinen, dass es von Vorteil ist, über sie aus unterschiedlichen Perspektiven (nationalen, kulturellen, gesellschaftlichen, beruflichen, wissenschaftlichen) zu reflektieren, um möglichst facettenreich an das Thema herangehen zu können. Deshalb haben wir uns entschieden, ein internationales Projekt in Gang zu setzen und einen Sammelband in deutscher Sprache herauszugeben, in dem die erwähnten wie auch verwandten Fragen erörtert werden.

Vor kurzem wandten wir uns an Wissenschaftler und Freunde in vielen Ländern mit der Bitte, ihre Überlegungen zum Thema Migranten und ihre Literaturen zu äußern. Es ist daraus der vorliegende Band entstanden.

Der Sammelband *Migranten und ihre Literaturen* ist daher ein internationales Projekt, das zum Ziel hat, die Probleme der in Deutschland lebenden und auch schreibenden Migranten sowie ihrer Nachfahren aus unterschiedlichen Perspektiven zu beleuchten und ferner auch über das Migrantendasein schlechthin zu reflektieren. In den Texten des Bandes werden vor allem literarische Bilder, aber auch gesellschaftspolitische, juristische und kulturelle Fragen erörtert, die dieses Dasein in Deutschland thematisieren.

Gesammelt wurden 16 wissenschaftliche Texte aus Kroatien, Bulgarien, Rumänien, Spanien, Frankreich, Finnland, Polen, Deutschland und der Türkei. Das fach- und länderübergreifende Konzept, wenn es um die besprochenen Inhalte und auch um die Verfasser geht, entstand infolge der Gespräche der interessierten Wissenschaftler (Philologen, Politologen, Juristen, Pädagogen), die hauptsächlich während wissenschaftlicher Konferenzen und Tagungen geführt worden waren. Der Plan zu diesem Sammelband wurde später von den Herausgebern entworfen und an die Mitautoren mit der Bitte geschickt, einen kurzen Beitrag zu einem der im Entwurf genannten Teilaspekte zu schreiben. Als diese Teilaspekte wurden genannt:

- Gesellschaftspolitische Lage der Migranten und ihrer Nachfahren in Deutschland (Geschichte, Rechtswesen, Chancen am Arbeitsmarkt und in der Ausbildung, Presse).
- Literatur von den Migranten oder über die Migranten.
- Das Migrantendasein. Zeitgenössische literarische Darstellungen des Lebens in der Fremde, postmigrantisches Leben.
- Die kulturellen Unterschiede zwischen den Migranten sowie ihrer Nachfahren einerseits und Einheimischen andererseits am Beispiel der schöngeistigen Literatur (Identität, Heterogenität, Hybridisierung).

– Stereotype gegenseitige Wahrnehmung der Migranten (ihrer Familien) und der Einheimischen in der Literatur und in der außerliterarischen Welt.
– Sprachliche und kulturelle Interaktion zwischen Einheimischen und Zugezogenen in der Literatur und in der außerliterarischen Welt.

Auf diese Weise entstand, hoffen wir, ein interessantes Projekt, das ein unseres Erachtens wichtiges und sich ständig entwickelndes Phänomen zum Thema hat. Das Besondere an dem Ganzen ist, dass die besprochenen Fragen von Repräsentanten unterschiedlicher Wissenschaftszweige und Nationalitäten, d. h. auch mannigfacher Standpunkte und Apperzeptionen erörtert werden, was bei der Migrantenproblematik an sich von Belang zu sein scheint.

Wir bedanken uns herzlich bei allen Autoren der hier publizierten Beiträge. Für die finanzielle Unterstützung des Projektes danken wir der Stiftung für Deutsch-Polnische Zusammenarbeit und dem Institut für Germanistik der Warschauer Universität. Herrn Prof. Tomasz G. Pszczółkowski danken wir für die freundliche Rezension des Ganzen, Frau Sonja Galler und Frau Doris Wagner für das Lektorat.

Wir hoffen auch, die hier unternommene Arbeit in weiteren Projekten zum Thema fortzusetzen und erwarten die nächsten Meldungen der interessierten Wissenschaftler an unsere Adressen, die am Ende des Bandes angegeben wurden.

Anna Warakomska und Mehmet Öztürk

Martin Gillo (Freiberg)

Flüchtlinge und Asylsuchende aus aller Welt kommen zu uns. Wie gehen wir damit um?

Zusammenfassung: Die Anzahl der nach Europa strömenden Flüchtlinge aus dem Nahen Osten steigt dramatisch an. Deutschland ist das Land mit den meisten Asylsuchenden in Europa. Wie mit dieser Herausforderung umgegangen werden kann und soll, ist sowohl eine humanitäre als auch eine ordnungspolitische Frage. Die Politik muss die Ausgewogenheit zwischen diesen beiden Perspektiven herstellen. Reine Ordnungspolitik bedeutet Herzlosigkeit. Reine Humanität wird schnell zur Traumtänzerei. Die meisten administrativen Regeln zur Unterbringung von Flüchtlingen konzentrierten sich bisher auf die Ordnungspolitik. Die humanitäre Seite blieb dabei auf bloße Absichtserklärungen beschränkt. Der Sächsische Ausländerbeauftragte hat 2010 eine Methode für die Erfassung der Menschenwürde der Unterbringung von Flüchtlingen in Asylbewerberheimen entwickelt und bei ihrer Anwendung vier Jahre lang Erfahrungen gesammelt. Anhand von zehn verschiedenen Faktoren ermittelt der sogenannte „Heim TÜV", inwieweit die Unterbringung menschenwürdig ist. Die Erfahrungen in Sachsen waren so positiv, dass mittlerweile auch einige andere Bundesländer diesen Ansatz übernommen haben bzw. in der Prüfung dieser Methodik sind.

Schlüsselwörter: Unterbringung von Asylsuchenden, humanitärer Umgang mit Flüchtlingen, Kriterien für menschenwürdige Unterbringung, sicheres Wohnen für Flüchtlinge, Flüchtingsfamilien.

Refugees and immigrants come to our country from all over the World. How are we going to deal with them?

Abstract: The number of the refugees arriving in Europe as a consequence of Middle East conflicts is rising dramatically. Germany is the country with the largest number of refugees. How to deal with this challenge is a matter of both humanitarian concern as well as a matter of legal boundaries. Politics needs to find a balance between both. To focus only on legal regulations would be heartless. To focus merely on humanitarian issues would be unreasonable. Yet most administrative decisions focus on legal regulations only. How can humanitarian concern be translated into how refugees are being housed? The Saxony Commissioner of Foreign Residents has developed and implemented a method for assessing refugee housing in terms of ten dimensions reflecting refugee home consistency with humanitarian solidarity. The method is being evaluated and adopted by a growing number of German States.

Keywords: refugee housing, humanitarian treatment of refugees, criteria for humanitarian housing, safe housing for refugees, refugee families.

Das Thema Asyl und Flüchtlinge sind in aller Munde. Nicht nur in Deutschland steigen die Zahlen der Asylanträge. Dem Beitrag folgen zehn Fragen und Antworten, die sich aus dem Dialog mit dem Publikum nach dem Vortrag ergaben[1].

1. Kein Text ohne Kontext

Die Frage, wie wir mit den Flüchtlingen und Asylsuchenden umgehen, gehört in den Kontext unseres Selbstverständnisses. Wer sind wir, und wer werden wir, auch durch die Zuwanderung von Flüchtlingen? Für uns Deutsche ist es schon schwierig genug, zu fragen, wer wir sind. Wir sind es nicht gewohnt, das auszusprechen. Wir sind wer wir sind, auch wenn wir nicht genau wissen, was das ist. Wer wir werden, diese Frage verunsichert uns, weil sie impliziert, dass wir uns verändern, mit unseren Meinungen, mit unseren Perspektiven, und das ist nicht unbedingt angenehm.

Der Umgang mit dem Thema Flucht und Asyl konfrontiert uns ganz konkret mit dieser unangenehmen Frage – wenn nämlich viele Flüchtlinge kommen. Das ist jetzt der Fall. Die Zahl der Flüchtlinge, die nach Deutschland kommen, hat sich in den vergangenen sechs Jahren dramatisch erhöht. Kamen im Jahr 2009 „nur" 30.000 Flüchtlinge nach Deutschland, so waren es im Jahr 2014 über 200.000[2], praktisch eine Versiebenfachung, mit der Tendenz einer weiteren Verdoppelung in den nächsten Jahren. Deutschland wird zum Zielland der Hoffnungen von immer mehr Menschen.

Flüchtlinge sind mittlerweile in jedem Dorf sichtbar. Wir sind alle gefragt, uns mit dem Thema Flüchtlinge zu beschäftigen. Wenn es positiv geschieht, dann kommen die konstruktiven Kräfte unserer Gesellschaft zusammen, die Kirchgemeinden, die Wohlfahrtsverbände, die zivilgesellschaftlichen Initiativen wie „Buntes Radebeul", „Laubegast ist bunt", „Hoyerswerda hilft mit Herz" und viele mehr. Wir entdecken, dass wir eine positive Rolle spielen können, um den Menschen zu helfen,

---

[1] Der Vortrag wurde von dem Autor am 14. Februar vor dem Publikum des Ost-West-Forums auf Gut Gödelitz gehalten (A. d. H.).

[2] Bundesamt für Migration und Flüchtlinge: „Aktuelle Zahlen zu Asyl. Tabellen, Diagramme, Erläuterungen." Januar 2015. http://www.bamf.de/SharedDocs/Anlagen/DE/Downloads/Infothek/Statistik/statistik-anlage-teil-4-aktuelle-zahlen-zu-asyl.pdf?__blob=publicationFile.

hier als Menschen behandelt zu werden. Im Negativen löst es natürlich auch Ängste aus, auf die ich noch eingehen werde.

Wer sind wir, und wer werden wir: das ist auch eine demografische Frage. Jede Kindergeneration ist um 35% kleiner als ihre Elterngeneration[3]. Wer das über fünf Generationen ausrechnet, der kommt auf eine Restbevölkerung von etwa 12%.

Gleichzeitig nimmt die Zahl der Migranten in unserer Gesellschaft zu. Im Jahre 2000 hatten 10% der Menschen in unserem Land Migrationshintergrund. Das heißt, sie waren entweder selbst eingewandert, oder einer ihrer Eltern war das. Im Jahr 2010 waren das schon 20%[4]. SPIEGEL Online berichtete am 15. Februar 2015, dass im Jahr 2013 schon knapp ein Drittel der Familien in Deutschland Migrationshintergrund hatte.

Wir sehen das in Sachsen zwar noch nicht, weil dort der Anteil der Ausländer und Migranten wesentlich geringer ist als in westdeutschen Ländern, doch die Ostdeutschen schauen nach Westen und fühlen sich mit der Frage nach unserer gegenwärtigen und zukünftigen Identität konfrontiert.

Unsere deutsche Identität, was ist das eigentlich? Ist es eine Leerpackung? Friedrich Merz sprach vor Jahren von der deutschen Leitkultur. Daraufhin entzündete sich in der Öffentlichkeit eine Debatte darüber, ob es legitim sei, über deutsche Leitkultur nachzudenken oder nicht. Es gab eine Reihe von Gegnern der Idee der Leitkultur. Und die CDU war gegen die Gegner der Leitkultur.

Leider vergaßen alle, auch Friedrich Merz, auszusprechen, aus was die deutsche Leitkultur besteht. Ist die Leitkultur vielleicht eine Leerpackung? Wir wissen viel über regionale Identitäten, aber wenig über eine gesamtdeutsche. Preußische Tugenden sind in der ganzen Welt bekannt. Auch Sachsen haben eine regionale Identität. Sie verstehen sich als Tüftler, die immer und überall nach weiteren Verbesserungen suchen und zusammenhalten. Schwaben sind für ihre Sparsamkeit und ihren Fleiß bekannt. Ähnlich geht es mit den regionalen Identitäten in ganz Deutschland. Wir sind sehr zufrieden mit den vielen regionalen Identitäten. Deutschland-Gefühl kommt scheinbar bei Fußballspielen zum Leben.

---

3 Google Ergebnis: „Deutschland Geburtenrate". 2015: https://www.google.de/webhp?sourceid=chrome-instant&ion=1&espv=2&ie=UTF-8#q=geburtenrate+Deutschland.
4 Statista, das Statistik Portal: „Geburtenrate in Deutschland". 2015 http://www.google.de/imgres?imgurl=https://d28wbuch0jlv7v.cloudfront.net/images/infografik/normal/infografik_1725_Menschen_mit_Migrationshintergrund_in_Deutschland_n.jpg&imgrefurl=http://de.statista.com/infografik/1725/menschen-mit-migrationshintergrund-in-deutschland/&h=684&w=960&tbnid=ZS-gNVx-vbcl0M:&zoom=1&tbnh=90&tbnw=127&usg=__di0xaEgfBCos-NP6Fi9fA-186io=&docid=VxhOzgyj0PfEgM&sa=X&ei=XbflVMr2OMb4UOrwgdAJ&ved=0CEEQ9QEwBA.

Die Schwäche der deutschen Identität ist auch kein Wunder, wurde Deutschland ja erst 1871 vereint. Davor gab es über viele Jahrhunderte über ein Dutzend verschiedene Länder und Identitäten.

Und heute kommen viele Ausländer nach Deutschland und konfrontieren uns mit der Frage, wo sie eigentlich angekommen sind. Wenn wir ihnen die deutsche Staatsbürgerschaft schmackhaft machen wollen, was wollen wir ihnen dann erzählen?

Udo Ulfkotte, ehemals Journalist bei einer großen deutschen Tageszeitung, ehemalig konvertierter und dann wieder ausgetretener Muslim, sagte dem BBC im Februar 2015 auf die Frage, ob der Islam zu Deutschland gehöre: „Der Islam gehört nicht zu Deutschland. Deutschland, das ist die Bratwurst". Er sagte in der gleichen Sendung im Zusammenhang mit dem siebzigsten Jahrestag der Befreiung des Konzentrationslagers Auschwitz durch die Rote Armee, dass es ihm leid sei, immer wieder an die Nazi-Gräuel erinnert zu werden, er sei nach dem Zweiten Weltkrieg geboren, und damit hätte er nichts damit zu tun.

In diesem Sinne hört für ihn das, was zur deutschen Identität beiträgt, vielleicht mit der Olympiade 1936 in Berlin auf. Wer mit diesem Jahr aufhört, deutsche Identität zu definieren, der verpasst in der Tat den Holocaust und den Islam. Aber er verpasst auch das Grundgesetz, unsere freiheitlich-demokratische Grundordnung, die Zivilgesellschaft, unser Bekenntnis zu den Menschenrechten, die europäische Solidarität und ihre Freizügigkeit. Kurz: Er verpasst die edelsten und die modernsten Errungenschaften unseres Landes. Soll das alles nicht zu unserem deutschen Selbstverständnis gehören?

2. Gebetene und ungebetene Gäste

Es kommen gebetene und ungebetene Gäste und Mitbewohner nach Deutschland. Flüchtlinge, das sind meist ungebetene Gäste. Man schätzt, dass die meisten Asylsuchenden uns nur erreichen, weil sie Schleusern Geld bezahlt haben. Die durchschnittlichen Kosten sollen bei etwa $2.000 liegen. Für ein Schleusen aus Kriegsgebieten wie Syrien kann der Preis bei bis zu $20.000 oder mehr liegen[5]. Pro Person. Die Flüchtlingsbewegungen werden also auch durch ein Milliardengeschäft für Schleuser in Gang gebracht und gehalten, die wie alle Geschäftsleute um Nachhaltigkeit und Wachstum bemüht sind.

---

5 TG: „Schleuserbanden: Kein Platz für Würde". Abendzeitung München 23.8.2012. http://www.abendzeitung-muenchen.de/inhalt.bayern-schleuser-banden-kein-platz-fuer-wuerde.a09d9d45-53b0-4c0f-8a16-a022a47166d3.html.

Damit ist auch klar, dass nicht nur Menschen nach Deutschland kommen, die ein Anrecht auf Asyl bzw. Schutz haben. Wie gehen wir mit den Anträgen um? Es gibt drei politische Positionen.

Die erste besteht darauf, dass wir nur politisches Asyl gemäß §16a des Grundgesetzes gewähren sollten. Das sind etwa 2% der Menschen, die zu uns kommen. Die anderen 98% sollten deshalb möglichst schnell wieder abgeschoben werden. Diese Positionen werden mittlerweile nur noch von Rechtsradikalen vertreten.

Die zweite Position bekennt sich nicht nur zum politischen Asyl, sondern auch zu den Schutzrechten gemäß den UNO und EU Menschenrechtskonventionen. Das ist die Gesetzeslage in Deutschland, und es bedeutet, dass zwischen 30% und 50% der Asylsuchenden bei uns Schutz bekommen, solange die Situation in ihren Ländern eine wesentliche Gefahr für Leib und Leben darstellt[6].

Eine dritte Position wird von Nicht-Regierungsorganisationen wie „Pro Asyl", „Refugees Welcome" usw. vertreten, nach der alle nach Deutschland Gekommenen ein permanentes Bleiberecht erhalten sollten[7]. Das ist bisher nicht Gesetzeslage, doch Gesetze sind von Menschen gemacht, und wenn es dafür demokratische Mehrheiten geben sollte, werden die Gesetze entsprechend geändert.

3. Bescheidenheit tut not

Wie gehen wir mit der Not in der Welt um? Sollten wir nicht schon im Vorfeld von Flucht und Vertreibung dafür sorgen, dass die Bedingungen in den Ländern sich so verbessern, dass weniger Menschen ihr Heil in der Flucht suchen? In Gesprächen über das Thema Asyl begegne ich immer wieder diesen Argumenten. Im Februar hat auch Bundeskanzlerin Angela Merkel diesen Ansatz zur Flüchtlingsverminderung angesprochen.

Ja – und. Natürlich ist das ein guter Ansatz, doch er ist unrealisierbar. Ich möchte hier für Bescheidenheit plädieren bezüglich der eigenen Möglichkeiten für unseren Einfluss in der Welt. Die Vereinten Nationen zählen über 190 Mitgliedsländer. Wir können auf diplomatischem Wege für mehr Menschlichkeit in allen Ländern werben. Das tun wir. Wir können wirtschaftliche Kooperationen auch mit Blick auf Menschenwürde vor Ort unterstützen. Das tun wir.

Wir können auch mit unserem eigenen Konsumverhalten zumindest ein Zeichen dafür setzen, dass wir an fairen Produktionsbedingungen der Produkte,

---

6 Bundesamt für Migration und Flüchtlinge. Siehe Fußnote 2.
7 „Pressemitteilung Kampagne Memedovich bleiben – Alle bleiben. Forderungen nach dem sofortigen Stopp aller Abschiebungen." Aktion Bleiberecht Freiburg, 11.2.2015 http://www.aktionbleiberecht.de/?p=6986.

die wir kaufen, interessiert sind. Auch das tun immer mehr Menschen. Auch die Maßstäbe, die wir an unsere Rüstungsexporte legen, können wir überprüfen.

Doch an den kriegerischen Auseinandersetzungen, an den unterdrückenden Diktaturen können wir wenig ändern. Wenn sich Eritrea zu einer Diktatur entwickelt, der viele Menschen entkommen wollen, welche Möglichkeiten hat die Bundesrepublik Deutschland, welche Europa, um diese Diktatur zu beenden?

Wir sollten auch bewusst bleiben, dass wir die 55 Millionen Menschen, die in der Welt auf der Flucht sind, nicht bei uns in Deutschland oder in Europa aufnehmen können, selbst wenn wir es wollten. Wir müssen noch weiter denken: Eine Milliarde Menschen in der Welt sind vom Hungertod bedroht. Stellen wir uns vor, sie alle würden zu uns kommen und uns um Bleiberecht bitten. Üben wir uns in Bescheidenheit. Bei aller Großherzigkeit, es gibt Grenzen dessen, wozu wir bereit und in der Lage sind.

Zur Frage der Bescheidenheit gehört natürlich auch die Kostenfrage. Im Augenblick verursacht jeder Asylsuchende in Deutschland Kosten in Höhe von etwa 10.000 € pro Jahr[8]. Die Kosten für Bildung und Berufsqualifizierung, für Verwaltung und Investitionen in Unterbringungskapazitäten sind da noch nicht eingerechnet. Diese vom Bundesverfassungsgericht verordneten Kosten gelten, solange der Asylsuchende finanziell nicht für sich selbst aufkommt.

4. Solange sie bei uns leben …

Alle Menschen sind grundsätzlich unsere Mitmenschen. Solange Asylsuchende bei uns leben, haben wir eine Verpflichtung vor uns selbst, sie menschenwürdig und mitmenschlich zu behandeln. Und das bedeutet etwas anderes als der Asylkompromiss von 1993, der auf Vergrämung der Flüchtlinge von Deutschland weg setzte[9]. Vergrämung, das kennen wir als Verscheuchung von Tauben von den Rathausplätzen unserer Städte. Die Tauben werden mit Habichtrufen über Lautsprecher dazu gebracht, irgendwo anders zu landen und zu leben.

Dementsprechend wurden Asylsuchende in der Bundesrepublik in zum Teil entlegenen Heimen untergebracht, der Zugang zur deutschen Sprache und zum Arbeitsmarkt wurde verweigert, Essenspakete wurden wochenweise ausgeteilt. Es konnten sich antisoziale Hierarchien in den Heimen entwickeln, die besonders

---

8 Diese Kosten in Deutschland entsprechen den Zuwendungen in äquivalenter Höhe zu Hartz IV, Wohnungsgeld und den durchschnittlichen Krankenkosten pro Person und Jahr in Deutschland.

9 Der Sächsische Ausländerbeauftragte. Sächsischer Landtag: „Jahresbericht 2013". http://www.saechsischer-landtag.de/dokumente/sab/SAB-Jahresbericht-2013.pdf.

für Frauen und Kinder gefährlich werden konnten. Gewalt unter den Bewohnern gehörte mancherorts zur Tagesordnung. Asylsuchende mussten im Landkreis bleiben, in dem sie untergebracht waren. Das Ergebnis war manchmal sogar die Verelendung von Menschen, wie ich bei den Besuchen der sächsischen Asylbewerberheime feststellen musste. Das hat sich bis 2014 glücklicherweise deutlich verbessert.

Angewendet auf die Flüchtlinge bedeutete die Vergrämungspolitik, dass wir hofften, sie würden Zuflucht in anderen europäischen Ländern suchen und finden. Mit europäischer Solidarität hatte diese Politik nicht viel zu tun.

Heute, im Jahr 2015, handeln wir anders. Wir erkennen unsere Verantwortung für menschenwürdigen Umgang mit Asylsuchenden, solange sie mit uns leben. Das heißt, wir geben ihnen Zugang zur deutschen Sprache. Wir geben ihnen nach drei Monaten Zugang zum Arbeitsmarkt. Wir erlauben ihnen Bewegungsfreiheit innerhalb der Bundesrepublik.

Zugang zur deutschen Sprache ist auch für uns wichtig. Wir erwarten, dass sich alle Menschen in Deutschland gegenseitig respektieren. Wir erwarten, dass die Asylsuchenden unsere Kultur respektieren. Doch Kultur wird durch Sprache vermittelt. Wer deutsch versteht und spricht, dem fällt es leichter, uns zu verstehen und zu respektieren.

Wenn wir Flüchtlingen den Zugang zum Arbeitsmarkt geben, dann reduzieren wir unsere Kosten, füllen leere Arbeitsplätze und bereichern unsere Gesellschaft. Wenn wir den Flüchtlingen über Jahre das Nichtstun verordnen, nehmen wir ihnen ihre Würde, und sind mit Schuld am Verkümmern ihrer Qualifikationen. Wer viele Jahre nicht arbeiten durfte und sich dann plötzlich einem Einstellungsverfahren stellen soll, der kann kläglich scheitern, weil er oder sie nicht mehr auf der Höhe seines Berufes ist.

Zur Menschenwürde gehört auch die Chance für ein sinnvolles Leben. Deshalb sollten wir allen Menschen, solange sie bei uns leben, die Gelegenheit für sinnvolle und konstruktive Betätigung ermöglichen, solange es auch unserer Gesellschaft dient. Wer jungen Menschen mit viel Energie und Hoffnung auf ein besseres Leben keine konstruktiven Möglichkeiten der Beschäftigung anbietet, der darf sich nicht wundern, wenn sie gesellschaftlich ungewünschte Wege des Lebens finden.

5. Das Beste daraus machen …

Flüchtlinge aller Bildungs- und Qualifizierungsstufen kommen zu uns. Vor einiger Zeit fragte ich einen jungen Flüchtling aus dem Iran, was er in seiner Heimat getan hätte. Er führte dort seinen eigenen kleinen Laden. Man muss nicht Arzt sein, um in unserer Wirtschaft sinnvoll beschäftigt beizutragen.

Viele Lehrbetriebe in Sachsen würden sich freuen, wenn sie jungen Asylbewerbern einen Ausbildungsvertrag geben könnten, der sicherstellt, dass sie zumindest für die Zeit der Lehre in Deutschland bleiben würden. Das hört sich gut an, wirft aber innerhalb unserer Gesetze auch Probleme auf. Bedeutet es, dass dann die Familie des jungen Mannes auch für die Zeit in Deutschland bleiben müsste? Wenn ja, dann bleibt dieser Weg wohl versperrt, weil er sonst eine Sogwirkung auf Flüchtlinge ausüben würde. Wenn nein, dann gäbe es eine Chance zumindest für junge Menschen. Eine entsprechende Gesetzesänderung wäre dazu notwendig.

6. Nach der Ablehnung kommt die Abschiebung

Zu unserer Offenheit, den Menschen zu ermöglichen, um Asyl bei uns zu bitten, gehört auch die Ablehnung. Wenn die Flüchtlinge herausgerechnet werden, die nach Dublin II in die europäische Länder zurückgesendet werden, in denen sie zuerst einen Asylantrag gestellt haben, dann trifft das auf 50% der Antragsteller zu[10].

Können wir Zurückgesendeten helfen, in ihrer Heimat wieder Fuß zu fassen? Ich denke, ja, wenn wir ihnen Zugang zu Bildung und Arbeit in Deutschland gegeben haben. Deutsche Bildung ist in der Welt anerkannt. Menschen, die mit deutscher Berufsbildung und Erfahrung in ihre Herkunftsländer zurückkehren, bereichern den dortigen Arbeitsmarkt.

Wer dagegen über Jahre bei uns zum Nichtstun verurteilt war und auch seine Sekundärtugenden wie Fleiß und Verlässlichkeit verlernt hat, auf den kann ein schlimmeres Leben warten als das, was er bei seiner Flucht hinter sich gelassen hat.

Gibt es Fälle, in denen es für unser Land sinnvoll wäre, von der gesetzlich vorgesehenen Abschiebung Abstand zu nehmen? Ich denke schon. Wie wäre es mit Asylsuchenden, die sich bei uns erfolgreich integriert haben, sei es durch gesellschaftliches Engagement, sei es durch Arbeit?

Ein Anfang könnte der freiwillige Übergang von Asylantragsteller zu Blue Card, also zur Arbeitserlaubnis sein. Im Augenblick ist das nicht möglich. Wer einen Asylantrag stellt, kann seine Wahl nicht ändern. Und wenn am Ende die Ausreise steht, dann muss er in sein Land zurück, bevor er in Deutschland eine Blue Card zu erwerben versucht.

Stellen wir uns vor, wir wären aus Syrien nach Deutschland geflohen und hätten hier die Möglichkeit, entweder eine Blue Card oder Asyl zu beantragen. Ein Asylantrag erlaubt mir einige Jahre, hier mit Schutzstatus zu leben, die Sprache

---

10 Siehe Fußnote 2.

zu erlernen und zu arbeiten. Die Blue Card greift dagegen erst, wenn ich ein konkretes Arbeitsangebot habe. In dieser Situation ist es nachvollziehbar, zuerst auf sicher zu gehen und Asyl zu beantragen.

Warum ermöglichen wir in diesem Fall nicht, dass der Antragsteller bei Erhalt eines Blue Card Jobs seinen Antrag auf Asyl zurückzieht? Das könnte auf etwa zehn Prozent der Flüchtlinge zutreffen, die mit akademischen Ausbildungen zu uns kommen. Hier liegt bisher ungenutztes Potenzial für eine Bereicherung unserer Gesellschaft. Eine Gesetzesänderung könnte diese Tür öffnen, von der wir alle profitieren würden.

7. Ein pessimistischer Ausblick

Der Reporter eines deutschlandweiten Tagesblattes rief mich vor einigen Jahren an und stellte mir die Frage, ob wir Deutschen nicht angesichts unseres Bekenntnisses zur Weltoffenheit und der vielen Zuwanderer und Flüchtlinge unsere Identität verlieren würden. Der Vorwurf stand im Raum, dass ich einer der „Entdeutscher" sein könnte, die unsere deutsche Identität in Vergessenheit geraten lassen wollen.

Ich konnte ihm vermitteln, dass wir durch Hinzulernen, durch das Zusammenleben mit anderen Kulturen nicht vergessen, wer wir sind. Wir werden interessanter, unsere Perspektiven werden vielfältiger, differenzierter. Aber vergessen, wer wir sind, das braucht niemand zu befürchten.

Veränderung, Bereicherung war immer Teil unseres Selbstverständnisses. Stellen wir uns vor, wir würden mit unseren Urgroßeltern über heutige Themen sprechen. Dinge, die für uns selbstverständlich sind, würden sie wahrscheinlich nicht nachvollziehen können. Wir würden in vielen Dingen aneinander vorbeireden.

Die Bereicherung unserer Perspektive, auch die Integration von Einsichten und Meinungen über andere Wertesysteme und Religionen gehört zu unserer Gegenwart und zu unserer Zukunft. Mit jedem Wandel ist natürlich auch Angst verbunden. „Ich verstehe die Welt nicht mehr", ist ein milder Ausdruck. Am Ende des Interviews tat mir der Journalist einen Gefallen – und schrieb keinen Artikel.

Die Angst vor einer sogenannten Entdeutschung unserer Identität ist leider zum Kampfbegriff der rechtskonservativen Kräfte geworden, mit dem sie auf Seelenfang gehen. Auch Bücher lassen sich damit kräftig verkaufen. Erstes und bestes Beispiel war Thilo Sarrazin mit seinem Buch: *Deutschland schafft sich ab*[11]. Ein echter Apokalyptiker, der Herr Sarrazin. Sein Buch, das den Untergang

---

11 Thilo Sarrazin: *Deutschland schafft sich ab: Wie wir unser Land aufs Spiel setzen*. Deutsche Verlagsanstalt, München 2010.

unserer Zivilisation vorhersagte, wurde zum meistverkauften „Sach"-Buch der deutschen Geschichte[12]. Inzwischen gibt es auch andere Autoren, die auf der Welle der Apokalypse reiten und mit ihren Thesen gutes Geld verdienen wollen und das auch noch tun. Anhänger finden sie genug, darunter auch solche, die mir einen frühen Tod wünschen.

Wenn sich Deutschland abschafft, sollten wir uns dann als echte Deutsche nicht gleich einen Strick nehmen und uns aufhängen anstatt den langsamen Untergang ertragen zu müssen? Die meisten Unkenrufer bieten außer schwarzer Sicht keine Lösungen für die Probleme an, die sie geradezu mit masochistischer Freude genüsslich beschreiben. Oder warten sie auf einen Retter oder mutigen Führer, der sie in letzter Minute aus der Misere heraushholt? Fehlt ihnen nur der Mut, offen nach dem starken Politiker mit brachialen „Lösungen" zu rufen?

8. Ein optimistischer Ausblick

Was bedeutet die Zuwanderung für Deutschland und für Europa? Welche Chancen gibt es?

Die Systemtheorie kennt das Gesetz der notwendigen Vielfalt[13]. Ein System überlebt langfristig nur dann, wenn es mehr Handlungsmöglichkeiten produziert, als ihm die Umwelt an Zuständen entgegenstellen kann. Wir als Menschen haben überlebt, weil wir mehr Kreativität hatten, als die Natur uns bisher herausfordern konnte. Ob Wüste, ob Ozean, ob Eiszeit, Vulkanausbrüche oder Naturkatastrophen – wir haben sie alle überlebt und es geht uns besser als je.

Das Prinzip der notwendigen Vielfalt gilt auch für Gesellschaften. Unsere Welt wird vielfältiger. Länder wachsen zusammen. Neue Länder fordern uns wissenschaftlich und wirtschaftlich heraus. Neue kulturelle Eigenschaften werden immer wichtiger. Die Bedingungen für wirtschaftlichen Erfolg werden immer fordernder. Immer mehr Kreativität und Innovation ist gefragt.

Deshalb ist es in unserem eigenen Interesse, bunter, reichhaltiger und differenzierter in unseren Perspektiven zu werden.

---

12 *Lektüre: Unsere Wirtschaftsbücher des Jahres 2010. Das erfolgreichste deutsche Sachbuch.* In: „Frankfurter Allgemeine Zeitung" online, 23.7.2011. http://www.faz.net/aktuell/wirtschaft/wirtschaftswissen/lektuere-unsere-wirtschaftsbuecher-des-jahres-2010-11087217/das-erfolgreichste-deutsche-11088291.html.

13 Definition des Gesetzes der notwendigen Vielfalt nach William Ross Ashby: Wikipedia, die freie Enzyklopädie. 2015. http://de.wikipedia.org/wiki/Ashbysches_Gesetz.

Wir haben, was die Kulturen angeht, eine Sehschwäche. Wir sehen sehr klar, was unsere eigenen kulturellen Stärken sind. Mindestens genauso gut erkennen wir die Schwächen der anderen Kulturen. Schon Jesus stellte fest: Wir erkennen den kleinsten Splitter im Auge der anderen, merken aber nicht den Balken in unserem eigenen.

Wir haben Probleme, die Stärken der Anderen zu erkennen, ebenso wie es uns schwer fällt, die eigenen Schwächen zu erkennen – und über sie zu lachen. Uns Deutschen fällt es bisher schwer, über uns selbst zu lachen. Bierernst ist ein Wort, das es nur im Deutschen gibt.

Wenn wir lernen, die Stärken der anderen Kulturen zu erkennen, können wir einige davon in unsere eigene Kultur übertragen. Von meinen italienischen Kollegen habe ich das Multitasking gelernt. Deutsche arbeiten gern eine Aufgabe nach der anderen ab. Wenn ich bei einem deutschen Kollegen zu spät kam, dann war der oft verärgert, weil er warten musste. Wenn ich dagegen bei einem italienischen Kollegen zu spät kam und mich entschuldigte, war es gut möglich, dass er abwinkte und sagte, er habe durch meine Verspätung Zeit gehabt, noch etwas anderes zu erledigen. Davon können wir nur lernen.

Zum gegenseitigen Lernen gehört der Humor. Wenn wir über unsere eigenen Schwächen lachen lernen, dann öffnen wir uns für die Bereicherung unserer Verhaltensmöglichkeiten. Wir werden vielfältiger in einer Welt der steigenden Vielfalt.

Die Kooperation mit anderen Kulturen und ihren Stärken, die Kombination unserer Stärken mit denen unserer Freunde gibt uns Wettbewerbsvorteile. Ein Beispiel aus meiner Erfahrung erläutert das.

Beim amerikanischen Konzern AMD in Dresden kam ein Team aus deutschen und amerikanischen Mitgliedern zusammen und verband einige ihrer kulturellen Stärken miteinander. Eine deutsche Stärke ist die Gründlichkeit. Wie alle Stärken, so hat natürlich auch sie eine Schattenseite. Und die heißt Paralyse durch nie endende Analyse. Bevor wir zu einer Entscheidung kommen, wollen wir möglichst alle Faktoren, Risiken und Restrisiken berechnen. Dabei besteht die Gefahr, dass wir durch immer neue Berechnungen in der Paralyse enden und viel zu spät oder nie zur Entscheidung kommen.

Eine amerikanische Stärke ist die Risikobereitschaft. AMD entschied sich zum Bau einer Fabrik in Dresden zu einem Zeitpunkt, als das zu bauende Produkt noch nicht voll entwickelt war, die Mitarbeiter erst noch einzustellen und vorzubereiten waren, die Produktionsmaschinen noch nicht entwickelt und die Produktionsprozesse noch nicht vollständig definiert waren. Welche deutsche Firma hätte das gewagt? Allerdings hat auch diese Stärke eine dunkle Seite. Wir kennen es „aus der Hüfte schießen".

AMD in Dresden gelang es, diese deutschen und amerikanischen Stärken zu kombinieren und so über Jahre der Konkurrenz in der Produktion überlegen zu sein[14].

Einen ähnlichen Ansatz bietet sich uns im Umgang mit den Menschen aus verschiedenen Kulturen an, die in unserer Mitte leben. Welche Bereicherung wartet auf unsere Gesellschaft und auf jeden von uns, wenn wir uns den Reichtümern der unterschiedlichen Kulturen und Religionen in unserer Mitte öffnen?

9. Einheit in Vielfalt

Wir werden eine vielfältigere Gesellschaft und müssen natürlich auch die einenden Kräfte stärken. Das Motto heißt Einheit in Vielfalt. Das wurde mir während der zentralen Trauerfeier für die Opfer der NSU Terroristen klar. Angela Merkel beschrieb Deutschland als Land der Vielfalt. Deutschland, das seien alle, die bei uns leben. Sie überwand damit Helmut Kohls Spruch, Deutschland sei kein Einwanderungsland.

Wirklich berührt hat mich die kurze Rede von Gamze Kubasik, Tochter eines der Mordopfer. Zehn lange Jahre empfing sie keine Solidarität. Ihre Mutter war sogar als Verdächtige behandelt worden. Und in dieser schweren Zeit erkennt sie, dass wir unbedingt Einheit in Vielfalt benötigen[15].

Wie erreichen wir diese Einheit? Indem wir immer das Einende unter uns in den Vordergrund stellen. Bei allen Unterschieden, die uns trennen, ist es wichtig, immer im Blick zu behalten, dass uns mehr eint als trennt, egal worum es geht. Wir sind alle zuerst Menschen und dann Angehörige von Nationen, Religionen, Kulturen, Weltanschauungen.

Diese Perspektive hilft uns, nach einer gemeinsamen Zukunft zu suchen, in der wir alle gleichwertig und gleichberechtigt leben und von einem für alle gleichen Gesetz in unseren Rechten beschützt werden.

Das gilt selbstverständlich auch über Religionen hinweg. Vor einigen Jahren wurde ein junger Ägypter auf dem Heimweg vor dem Leipziger Hauptbahnhof von Neonazis ermordet, allein, weil er anders aussah. Ich wurde gebeten, mit einigen Bekannten die Familie zu besuchen, was ich tat. Die Mutter war koptische Christin, ihr Lebenspartner ein Muslim. Der ermordete Sohn war zur evangelischen

---

14 Martin Gillo: *Go Deutschland Go*. Murmann Verlag, Hamburg 2005, S. 71–75.
15 Aert van Riel: *Bitte keine Entschädigung. Angehörige von NSU-Opfern ergreifen bei der Trauerfeier das Wort*. Aus: „Neues Deutschland", 24.2.2012. AG Friedensforschung, Veranstalter des Friedenspolitischen Ratschlags: http://www.ag-friedensforschung. de/themen/Rassismus/nsu-gedenken.html.

Kirche konvertiert, sein älterer Bruder war Muslim. Die trauernde Familie und ihre Freunde saßen beisammen. Tränen über Tränen. Beim Herausgehen sagte mir der Partner: Christentum, Islam, wir haben doch alle den gleichen Gott. Manchmal bedarf es der Krise, um zu erkennen, was uns eint.

Mögen wir als Gesellschaft lernen und beherzigen, dass wir nur in Einheit als Gesellschaft überleben werden.

10. Zehn Fragen und Antworten

F: Frau Merkel sagte im Januar 2015, der Islam gehöre mittlerweile zu Deutschland. Kurz darauf sagte der sächsische Ministerpräsident Stanislaw Tillich, der Islam gehöre nicht zu Sachsen. Die Stadt Leipzig verkündete kürzlich übrigens, der Islam gehöre zu Leipzig. Wer hat nun Recht?

A: Wenn der Islam zu Deutschland gehört, der Islam aber nicht zu Sachsen, dann gehört Sachsen offensichtlich nicht zu Deutschland, und Leipzig daher nicht zu Sachsen, dafür aber zu Deutschland.

Aber zur Sache: Der verfassungstreue Islam gehört nach unserem Grundgesetz selbstverständlich zu Deutschland. Er ist zwar erst seit fünfzig Jahren in Deutschland vertreten, er hat keine jahrhundertelange Tradition bei uns, doch er gehört heute zu uns wie jede andere Religion und Weltanschauung, die unser Grundgesetz und die UNO Menschenrechte respektiert.

Das bedeutet allerdings auch, dass nicht verfassungskonforme Traditionen und Vorstellungen im Umfeld jeglicher Religion und Weltanschauung nicht zu unserer Gesellschaft gehören.

F: Das Buch *Söhne und Weltmacht* von Gunnar Heinsohn[16] beschreibt, dass in der Geschichte Weltmacht abhängig war von einem Überschuss von Söhnen, die in die Welt ziehen und sie erobern konnten. Was wird es zukünftig um Deutschland stehen, da wir keinen Überschuss an Söhnen haben, aber mit Ländern konfrontiert werden, bei denen das der Fall ist?

A: Heinsohn hat in der Tat gezeigt, dass es der Überschuss der Söhne Europa in den vergangenen Jahrhunderten erlaubt hat, die Welt zu kolonialisieren. Die für uns relevante Frage ist meiner Meinung nach, welche konstruktiven und attraktiven Lösungen wir heute und in der Zukunft angesichts unserer schrumpfenden Bevölkerung finden, unsere offene Gesellschaft, unsere Demokratie, unseren

---

16 Gunnar Heinsohn: *Söhne und Weltmacht. Terror im Aufstieg und Fall der Nationen.* Orell Fuessli Verlag 2006.

Wohlstand auch bei abnehmenden Bevölkerungszahlen aufrecht zu erhalten. Die Antwort wird wohl in der Intelligenz, Kreativität, und in unserem Selbstbewusstsein zu finden sein.

Wir sollten auf keinen Fall von unseren Kindern erwarten, vier oder mehr Kinder zu bekommen. Das wäre ein Rückfall hinter die Einsichten, die wir schon in den Sechziger Jahren hatten, dass nämlich eine der größten Gefahren für unsere Welt das weltweite Bevölkerungswachstum ist. Wir sind mittlerweile an den Rand der Bevölkerungszahlen gekommen, die wir nachhaltig ernähren können. Über eine Milliarde Menschen sind jetzt schon vom Hungertod bedroht.

Leider ist noch nicht in allen Religionen klar geworden, dass wir bescheidener werden sollten, was die Zahl der Kinder pro Familie angeht. Ich spreche hier nicht nur über den Islam. Auch Papst Franziskus empfiehlt ja den Katholiken, mindestens drei Kinder pro Familie zu zeugen.

F: Wo sollten wir Flüchtlinge unterbringen? In Parallelgesellschaften, also in Stadtteilen, in denen sie mit ihren eigenen Landsleuten leben können, oder in der Mitte der mehrheitlich deutschen Bevölkerung, wo es ihnen gelingt, sich in die deutsche Gesellschaft zu integrieren?

A: Die Erfahrungen in den westdeutschen Ländern zeigen, dass wir die Zugewanderten mit den Deutschen zusammenbringen sollten, wenn wir ihnen eine gute Integration in unsere Gesellschaft ermöglichen wollen.

F: Die Kinder der Flüchtlingsfamilien lernen in der Schule Deutsch und können damit den Eltern helfen, sich in der deutschen Gesellschaft zurechtzufinden. Müssen die Eltern dann noch Deutsch lernen?

A: Kurzfristig können die Kinder den Eltern beim Übersetzen helfen. Langfristig ist das allerdings dysfunktional, weil es die natürliche Hierarchie in der Familie auf den Kopf stellt. Die Kinder übersetzen für die Eltern und merken schnell, welche Art von Übersetzung ihnen hilft oder auch nicht.

Wir sollten Eltern helfen, so schnell wie möglich Deutsch zu erlernen, damit sie weiterhin Vorbild und Autorität für ihre Kinder bleiben können. Eine gute Bildung für die Kinder bedingt eine gute Zusammenarbeit zwischen Eltern, Kindern und Lehrern. Wenn die Kinder für die Eltern übersetzen, kommt diese Zusammenarbeit nicht zustande.

F: Warum werden die Verursacher des Elends in der Welt nicht verurteilt? Warum hat man Gaddafi beseitigt und damit den Flüchtlingsstrom nach Europa und Deutschland beschleunigt? Warum beschäftigen wir uns nicht mehr mit Ursachenforschung?

A: Ich kann diese Fragen gut nachvollziehen. Es hat auch viel Befriedigendes an sich, den Ursachen nachzugehen und daraus für zukünftige politische Entscheidungen Schlussfolgerungen zu ziehen.

Doch die Hauptfrage bleibt, wie wir mit den heutigen Problemen umgehen sollen. Wie helfen wir vor Ort, demokratische Entwicklungen Schritt für Schritt zu fördern? Ursachenforschung hilft uns dabei nicht weiter.

F: Seit Jahrzehnten hat die EU durch ihre Agrarwirtschaft und die billigen Exporte nach Afrika die dortige Landwirtschaft praktisch zerstört. Die portugiesischen Tomaten z.B. sind dort billiger als die afrikanischen. Wir müssten eigentlich die EU Landwirtschaftspolitik grundlegend ändern.

A: Was die Entwicklungspolitik der letzten Jahrzehnte angeht, so gilt leider das Prinzip: Gut gemeint ist nicht dasselbe wie gut gemacht.

Fassen wir uns an unsere eigene Nase: Wer gibt seine Altkleider in die Tonnen, die überall bereit stehen? Ich sehe, das sind die meisten von Ihnen. Sie wollen damit den armen Menschen in der Welt etwas Gutes tun. Herzlichen Glückwunsch. Sie sind mit daran schuld, dass in Tansania die Textilindustrie zerstört wurde, angefangen vom Anbau von Baumwolle bis hin zur Fertigung von Kleidungsstücken. Die Container mit Altkleidung aus Europa unterbieten dort alle lokalen Produzenten[17].

Unsere guten Absichten verhindern, dass sich vor Ort eine eigene Industrie entwickeln kann. Aus Fehlern in der Entwicklungspolitik zu lernen ist wichtig, und wir sollten bei uns selbst anfangen.

Wir sollten dabei den Mut und die Ausdauer haben, anderen Ländern nach dem Prinzip der Hilfe zur Selbsthilfe zur Seite zu stehen. Und Hilfe zur Selbsthilfe heißt nicht, weiterhin unsere Altkleidung nach Afrika zu schicken. Es heißt, wir sollten den Ländern vor Ort helfen, ihre eigenen Industrien zu entwickeln, mit denen sie sich selbst versorgen können.

F: Asylsuchende, die Muslime sind, kommen aus Ländern, in denen ihre Religion einen viel höheren gesellschaftlichen Stellenwert hatte, als es bei uns der Fall ist. Können sie bei uns den notwendigen emotionalen Halt finden?

A: Auf welchem Grund können sie stehen? Ich denke, es ist unser Verfassungspatriotismus. Auf dem Grund stehen wir genauso fest wie sie das können. Es ist

---

17 Michael Höft: *Das Kilo für 1,20 Dollar. Das große Geschäft mit den Kleiderspenden aus Deutschland*. Die ZEIT-Online, Wirtschaft. DIE ZEIT N° 45/2011, 4. November 2011. http://www.zeit.de/2011/45/NDR-Reportage-Altkleider-Luege.

äußerst wichtig, die Grundwerte unserer Gesellschaft zu vermitteln. Dazu gehören die Gleichberechtigung, die Vielfalt der Werte und auch der Religionspluralismus.

Wir müssen ihnen nahe bringen, dass sie in einem Land leben, in der wir alle frei darin sind, zu glauben oder auch nicht zu glauben. Natürlich gehören auch die Glaubensfreien dazu. Und genauso, wie wir ihre Religion akzeptieren, erwarten wir von ihnen, dass sie auch die Religionen und Weltanschauungen der anderen akzeptieren und die gemeinsame Wertebasis des Grundgesetzes respektieren. So können wir die durch die Verfassung garantierte Religionsfreiheit mit Leben füllen.

Wenn wir ihnen das vermitteln, dann kann das für ihr eigenes Leben ein starker, Vertrauen schenkender Rückhalt werden. Natürlich ist das gebunden an unsere Erwartung, dass sie diese Vielfalt genauso respektieren wie wir ihre Religion unterstützen.

F: Wie werden die Bürger, die sich für Flüchtlinge bei uns einsetzen, vor denen in unserer Gesellschaft geschützt, die mehr als fremdenfeindlich sind?

A: In der Praxis ist mein bester Rat, sich mit Initiativen zu vernetzen. In solchen Initiativen agiert man zusammen, man schützt sich gegenseitig, man sichert sich gegenseitig ab, und es ist leichter für die Polizei, bei geplanten Aktionen schützend zur Seite zu stehen. Gemeinsam sind wir stark. Das gilt besonders für Initiativen, die sich für Flüchtlinge einsetzen. In der Gemeinschaft mit ähnlich Denkenden fällt es uns auch leichter, eine dicke Haut zu entwickeln, was Beleidigungen etc. angeht.

Ich will dabei die Gefahren durch Fremdenfeindliche im täglichen Leben nicht kleinreden. Eine ungarisch-deutsche Bekannte sagte mir, dass sie mit ihrer dreijährigen Tochter in der Straßenbahn nicht mehr ungarisch redet, aus Angst davor, belästigt zu werden. Das ist traurig und zeigt, dass Einige in unserer Gesellschaft noch einen langen Weg zur Weltoffenheit vor sich haben.

F: Wenn jemand bei der Unterbringung von Flüchtlingen, bei Ihrer Betreuung oder mit Deutschunterricht beitragen will, an wen richtet er sich?

A: Es gibt mittlerweile eine Reihe von Initiativen im Umfeld vieler Asylbewerberheime. An die kann man sich wenden. Sie sind zu finden über das Internet, die Sozialämter oder die verschiedenen Flüchtlingsräte.

Lassen Sie sich durch ihre Nachbarn nicht entmutigen. Wenn Sie in Begleitung von ausländischen Mitbürgern von ihren bisherigen Bekannten gemieden werden, dann ignorieren sie das mit Überzeugung. Machen Sie sich keine Sorgen.

Sie lernen durch ihre Weltoffenheit viele Menschen kennen, die Ihr Verhalten unterstützen. Sie werden einen Freundeskreis entwickeln, der bunter, interessanter und bereichernder sein wird, als es unter ihren fremdenskeptischen Freunden möglich war.

F: Nach einigen Schätzungen sollen im Jahr 2050 50% der Menschen in Deutschland Muslime sein. Das macht mir Angst. Ich weiß, wie die Muslime denken. Ich war bei der Handelsmarine, ich habe die muslimischen Länder gesehen.

A: Im Jahr 2014 waren etwa 4% der Deutschen Muslime[18]. Was die Trends über zukünftige Entwicklungen in Deutschland angeht, so kann man vortrefflich miteinander darüber streiten. Ob die Vorhersagen eintreffen oder nicht, werden wir erst im vorhergesagten Jahr wissen.

Was die Zustände in einer Region mit mehrheitlich muslimischen Bürgern angeht, so können wir uns heute schon in Deutschland umsehen. Die Bevölkerung der Stadt Rüsselsheim ist geschätzt mehrheitlich muslimisch[19]. Ich habe noch von keinen Entführungen von Christen dort gehört, von Anschlägen auf Schulen, oder von anderen Gräueltaten. Wir leben eben in Deutschland, nirgendwo anders.

Unser Zusammenleben wird nicht in erster Linie von Religionen, sondern von unserem Grundgesetz bestimmt. Da geht es nicht nur um Glaubensfreiheit, sondern auch um die Gleichheit von Mann und Frau, um den Schutz der Familie und der Kinder, um Meinungsfreiheit, um die Freiheit der Wissenschaft und der Kunst, um Demonstrationsfreiheit und darum, wie unser Staat funktioniert.

Artikel zwei unseres Grundgesetzes besagt: „Jeder hat das Recht auf die freie Entfaltung seiner Persönlichkeit, soweit er nicht die Rechte anderer verletzt und nicht gegen die verfassungsmäßige Ordnung oder das Sittengesetz verstößt".

Die Freiheit des Einzelnen und die Verantwortung für den Anderen und für die Gemeinschaft werden also immer wieder neu ausbalanciert – das ist die hohe Kunst, die unsere deutsche Gesellschaft heute ausmacht.

Es wird immer mehr darauf ankommen, wie wir das alltäglich leben, wie wir mit-einander umgehen. Unsere Zukunft wird dadurch bestimmt, wie erfolgreich wir unsere Weltoffenheit, unser Bekenntnis zum Pluralismus vermitteln und es auch leben, gerade für die junge Generation.

---

18 Daten per Wikipedia, die freie Enzyklopädie, Februar 2015. http://de.wikipedia.org/wiki/Religionen_in_Deutschland.
19 Stadt Rüsselsheim: Statistischer Bericht 2013. Seite 25 http://www.ruesselsheim.de/fileadmin/user_upload/Ruesselsheim_Stadt_Menu/Stadtportraet/Ruesselsheim_in_Zahlen/02_PDFs/Statistischer_Bericht_2013.pdf.

Da können wir uns gleich an die Nase fassen. Ist Gemeinschaftskunde, ist Ethikunterricht ein notwendiges Übel, das für die Pisa Tests überflüssig ist? Dann sollten wir das überdenken. Die Bundeszentrale für politische Bildung riet der sächsischen Bildungspolitik im Jahr 2015, mehr Zeit für die Vermittlung von Zusammenleben der Religionen, auch des Islam, zu gewährleisten.

Wir in Deutschland und wir in Europa haben eine Chance, durch praktizierten gesellschaftlichen Zusammenhalt auch eine Vorbildfunktion für die Welt auszufüllen und sie damit friedfertiger zu machen.

Ich bin zuversichtlich. Wenn wir es richtig angehen, wenn wir den gesellschaftlichen Zusammenhalt in unserer pluralistischen Demokratie in den Vordergrund stellen, wenn wir auf das setzen, was uns verbindet, wenn wir das Prinzip Einheit in Vielfalt betonen, dann werden wir eine gute Zukunft haben, egal wie die Mehrheitsverhältnisse von welchen Religionen und Weltanschauungen irgendwann in Deutschlands Zukunft auch aussehen mögen.

Literatur

William Ross Ashby: Wikipedia, die freie Enzyklopädie. 2015, in: http://de.wikipedia.org/wiki/Ashbysches_Gesetz.

Bundesamt für Migration und Flüchtlinge: *Aktuelle Zahlen zu Asyl. Tabellen, Diagramme, Erläuterungen.* Januar 2015, in: http://www.bamf.de/SharedDocs/Anlagen/DE/Downloads/Infothek/Statistik/statistik-anlage-teil-4-aktuelle-zahlen-zu-asyl.pdf?__blob=publicationFile.

Martin Gillo: *Go Deutschland Go.* Murmann Verlag, Hamburg 2005.

Google Ergebnis: „Deutschland Geburtenrate". 2015, in: https://www.google.de/webhp?sourceid=chrome-instant&ion=1&espv=2&ie=UTF-8#q=geburtenrate+Deutschland.

Gunnar Heinsohn: *Söhne und Weltmacht. Terror im Aufstieg und Fall der Nationen.* Orell Fuessli Verlag 2006.

Michael Höft: *Das Kilo für 1,20 Dollar. Das große Geschäft mit den Kleiderspenden aus Deutschland.* Die ZEIT-Online, Wirtschaft. DIE ZEIT N° 45/2011, 4. November 2011 http://www.zeit.de/2011/45/NDR-Reportage-Altkleider-Luege.

„Lektüre: Unsere Wirtschaftsbücher des Jahres 2010. Das erfolgreichste deutsche Sachbuch." Frankfurter Allgemeine Zeitung online, 23.7.2011, in: http://www.faz.net/aktuell/wirtschaft/wirtschaftswissen/lektuere-unsere-wirtschaftsbuecher-des-jahres-2010-11087217/das-erfolgreichste-deutsche-11088291.html.

Pressemitteilung Kampagne Memedovich bleiben – Alle bleiben. Forderungen nach dem sofortigen Stopp aller Abschiebungen. Aktion Bleiberecht Freiburg, 11.2.2015, in: http://www.aktionbleiberecht.de/?p=6986.

Aert van Riel: *Bitte keine Entschädigung. Angehörige von NSU-Opfern ergreifen bei der Trauerfeier das Wort.* Aus: „Neues Deutschland", 24.2.2012. AG Friedensforschung, Veranstalter des Friedenspolitischen Ratschlags: http://www.ag-friedensforschung.de/themen/Rassismus/nsu-gedenken.html.

Thilo Sarrazin: *Deutschland schafft sich ab: Wie wir unser Land aufs Spiel setzen.* Deutsche Verlagsanstalt, München 2010.

Der Sächsische Ausländerbeauftragte. Sächsischer Landtag: „Jahresbericht 2013", in: http://www.saechsischer-landtag.de/dokumente/sab/SAB-Jahresbericht-2013.pdf.

Statista, das Statistik Portal: „Geburtenrate in Deutschland". 2015, in: http://www.google.de/imgres?imgurl=https://d28wbuch0jlv7v.cloudfront.net/images/infografik/normal/infografik_1725_Menschen_mit_Migrationshintergrund_in_Deutschland_n.jpg&imgrefurl=http://de.

statista.com/infografik/1725/menschen-mit-migrationshintergrund-in-deutschland/&h=684&w=960&tbnid=ZS-gNVx-vbcl0M:&zoom=1&tbnh=90&tbnw=127&usg=__di0xaEgfBCos-NP6Fi9fA-186io=&docid=VxhOzgyj0PfEgM&sa=X&ei=XbflVMr2OMb4UOrwgdAJ&ved=0CEEQ9QEwBA.

TG: *Schleuserbanden: Kein Platz für Würde.* Abendzeitung München 23.8.2012, in: http://www.abendzeitung-muenchen.de/inhalt.bayern-schleuser-banden-kein-platz-fuer-wuerde.a09d9d45-53b0-4c0f-8a16-a022a47166d3.html.

Andere Quellen

Stadt Rüsselsheim: Statistischer Bericht 2013. Seite 25 http://www.ruesselsheim.de/fileadmin/user_upload/Ruesselsheim/Stadt_Menu/Stadtportraet/Ruesselsheim_in_Zahlen/02_PDFs/Statistischer_Bericht_2013.pdf.

http://de.wikipedia.org/wiki/Religionen_in_Deutschland.

Bojana Bajić (Karlovac)

Emotionen, von denen man nicht sprechen kann. Identitätsverlust und Störungen des Gefühlslebens durch sprachliche Unfähigkeit beim kulturellen Austausch

> *Die Grenzen meiner Sprache*
> *bedeuten die Grenzen meiner Welt*
> Ludwig Wittgenstein

Zusammenfassung: Unter Migrationsbewegungen versteht man nicht nur räumliche Bewegungen, sondern oft auch emotional ruinierende psychische Erfahrungen, die die Persönlichkeit eines wandernden Individuums modellieren. Ein mangelhafter Spracherwerb und die Situation, in einem fremden Land, in einer fremden Sprache den gewünschten Inhalt nicht äußern zu können, könnte die tiefste Quelle von verschiedenen Persönlichkeitsstörungen sein. Haben die Migranten mit eingeschränkter Sprachkompetenz und blockierter Sprechfähigkeit Schwierigkeiten, Emotionen zu zeigen und sie zu beschreiben? Wenn die Sprache für die Individualität und Zugehörigkeit steht, welche psychischen und psychosozialen Folgen hat es dann, wenn Migranten in keiner Sprache mehr verankert sind? Verursacht die migrationsbedingte Sprachkrise psychische Entfremdungsprozesse bei den Migranten und hat sie emotionale Konsequenzen auf Identitätsstabilität eines Individuums?

Schlüsselwörter: Migration, Identität, Emotion, Fremdsprache, Alexithymie.

Unuttered emotions. Identity loss and emotional disorders through speech impairment in cultural exchange

Abstract: Migration is much more than just relocation. Even though it contributes to the cultural diversity, it also impacts individual's mental well-being. This paper explores the interrelationship between psychological and social factors that sometimes lead to the inability of migrants to verbalize of their feelings; is it just because of not having words for feelings? Do immigrants lose genuine feelings when silencing their mother tongue in a new language and cultural surrounding? The paper will also review how the degree of language socialization affects the emotional assimilation of immigrants? The paper also questions the effect of migration on individual identity and concept of self.

Keywords: migration, language socialization, emotional disorders, emotional assimilation, identity.

Die Sprache, die uns beigebracht wurde, wird durch unsere Wahrnehmung der Realität strukturiert und als Identitätssäule betrachtet. Sie kann „als geistiges Medium nicht ersetzt werden, sie ist als Teil des Menschen sowohl als Instrument als auch Manifestation seiner kognitiven sowie kommunikativen Fähigkeiten untrennbar an die menschliche Wesensart gekoppelt"[1]. Zum Verlust von Sicherheit auf der sprachlichen Ebene kann es bei Menschen mit Migrationshintergrund kommen. Eine migrationsbedingte Sprachkrise verursacht psychische Entfremdungsprozesse beim „homo migrans"[2] und hat emotionale Konsequenzen auf die Identitätsstabilität eines Individuums.

Migrationsprozesse, Sozialisationsstörungen und Entfremdungserfahrungen zählen zu den hochaktuellen Fragen moderner Gesellschaften. Die damit verbundenen Kernprobleme der zeitgenössischen Kulturenentwicklung sind Mehrsprachigkeit und fließende Identität. Der Grad der (un)gelungenen sprachlichen Integration beeinflusst das daraus resultierende Zusammenspiel des „körperlichen Erlebens" und der „psychischen Erfahrung" einzelner Migranten[3]. Unabhängig davon, welche Faktoren zu Migrationsbewegungen motiviert haben, ist allen Migrationen gemeinsam, dass wenn es zur Entstehung eines neuen Selbst kommt, diese neue Entität als ein Produkt des transsprachlichen Prozesses entsteht.

Die grenzüberschreitenden Migrationen, die als solche am prägnantesten sind, können eine identitätsbereichernde Funktion haben, bedeuten aber auch immer Stress und Verlust. Der Migrant verlässt seine Heimat, seine Verwandten, seine Freunde und somit den identitätsstiftenden soziokulturellen Raum seiner Muttersprache. Eine Kultur präsentiert sich in einer anderen, wobei die fremdsprachige Kultur der neuen Heimat zum Auslöser für Verunsicherung werden kann. Winter-Heider schreibt, dass „der Wechsel in eine andere Sprache mehr als eine kognitive Erfahrung ist. Die Merkmale der Sprache – die Tonlage, die Mimik, die Gestik –, die eine bestimmte Weltanschauung enthalten, ändern sich, womit der Migrant eine neue umgebende Realität gewinnt"[4]. Da bei Migranten ein Teil der Kommunikation eingeschränkt ist oder in vielen Fällen sogar fehlt, können mangelnde Sprachkenntnisse und die dadurch verursachte fehlende sprachliche Verständigung zur Isolation führen. Die sprachliche Impotenz, d.h. die Unfähigkeit, das Gewünschte in einer Sprache auszudrücken, verstärkt das

---

1 Schwarz-Friesel, Monika: *Sprache und Emotion*. Tübingen 2007, S. 241.
2 Winter-Heider, Christiane E.: *Mutterland Wort. Sprache, Spracherwerb und Identität vor dem Hintergrund von Entwurzelung*. Frankfurt am Main 2009, S. 11.
3 Vgl. ebd., S. 143.
4 Ebd., S. 185.

„Gefühl des Fremdseins"[5] und die gesellschaftliche Diskrepanz. Diese häufigen Migrationseigenschaften verursachen psychosoziale Belastungen und können zu zerrissenen Strukturen der Persönlichkeit bei Migranten führen. Die kränkenden Faktoren der Sprachlosigkeit hinterlassen tiefe Spuren in der Psyche und können Depressionszustände hervorrufen. Und eben die Depression ist eine „häufige posttraumatische Folge", bzw. eine von vielen psychosomatischen „akkumulativen Traumatisierungen", die die Migration verursacht[6]. Der Auslöser für Depression kann gleicherweise eine ungelungene sprachliche Sozialisation und der damit verbundene Statusverlust im Aufenthaltsland sein. Isoliert im neuen Identitätsfindungsprozess, leidet der Migrant an einem der Depression zugeordneten Sinnlosigkeitsgefühl und Minderwertigkeitskomplex. In der Bundesrepublik Deutschland haben „ca. 20% Menschen einen Migrationshintergrund"[7], womit ein geringes, in manchen Fällen auch zerstörtes Selbstwertgefühl nicht nur die Frage einer individuellen Pathologie, sondern auch die Frage der Verantwortung der Aufnahmegesellschaft ist.

> Dieses Land, diese Stadt, diese Menschen. Meine Menschen, die weder zu diesem Land noch zu dieser Stadt noch zu diesen Menschen gehören. Und doch hierher. Aber nicht mehr hier sind. Es ist seltsam. Wenn ich durch die Straßen gehe, ist es, als wäre all das nicht meins, nur weil sie nicht mehr hier sind. Manchmal habe ich sogar das Gefühl, sie waren nie hier. Meine Familie ist zurückgegangen, und es ist, als wären sie nie hier gewesen, verstehst du das? Wir sind alle anderswo. Keine Spur von uns. Niemand hat eine Spur hinterlassen. Wenn Zora und du nicht in diesem Restaurant gesessen hättet, hätte nichts daran erinnert, dass ich in dieser Stadt aufgewachsen bin, dass wir als Familie unsere Leben hier verbracht haben, nichts. Wo soll ich also den Anfangspunkt setzen? In der Sprache, die meine Eltern nicht sprechen? In dem Land, in dem sie nie gelebt haben? Oder in dem Land, in dem sie gelebt haben, aber das ich nur ein paar Wochen im Jahr erlebt habe? Ich weiß nicht, wo diesen Punkt setzen, Jesus. Im Dorf meiner Eltern?[8]

Migrationsprozesse sind ein aktuelles Thema der zeitgenössischen Gesellschaften, zu dem es schon Veröffentlichungen von Autoren gibt, die Sprache, Migration und Psychodynamik aus psychoanalytischer Sicht erforscht haben. Aber derzeit existieren kaum Studien zur Triade Alexithymie – Migration – kulturelle Entzifferung. Trotz zahlreicher Studien gehört der symbiotische Einfluss von Migration auf die Semantik des kulturellen Erbes zu einem zu Unrecht vernachlässigten Forschungsgegenstand. Mangelhaft ist auch noch die „wissenschaftliche Akzeptanz

---

5 Ebd., S. 195.
6 Vgl. ebd., S. 205.
7 Ebd., S. 13.
8 Marinić, Jagoda: *Restaurant Dalmatia*. Pößneck 2013, S. 121.

der Interaktion zwischen Sprache und Emotion: ‚So bleibt die systemorientierte theoretische Linguistik oft dem alten Denkparadigma der digitalen Informationsverarbeitung verhaftet, welches Sprache als ein autonomes kognitives System sieht, Sprachverarbeitungsprozesse als in sich abgeschlossene Operationen betrachtet und emotionale Komponenten als bloße Performanzfaktoren einstuft und daher vernachlässigt bzw. komplett außer Acht lässt'"[9]. Aber die Ergebnisse der kognitiven Neurowissenschaft[10] haben maßgeblich dazu beigetragen, dass sich Kognition und Emotion nicht immer strikt trennen lassen, sondern einen prozessualen wechselseitigen Einfluss aufeinander ausüben. Die starke Wechselwirkung der Sprache und Emotionen bei Personen mit Migrationshintergrund ist die Grundannahme dieser vorliegenden Arbeit, die der Auslöser der Diskussion um die Interaktion von diesen ungerecht abgegrenzten, unzertrennlichen Komponenten sein sollte. Dieses Thema verlangt umfassende Detailforschungen, um die bisher wenigen, aber wesentlichen Ergebnisse zusammengehörig darzustellen.

Migrationsbewegungen schließen nicht nur „räumliche Bewegungen und kulturelle Begegnungen"[11], sondern auch, unter anderem, emotional ruinierende psychische Erfahrungen, die die wandernde Persönlichkeit modellieren, ein. Die Migrationen des (wahren) Selbst sowohl nach innen als auch nach außen, sind in den bisherigen Analysen lückenhaft und marginal erforscht. Soweit ich zum momentanen Zeitpunkt die Forschungslage überblicke und wie Schwarz-Friesel in ihrem Buch *Sprache und Emotion* betont, es enttäusche, dass „die Diskrepanz zwischen der großen Bedeutung von Emotionen für das menschliche (Er-)Leben und der geringen Relevanz von Emotionen in vielen wissenschaftlichen Theorien und Modellen"[12] auffällig ist.

> Ich bin überzeugt, dass du diesen Ausgangspunkt brauchst, Mia. Ich glaube nicht an ein Leben, von dem man nicht weiß, wo man herkommt. Und das meine ich nicht nur geographisch. Alles ist damit verbunden, selbst die Art zu lieben. Wer hat dich geliebt, wen hast du geliebt, wer hat dich geschützt, wer verletzt? Wer hat deine Träume zerstört, wer hat sie in der Welt platziert und wie. Und was genau willst du aus alldem machen[13].

Das Augenmerk richtet sich auf den identitätszerstörenden Effekt einer fremdsprachigen Kultur, der zur negativen emotionalen Erfahrung bei Personen mit Migrationshintergrund führen kann. Da der Migrant mit einer neuen Sprache

---

9 Winter-Heider, Christiane E.: *Mutterland Wort*, a.a.O., S. 2.
10 Vgl. ebd., S. 2.
11 Ebd., S. 12.
12 Schwarz-Friesel, Monika: *Sprache und Emotion*, a.a.O., S. 7.
13 Marinić, Jagoda: *Restaurant Dalmatia*, a.a.O., S. 123.

eine neue Realität gewinnt, bedeutet der Wechsel in eine andere Sprache mehr als nur eine kognitive Erfahrung[14]. Ein mangelhafter Spracherwerb und die Situation, in einem fremden Land, in einer fremden Sprache den gewünschten Inhalt nicht äußern zu können, könnte die tiefste Quelle verschiedener Persönlichkeitsstörungen sein. Zudem wurde exploriert, ob Alexithymie und Depressionszustände bei Migranten zusammenhängen. Haben die Migranten mit eingeschränkter Sprachfähigkeit und blockierter Sprechfähigkeit Schwierigkeiten, Emotionen zu zeigen und sie zu beschreiben? Wenn die Sprache für die Individualität und Zugehörigkeit steht, welche psychischen und psychosozialen Folgen hat es, wenn Migranten „in keiner Sprache mehr ‚zu Hause' sind"[15]? Dafür ist wiederum die zentrale Fragestellung von Bedeutung, wie die durch Migration verursachten psychosozialen Belastungen das Selbstbild beeinflussen können. Löst mangelndes Sprachverständnis bei Migranten den Minderwertigkeitskomplex aus? Welche anderen ungünstigen affektiven Faktoren sind im Spiel, wenn unzureichende Sprachkenntnisse bei Migranten zum Verstummen führen? Es wäre zu erwarten, dass „der Erwerb einer Zweitsprache abhängig vom Entwicklungsgrad der Erstsprache sei"[16]. Davon ausgehend, ist die Frage zu erörtern, welche die negativen Auswirkungen der „doppelten Halbsprachigkeit"[17] auf emotionale Inhalte der einzelnen Migranten bzw. Migrantenfamilien sind? Kann migrationsbedingter Bilingualismus auch positive Effekte auf wesentliche, für die Strukturierung der Persönlichkeit entscheidende psychische Prozesse haben? Wie ist Sprache (besonders Semilingualismus) mit der affektiven Entwicklung verbunden?

> Da ist sie. Nach all den Jahren wieder diese Wut. In jeder Ecke ihres Körpers, im Herzschlag, im Blutkreislauf, hämmert diese längst erstrickt geglaubte Wut. Doch Mia bemerkt etwas, das sie beinahe erschrecken lässt: Sie hat diese Wut vermisst. Genau diese Art Wut, die sie verschluckt, weil sie sich nur potenziert, sobald sie sich gegen jene richtet, die sie auslösen. In Kanada gibt es diese Wut in ihr nicht, nicht einmal versteckt in der Sprache. Selbst das Schimpfen wirkt noch wie eine Höflichkeitsübung oder ein Lautgedicht, das man eben so vorträgt, ohne dass es einen erfasst. Das Herz schimpft nicht mit, und der Verstand ist stärker als die Wut, hält sie in Schach. Selbst Rafael gibt sie meist säuselnd zu verstehen, dass er ihr auf die Nerven geht. Türe schlagen, Kissen werfen, ist alles möglich, doch nie packt es sie bis ins Letzte[18].

---

14 Vgl. Winter-Heider, Christiane E.: *Mutterland Wort*, a.a.O., S. 185.
15 Ebd. Titelblatt.
16 Wygotski (1971), zitiert nach: Winter-Heider, Christiane E.: *Mutterland Wort*, a.a.O., S. 162.
17 Niedrige Kompetenzen in beiden Sprachen, vgl. ebd. S. 164.
18 Marinić, Jagoda: *Restaurant Dalmatia*, a.a.O., S. 109.

Mit Migration sind immer politisch-historische Faktoren verbunden, die als wesentlich für das Verstehen des Migrantendaseins angesehen werden müssten. Vor allem sollte aber die Bedeutung von Sprachprestige untersucht werden. Die Sprache ist eine „soziale Tatsache"[19] – bei den Sprechern der Sprache, die eine geringe gesellschaftliche Wertigkeit besitzt, lässt sich mangelnde gesellschaftliche Anerkennung bemerken[20]. „Das Prestige einer Sprache entscheidet über deren soziale Akzeptanz und bestimmt weitgehend ihren Einsatz"[21], behauptet Winter-Heider. Es ist oft der Fall, dass die Aufnahmegesellschaft eine negative Einstellung gegenüber Immigranten hat, wodurch ihre Muttersprache zur Quelle der Scham wird. Diese Separation führt nicht nur zur misslungenen Integration, sondern sie hat auch einen Statusverlust zur Folge, was ferner zu einem beschädigten Selbstwertgefühl führen kann. Die Beschädigung des Selbstbildes verursacht bei den Migranten depressive Zustände und Identitätsstörungen. Zeigen depressive Personen mit Migrationshintergrund eine niedrigere situationale, intra- und interpersonale emotionale Intelligenz, die höhere Alexithymiewerte aufweisen?

Folglich stellt die Frage der Identität(en) eine echte Herausforderung dar – was ist eigentlich Identität in einer interkulturellen Semantik? Wer ist der Interpret meiner Identität – der Andere, ich oder der Fremde in mir? Konstruieren bilinguale Migranten eine bipolare Identität? Wenn die Identität eine Wesenheit einer Zugehörigkeit darstellt, wie entwickelt sich Identität bei den Menschen, die ihre Beziehung zu Herkunftsland und Muttersprache verloren haben und bei denen die (sprachliche) Sozialisation in die neue Gesellschaft nicht erfolgte? Und schließlich ist auch eine der inspirierendsten Fragen zu beleuchten, nämlich die nach den affektiven Veränderungen bei der Suche nach einer eigenen Identität.

> Erinnerungen sind dein Leben, Mia, dein Anker. Von da aus, wenn du festgebunden bist, kannst du ganz leicht treiben und ruhen. Sonst bist du immer wie auf dem offenen Meer. Kein Horizont in Sicht. Das hält die Seele nicht aus, Mia.
> Aber in Kanada sagen sie, der Mensch kann sich neu erfinden. Die meisten tun nichts anders, als sich neu zu erfinden.
> Natürlich kannst du dich neu erfinden. Aber nur aus dem Stoff, den du zur Verfügung hast. Man braucht viel Kraft, um aus den alten Stoffen neue Kleider zu nähen, weißt du? Deshalb tragen doch die meisten immer die gleichen. Und diese Kraft wirst du nicht haben, wenn du nur auf offener See treibst[22].

---

19 Winter-Heider Christiane E.: *Mutterland Wort*, a.a.O., S. 51.
20 Genießt eine Gesellschaft ein geringeres Ansehen, so überträgt sich das auf die Sprecher dieser Sprache und auf die Sprache selbst.
21 Ebd., S. 190.
22 Marinić, Jagoda: *Restaurant Dalmatia*, a.a.O., S. 104.

Die wissenschaftliche Perspektive der genannten Forschungsfragen liegt in der Ausrichtung von interdisziplinären Wissensgebieten. Wenn man von Persönlichkeitsstörungen bei Personen mit Migrationshintergrund spricht, die unter Instabilität ihrer Emotionen leiden, sollten im Wesentlichen Erkenntnisse und Methoden der psycholinguistischen mit den neurowissenschaftlichen und neuropsychologischen Theorien und Erkenntnissen produktiv aufeinander bezogen werden. Gedankliche Strukturen sollten kulturkontrastiv rekonstruiert werden, und Thesen sowie Zusammenhänge sollten aus der sozialpsychologischen Forschung, entwicklungspsychologischen Theorien, Kommunikationstheorien, Spracherwerbforschung, Sozio-, Psycho- und Kontaktlinguistik, Soziologie und Geschichte, aber auch aus den Politikwissenschaften und der Ethnopsychoanalyse entwickelt werden. Implikationen als auch einzelne Aspekte der genannten Disziplinen sollten zur Untersuchung dieser noch offenen und bisher unerforschten Situation, in der Migranten an Alexithymie leiden, aufeinander bezogen werden. Die theoriegeleitete argumentative Interpretationssicherung sollte im Lichte des historischen Rahmens und der aktuellen Situation in der Herkunfts- und Aufnahmegesellschaft durchgeführt werden, um den Einblick in die „Komplexität der Lebensgeschichte"[23] zu geben und „verschiedene Lebensbereiche"[24] transparent zu machen. Schon beim Vorgang des induktiven Schließens ist zu erwarten, dass die abgeleitete Folgerung zu neuen Erkenntnissen führen sollte.

> Mag sein, aber die Menschen da, die wirken anders, weil …
> … weil du ihre Wunden nicht kennst. Nur darum[25].

Die Entwicklung des Sprechens in einer fremden Sprache ist von den affektiven Reaktionen und dem emotionalen Zustand des Sprechers nicht zu trennen. Für den Menschen, dessen Leben durch Migration geprägt ist, ist das *Wort* eine Brücke zwischen seiner inneren Welt und der äußeren Wirklichkeit. Die vorliegende These dient als Ausgangspunkt für die weitere Argumentation, die beweisen sollte, dass, wenn am Ort des Sprechens im Gehirn ein sprachlicher Ausdruck fehlt, in dieser Gehirnregion wegen Sprachproduktionsfehlern eine Lücke entsteht, die wie eine funktionale Gehirnschädigung wirkt, die zu einer affektiven Störung führt. Statt sich in einer neuen sprachlichen Realität neu zu erfinden und in näheren Beziehungen eine neue Relation zwischen Ich und Du zu erstellen, verhindert die Unfähigkeit zur Symbolbildung die Verschmelzung von Ich und Objekt, die Identifizierung findet nicht statt, wobei sich das falsche Selbst konstruieren kann.

---

23 Winter-Heider, Christiane E.: *Mutterland Wort*, a.a.O., S. 24.
24 Vgl. ebd.
25 Marinić, Jagoda: *Restaurant Dalmatia*, a.a.O., S. 136.

Das ganze Geschehen führt unter erhöhten Anforderungen der Umgebung zum möglichen Auftreten der depressiven Phase. Nachfolgende wissenschaftliche Diskussionsergebnisse sollten nicht nur im geschlossenen linguistischen Kreis zusammengefasst werden, sondern auch einen wesentlichen Beitrag zur psychoanalytischen klinischen Praxis und psychotherapeutischen Behandlung von Patienten mit Migrationshintergrund leisten, bei denen Alexithymie, die mit Depression und Identifikation des Selbsts im Zusammenhang steht, als Kernsymptomatik zu erkennen ist. In Prozessen der Assimilation und Akkulturation betrachtet, bei denen der individuelle Erfahrungshintergrund zum gesellschaftlichen wird, setzt sich die vorliegende Arbeit dieses Sammelbandes zum Ziel, eine konstruktive Diskussion zu eröffnen, die dazu führen würde, zwischenmenschliche Beziehungen in einer pluralen Gesellschaft zu verbessern.

Literatur

Primärliteratur

Jagoda Marinić: *Restaurant Dalmatia*. Hoffmann und Campe Pößneck 2013.

Sekundärliteratur

Marie T. Banich; Molly Mack (Hg.): *Mind, Brain, and Language – Multidisciplinary Perspectives*. Lawrence Erlbaum Associates, Inc. New Jersey 2003.

David Bickerton: *Language and human behaviour*. University of Washington Press London 1995, S. 122–156.

Cedric Boeckx: *Language in Cognition – Uncovering Mental Structures and the Rules Behind Them*, Wiley-Blackwell West Sussex 2010.

Karola Brede: *Zur Methodik der Fallstudie*, in: Marianne Leuzinger-Bohleber, Heinrich Deserno und Stephan Hau (Hg.): *Psychoanalyse als Profession und Wissenschaft*. Kohlhammer Stuttgart 2004, S. 250–268.

Thomas Bronisch: *Der Suizid: Ursachen Warnsignale Prävention*. 5. Auflage, C.H. Beck München 2007.

Arnulf Deppermann: *Gespräche analysieren, Eine Einführung*, 4. Auflage, VS Verlag für Sozialwissenschaften Wiesbaden 2008.

Csaba Földes: *Kontaktdeutsch. Zur Theorie eines Varietätentyps unter transkulturellen Bedingungen von Mehrsprachigkeit*, Verlag Gunter Narr Tübingen (2005), http://www.foeldes.eu/sites/default/files/Kontaktdeutsch.pdf.

Csaba Földes; Gerd Antos (Hg.): *Interkulturalität: Methodenprobleme der Forschung*. Iudicium Verlag GmbH München 2007.

Walter A. Koch: *For a Semiotics of Emotion*, Studienverlag Dr. N. Brockmeyer Bochum 1989.

Zoltan Kövecses: *Language, Mind, and Culture – A Practical Introduction*. Oxford University Press New York 2006.

Zoltan Kövecses: *Metaphor and Emotion – Language, Culture, and Body in Human Feeling*. Cambridge University Press 2000.

David Krech; Richard Crutchfield: *Elementi psihologije*. Naučna knjiga Beograd 1976.

John Morton (Hg.): *Biological and Social Factors in Psycholinguistics*. Logos Press Limited London 1971.

Heike Roll: *Jugendliche Aussiedler sprechen über ihren Alltag. Rekonstruktion sprachlichen und kulturellen Wissens*. Iudicium Verlag München 2003.

Monika Schwarz-Friesel: *Sprache und Emotion*. Narr Francke Attempto Verlag Tübingen 2007.

Christel Stolz (Hg.): *Unsere sprachlichen Nachbarn in Europa – Die Kontaktbeziehungen zwischen Deutsch und seinen Grenznachbarn*. Universitätsverlag Dr. N. Brockmeyer, Bochum 2009.

Christiane E. Winter-Heider: *Mutterland Wort. Sprache, Spracherwerb und Identität vor dem Hintergrund von Entwurzelung*. Brandes & Apsel Verlag Frankfurt am Main 2009.

Andere Quellen

http://www.unifr.ch/ztd/HTS/inftest/WEB.
Informationssystem/de/4de001/0cc11260559711d58b620001028b2ad7/hb.htm.

Marie-Noëlle Faure (Paris)

Von der Chamissoliteratur zur Ankunftsliteratur – interkulturelle Literatur und Neubestimmung des Deutschseins

Zusammenfassung: Die hier skizzierte Entwicklung der interkulturellen Literatur im deutschsprachigen Raum verläuft in drei wichtigen Etappen, nämlich Dekonstruktion, Rekonstruktion und Neuidentifikation. Die sprachliche und persönliche Dekonstruktion, die Einwanderer aufgrund des Zusammenpralls zwischen Herkunfts- und Aufnahmekultur erleben, steht im Mittelpunkt der Gastarbeiterliteratur der 70er und 80er Jahre. Die Rekonstruktion ab den 90er Jahren erfolgt auf zweierlei Weise: entweder durch die sprachliche Abgrenzung von der Mehrheitsgesellschaft durch die Benutzung einer identitätsstiftenden eigenen Sprache, oder durch die Bemühung um einen Ausgleich zwischen beiden Kulturräumen durch Einbeziehung fremdländischer Kulturelemente. Ab den Nullerjahren hat sich die Selbstwahrnehmung der Migrantenautoren verändert. Sie verlagern den Akzent auf Transkulturalität und Hybridität und erheben Anspruch auf Literarizität. Mit dieser Neuidentifkation wird auch das „Deutschsein" neu beleuchtet.

Schlüsselwörter: Willensliteratur, Ankunftsliteratur, Transkulturalität, Hybridität, Deutschwerden.

From Chamisso literature to arrival literature
Intercultural literature and the redefinition of Germaneness

Abstract: The evolution of intercultural literature that is sketched out here for the German-speaking world involves three key stages, namely deconstruction, reconstruction, and re-identification. The personal and linguistic deconstruction which immigrants experienced, owing to the clash between their culture of origin and the host culture, was at the heart of immigrant workers' literature of the 1970s and the 1980s. The reconstruction that began in the 1990s followed two paths: either that of standing out linguistically from the majority society by using a different language, facilitating the construction of a distinct identity; or that of searching for a compromise between the two cultures, through the use of elements from a foreign culture. From the 2000s onwards, there was a shift in immigrant authors' perception of themselves. They began to highlight transculturality and hybridity, and to emphasize the literary nature of their work. This re-identification casts a new light on Germaneness.

Keywords: „Chosen literature", Arrival literature, Transculturality, Hybridity, „Becoming-German".

Es soll hier die Entwicklung von der Literatur deutschsprachiger Autoren nicht deutscher Muttersprache, der sogenannten „Migrantenliteratur" oder „Chamisso-Literatur" oder noch der „interkulturellen Literatur", seit den 60er Jahren im deutschsprachigen Raum skizziert werden. Schon die Vielfalt der Bezeichnungen verweist auf ein gewisses Unbehagen: Wie und wo ist diese Literatur zu verorten? Ist sie überhaupt zu verorten? Wohin gehören die Minoritätenautoren? Inwieweit beeinflussen sie das Selbstverständnis der Deutschen, das Deutschsein? Oder das ‚Deutschwerden', wie es Zafer Şenocak im Essayband *Zungenentfernung. Bericht aus der Quarantänestation* lapidar formuliert: „‚Deutschsein' erschwert ‚Deutschwerden' erheblich"[1].

1. Deutsche Sprache als Heimat

Vorauszuschicken sei, die Autoren, die hier erwähnt werden, benutzen alle eine andere Schreibsprache als ihre Muttersprache, nämlich die deutsche Sprache, von der sie oft behaupten, sie, also die Sprache, würde sie beherrschen, und nicht umgekehrt[2]. Auf Deutsch zu schreiben ist für sie eine Selbstverständlichkeit.

Dass die Schreibsprache eine andere als die Muttersprache ist, die von vielen Autoren eher als die „Vatersprache" (Anna Kim in *Die Bilderspur*) oder die „Großvatersprache" (Emine Sevgi Özdamar in *Großvaterzunge* oder Zafer Şenocak in *Gefährliche Verwandtschaft*) bezeichnet wird, verschafft eine Distanz, die gerade den literarischen Schaffensprozess erlaubt. Deutsch befreit sie einerseits vom Pathos, von einer gewissen Emotionalität, die dem Verhältnis zur Muttersprache anhaftet[3].

---

1 Zafer Şenocak: *Zungenentfernung. Bericht aus der Quarantänestation.* München 2001, S. 45.
2 Franco Biondi, der 1965 mit 18 Jahren aus Italien in die BRD kam und zunächst auf Italienisch schrieb: „Wenn ich zurückdenke, dann ist es nicht so sehr, dass ich die deutsche Sprache in Besitz genommen habe, sondern eher umgekehrt, dass die deutsche Sprache mich in Besitz genommen hat". In: Immocolata Amodeo/ Heidrun Hörner/ Christiane Kiemle (Hg.): *Literatur ohne Grenzen, Interkulturelle Gegenwartsliteratur in Deutschland – Porträts und Positionen.* Sulzbach/Taunus 2009, S. 37.
3 Léda Forgó: „Es würde mir wahrscheinlich leichter fallen, auf Ungarisch zu schreiben. Andererseits hat die deutsche Sprache eine Struktur, die mehr Klarheit anbietet, und ich habe auch das Gefühl, weniger in Pathos zu verfallen, auch dass ich durch die ‚Behinderung', eine Ausländerin zu sein, auch einen anderen Ton habe, nach dem die Deutschsprachler, also die gebürtigen, die ‚native Speakers' manchmal ein Leben lang suchen". In: Immocolata Amodeo/ Heidrun Hörner/ Christiane Kiemle (Hg.): *Literatur ohne Grenzen, Interkulturelle Gegenwartsliteratur in Deutschland – Porträts und Positionen.* Sulzbach/Taunus 2009, S. 154.

Andererseits sind sie von der Musikalität der Sprache angezogen. Yoko Tawada hat bei Autorenlesungen, wie sie in Deutschland üblich sind, eine „Nicht-Schrift-Literatur", eine „Literatur als Klang", entdeckt. Diese Oralität sollte dann auch ihre Herangehensweise an die japanische Literatur tief beeinflussen, die eher durch das Visuelle geprägt ist[4].
Ihnen ist Deutsch zur Heimat geworden.

deutsche sprache (1989)

die ich vorbehaltlos liebe
die meine zweite heimat ist
die mir mehr zuversicht
die mir mehr geborgenheit
die mir mehr gab als die
die sie angeblich sprechen
[...]

Hier[5] unterscheidet Yüksel Pazarkaya zwischen der Sprache und denjenigen, die sie sprechen, was aber im Selbstverständnis der Deutschen überhaupt keine Selbstverständlichkeit ist.

2. Auffassung eines monokulturellen, homogenen Deutschseins

Dass Nichtmuttersprachler Deutsch als Schreibsprache benutzen und dann damit eine Rolle in der deutschen Kultur spielen, verstößt nämlich gegen die Auffassung der Sprache als Marker der kulturellen Identität, die in Deutschland mit dem Begriff „Kulturnation" eng verbunden war. Die deutsche Sprache war lange der Zement des zersplitterten Deutschland. Die Einsprachigkeit war/ist der Garant der deutschen Kultur, die durch die enge Verbindung zwischen Sprache und Volk geprägt wurde. Die Deutschen sind etymologisch gesehen „diejenigen, die die Sprache des Volks sprechen". Die Ethnisierung der Sprache und der Kultur erreichte Ende des 19. Jahrhunderts und Anfang des 20. Jahrhunderts mit dem Erwachen und Befestigen des Nationalbewusstseins ihren Höhepunkt.

Marica Bodrožić: „Das deutsche [verschafft] mir die Distanz, meiner eigenen ersten Emotionalität zu begegnen, die natürlich mit der Muttersprache verbunden ist. Wenn ich in meiner Muttersprache schreiben würde, wäre ich wahrscheinlich brachial emotional und würde überhaupt nicht gut schreiben, weil ich zu nah da dran bin". Ebd., S. 193.
4 Vgl. ebd., S. 150–152.
5 Aus: Ayşegül Aktürk: *Interkulturelles Lernen im Deutschunterricht. Vorschläge zur Didaktisierung türkischer Migrantenliteratur.* Hamburg 2009.

Die Auffassung eines monokulturellen, homogenen Deutschseins dauerte auch in der BRD an. Daran sollte die Anwerbung ausländischer Arbeitskräfte in den 50er und 60er Jahren aus Italien, Spanien, Portugal, Griechenland, der Türkei und dem ehemaligen Jugoslawien nichts ändern, umso weniger als deren Aufenthalt nicht auf Dauer angelegt war. Aus dem Gastarbeiter wird aber später ein Einwanderer, ein Zuwanderer, ein Migrant. Damit sind nicht nur Wirtschaftsmigranten gemeint, sondern auch politisch Verfolgte, Flüchtlinge aus Krisenherden und auch die Angehörigen der zweiten oder dritten Generation, auf die das Label „mit Migrationshintergrund" zu Unrecht verwendet wird.

3. Zusammenprall – Dekonstruktion
„Zungenentfernung"

Die Migrantenautoren der ersten Generation erlebten einen Kulturschock und thematisierten die Entwurzelung, die Integrationsschwierigkeiten und die Schwierigkeiten mit der deutschen Sprache. Die Gastarbeiter lebten meistens untereinander in Wohnheimen oder „Wonaym", wie es Emine Sevgi Özdamar im Roman *Die Brücke vom Goldenen Horn*[6] phonetisch schreibt. Viele sprachen kein Deutsch oder nur gebrochenes Deutsch. In ihren Werken begeht Özdamar absichtlich Fehler, um den sprachlichen Schwierigkeiten der türkischen GastarbeiterInnen gerecht zu werden.

Frau mit Kopftuch: „ich nikis verstehen, was wollen türkische Arbeitsvermittlungs-Gastarbeiterhandbuch von meinem Kopftuch"[7].

„wenn er für Auto Übersünden machte, ..."[8] (statt Überstunden).

Diese sprachliche Dekonstruktion entspricht der persönlichen Dekonstruktion, die oft einen Kulturschock zur Folge hat. Selbst die Muttersprache oder die „Mutterzunge", wobei Özdamar ein hybrides Wort prägt – eine Mischung aus einer Übersetzung aus dem Türkischen („Zunge" zugleich als physisches Organ und als Sprache)[9] und einem deutschen Wort („Mutter"), wird durch das Leben in der Fremde dekonstruiert. Entweder sind die Worte, die in der deutschen Arbeitswelt benutzt werden, in der Muttersprache unbekannt: „Arbeitsamt, Finanzamt, Lohnsteuerkarte,

---

6 Emine Sevgi Özdamar: *Die Brücke vom Goldenen Horn*. Köln 1998.
7 Emine Sevgi Özdamar: *Karagöz in Alamania/ Schwarzauge in Deutschland*. In: *Mutterzunge*. Berlin 1990, S. 66.
8 Ebd., S. 72.
9 Emine Sevgi Özdamar: *Mutterzunge*. Berlin 1990, S. 7: „In meiner Sprache heißt Zunge: Sprache".

Berufsschule"¹⁰, oder es fällt dem Heimkehrenden auch sehr schwer, sich dann in seiner Muttersprache richtig auszudrücken. In Özdamars Erzählung *Mutterzunge* sagt die Ich-Erzählerin: „Meine Mutter sagte mir: ‚Weißt du, du sprichst so, du denkst, dass du alles erzählst, aber plötzlich springst du über nichtgesagte Wörter, […]‘"¹¹.

„Wenn ich nur wüsste, wann ich meine Mutterzunge verloren habe": Die „Zungenentfernung" zieht sich als Leitmotiv durch *Mutterzunge* hindurch. „Zungenentfernung" als physische, aber auch geistige Verstümmelung, verursacht Sprachlosigkeit, „Stummheit"¹², Identitätsverlust. Der Sprachwechsel bedeutet den Übergang von einer geborgenen in eine fremde Welt, wo der entwurzelte, befremdete Ausländer seine Kindheit verloren hat. Das literarisiert Özdamar in der Erzählung *Großvaterzunge*:

„In der Fremdsprache haben die Wörter keine Kindheit"¹³.

„[…] ich wollte zurück zum Großvater, dass ich dann den Weg zu meiner Mutter und Mutterzunge finden könnte. ich habe mich in meinen Großvater verliebt. Die Wörter, die ich die Liebe zu fassen gesucht habe, hatten alle ihre Kindheit"¹⁴.

Der Sprachwechsel bewirkt vor allem bei dem Erwachsenen eine Regression. Oft steht er in seiner neuen Sprache als Kind da. In *Die Bilderspur* Anna Kims ist der koreanische Maler, weil der deutschen Sprache unkundig, auf seine kleine

---

10 Ebd., S. 75: „die Türken sprachen in ihrer Sprache, die mit deutschen Wörtern gemischt war, wofür sie in Türkisch keine Worte hatten, wie: Arbeitsamt, Finanzamt, Lohnsteuerkarte, Berufsschule. Ein gestandener Gastarbeiter sprach: ‚Sonra Dolmetscher geldi. Meisterle konustu. Bu Lohn steuer kaybetmis dedi…'".
11 Ebd., S. 7.
12 Anna Kim: *Invasionen des Privaten*. Graz/ Wien 2011, S. 67–68: „Das Erstaunen zu entdecken, dass das Kind, das man auf eine schulische Anordnung hin weggeschickt hatte, als vollkommen anderer Mensch zurückkehrt, als *Ausländer*, mit dem es nur noch möglich ist, leere Blicke auszutauschen; die Wut, die gegen die Anweisung aufkeimt; der Zorn, der einem zusätzlich die Worte raubt, wenn dieser Befehl, mit einem Mal Fleisch geworden, im eigenen Haus zu leben scheint; die *Richtlinien aus der Fremde*, die sich immer mehr in der Heimat breitmachen; es scheint unmöglich anders als mit Schweigen darauf zu reagieren: plötzlich fremd in der eigenen Familie, fremd im eigenen Land, zwischen die (kulturellen und sprachlichen) Fronten geraten. *Unter dem Zwang, alles auf nur ungefähre Art zu sagen, lässt sich nichts mehr sagen*, schreibt Kristeva und präzisiert es mit: *gefangen in dieser vielförmigen Stummheit*. Vielförmig, ja, die Stummheit ist vielförmig, vielschichtig, zweisprachig […]".
13 Emine Sevgi Özdamar: *Großvaterzunge*. In: *Mutterzunge*. Köln 1990, S. 42.
14 Ebd., S. 43.

deutschsprachige Tochter angewiesen: „Kein Fuß vor die Tür ohne K, wie Kind begleite ich Vater als Schattenspion, Heimlich-Übersetzer, Wanderstab; verteidige ihn vor den Fluten des Fremdseins, [...]"[15].

Özdamar wird oft vorgeworfen, in ihren Werken das Leben der Türken in Deutschland mit der Unbefangenheit eines Kindes zu schildern. Die Heldinnen sind blauäugig, nicht die Autorin. Sie will gerade durch dieses Mittel die biografische Diskontinuität beim Einwanderer zum Ausdruck bringen.

3.1 Gastarbeiterliteratur und biografische Diskontinuität

Die biographische Diskontinuität liegt vielen Werken, die zur sogenannten „Gastarbeiterliteratur" zählen, zugrunde. Letztere fällt zeitlich mit der deutschen „Arbeiterliteratur" der 60er Jahre zusammen. Man denke etwa an die Gruppe 61, an Erika Runge, die in *Bottroper Protokolle* (1968) durch Wiedergabe von Interviews die Authentizität der Arbeiterwelt erzielen wollte. Genauso wie die Arbeiterliteratur sollte die Gastarbeiterliteratur anhand von Selbstdarstellungen, zerrütteter Biografien dokumentarisch vorgehen und dadurch Authentizität bewirken. So entstand aus der Perspektive der Gastarbeiter eine Literatur der Betroffenheit[16], eine gemeinschaftszentrierte Literatur, die als Zeugnis ihrer Zeit gilt.

In den 80er Jahren wollten der Syrer Rafik Schami und der Italiener Franco Biondi diese Literatur sichtbar machen und nannten die Gruppe, die sie 1980 gründeten, „Südwind Gastarbeiterdeutsch", wobei sie das doppelt Paradoxe am Terminus „gast-arbeiter-deutsch" hervorheben wollten. Sie gründeten zur gleichen Zeit den PoLiKunst Verein (Polinationalen Literatur-und Kunstverein), der 1983 in „Südwind Literatur" umbenannt wurde. Dabei wurde der Akzent schon auf die Interkulturalität verlagert. Damit waren sie eigentlich schon auf dem Weg zur Rekonstruktion.

4. Die Rekonstruktion erfolgt auf zweierlei Weise

4.1 Revolte der späteren Generationen

Als Rekonstruktion ist einerseits die Revolte der späteren Generationen zu bewerten, mag sie auch über sprachliche Dekonstruktion erzielt werden. Sie erfinden eine neue, ihnen eigene, bunt gemischte Sprache. Man denke dabei an die Kanak

---

15 Anna Kim: *Die Bilderspur*. Wien 2004, S. 10.
16 Franco Biondi/ Rafik Schami: *Literatur der Betroffenheit. Bemerkungen zur Gastarbeiterliteratur.* In: Christian Schaffernicht (Hg.): *Zu Hause in der Fremde. Ein Ausländerbuch.* Fischerhude 1981.

Sprak, als deren Erfinder Feridun Zaimoglu eigentlich gilt[17]. In seinem Werk *Kanak Sprak. 24 Misstöne vom Rande der Gesellschaft* wird nämlich die Sprache, die von jungen Türken benutzt wird, nicht wortwörtlich wiedergegeben. Der Schriftsteller musste nachdichten: „Dieser Folklore-Falle musste meine Nachdichtung entgehen. Deshalb enthält die deutsche Übertragung nur die Anrede ‚Bruder' und nicht ‚gözüm' (mein Auge), ‚gözümün nuru' (mein Augenlicht) oder vieles andere"[18]. Dabei wirkt er weniger authentisch, aber dafür umso gewaltiger. Die Authentizität würde der Suche nach einer stark differenzierten Identität zu Schaden kommen. Als „Folklore-Falle" gilt Zaimoglu „die Literatur der Betroffenheit", die das Bild eines „gefühlsduseligen Türken" entwerfe und Klischees weiter bediene.

Die Kanak Sprak ermöglicht dem „Kanaken", sich von der Mehrheitsgesellschaft ab- und auszugrenzen und aus der von der Gastarbeiterliteratur verbreiteten Opferrolle rauszukommen. Die Kanak Sprak und die dazugehörige streng kodifizierte Gebärdensprache erzeugen „Präsenz"[19]. Der Kanake gleicht sein eigenes Verunsicherungsgefühl dadurch aus, dass er mit seiner für einen Außenstehenden unbegreiflichen Sprache und seinem Imponiergehabe den Anderen verunsichert. Das Schimpfwort „Kanake", das er sich beim Abgrenzungsprozess zu eigen macht, bedeutet eigentlich auf Polynesisch „Mensch". Damit wertet sich der Jugendliche auf, der sich abgewertet fühlt, weil er nicht in die zur Homogenisierung tendierende Gesellschaft passt. Mit der Zeit hat sich aber dieser Untergrund-Kodex in einer harmloseren Gestalt, nämlich als Kiezdeutsch, als Teil der Ausdrucksformen in der deutschen Gesellschaft eingebürgert.

Eine bildergewaltige Sprache kennzeichnet auch Zaimoglus Roman *German Amok* (2002), den es gilt, auch als Wenderoman zu verstehen: Mit kruder Brutalität werden die Berührungsängste der Türken mit den Ostdeutschen in der Nachwendezeit geschildert:

> Im anderen Land führen die Straßen an kleinen Siedlungen vorbei. Man sollte in Dörfern nicht anhalten. An vielen Tankstellen versammelt sich in den Abendstunden die junge Brut,

---

17 Feridun Zaimoglu: *Kanak Sprak. 24 Misstöne vom Rande der Gesellschaft*. Hamburg 1995, S. 13: „Die Wortgewalt des Kanaken drückt sich aus in einem herausgepressten, kurzatmigen und hybriden Gestammel ohne Punkt und Komma, mit willkürlich gesetzten Pausen und improvisierten Wendungen. Der Kanake spricht seine Muttersprache nur fehlerhaft, auch das „Alemannisch" ist ihm nur bedingt geläufig. Sein Sprachschatz setzt sich aus „verkauderwelschten" Vokabeln und Redewendungen zusammen, die so in keiner der beiden Sprachen vorkommen. In seine Stegreif-Bilder und -Gleichnisse lässt er Anleihen vom Hochtürkisch bis zum dialektalen Argot anatolischer Dörfer einfließen".
18 Ebd., S. 14.
19 Ebd., S. 13.

sie sind eines jeden Feind. Weil sie, die ostdeutschen Bengel, in der Überzahl sind, bleiben sie auch von der Abreibung verschont, die sie für einige Zeit besänftigen könnte. Man soll sich mit vollem Tank auf den Weg machen. Es könnte sein, dass der Anblick lächerlich aufgedonnerten Menschenmülls einen Lachanfall provoziert, der üble Folgen nach sich zöge. Man sollte den Sehenswürdigkeiten und den Landeseigenheiten keine Beachtung schenken, und die Strecke zum Ziel in einer einzigen Anfahrt hinter sich bringen[20].

Die Wende bedeutet einen Wendepunkt in der Wahrnehmung vieler Autoren nicht deutscher Muttersprache, gleich welcher Herkunft. Bis zur Wende galten sie als deutsche Autoren. Nach der Wende wurden sie zu Migrantenautoren abgestempelt.

4.2 Ausgleich zwischen Herkunfts- und Aufnahmekultur

Als Rekonstruktion gelten andererseits die Bemühungen um einen Ausgleich zwischen der Herkunfts- und der Aufnahmekultur. Neuschöpfungen, Übersetzungen, neue Erzählstile bereichern die deutsche Sprache und die deutsche Literatur.

Es wurde schon das Wort „Zunge" erwähnt, das sich inzwischen SchriftstellerInnen „aus anderen Kulturräumen" zu eigen gemacht haben, wie Anna Kim in *Die Bilderspur* (2004): „fast scheint es, als wären wir blind auf den Zungen, wie konnten wir Wörter verlieren"[21], wobei das Dichterische hier durch das synästhetische Verfahren „blind" und „Zunge" erzeugt wird.

Die Gastarbeiterinnen in Özdamars *Brücke vom Goldenen Horn* nennen den Anhalter Bahnhof in Berlin „beleidigten Bahnhof", weil das türkische Wort für „zerbrochen" zugleich „zerbrochen" und „beleidigt" bedeutet[22]. Der erste Teil des Romans heißt sogar *Beleidigter Bahnhof*. In diesem Bild kommt der Gemütszustand der Entwurzelten zum Ausdruck.

Aus Elementen aus der Alltagskultur der Einwanderer entstehen auch neue Bilder: „Er bleibt nicht im Zimmer wie eine gefüllte Paprika im Kochtopf"[23].

Mit der Erzählung Karagöz in Alamania/ Schwarzauge in Deutschland führt Özdamar in die deutsche Literatur ein neues Genre ein, das Karagöz-Spiel. Ursprünglich ein Schattenspiel, blickt das Karagöz-Spiel auf eine lange asiatische Tradition zurück. Ständiger Wechsel des Erzählstils, Komik, Schwank, Parodie, phantastische und märchenhafte Elemente, sprachbegabte Tiere kennzeichnen dieses traditionelle Genre.

---

20 Feridun Zaimoglu: *German Amok*. Köln 2002, S. 113–114.
21 Anna Kim: *Die Bilderspur*. Wien 2004, S. 21.
22 Emine Sevgi Özdamar: *Die Brücke vom Goldenen Horn*. Köln 1998, S. 25.
23 Emine Sevgi Özdamar: *Karagöz in Alamania/ Schwarzauge in Deutschland*. In: Mutterzunge. Berlin 1990, S. 73.

> Der Bauer und der Esel kamen in Istanbul an. Der Esel saß auf den Schultern des Bauern. Der Bauer klagte über seine müden Beine, die fast nicht mehr seine Beine sind. Der Esel sah aber die Sultanspalast-Mauer und erzählte dem Bauern: „Siehst du, für diese Sultanspalast-Mauer haben dein und mein Großvater Steine getragen. Sie kamen sieben Jahre lang nicht zurück ins Dorf"[24].

Özdamar zeigt auch durch die Einbeziehung phantastischer Elemente, wie sich das Leben der Gastarbeiter in der Fremde auf das Alltagsleben in der Türkei auswirkt: Das Auto, des Deutschen Lieblingskind und das Statussymbol der Deutschländer (so wurden die türkischen Gastarbeiter und deren Kinder genannt), erlaubt ihr ein Wortspiel mit dem Wort „Karawane" (türkisch kervan) und dem Opel-Modell „Opel-Caravan": „Der Esel hatte auf der Dorfstraße einen Zusammenstoß mit einem Gastarbeiterauto Opel-Caravan, weil die Dorfstraße nicht für Autos, sondern noch für Esel gebaut war"[25].

Ein Opel-Record wird auch in die märchenhafte Inszenierung der Gastarbeiterrealität einbezogen und zum sprechenden Gegenstand gemacht:

> Der Esel sprach zum Opel-Record. Der Esel war sehr traurig. Weil der Bauer seinen Esel mit Opel-Record ausgetauscht hatte. Der Esel sagte zum Auto: „Sagen Sie mal, ein großer Kopf hat einmal gesagt: ‚Es gibt jetzt andere wichtige Dinge als Frieden'. Was werden Sie machen, Opel, wenn Krieg vor ihrer Tür steht?" „Ich kenne Schweizerinnen, sie haben gesagt: ‚Aa, dann gehen wir sofort in die Schweiz.' Du kommst auch mit Esel!" „Hahaha, nette Leute, wenn es den dritten Krieg gibt, glauben sie, sie können ihre Schokolade weiter allein essen".
>
> Die Scheibenwischer fingen an, sich zu bewegen, Auto war böse, es schrie[26].

Durch diese Einbeziehung fremdländischer Kulturelemente entsteht ein Dazwischen: Der Migrantenautor schlägt eine Brücke zwischen beiden Welten, er ist ein Vermittler. *Die Brücke vom Goldenen Horn* ist wie im gleichnamigen Roman Özdamars nicht nur in ihrer geografischen Verortung zu verstehen, sondern auch in ihrer Vermittlungsfunktion zwischen zwei Kulturräumen.

5. Neuidentifikation

5.1 Von der Chamissoliteratur zur Ankunftsliteratur

Das Verharren im Dazwischen wird aber heute hinsichtlich der wachsenden Heterogenität der deutschen Gesellschaft von Minoritätenautoren abgelehnt.

---

24 Ebd., S. 56.
25 Ebd., S. 87.
26 Ebd., S. 98.

Sie schlagen den Weg einer Neuidentifikation ein, die auf Hybridität, Inter- und Transkulturalität setzt. Sie verstehen sich als Teilhaber der deutschen Literatur, weigern sich, sich auf Nischenliteratur festlegen zu lassen. Längst angekommen, reden sie nunmehr von einer „Ankunftsliteratur".

Der deutsche Literaturbetrieb und das deutsche Lesepublikum hingegen fordern und fördern immer weiter die Exotisierung, die Migrantisierung und die Ethnisierung der Migrantenliteratur. Dieses Schubladendenken kommt etwa auch in den Klappentexten zur Vorstellung des Autors zum Vorschein[27]. Auf der einen Seite lässt sich Exotismus leichter vermarkten[28], auf der anderen Seite lässt sich der Leser gern an einer fremden Welt berauschen. Für die Migrantenautoren besteht eine richtige Exotismus-Falle, weil sie als Garanten für eine gewisse Authentizität gelten. Auch als Experten für das Geopolitische. Sie werden nach dem Motto „Einmal Migrationshintergrund, immer Migrationshintergrund"[29] auf die Migrationsthematik festgelegt, die ihnen oft den Weg ins Literarische, ins Ästhetische verwehrt[30].

„Ich kann das erotischste Gedicht auf der Welt schreiben, bei mir wittert man noch immer eine Botschaft, eine Aussage – über Heimatverlust, über den Krieg

---

27 Im Klappentext zum Erzählband *Muttersprache* scheitert sogar die gute Absicht. Die Kontextualisierung der Erzählungen und die Erwähnung der Debatte um Migrantenliteratur verfehlen gerade ihr Ziel: „Emine Sevgi Özdamar, ist 1946 in Malatya, Türkei, geboren, 1965 erster Deutschlandaufenthalt, Arbeit in einer Röhrenfabrik […] lebt seit 1988 in Berlin […]. *Muttersprache* ist in Deutsch geschrieben und ihre erste Veröffentlichung".
„Etiketten wie Gastarbeiterliteratur und Immigrantenliteratur werden angesichts der Alltäglichkeit des fruchtbaren Zusammenstoßes unterschiedlicher Kulturen in Europa immer fragwürdiger. Nicht mehr eine Kultur, an der man sich reibt oder in die man sich einfügt, prägt Wirklichkeit, sondern viele auch schrille Stimmen in gebrochenem Deutsch vereinigen sich zu einem Chor. *Muttersprache* ist eine seiner Stimmen".
28 Zafer Şenocak: *Gefährliche Verwandtschaft*. München 1998, S. 129: „ich habe erfolgreiche Kollegen, die sich alle ihrer Herkunft zu erinnern wissen. Sich der Herkunft erinnern, bringt Erfolg. Man muss sich den Deutschen absondern, um sichtbar zu werden".
29 Brigitte Schwens-Harrant: *Ankommen. Autoren im Gespräch*. Wien/ Graz/ Klagenfurt 2014, S. 65.
30 Zafer Şenocak: *Gefährliche Verwandtschaft*. München 1998, S. 129: „Wie sehr hatte ich gestaunt, als mein einziges literarisches Werk mit dem Titel *Veronika. Bericht über eine Liebe in unseren Tagen*, das lange nicht rezipiert worden war – so nennt man Bücher, über die keiner spricht –, plötzlich innerhalb der „Ausländerliteratur" entdeckt wurde. In wissenschaftlichen Darstellungen war ich nunmehr ein türkischer Schriftsteller, der geschickt mit der deutschen Sprache umging".

im ehemaligen Jugoslawien, über die Zerstörungen in Bosnien, den Massenmord in Srebrenica usw. usw."[31]

Dichterische Einfälle werden des Öfteren nicht als solche wahrgenommen, sondern bloß als Übersetzungen aus den jeweiligen Muttersprachen[32]. Die Autoren werden nicht als Individuen betrachtet, sondern als Vertreter eines Kollektivs, einer angeblich homogenen Herkunftsgemeinschaft und dadurch essenzialisiert.

Aus diesem Grunde prangert Şenocak das Märchenerzählen und die Einführung türkischer oder arabischer Märchenrequisiten in die deutsche Literatur an, wie etwa den klugen sprechenden Esel. Damit werde der Geschmack des Lesers bedient, und die Spaltung zwischen der Mehrheitsgesellschaft und Minderheiten zementiert[33].

Längst angekommen, stellen sie all die Begriffe infrage, mit denen die Mehrheitsgesellschaft und der deutsche Literaturbetrieb ihre Werke zu erfassen versuchen: „Gastarbeiterliteratur", „Migrantenliteratur" … und auch „Chamisso-Literatur". „Es

---

31 Marica Bodrožić: *Die Sprachländer des Dazwischen*. In: Uwe Pörksen/ Bernd Busch (Hg.): *Eingezogen in die Sprache, angekommen in der Literatur. Positionen des Schreibens in unserem Einwanderungsland*. Göttingen 2008, S. 73.

32 Marica Bodrožić: „Ich habe einen Roman geschrieben mit dem Titel *der Spieler der inneren Stunde*, und alle sagen immer zu mir: ‚Das ist ja so toll, das kommt doch bestimmt aus deiner ersten Sprache und dieses Bildhafte und so.' Wissen Sie, was meine kroatische Übersetzerin getan hat? Sie wollte mich erschießen. Der Titel ist unübersetzbar. Man kann ihn überhaupt nicht im Kroatischen wiedergeben. Man kann das so nicht übersetzen". In: Immocolata Amodeo/ Heidrun Hörner/ Christiane Kiemle (Hg.): *Literatur ohne Grenzen, Interkulturelle Gegenwartsliteratur in Deutschland – Porträts und Positionen*. Sulzbach/Taunus 2009, S. 175.

33 Zafer Şenocak: *Gefährliche Verwandtschaft*. München 1998, SS. 130–131: „Einige arabische und türkische Kollegen hatten inzwischen die Erzählkunst ihrer Urväter entdeckt, die sie in Klassenzimmern in Volkshochschulen und an anderen öffentlichen Orten ausübten. Märchen waren wieder erfolgreich. Wer Märchen erzählt, braucht Tiere, die ihn übersetzen. Die bevorzugten Tiere in diesen Texten waren neben Kamelen vor allem Esel. Da in Märchen die Tiere meistens schlauer sind als die Menschen, hatten die Esel immer einen weisen Spruch auf der Zunge. Man spürte, dass sie einen langen Weg zurückgelegt hatten, um zum deutschen Publikum zu sprechen. Ihre Treiber waren Meister ihres Berufs. Sie hatten ihre Tiere für den Besuch in Alamania bestens getrimmt. Die Esel sprachen alle deutsch, wenn auch ein sonderbares Deutsch, weil sie das, was sie sprachen, nicht auf deutsch dachten. Deutsch ist eine Sprache, in der Esel nicht denken können. Doch sie wurden nun zum Beweis dafür hergenommen, dass man in einer Sprache nicht denken muss, um zu schreiben. Man kann sie sogar erweitern, indem man Worte erfindet, die man nie erfunden hätte, wenn man die Fähigkeit gehabt hätte, in dieser Sprache zu denken".

gibt keine Chamisso-Literatur mehr, sondern nur das Hineinwachsen der deutschsprachigen Literatur ins Weltliterarische mit Hilfe der Agenten der Weltläufigkeit und Mehrsprachigkeit"[34], schlussfolgerte Ilija Trojanow 2009 in einem NZZ-Artikel.

1985 wurde zur Förderung der deutsch schreibenden Minoritätenautoren der Adelbert-von-Chamisso-Preis von der Robert Bosch Stiftung gegründet. Gerade zu einer Zeit, wo die konservativ-liberale Koalition unter der Führung Kohls immer wieder herunterleierte, Deutschland sei kein Einwanderungsland, und dementsprechend Rückkehrpolitik betrieb. Sehr schnell aber entartete er zu einer neuen Kategorisierung der Migrantenautoren. 2012 wurde deswegen die Definition des Preises erweitert, um der Heterogenität der deutschen Gesellschaft gerecht zu werden: Autoren werden nun für „die sprachkünstlerische Gestaltung ihrer Interkulturalität und ihre herausragenden Beiträge zur deutschsprachigen Gegenwartsliteratur"[35] ausgezeichnet.

Nicht von ungefähr bekam gerade 2012 der gebürtige Tscheche Michael Stavarič den Preis verliehen. Fern von jeder Migrationsthematik lässt sich Stavaričs Erstling *stillborn* (2006) in der surrealistischen Tradition verorten. Nicht nur der Anspielung auf Buñuels und Dalis Film *Ein andalusischer Hund* wegen: „[…] nimm die Nagelschere, das Messer, schneide dein Auge heraus, leg es zur Wäsche, wenn sie es finden, schweigen sie betreten"[36], sondern auch der sprachlichen Experimente, der Klangassoziationen wegen, die die Persönlichkeitsspaltung der Heldin Elisa widerspiegeln sollen, wie etwa deren Hang zur Erstellung von Listen, was als Lebenskrücke fungiert. Stavarič bringt (S. 85) seine eigene Erzählweise, wie folgt, auf den Punkt: „Herr Doktor, ich rede ja gern, erzähle, zähle auf, Sie ihn, mich, ein Satz ist auch nur eine Liste, ein, zwei Wörter, kurz nacheinander, jedes für sich ein Gedanke"[37].

Die Auflistung scheinbar loser Wörter ergibt aber einen Sinn, wie im folgenden Beispiel, als Elisa beim Therapeuten die eigene Herzlosigkeit bekennt: „Herr Doktor, ich zeige Ihnen etwas, eine Liste, die hat mich lange beschäftigt. Herz, Herz, Nieren, Herzschmerz, Herzensangelegenheit, Herzinfarkt, Herzmuskel, Herztransplantat, herzlich, ein Herz aus Glas"[38]. Als Hauptinterpunktionszeichen in

---

34 Ilija Trojanow: *Von den literarischen Früchten der Entwurzelung und den Agenten der Mehrsprachigkeit, Migration als Heimat.* In: „Neue Zürcher Zeitung", 30.11.2009.
35 http://www.literaturhaus-muenchen.de.
36 Michael Stavarič: *stillborn.* St. Pölten/ Salzburg, 2006, S. 10.
37 Ebd., S. 85.
38 Ebd., S. 46.

stillborn erlaubt das Komma zahlreiche phonetisch-semantische Assoziationen und wird auch der Atemlosigkeit der Ich-Erzählerin gerecht[39].

In diese surrealistische Tradition gehört auch Anna Kim, deren Hauptthema das Stigma des äußeren Scheins ist: Wie ist nämlich ihr Deutsch-Sein mit dem Koreanisch-Aussehen zu vereinbaren? Bei anderen Migrantenautoren kann das Stigma einfach der fremdländisch klingende Name sein. „‚Sind Sie Ausländer?', wurde ich gefragt, wenn ich meinen Namen buchstabierte. Früher buchstabierte ich ihn ohne diese Frage"[40], so der Held in Şenocaks *Gefährliche Verwandtschaft*.

In *Die Bilderspur* (2004) kommt das Fremdsein in der Herausbildung einer bildhaften Sprache vor:

> die Lippen immer noch esslöffelkurz[41].
> Straßen sackgassen im Stadtkern[42].
> ich hänsle und gretle durch einen langen Korridor[43].
> Sie stammelt Schweigen[44].

Die Ankunftsliteratur zeichnet sich durch eine ganz andere Herangehensweise an die Literatur und an die Sprache aus: Kreativität, Literarizität und Musikalität stehen nun im Vordergrund. „Biographie ist auch, vor allem für den Dichter, das Erdachte, Phantasierte [...]. Das Dichterische macht die Substanz der dichterischen Biographien aus"[45].

6. Was ist deutsch im 21. Jahrhundert? „Willensliteratur"?

Mit dem Erscheinen der Ankunftsliteratur drängen sich allerlei Fragen über die deutsche Identität auf: Wie ist sie zu definieren? Was ist deutsch im 21. Jahrhundert? Umso mehr als zwischen der Mehrheitsgesellschaft und den „moslemischen Mitbürgern" seit den Nullerjahren immer weiter polarisiert wird[46]. Die Autorin Hilal Sezgin hat den Eindruck, nun in Deutschland „muslimifiziert" worden zu sein.

---

39 Ebd., S. 89: „mein Atem ist kurz, kurz!"
40 Zafer Şenocak: *Gefährliche Verwandtschaft*. München 1998, S. 128.
41 Anna Kim: *die Bilderspur*. Wien 2004, S. 15.
42 Ebd., S. 42.
43 Ebd., S. 42.
44 Ebd., S. 85.
45 Zafer Şenocak: *Zungenentfernung. Bericht aus der Quarantänestation*. München 2001, S. 92.
46 Ebd. S. 47: „Statt ‚ich' und ‚Du' stehen einander plötzlich ‚Wir' und ‚Ihr' gegenüber. Wie wird das ‚Ich' zum ‚Wir', das ‚Du' zum ‚Ihr'? Wie werden aus persönlichen Biographien Gruppenidentitäten konstruiert [...]?"

Debatten wie Thilo Sarrazin sie führt, haben mich als türkischstämmige Intellektuelle muslimifiziert. Was ist in diesem Land nur schiefgelaufen? […] Egal ob man will, egal, was man gelernt hat. Wenn man einen bestimmten Teint hat, eine ‚typische' Nase, einen ‚einschlägigen' Namen, Eltern aus einem der verdächtigen Länder. Von einem Prozess der Ethnisierung sprechen Soziologen: Eine ursprünglich religiöse Kategorie wird zur ethnischen Beschreibung. Ich nenne es: Muslimifizierung[47].

Die Literatur wird nämlich nicht nur exotisiert, ethnisiert, sondern auch noch konfessionalisiert. Gerade gegen die Konfessionalisierung der Literatur und für eine Neubestimmung des Deutschseins, das Heterogenität und Hybridität miteinbeziehen würde, plädieren zwei gesellschaftlich und politisch engagierte Autoren: Zafer Şenocak und Navid Kermani. Der Letztgenannte, der am 23. Mai 2014 als der erste deutsche Intellektuelle, „der nicht nur deutsch ist"[48], die Festrede anlässlich des 65. Jahrestages der Verabschiedung des Grundgesetzes vor dem Bundestag hielt und 2015 mit dem Friedenspreis des deutschen Buchhandels ausgezeichnet wurde, wird in der Öffentlichkeit folgenderweise dargestellt:

Der deutsche Schriftsteller, Orientalist und Essayist ist eine der wichtigsten Stimmen in unserer Gesellschaft, die sich mehr denn je den Erfahrungswelten von Menschen unterschiedlichster nationaler und religiöser Herkunft stellen muss, um ein friedliches, an den Menschenrechten orientiertes Zusammenleben zu ermöglichen[49].

Beide Autoren knüpfen an die deutsche Aufklärung an: Den „Kantschen mündigen Bürger"[50], der sich von allen Vorurteilen, ob national, sozial, religiös selbst befreit,

---

Zafer Şenocak: *Deutschsein. Eine Aufklärungsschrift*. Hamburg 2011, S. 87: „Deutschland hat sich ein Türkenproblem geschaffen, und damit ein Islamproblem. Die Bevölkerung türkischer und arabischer Herkunft in Deutschland ist in Deutschland von ihren Prägungen her jedoch kaum unter einen Hut zu bringen. Diese Prägungen sind sehr verschieden, und kein arabisches Land hat eine fast einhundert Jahre andauernde Erfahrung mit Säkularisierung. Doch türkisch und arabisch wird in Deutschland inzwischen in einer türkisch-arabischen Bindestrichidentität zusammengefasst. Durch eine Überbetonung der muslimischen Identität wird eine zusätzliche Differenz zur deutschen Mehrheitsgesellschaft konstruiert".
47 Hilal Sezgin: *Deutschland schafft mich ab*. In: „DIE ZEIT", N° 36/2010.
48 *Rede von Dr. Navid Kermani zur Feierstunde „65 Jahre Grundgesetz"*. In: www.bundestag. de/dokumente/textarchiv/2014: „Selbst in Deutschland wäre es vor noch gar nicht langer Zeit, sagen wir am 50. Jahrestag des Grundgesetzes, schwer vorstellbar gewesen, dass ein Deutscher die Festrede im Bundestag hält, der nicht nur deutsch ist".
49 www.friedenspreis-des-deutschen-buchhandels.de.
50 Zafer Şenocak: *Zungenentfernung. Bericht aus der Quarantänestation*. München 2001, S. 61: „Ist doch der mündige Bürger der wichtigste Baustein eines jeden Rechtsstaates".

den „Lessingschen Weltbürger"[51] wollen sie umgesetzt sehen. Anerkennung statt Toleranz[52].

„Spieglein, Spieglein an der Wand, was ist am deutschesten im ganzen Land?", fragt der Ich-Erzähler in Şenocaks Roman *Gefährliche Verwandtschaft*[53]. „Die Vielvölkerrepublik"[54], antwortet der Essayist Şenocak, wobei er mit diesem Begriff das heterogene, hybride Deutschland erfassen will. Nicht „Vielvölkerstaat", der bloß ein multikulturelles Nebeneinander unterstellen würde. Also, keine Kulturnation mehr[55], sondern eine Willensnation im Sinne Ernest Renans. Die Zugehörigkeitsgemeinschaft ist nicht mehr als „Schicksalsgemeinschaft" zu verstehen, sondern als Ausdruck eines gemeinsamen Willens, als „Willensgemeinschaft". Vielleicht könnten wir auch von einer „Willensliteratur" reden. Eine Willensliteratur, die als Experimentierfeld der gesellschaftlich-politischen Entwicklung voraus wäre. Literatur ist auch Programm.

Literatur

Ayşegül Aktürk: *Interkulturelles Lernen im Deutschunterricht. Vorschläge zur Didaktisierung türkischer Migrantenliteratur*. Hamburg 2009.

Immocolata Amodeo/ Heidrun Hörner/ Christiane Kiemle (Hg): *Literatur ohne Grenzen. Interkulturelle Gegenwartsliteratur in Deutschland – Porträts und Positionen*. Sulzbach/Taunus 2009.

Heinz Ludwig Arnold (Hg): *Literatur und Migration*. München 2006.

Franco Biondi/ Rafik Schami: *Literatur der Betroffenheit. Bemerkungen zur Gastarbeiterliteratur*. In: Christian Schaffernicht (Hg.): *Zu Hause in der Fremde. Ein Ausländerbuch*. Fischerhude 1981, S. 136–150.

---

51 In Kermanis Rede zur Eröffnung der Lessingtage 2012 ist zu lesen: „An Lessing wird zu Recht seine Kenntnis fremder Kulturen und sein Eintreten für Toleranz gerühmt. Er war einer der ersten deutschen Autoren, die den Ausdruck ‚Kosmopolit' und dessen deutsche Entsprechung ‚Weltbürger' verwandten. Seltener in den Blick gerät, dass diese Weltoffenheit mit einem konsequent kritischen Bezug auf die eigene Gesellschaft einherging". Navid Kermani: *Vergesst Deutschland! Eine patriotische Rede*, o.O. 2012, S. 24.

52 „Willkommen heißen", „anerkennen", „integrieren" – oder einfach mal machen! Diskussionsrunde am 29.11.2013. In: Bernadette Schwarz-Boenneke (Hg): *Ankommen in der Gesellschaft der Vielfalt*. Freiburg/ Basel/ Wien 2014.

53 Zafer Şenocak: *Gefährliche Verwandtschaft*. München 1998, S. 90. Zafer Şenocak: *Zungenentfernung. Bericht aus der Quarantänestation*. München 2001, S. 49.

54 Zafer Şenocak: *Deutschsein. Eine Aufklärungsschrift*. Hamburg 2011, S. 55.

55 Navid Kermani: *Was ist deutsch an der deutschen Literatur?* In: „Süddeutsche Zeitung", 21.12.2006.

Carmine Chiellino (Hg.): *Interkulturelle Literatur in Deutschland. Ein Handbuch.* Stuttgart/ Weimar 2000.

Erving Goffman: *Stigma. Über Techniken der Bewältigung beschädigter Identität.* Frankfurt am Main 2010.

Michael Hofmann: *Interkulturelle Literaturwissenschaft.* Paderborn 2006.

Navid Kermani: *Was ist deutsch an der deutschen Literatur?* In: „Süddeutsche Zeitung", 21.12.2006.

Navid Kermani: *Vergesst Deutschland! Eine patriotische Rede,* o. O. 2012.

Navid Kermani: *Über den Zufall. Jean Paul, Hölderlin und der Roman, den ich schreibe.* München 2012.

Anna Kim: *Invasionen des Privaten.* Graz/ Wien 2011.

Aljona Merk: *„Migrantenliteratur". Konstruktion der Rezeption – Rezeption der Konstruktion. Am Beispiel einer empirischen Studie zum Rezeptionsverhalten von Studierenden.* Norderstedt 2011.

Emine Sevgi Özdamar: *Mutterzunge.* Berlin 1990.

Emine Sevgi Özdamar: *Großvaterzunge.* In: *Mutterzunge.* Köln 1990.

Emine Sevgi Özdamar: *Karagöz in Alamania/ Schwarzauge in Deutschland.* In: *Mutterzunge.* Berlin 1990.

Emine Sevgi Özdamar: *Die Brücke vom Goldenen Horn.* Köln 1998.

Uwe Pörksen/ Bernd Busch (Hg.): *Eingezogen in die Sprache, angekommen in der Literatur. Positionen des Schreibens in unserem Einwanderungsland.* Göttingen 2008.

Bernadette Schwarz-Boenneke (Hg): *Ankommen in der Gesellschaft der Vielfalt.* Freiburg/ Basel/ Wien 2014.

Brigitte Schwens-Harrant: *Ankommen. Autoren im Gespräch.* Wien/ Graz/ Klagenfurt 2014.

Zafer Şenocak: *Gefährliche Verwandtschaft.* München 1998.

Zafer Şenocak: *Zungenentfernung. Bericht aus der Quarantänestation.* München 2001.

Zafer Şenocak: *Deutschsein. Eine Aufklärungsschrift.* Hamburg 2011.

Hilal Sezgin: *Deutschland schafft mich ab.* In: „DIE ZEIT", N° 36/2010.

Michael Stavarič: *stillborn.* St. Pölten/ Salzburg 2006.

Ilija Trojanow: *Von den literarischen Früchten der Entwurzelung und den Agenten der Mehrsprachigkeit. Migration als Heimat.* In: „Neue Zürcher Zeitung", 30.11.2009.

Feridun Zaimoglu: *Kanak Sprak. 24 Misstöne vom Rande der Gesellschaft.* Hamburg 1995.

Feridun Zaimoglu: *German Amok.* Köln 2002.

Bülent Kırmızı (Elazığ)

Heimweh in der Literatur

„Man hat Arbeitskräfte gerufen, und es kamen Menschen"
Max Frisch

Zusammenfassung: Die türkische Migrantenliteratur kann in drei Phasen unterteilt werden: Die erste Phase umfasst die Jahre 1960 bis 1984 und kann als „Trauerzeit" bezeichnet werden. Die zweite Phase umfasst den Zeitraum 1985 bis 1995 und wird hier als „Hoffnungszeit" bezeichnet. Die letzte Phase heißt „Deutschland – unser Land" und dauert bis heute an. Jede Phase besitzt ihre eigenen charakteristischen Eigenschaften und ist durch diese Besonderheiten gekennzeichnet. Die Literatur, in der sich die Eigentümlichkeiten und auch Verschiedenheiten dieser Phasen widerspiegeln, nennt man Migranten- oder Gastarbeiterliteratur.

Literatur ist eine Kunst, die u.a. soziale Wirklichkeit widerspiegelt. Daher kann man sagen, dass Literatur sich in jeder Phase mit neuen Themen und Fragen auseinandersetzt. Wenn man Migrantenliteratur begreifen will, muss man zunächst festhalten, was Migration bedeutet bzw. wie und warum es zur Auswanderung gekommen ist. Auch in der deutschen Literaturgeschichte gab es eine Strömung mit dem Namen Exilliteratur. Viele deutsche Schriftsteller mussten beispielsweise während des Zweiten Weltkrieges ihr Land aus politischen Gründen verlassen, obwohl sie ihr Land sehr liebten. Die deutschen Exilautoren haben ihre Werke sowohl auf Deutsch als auch in der Sprache ihres Exillandes geschrieben. Die türkischen Gastarbeiter sind überwiegend zum Geldverdienen nach Deutschland gekommen. Am Anfang gab es keine politischen oder ideologischen, sondern zumeist wirtschaftliche Hintergründe für die Auswanderung. Dennoch gab es zahllose Unterschiede zwischen den Türken, die am Anfang der Auswanderungswelle gingen und denjenigen, die heute das Land verlassen, was sich natürlich auch in der Literatur widerspiegelt.

Schlüsselwörter: Migration, Migrantenliteratur, Heimweh in der Literatur.

Longing for the Homeland in Literature

Abstract: The Turkish migrant literature can be divided into three phases: The first phase includes the 1960 to 1984 can be called a "period of mourning". The second phase covers the period from 1985 to 1995 and is here named as "hope time". The last phase is called "Germany – our country" and has continued until today. Each phase has its own characteristic properties and is characterized by these features. The literature, in which the peculiarities and differences of these phases reflect, called migrant or guest worker literature.

Literature is an art that reflects e.g. the social reality. Therefore, one can say that literature dealing at every stage with new issues and questions. If you want to understand migrant literature, you must first consider what migration means and how and why people have come to emigrate. Also in the German literary history there was a flow with the name Exile

Literature. Many German writers had during the Second World War for example left their country for political reasons, although they loved their country very much. The German exile writers wrote their works both in German and in the language of their country of exile. Turkish guest workers have mostly come to Germany to make money. In the beginning there were no political or ideological, but economic reasons for emigration. In the long run however, there have emerged numerous differences between the Turks who went at the beginning of the wave of emigration and those who are now leaving the country, which of course is reflected in the literature.

Keywords: Migration, Migrant literature, Homesickness in the literature.

1. Einleitung

Gastarbeiterliteratur, Betroffenheitsliteratur, ausländische Literatur, Migrantenliteratur oder Minderheitenliteratur wurde auch von türkischen Gastarbeitern geschrieben, die nach Deutschland gingen, um dort Geld zu verdienen. Bezeichnungen, wie z.B. Gastarbeiterliteratur, Betroffenheitsliteratur, Literatur der Fremde, Migrantenliteratur oder interkulturelle Literatur sind jedoch heute weniger gebräuchlich; Man kann wohl sagen, dass diese Konzepte mehr für die erste Generation der Einwanderer angewandt wurden. Heute werden diese Begriffe manchmal synonym benutzt. Natürlich gibt es einige bedeutsame Parallelen und Unterschiede zwischen den Begriffen. „Gastarbeiterliteratur, Gastliteratur, Ausländerliteratur, Exilliteratur, Migrantenliteratur und Migrationsliteratur, unter diesen Bezeichnungen wird eine Literatur verstanden, die von den in der Bundesrepublik Deutschland lebenden ausländischen Bürgern geschaffen wurde"[1]. Die Nutzung verschiedener Begriffe hängt vor allem von individuellen Einstellungen ab. Ich bevorzuge hier die Begriffe ‚Trauer-Literatur', ‚Hoffnungsliteratur' und ‚Deutschland – unsere Heimat' gegenüber Gastarbeiterliteratur, Migrantenliteratur, interkulturelle Literatur, und dies aus geschichtlichen Gründen, die die Migranten anbetreffen.

Zahllose Türken, die unter extrem schlechten Bedingungen in ihrer Heimat lebten, wanderten nach Deutschland aus, um dort besser zu leben und die Möglichkeit zu haben, in ihre Zukunft investieren zu können. „In der Geschichte der Arbeitseinwanderung in Deutschland spielt die wirtschaftliche Konjunktur in den 50er Jahren eine große Rolle"[2]. Die Geschichte der türkischen Migration

---

1 Wollmann, Pimonmas Photong: *Literarische Integration in der Migrationsliteratur anhand der Beispiele von Franco Biondis Werken*. Dissertation. Universität Siegen 1997, S. 29. In: (http://www.ub.unisiegen.de/pub/diss/fb3/1999/photong/photong.pdf). [Zugang: 16.04.2015].
2 Ebd., S. 25.

nach Deutschland beginnt formell am 30. Oktober 1961 mit dem Anwerbeabkommen zwischen der Bundesrepublik Deutschland und der Türkei. Die erste Generation türkischer Arbeitskräfte stieg in den Zug ein und war bereit, meistens nur mit einem Koffer ausgestattet, für längere Zeit nach Deutschland zu gehen. Diese Menschen haben eine Brücke gebaut zwischen den beiden Völkern und Kulturen. Die türkische Kultur ist eine sehr starke Kultur und man kann sich vorstellen, dass diese Menschen ihre kulturelle Prägung natürlich auch mit nach Deutschland gebracht haben. „Der Begriff Migration ist kein Synonym für Arbeitsmigration, sondern sehr viel weiter zu fassen als Migration zwischen Systemen, Zeiten, Kulturen, Religionen und Kontinenten"[3]. Man spricht daher von einer Beeinflussung zwischen den beiden Kulturen. Sie haben nicht nur die türkische Kultur nach Deutschland mitgebracht, sondern auch deutsche und europäische Traditionen in der Türkei vorgestellt. Es gab auch viele unter den Einwanderern, die weder lesen noch schreiben konnten, weil sie in ihren Herkunftsdörfern keine Zeit oder keine Möglichkeiten zum Erwerb dieser Fähigkeiten hatten. Die Bedingungen für die Ausbildung einer Migrantenliteratur waren also nicht günstig. Die erste Generation fühlte sich meistens der türkischen Arabesk-Kultur verbunden und identifizierte sich mit ihr. „Sie existieren somit gänzlich isoliert am Rande der Gesellschaft und ihr Leben wird durch das ohnmächtige Gefühl von Entfremdung und Identitätsverlust durchzogen"[4]. Die Arabesk-Künstler, die aus der Türkei nach Deutschland gingen, um dort ein Konzert zu geben, verliehen den Gedanken, den tiefsten Gefühlen und inneren Welten der türkischen Arbeitnehmer Ausdruck. Die Gasterbeiter litten unter Heimweh und der Trennung von ihren Familien. Die in Deutschland lebenden Türken wurden in Filmen und musikalischen Werken oftmals anhand von Themen, wie z.B. Bildungsproblemen, Ungerechtigkeit, die sie besonders in Deutschland erlebt haben, und zerstörte Familien dargestellt. Mit der Zeit wuchsen die türkischen Kinder der Einwanderer auf und sprachen zu Hause Türkisch, doch sobald sie draußen waren, sprachen sie mit ihren deutschen Freunden Deutsch, wenngleich mit vielen Fehlern. Die erste Generation der Gastarbeiter lebte in Heimen, aber bereits ihre Kinder wohnten in komfortablen und modernen

---

3   Rösch, Heidi: *Migrationsliteratur im Interkulturellen Diskurs*. (Der Text basiert auf dem Vortrag zu der Tagung Wanderer – Auswanderer – Flüchtlinge 1998 an der TU Dresden 1998. In: http://www.fulbright.de/fileadmin/files/togermany/information/200405/gss/Roesch_Migrationsliteratur.pdf. [Zugang: 02.07.2015].
4   Berry, John W.: *Acculturation and Adaption in a New Society*. In: Petrus Han: *Soziologie der Migration: Erklärungsmodelle, Fakten, Politische Konsequenzen, Perspektiven*. 3. Auflage, Lucius & Lucius, Stuttgart 2010, S. 73.

Gebäuden. Diese räumliche Veränderung wird auch in der Literatur reflektiert. Die meisten Arbeiter wollten eigentlich nur einige Jahre in Deutschland leben und dann in ihre Heimat zurückkehren. Man bemerkt aber, dass die Gedanken und Gefühle der Einwanderer sich über die Zeit veränderten und viele von ihnen nicht mehr in die Türkei zurückkehren wollten. Sie dachten, solange in Deutschland alles in Ordnung sei, sie ihre Ziele erreichen und sich wohl fühlen könnten, gäbe es keinen Grund, ins Vaterland zurückzukehren. Von nun an bemühten sich die türkischen Migranten, Teil der deutschen Gesellschaft zu werden, und fühlten sich in ihrem eigenen Land als Ausländer, wenn sie dort ihren Urlaub verbrachten. Heute kann man sagen, dass das Ursprungsland nur ein Urlaubsort ist, weil die Einwanderer sich in Deutschland wohl und zu Hause fühlen.

Die Literatur, die in den ersten Jahren der Migration geschaffen wurde, wurde von Migrantenautoren oder von reisenden türkischen Autoren geschrieben. Die aus der Türkei als Reisende kommenden Autoren haben die Leiden jedoch nicht selbst erfahren, die die Arbeitsmigranten erlebt haben, und meistens haben sie auch nicht in den Fabriken gearbeitet. Dennoch versuchten sie, sich in die Gefühle der Migranten hinein zu versetzen. Aber sie schrieben meist dennoch aus einer anatolischen Perspektive. In diesem Fall kann man sagen, dass diese Schriftsteller die Migranten populistisch benutzt haben. Die Integrationsbestrebungen der Türken in die deutsche Kultur wurden von diesen Autoren oftmals bemängelt.

In Deutschland sieht man auch eine Literatur, die sich mit religiösen Inhalten beschäftigt, und die in der zweiten Periode anfängt und nun schon die dritte Periode andauert. Ihre Autoren schreiben meistens auf Türkisch. Viele türkische Verlage haben starke Vorurteile gegenüber den von türkischen Migranten verfassten literarischen Werken. Die Migrationsliteratur wurde in der Türkei häufig als unzureichend und unqualifiziert angesehen; Die in der Türkei lebenden Autoren unterstützen ihren Kollegen, die in Deutschland als Migranten arbeiten, leider nicht.

2. Die erste Phase: Trauer-Literatur

Diese Literatur der ersten Phase beschäftigt sich überwiegend mit persönlichen Problemen. Diese Phase der Migrantenliteratur dauerte etwa bis zum Jahr 1984. Die Autoren dieses Zeitabschnittes wurden zum Großteil in der Türkei geboren und haben beruflich eigentlich nichts mit Sprache zu tun. Deutschland war für die türkischstämmigen Autoren und auch für andere Türken, die in Fabriken und an ähnlichen Arbeitsplätzen arbeiteten, vorwiegend ein Bitterland. Sie wurden in der Türkei geboren und hatten keine ernsthafte Ausbildung genossen, aber sie hatten auch keinen Wunsch, etwas Neues zu lernen. Wenn man sich die Zeit von vor 50 Jahren anschaut, sieht man, dass zu diesem Zeitpunkt die Arbeitslosigkeit und die soziale Krise in der Türkei ihren Höhepunkt erreicht haben. In den 1960er Jahren gingen türkische Leute ohne tieferen Wunsch nach Deutschland, sondern lediglich, um dort zwei, drei Jahre Geld zu verdienen. Den Türken waren die Deutschen, ihre Kultur und Speisen erst einmal sehr fremd.

In der Tat hatten sie persönlich nichts gegen die Deutschen, aber es gab nur wenige Ähnlichkeiten zwischen den beiden Kulturen, und alles war ganz anders, z.B. die Sprache, Religion, Speisen, Kultur, Bildung, Gesetze usw. Wegen all dieser Gründe unternahmen sie keine Anstrengung, sich in das deutsche Volk zu integrieren. Es bestand immer die Idee, wieder in die Heimat zurückzukehren. Sie bewerteten Deutschland immer vor ihrem eigenen kulturellen Hintergrund. Daher haben sie es auch abgelehnt, Deutsch zu lernen: Sie dachten, dass sie dann nie wieder zurück in ihre Heimat gehen würden. Aus diesem Gedanken heraus entstand ein neuer Kreis. Sie lebten physisch im Ausland, aber psychisch blieben sie in ihren Heimatdörfern. In den folgenden Jahren mussten sie aber noch etwas ganz anderes erfahren – sie wurden nun auch als Fremde und Gäste in der eigenen Heimat angesehen. Damit fingen die Probleme der Zugehörigkeit zu einer bestimmten Nation an.

Unter den Einwanderern in Deutschland, die über die Schreibfähigkeit verfügten, begann eine neue Literaturbewegung. Diese Autoren haben auf der Grundlage ihrer persönlichen Beobachtungen, Erlebnisse und Erfahrungen geschrieben. Ihre Literatur kann man als „Trauer-Literatur" bezeichnen. „Ihre Literatur ist mit der Migration, ihren Hintergründen und ihrer Abfolge sehr eng verbunden"[5]. Lyrik und Kurzprosa sind die wichtigsten literarischen Gattungen der ersten Phase. Thematisch widmete sich diese Literatur tatsächlichen Ereignissen, auch ihre Figuren haben Vorbilder in der täglichen Realität. Sie bearbeiten ganz unterschiedliche Themen aus den Anfangszeiten der Migration, weil die erste Generation unmittelbar aus der Türkei gekommen ist. Sie stellten noch mehr individuelle und primäre Themen dar, z.B. Sprachschwierigkeiten und Migration, weil sie sich noch nicht an Deutschland, die deutsche Sprache oder Kultur gewöhnen konnten. Die Themen waren oftmals Türken und ihre Probleme, z.B. die Gefühle der Emigranten, Heimweh, Mitleid, Missgunst, Geduld, Sehnsucht, in die Heimat zurückzukehren, zerstörte Familien, Probleme bei der Arbeit und Sprachprobleme. Die gemeinsame Eigenheit dieser Bücher war, dass sie nicht rein fiktiv, sondern stark autobiographisch beeinflusst waren und daher in diesen Werken häufig der Ich-Erzähler benutzt wurde.

---

5   Öztürk, Ali Osman / Balcı, Umut: *Einige Bemerkungen zum Beitrag der deutschsprachigen Literatur von Türken zur mehrsprachigen Integration*. In: Yüksel Ekinci/ Ludger Hoffmann / Kerstin Leimbrink/ Lirim Selmani (Hg.): *Migration, Mehrsprachigkeit, Bildung*. Technische Universität Dortmund 2013, S. 90.

Zu den bekanntesten und wichtigsten türkischen Migrantenautoren zwischen 1960 und 1984 zählen unter anderem Aras Ören, Yüksel Pazarkaya, Bekir Yıldız, Güney Dal, Nevzat Üstün, Fakir Baykurt, Habib Bektaş und Fethi Savaşçı. Diese Autoren haben neue Ideen eingebracht, die die türkische Gesellschaft verändert haben. Man geht davon aus, dass sie eine Rolle spielten als Brücke zwischen den beiden Kulturen und Völkern. In ihren Werken sieht man, dass Bahnhöfe eine sehr wichtige Rolle als Raum spielen. Die erste Generation fährt mit dem Zug von Istanbul nach Deutschland, begleitet von Erinnerungen an den Aufbruch, die Angst und den Abschiedsschmerz. Die türkischen Emigranten wanderten in die unterschiedlichsten deutschen Städte aus. Die Arbeiterheime sind weitere wichtige Orte der Emigranten. Die Erzählungen beginnen am Bahnhof und gehen weiter im Heim. Später, nachdem die Emigranten Deutschland noch besser kennen gelernt haben, werden weitere Orte, wie Moscheen, Kaffeehäuser und Vereine zu wichtigen Schauplätzen.

In der Zeit der frühen Migrantenliteratur galt der Roman *Türkler Almanya'da* (*Die Türken in Deutschland*) von Bekir Yıldız als eine der ersten literarischen Arbeiten, in der der Schriftsteller das Abenteuer der Türken in Deutschland porträtiert. Dieser leidenschaftliche Roman erschien im Jahr 1966. Daneben gab es auch einige Autoren, die Deutschland als Reisende besuchten und danach ihre Erfahrungen aufschrieben:

Tomris Uyar: *Ormanların Gümbürtüsü* (1972),
Burhan Arpad: *Büyük Kapının Önünde Bir Fener* (1973),
Mustafa Balel: *Karga Öterken* (1974),
Adalet Ağaoğlu: *Fikrimin İnce Gülü* (1976),
Abbas Sayar: *Dik Bayır* (1977),
Necati Tosuner: *Sancı... Sancı* (1977),
Dursun Akçam: *Deutsches Heim – Glück allein: Wie Türken Deutsche sehen* (1982),
Fethi Savaşçı: *İş Dönüşü* (1972), *Özel Ulak* (1973), *Makinalar Çalışırken* (1983).

Außer den oben genannten Autoren gab es einige Migranten, die zu schreiben versucht haben, aber leider über keine literarische Bildung oder Schreibfertigkeit verfügten. Sie waren ganz begeistert von der Idee, etwas zu schreiben, aber einige von ihnen waren Analphabeten, und als Ergebnis haben sie die Emigrantenliteratur verdorben.

Das Verhältnis zwischen Frauen und ihren Männern war auch ein wichtiger Gegenstand dieser Zeit. In den 1960er Jahren war es die Pflicht der Männer in der Türkei aufzupassen, dass ihre Ehefrauen nicht allein auf die Straße gehen. Aber türkische Frauen konnten allein, noch vor ihren Männern, nach Deutschland gehen, um dort Geld zu verdienen, und das brachte einige Probleme mit sich. Die Ehefrauen der türkischen Männer saßen in Berlin, München, Köln, Hamburg und in anderen Städten Deutschlands in Cafés, rauchten oder tranken Kaffee. Inzwischen blieben ihre Männer in der Türkei und warteten darauf, auch nach Deutschland zu kommen. Das allgemeine Bild der türkischen Frauen veränderte sich nicht wesentlich in den 1960er und 1970er Jahren, aber dennoch fühlten sie sich in einer privilegierten Lage, da sie einer Arbeit nachgehen und Geld verdienen konnten.

3. Die zweite Phase: Hoffnungsliteratur

Die zweite Phase der Migration in Deutschland war besonders wichtig für die Türken. In dieser Phase, also zwischen 1985 und 1995, überlegten die türkischen Emigranten, ob sie in die Türkei zurückkehren oder in Deutschland weiterleben sollten. Viele von ihnen bekamen in Deutschland Kinder und einige türkische Männer heirateten deutsche Frauen. Die zunehmende Anpassung der Migranten an die deutsche Kultur war eine Ursache, die verhinderte, dass die Migranten zurückkehrten. In der zweiten Phase wurden einige Probleme gelöst, die in der ersten Phase aufgetreten waren. Zum Beispiel konnte die erste Generation kein Deutsch sprechen, aber ihre Kinder hatten, wenn auch nicht immer akzentfrei, sehr gut Deutsch gelernt. Die erste Generation hatte keine deutschen Freunde, aber ihre Kinder hatten meist mehr deutsche als türkische Freunde. Die Kinder, die mit der deutschen Sprache und Kultur aufwuchsen, betrachteten ihr Vaterland Türkei nur als Ferienort. Aus all diesen Gründen gaben viele Ausländer es auf, in ihre Heimat zurückzukehren, und von jener Zeit an wurde Deutschland ihre einzige Hoffnung.

Bevor man die Migrantenliteratur dieser Phase bewertet, sollte man den kulturellen, sozialen und intellektuellen Hintergrund der Türken in Deutschland gut kennen. Zunächst sollte man das schlechte Image der ersten Generation löschen und erst dann fortfahren. Das Publikum in türkischen Kreisen bevorzugte es wegen seines oft niedrigen Fremdsprachenniveaus, Bücher auf Türkisch zu lesen, und eben deswegen schrieben die meisten Autoren auch auf Türkisch. Diese Bedingungen hielten zwei Generationen an. Die zweite Phase unterscheidet sich von der ersten Phase hinsichtlich verschiedener Eigenschaften. In dieser Zeit war die türkische Umgebung bereit, eine eigene Literatur auszubilden. Anfang der 1980er Jahre blickten die türkischen Migranten in Deutschland bereits auf eine ungefähr 20jährige Geschichte mit den Deutschen zurück. Während dieser Zeit hatten sie auch die deutsche Sprache und kulturellen Eigenheiten gut kennengelernt. Für die erste Generation von Migranten kann man nicht von einer Kommunikation mit den Deutschen sprechen, und in dieser Position wurden die aus der Türkei kommenden Autoren zu Vermittlern, die die Gedanken ihrer Landsleute erläuterten. Die zweite Phase brachte unter den Migranten viele Autoren hervor, und diese haben ihren eigenen Gedanken, Gefühlen und Hoffnungen und denen ihres Publikums Ausdruck verliehen. Diese Schriftsteller kannten die beiden Kulturen und Sprachen schon sehr gut.

Vor allem muss man festhalten, dass die zweite Generation noch wichtiger als die anderen zwei Generationen war. Denn genau zu diesem Zeitpunkt geschah im Herkunftsland etwas Schlimmes: Die türkische Armee übernahm am 12. September 1980 in einem Putsch die Staatsmacht in der Türkei. Das Parlament wurde aufgelöst und 30.000 Personen flohen ins Ausland; Und daneben soll hier auch angemerkt werden, dass rund 133.607 Bücher verbrannt wurden. Die Auswirkungen des Militärputsches beeinflussten natürlich auch die in Deutschland lebenden Migranten, wobei sie sich weniger für die Literatur als mehr für die politischen Folgen interessierten. Die Literatur hatte natürlich immer noch eine Bedeutung für den Leser, aber man kann sagen, dass sie ihre praktischen Auswirkungen verloren hat. Auf der anderen Seite hat sich eine Migrantenliteratur entwickelt, um all diese Fälle zu reflektieren. Zum Zeitpunkt des Putsches gingen viele Menschen aus der Türkei nach Deutschland, und einige von ihnen haben versucht, ihre Erfahrungen literarisch zu beschreiben.

In der zweiten Phase dachten die Migranten kaum daran, dass Deutschland für sie ein vorübergehendes Domizil darstellen könnte, und auch die Migrantenliteratur begann sich zu verändern. Man kann daher nicht mehr von einer Trauerliteratur sprechen, sondern darf nach einer neuen Bezeichnung suchen: Der Stern der Hoffnungsliteratur war aufgegangen. Die Umsiedlung spielt in der Literatur dieser Zeit nur noch teilweise eine Rolle. Die Themen waren zumeist sehr allgemein, wie z.B. Ansiedlung, Anpassung, Vereinigung, Kommunikation, Abbau von Vorurteilen, Arbeiten und Leben in Deutschland, die Beziehungen zwischen Deutschland und der Türkei sowie Kulturkonflikte. „Die Suche nach Identität sei das Hauptthema"[6]. Die von der Türkei nach Deutschland emigrierten Autoren hatten ihre Werke auf Türkisch verfasst. Nur wenige Migrantenautoren und ihre Werke waren auch in der Türkei bekannt, darunter Fakir Baykurt, Dursun Akçam, Habib Bektaş, Fethi Savaşçı, Gültekin Emre und Yüksel Pazarkaya. Neben diesen Autoren zählen die folgenden deutschschreibenden Autoren zu bemerkenswerten Vertretern der zweiten Phase: Emine Sevgi Özdamar, Zafer Şenocak, Zehra Çırak, Akif Pirinçci und Osman Engin. Die letzten Schriftsteller haben auch in der dritten Phase weitergeschrieben.

---

6 Gino Chiellino: *Literatur und Identität in der Fremde*. Neuer Malik Verlag, Kiel 1989, S. 37.

4. Die dritte Phase: Deutschland – unsere Heimat

In der dritten Phase der Migration sieht man, dass die Türken in Deutschland auf Deutsch noch besser als auf Türkisch schreiben und sprechen können. Sie beschäftigten sich in ihren Texten nicht mehr wie ihre Großväter mit der Türkei, sondern mit Deutschland. Von nun an waren Deutschland, die deutsche Wirtschaft sowie Einstellungen, Gedanken und Gefühle von Deutschen wichtig. Die Türken haben verstanden, wie wichtig Deutschland für sie war, und sie haben teilweise ihr Vaterland Türkei auch moralisch verlassen. Nebenbei verfügte die dritte Generation der Einwanderer über eine universale Weltansicht, über die die erste und zweite Generationen nicht verfügte. Im Übrigen spricht man zu Hause halb Türkisch, halb Deutsch, woraus eine quasi neue Sprache entsteht. Diese Sprache mit Bestandteilen der türkischen und deutschen Sprache besteht immer noch und wird von vielen Türken in Deutschland benutzt. Die meisten in Deutschland lebenden Ausländer sind Türken und eben deswegen lernen immer mehr junge Menschen Türkisch in Deutschland. Zu Hause *„wird mit der Mutter Türkisch gesprochen, mit dem Vater und den Geschwistern Deutsch"*[7].

Viele in Deutschland lebende türkische Jugendliche hatten große Probleme in der Vergangenheit, aber heute sieht man, dass diese Situation sich verändert hat. *„Fast 60 Prozent der jungen Menschen sprechen besser Deutsch als Türkisch"*[8]. In der ersten und zweiten Generation hatten die jungen Menschen Bestrebungen gezeigt, ihre Herkunftskultur zu schützen, aber so etwas gibt es heute nicht mehr. Bis heute wird im elterlichen Haus ausschließlich Türkisch gesprochen, aber die dritte Generation spricht nur noch Deutsch, sowohl draußen als auch im Haus. Obwohl die Eltern kaum oder nur schlecht Deutsch sprechen und ihre Deutschkenntnisse nicht ausreichend sind, müssen sie im Alltag und am Arbeitsplatz Deutsch sprechen. Aus all diesen Gründen konnte sich die türkischsprachige Literatur in Deutschland nicht erweitern, und die mit der deutschen Denkweise aufgewachsenen Autoren schreiben heute nur auf Deutsch.

Die Türken in Deutschland, die sich mit Literatur beschäftigen, sind meistens Deutsch-Türken. Das heißt, dass sie türkischer Herkunft sind, aber die deutsche Staatsangehörigkeit haben. So sieht man die Unterschiede zwischen den drei Generationen sehr klar. In der dritten Phase kann man die Autoren wiederum in drei Gruppen unterteilen. Die erste Gruppe schreibt nur auf Türkisch, die zweite nur

---

7   Jakob, Marion Aicher: *Identitätskonstruktionen türkischer Jugendlicher. Ein Leben mit oder zwischen zwei Kulturen.* Springer-Verlag, Wiesbaden 2010, S. 169.
8   Angioni, Milena: *Fördermaterial für den DaZ-Unterricht: Klasse 9–10.* AOL Verlag, Hamburg 2012, S. 53.

auf Deutsch und die letzte sowohl auf Deutsch als auch auf Türkisch. Auch die Leser haben sich verändert. Die früheren Leser bevorzugten Bücher auf Türkisch, aber die dritte Generation wählt deutschsprachige Bücher. In Deutschland geborene Autoren bzw. solche, die mit deutschen kulturellen Eigenschaften vertraut waren, bewerten ihr Vaterland Türkei aus der Sicht eines Weltbürgers. Einige von ihnen sind zum Beispiel Yüksel Pazarkaya, Zehra Çırak und Akif Pirinçi. Die Autoren der dritten Generation schreiben über unterschiedliche Themen. Zum Beispiel gilt der 1959 in Istanbul geborene Akif Pirinçi als Erfinder des modernen Tierkrimis. Der Bestseller-Autor schrieb früher den Detektivroman *Felidae*, mit dem er auch bekannt wurde. In diesem Werk ist eine Katze die Hauptfigur. *Felidae* wurde 1990 als der beste Kriminalroman ausgezeichnet. Eine andere deutsch-türkische Schriftstellerin ist Emine Sevgi Özdamar. Sie ist im Jahre 1946 in der Türkei (Malatya) geboren. Ihr Roman *Das Leben ist eine Karawanserei* (1992) wurde mit dem Ingeborg-Bachmann-Preis ausgezeichnet. Außerdem gehörte dieses Werk in seinem Erscheinungsjahr 1992 zu den wichtigsten Neuerscheinungen. In diesen Werken treten immer öfter Figuren mit deutschen Namen auf. Die gemeinsamen Eigenschaften der Prosa dieser Schriftsteller sind, dass sie die Gefühle, Gedanken und Erwartungen von Deutschen verfasst haben. Feridun Zaimoğlu wurde am 4. Dezember 1964 in der Türkei (Bolu) geboren. Sein erstes Buch war *Kanak Sprak*. In diesem Werk versuchte er, die Zerstörungskraft der Sprache türkischstämmiger Männer in Deutschland literarisch darzustellen. 1999 veröffentlichte er sein Werk *Koppstoff*, in dem 26 Frauen aus verschiedenen Berufen von ihren Erfahrungen erzählen. In diesen Werken sieht man, dass die Figuren weder schwach noch hilflos, sondern im Gegenteil energisch und entschlossen sind.

Die Themen von der ersten und zweiten Phase der Migrantenliteratur sind ganz verschieden. Die Autoren behandelten meist aktuelle Themen, wie soziale und politische Beziehungen zwischen den Menschen und auch zwischen den Ländern. Zum Beispiel Zafer Şenocak, der zur zweiten Generation gehört, veröffentlichte 1992 sein Werk *Der Mann im Unterhemd*, das sich den oben genannten Themen widmet. Die Schriftstellerin Dilek Zaptcioglu ist eine der wichtigsten Autorinnen der Migrantenliteratur. *Der Mond isst die Sterne auf* heißt Zaptcioglus erster Roman; Er erhielt 1999 den Gustav-Heinemann-Friedenspreis.

5. Schlussfolgerung

Die Autoren der ersten Generation schrieben meist auf Türkisch und widmeten sich noch traditionellen Themen, die Autoren der zweiten und dritten Generation wandten sich vermehrt universelleren Themen zu. Die meisten Autoren der ersten Generation hatten wenige Möglichkeiten, die Unterschiede zwischen der deutschen und der türkischen Kultur zu sehen, aber die zweite Generation war mit beiden Kulturen gut vertraut. Der dritten Gruppe gehören die Autoren mit moderner Einstellung an, weil sie in Deutschland aufgewachsen sind. Sie haben keine ausreichenden Kenntnisse über die kulturellen Unterschiede zwischen den Türken und den Deutschen. Sie fühlen sich eher als Deutsche. „Man kann sagen, dass Sprache und Verhalten gar nicht voneinander zu scheiden sind"[9]. Wenn man einen Vergleich ziehen würde zwischen den drei Phasen der Migrantenliteratur, sieht man, dass in der ersten Phase folgende Themen bearbeitet wurden: Sehnsucht, schlechte und schmutzige Lebensräume, Kaltherzigkeit des Arbeitgebers und die Lebensbedingungen von Gastarbeitern. Die nächste Generation bearbeitet universellere und aktuelle Themen, wie die soziale und ökonomische Lage von Deutschland, die Probleme der Deutschen und Türken, die Probleme der türkischen Politik und Wirtschaft, Beziehungen zwischen Türken und Deutschen usw. Für die Schriftsteller der dritten Generation spielen die Nationalität, Religion und die traditionellen Werte keine so wichtige Rolle mehr.

Literatur

Milena Angioni: *Fördermaterial für den DaZ-Unterricht: Klasse 9–10*, AOL Verlag, Hamburg 2012.

John W. Berry: *Acculturation and Adaption in a New Society*. In: Petrus Han: *Soziologie der Migration: Erklärungsmodelle, Fakten, Politische Konsequenzen, Perspektiven*. 3. Auflage, Lucius & Lucius, Stuttgart 2010, S. 199–202.

Gino Chiellino: *Literatur und Identität in der Fremde*. Neuer Malik Verlag, Kiel 1989.

Marion Aicher Jakob: *Identitätskonstruktionen türkischer Jugendlicher. Ein Leben mit oder zwischen zwei Kulturen*. Springer-Verlag, Wiesbaden 2010.

Ali Osman Öztürk/ Umut Balcı: *Einige Bemerkungen zum Beitrag der deutschsprachigen Literatur von Türken zur mehrsprachigen Integration*. In: Yüksel Ekinci/ Ludger Hoffmann/ Kerstin Leimbrink/ Lirim Selmani (Hg.): *Migration, Mehrsprachigkeit, Bildung*. Reihe: Stauffenburg Aktuell, Band 9, erscheint 1. Quartal 2013 (*Nach 50 Jahren: Migration – Mehrsprachigkeit – Bildung. Probleme und Perspektiven, 14. und 15. Oktober 2011*). Technische Universität Dortmund 2013, S. 89–100.

Heidi Rösch: *Migrationsliteratur im Interkulturellen Diskurs*. (Der Text basiert auf dem Vortrag zu der Tagung *Wanderer – Auswanderer – Flüchtlinge 1998*

---

9   Yücel, Erdinç: *Günlük İletişimde Dil Davranış İlişkisi*. Selçuk Üniversitesi, Sosyal Bilimler Enstitüsü Dergisi, 21/2009, S. 517.

an der TU Dresden 1998. http://www.fulbright.de/fileadmin/files/togermany/information/200405/gss/Roesch_Migrationsliteratur.pdf.

Pimonmas Photong Wollmann: *Literarische Integration in der Migrationsliteratur anhand der Beispiele von Franco Biondis Werken*. Dissertation, Universität Siegen 1997. In: (http://www.ub.unisiegen.de/pub/diss/fb3/1999/photong/photong.pdf).

Erdinç Yücel: *Günlük İletişimde Dil Davranış İlişkisi*. Selçuk Üniversitesi, Sosyal Bilimler Enstitüsü Dergisi, 21/2009, S. 515–518.

Sabri Eyigün (Diyarbakır)

Die Stellung der Religion im Prozess der Migration und Integration am Beispiel von Alev Tekinays Roman *Nur der Hauch vom Paradies* (Eine literatursoziologische Untersuchung)

Zusammenfassung: Migranten sind Menschen, die in der Hoffnung auf ein besseres Leben ihre Heimat verlassen und in ein anderes Land auswandern, das für sie in soziologischer, politischer und kultureller Hinsicht wohlmöglich fremd und andersartig ist. Das bleibt für ihr gesamtes Leben nicht folgenlos, denn die Migration bringt im Laufe der Zeit auf den verschiedensten Ebenen, von der Religion über die Literatur und Künste bis hin zu materiellen Lebensumständen, einen großen Wandel mit sich. Wenn die Migration noch dazu aus einer weitgehend religiös geprägten Lebenswelt, wie in der Türkei, in ein weitgehend säkularisiertes Land wie Deutschland stattfindet, dann ist dieser Wandel, im Vergleich zu einer Einwanderung innerhalb eines ähnlichen Kulturraums, umso größer.

Der Wandel der kulturellen und religiösen Lebensumstände ist auch der zentrale Konfliktpunkt zwischen der ersten Migrantengeneration, deren Leben stark von den alten, meist religiösen Werten geprägt wurde, und der zweiten Generation, die sich in die neue Gesellschaft schon stärker integriert hat oder gar assimiliert wurde, wie es bei den türkischen Familien in Deutschland häufig der Fall ist.

Der folgende literatursoziologische Beitrag möchte zeigen, wie die türkische Autorin Alev Tekinay in ihrem Roman *Nur der Hauch vom Paradies* die vielschichtigen Beziehungen zwischen Migration, Religion und Integration darstellt, und dabei der Frage nachgehen, wie Tekinay die Rolle der religionsgeprägten Tradition innerhalb des Generationskonfliktes zum Ausdruck bringt. Darüber hinaus möchte der Beitrag untersuchen, ob und in welchem Umfang Tekinay die Religion als einen relevanten Faktor innerhalb von Integrationsprozessen bewertet.

Schlüsselwörter: Alev Tekinay, *Nur der Hauch vom Paradies*, Migration/Integration, Religion, Generationskonflikt, Literatursoziologie.

The place of religion in the process of migration and integration using the example of Alev Tekinays *Nur der Hauch vom Paradies* (A literature-sociological study)

Abstract: A migrant is someone who leaves their own country in order to lead a better life and lives in another country which is sociologically, culturally and politically different and unfamiliar to them. As a consequence of this, migrants face many problems as migration brings about changes in a lot of things ranging from religion to literature, art and material culture. If immigration is from a country like Turkey, which has formed a religious life-world, to a highly secularized country like Germany, then a much bigger transformation takes place, compared with migrations to the environment with the same culture. This cultural and religious transformation usually forms a central conflict area between the first migrant generation shaped mostly by religious values and the second generation already assimilated/integrated with the new society as in the case of Turkish families living in Germany.

The following sociology of literature study aims at showing how a migrant Turkish author Alev Tekinay addresses complex and versatile relationships between migration, religion and integration in her novel *Nur der Hauch vom Paradies*. It also aims at looking for an answer to the question of how the author Tekinay depict the role of religiously-formed values in the conflict of generations.

Keywords: Alev Tekinay, *Nur der Hauch vom Pardies*, migration/integration, religion, conflict of generations, literature sociology.

1. Einführung

Die Geschichte des Romans *Nur der Hauch vom Paradies* wird aus der Sicht des in Deutschland gut integrierten türkisch-deutschen Schriftstellers Engin Ertürk erzählt, der sich laut eigener Aussage „eher wie ein Deutscher"[1] fühlt. Engins Eltern sind als „Einwanderer aus Izmir"[2] nach Deutschland gekommen. Engin selbst ist in Deutschland geboren und aufgewachsen. Der Protagonist studierte in Bayern Germanistik, lebt in Augsburg, wird ein erfolgreicher Autor und gewinnt sogar den „Bayerischen Jugendförderpreis für Lyrik"[3]. Als berühmter Schriftsteller liest Engin bei Kulturveranstaltungen Ausschnitte aus seinen Werken und beantwortet anschließend die Fragen seiner Leser. Obwohl er oft zum Ausdruck bringt, dass er sich niemals „zwischen den beiden Kulturen und Ländern"[4] fühle, muss er sich trotzdem immer wieder mit beiden Kulturen auseinandersetzen.

Engins Gegenüber ist sein Vater Halil Ertürk, der „Obst- und Gemüsehändler, der Gastarbeiter, der Einwanderer aus Izmir"[5]. Halil Ertürk hält im Gegensatz zu seinen Kindern an den türkischen und islamischen Traditionen fest, und daher gelingt es ihm nicht, sich in die deutsche Mehrheitsgesellschaft zu integrieren. Im

---

1 Alev Tekinay: *Nur der Hauch vom Paradies*. Brandes u. Apsel, Frankfurt am Main 1993, S. 18.
2 Ebd., S. 9.
3 Ebd., S. 16.
4 Ebd., S. 18.
5 Ebd., S. 9.

Laufe der Zeit entsteht zwischen ihm und seinen Kindern eine große Kluft, die sich zu einem Familienkonflikt ausweitet, wie er bei fast allen Migrantenfamilien zu beobachten ist. Denn „nach Helfferich ist Migration stets ein Familienprojekt, von dem alle Familienmitglieder über mehrere Generationen hinweg betroffen sind"[6].

Beim Lesen des Romans fallen dem Leser zuerst die Gemeinsamkeiten zwischen der Autorin und ihrem Protagonisten ins Auge. Der Ich-Erzähler Engin ist in gewissem Sinne eine autobiographische Figur, mit der Alev Tekinay ihre eigenen Lebenserfahrungen und Beobachtungen als deutschschreibende Türkin zum Ausdruck bringt. Der Unterschied zwischen Alev Tekinay und ihrer Hauptfigur „liegt jedoch in seinem Geschlecht und seiner Mentalität. Engin Ertürk ist Schürzenjäger und Atheist. Mittels einer solchen Figur verwirklicht Alev Tekinay ihre Kritik auf geschickte Weise"[7]. Zwar verarbeitet die Autorin in dem Roman einiges Hintergrundwissen (z.B. erzählt sie die Geschichte der türkischen Migration, die man überall nachlesen kann), doch ist der Roman in seiner ironischen Überzeichnung deutlich als fiktionaler Text gekennzeichnet und markiert eindeutig, dass hier nicht ausschließlich autobiographische Erfahrungen verarbeitet wurden.

Im Mittelpunkt des Romans *Nur der Hauch vom Paradies* steht das Integrationsproblem der türkischen Migranten am Beispiel einer Familie, die schon vor Jahrzehnten aus Izmir nach Deutschland gekommen ist. Die Integration dieser Familie und ihre Beziehungen untereinander sowie zu anderen werden in dem autobiographisch geprägten Roman aus verschiedenen Perspektiven dargestellt. Dadurch bringt die Autorin auch ihre Leser zum Nachdenken über die religiösen, kulturellen und sprachlichen Dimensionen von Integration und deren Folgen für die familiären Beziehungen.

Wie wir wissen, sind für die Identität eines Migranten viele Faktoren, wie Geschlecht, Sprache, Nation, Beruf, sozialer Status, Religion etc. prägend. Sicherlich sind alle diese Faktoren innerhalb des vielseitigen Migrationsprozesses wichtig. Doch die Religion, zumal wenn sie der Aufnahmegesellschaft fremd ist, hat bei der Integration eine besondere Stellung. Denn „Religion erscheint in den Prozessen

---

6 Weertje Willms: *Die ‚Newcomerin' Alina Bronsky im Kontext der russisch-deutschen Gegenwartsliteratur und ihre Rezeption im deutschen Feuilleton*. In: „Alman Dili ve Edebiyatı Dergisi, Studien zur Deutschen Sprache und Literatur". İstanbul, 2013/1, S. 65–84.

7 Gürsel Aytaç: *İki Dünyaya Birden Ait Olan Bir Yazar: Alev Tekinay*. Ankara 1989, S. 228. In: ders.: Jeannette Squires OKUR: *Weibliche Umwurzelung: Die Darstellung interkultureller Begegnungen in den Werken von Füruzan, Alev Tekinay und Elif Şafak*. Dissertation zur Erlangung der Würde des Doktors der Universität Ankara. Ankara 2007, S. 20.

der Migration und Integration fast ausschließlich als ein Faktor, der Differenzen schafft und Differenzen erklärt. Religion wird somit als der entscheidende Teil der individuellen und kollektiven Identität der Migranten gesehen"[8]. Nach soziologischer Ansicht kann „Religion als gleichsam portables Stück Heimat in der Fremde durchaus segregierende Wirkung entfalten und sich hierdurch als Hemmschuh bei der Integration in die Aufnahmegesellschaft erweisen"[9]. Wegen dieser entscheidenden Rolle der Religion nimmt in Tekinays Roman die Darstellung der religiösen Werte und ihre Bedeutung für die erste und zweite Generation eine wichtige Stellung ein.

2. Die Bewahrung der religiösen und nationalen Identität oder die Angst vor dem Identitätsverlust

Die in dem Roman thematisierte Verknüpfung von Migration/Integration und Religion deckt sich mit soziologischen Beobachtungen. Bei seiner Untersuchung zu Religion und Integration/Migration fand Uslucan heraus, dass „die Wertetransmission in Minderheitensituationen" in der Regel deutlich intensiver ist als bei Angehörigen der Mehrheitsgesellschaft. Nach Uslucan fühlen sich Menschen in der Fremde eher genötigt, das Eigene zu stilisieren und zu konservieren[10]. Das gilt besonders für die türkische Minderheit, denn sie ist sich dessen bewusst, dass die Aufnahmegesellschaft bei den leitenden Werten nicht dieselben erzieherischen Vorstellungen teilt wie sie selbst. Deshalb versucht sie, ihre Kinder äußerst religiös zu erziehen, damit die religiöse und nationale Identität erhalten bleibt und nicht verloren geht. Diese von der Soziologie beschriebenen Konflikte werden in *Nur der Hauch vom Paradies* aus der Perspektive der beiden gegensätzlichen Hauptfiguren thematisiert. Das Wichtigste im Leben von Engins Eltern ist das Weitergeben der islamischen Werte und Traditionen. Der Ich-Erzähler von Tekinays Roman denkt immer an die religiöse Erziehung seiner Eltern, wenn er sich an seine Kindheit erinnert:

---

8   Hartmut Lehmann: *Migration – Religion – Integration: historische Perspektiven, aktuelle Theorien.* In: ders.: Friedrich-Ebert-Stiftung: *Migration – Religion – Integration.* POLICY Politische Akademie Nr. 30. Berlin 2009.
9   Tobias Mörschel: *Einführung in die Thematik.* In: ders.: Friedrich-Ebert-Stiftung: *Migration – Religion – Integration.* POLICY Politische Akademie Nr. 30. Berlin 2009.
10 Vgl. Hacı Halil Uslucan: *Erziehung, Religion und Integration bei Muslimen in Deutschland.* In: ders.: Friedrich-Ebert-Stiftung: *Migration – Religion – Integration.* POLICY Politische Akademie Nr. 30. Berlin 2009.

Wie jedes Jahr hatte Vater Emel [Engins Schwester] und mir was von islamischen Festen und Traditionen vorgefaselt. Opa war gerade zu Besuch bei uns in München. Er nahm sich einen Tag vor dem Fest die Zeit, mit Emel und mir den Koran zu studieren[11].

Der Begriff *Hierarchie* ist ein zentraler Bestandteil der traditionell islamisch-türkischen Gesellschaft. „Die Hierarchie […] richtet sich unter anderem nach Alter und Geschlecht der Individuen […]. Im Kollektiv müssen jüngere Individuen in der Regel den älteren gegenüber Ehrerbietung und Respekt erweisen"[12]. Daher müssen die Jungen alles tun, was die Älteren von ihnen verlangen. Das hat oft einen Generationskonflikt innerhalb der Familie zur Folge, vor allem, wenn die Eltern ihre Kinder dazu zwingen, die Religion oder religionsorientierte Traditionen zu praktizieren. In Tekinays Roman steht auf der einen Seite des Konflikts der Sohn, der die zweite und zugleich stärker assimilierte Generation vertritt. Der Protagonist weist immer wieder auf seine deutsche Zugehörigkeit hin: „Niemals habe ich mich zwischen den beiden Kulturen und Ländern gefühlt. Immer schon habe ich mich eher wie ein Deutscher gefühlt"[13]. Vater und Sohn stehen sich im Roman des Öfteren „wie zwei Kampfhähne"[14] gegenüber, wie es auch in Beispielen der klassischen und modernen Literatur der Fall ist, in denen ein ähnliches Thema behandelt wird. Jedoch stehen hier keine eigentlichen Machtkämpfe, sondern die gegensätzlichen Welt- und Moralvorstellungen der Generationen im Vordergrund. Die Schuld für diesen Konflikt liegt weder bei den Jungen noch bei den Alten allein, sondern alle haben Anteil an den Integrationsproblemen in der deutschen Gesellschaft.

Die Autorin betont die Gegensätzlichkeit immer dort, wo es um die Einstellung zur Tradition oder zu einer Regel aus dem religiösen und traditionellen Bereich geht. So beginnt die Handlung des Romans mit einem Anruf von Engins Mutter, die einen Tag vor dem Zuckerfest ihren Sohn in einem warnenden Ton darüber informiert, dass morgen Zuckerfest sei: „Ich möchte dich daran erinnern, dass morgen das Zuckerfest ist. Papa legt Wert darauf, dass du pünktlich zum Frühstück erscheinst"[15]. Während sich seine Eltern am Zuckerfest in ihrer Festkleidung zum „festlichen Frühstück" an den Tisch setzen, nimmt Engin daran nicht teil und bleibt im Bett, bis der Vater ihn anschreit: „Zuerst drückst du dich vor dem

---

11 Alev Tekinay: *Nur der Hauch vom Paradies*, a.a.O., S. 32.
12 Hüseyin Kuzkaya: *Ehre und Scham in der türkischen Sprache – Prototypische Weltkonstruktionen einer traditionell ländlichen Gesellschaft* – Dissertation zur Erlangung der Würde des Doktors der Philosophie der Universität Hamburg. Hamburg 2001.
13 Alev Tekinay: *Nur der Hauch vom Paradies*, a.a.O., S. 18.
14 Ebd., S. 132.
15 Alev Tekinay: *Nur der Hauch vom Paradies*, a.a.O., S. 7.

Moscheebesuch, dann ziehst du dich nicht festlich an, was soll das Ganze? Hast du eine Erklärung dafür?"[16]

Der Konflikt entsteht nicht nur dort, wo es um islamische Traditionen, sondern auch wo es um die christlichen Feste geht. An den christlichen Feiertagen versuchen die Eltern, ihre Kinder von der deutschen Gesellschaft fernzuhalten, damit ihre Kinder sich der anderen Religion nicht annähern oder ihre religiöse Identität nicht verlieren. Als Engin und seine Schwester Emel sich an ihre Kindheit erinnern, fällt ihnen als eine ihrer „bittere[n] Kindheitserfahrungen" zum Beispiel Weihnachten ein[17], an dem sie „von der deutschen Welt ausgeschlossen" waren. Das führt zu einem Konflikt zwischen den Kindern und Eltern, denn die Kinder sehnen sich auch nach dem, was ihre deutschen Freunde und Mitschüler erleben. Engin bringt diesen Konflikt einer muslimischen Migrantenfamilie wie folgt zum Ausdruck:

> Da schmückten die deutschen Mitschüler die Christbäume und bekamen Geschenke und erlebten Gott weiß was. Bei uns im Ertürk'schen Haus aber war nichts, rein gar nichts los. Weihnachten war ein stinknormaler Tag, grauer sogar als jeder Tag, weil der Kontakt zur deutschen Außenwelt völlig abbrach[18].

Der Vater hat so große Angst vor dem religiösen Identitätsverlust seiner Kinder, dass er sich ärgert, wenn die Deutschen ihnen ein „Frohes Fest" wünschen, und er versucht „den liebenswürdigen Gratulanten klarzumachen"[19], dass sie eigentlich keine Weihnachten feiern.

Diese Art der autoritären Erziehung zur Bewahrung der nationalen und religiösen Identität durch die alte Generation bildet im Roman den Kernpunkt des Konflikts zwischen den Generationen.

3. Das Verhalten von Engin gegenüber der islamischen Tradition

Obwohl die erste Generation auf die religiösen Traditionen einen sehr großen Wert legt, hat die zweite Generation kein oder nur wenig Interesse an diesen. Viele von denen, die wie Engin und Emel keinen Kontakt mehr zu ihren Familien und auch keinen türkischen Bekanntenkreis haben, wissen nicht einmal, wann das Zuckerfest stattfindet. Die Einladung seiner eigenen Mutter zum Zuckerfest verärgert Engin

---

16 Ebd., S. 32.
17 Vgl. ebd., S. 21.
18 Ebd.
19 Alev Tekinay: *Nur der Hauch vom Paradies*, a.a.O., S. 31.

so sehr, dass er sich beherrschen muss, um ihr gegenüber freundlich zu bleiben[20]. Engins Ärger über ihren Anruf und ihre Einladung zum Zuckerfest beruhen vor allem auf zwei Gründen: Erstens hofft er darauf, dass der Anruf von seiner Freundin Sabine sei, die sich vor vielen Jahren von ihm getrennt hat. Zweitens kommt ihm alles, was die religiösen Feste betrifft, langweilig und unerträglich vor: „Während solcher Feierlichkeiten war nur mein Körper anwesend, mein Geist aber schwebte über der Welt in einem azurblauen Himmel"[21].

Seine Gleichgültigkeit und sein Hass gegenüber den religiösen Traditionen werden an anderer Stelle des Romans aus der Sicht der zweiten Generation in einer sarkastischen und ironischen Art und Weise dargestellt:

> Das mit dem Zuckerfest und Emels Ankunft heute Abend, das haben wir x-mal durchgekaut, als ich gestern bei meinen Eltern zu Abend aß. Ich hockte in der Wohnküche […] nickte ständig und sagte den ganzen Abend ‚Ja Vater' oder ‚Ja Mutter', als die beiden mit unbeschreiblichem Enthusiasmus Festpläne schmiedeten[22].

Dass Engin sich auf das Zuckerfest nicht freut und das Gespräch seiner Eltern über das Fest „als x-mal" abtut, während sie „mit unbeschreiblichem Enthusiasmus Festpläne schmiedeten"[23], zeigt die Ausmaße seiner religiösen Abneigung. Engin, als ein ganz in Deutschland integrierter Mensch, fühlt sich in der türkischen Kultursphäre so fremd, dass er die Kultur seiner Eltern mit den Augen eines atheistischen Deutschen betrachtet und sie sogar hasst. In Engins Antwort auf die Frage seines Vaters, ob er „eine Erklärung dafür" habe, wird der Kern des Konflikts sichtbar:

> ‚Meine Erklärung ist ganz einfach, ich bin Atheist' Ich wusste, dass Vater eine Allergie gegen Substantive hat, die auf ‚-ist' enden. Ich wollte ihn ins Herz treffen, ich wollte mich rächen, dass er so grob zu mir war […]. Um die Rache an meinem Vater in vollen Zügen zu genießen, ging ich noch einen Schritt weiter und behauptete meinem Vater […] gegenüber, dass ich nicht nur Atheist, sondern auch Kommunist sei[24].

Eine andere religiöse Zeremonie, das heißt ein anderes Konfliktthema, ist die Beschneidungszeremonie, die der Ich-Erzähler aus zwei Perspektiven erzählt. Zunächst wird die Beschneidung aus der Perspektive eines Neunjährigen erzählt, der sich noch der Türkei und dem Islam zugehörig fühlt und sogar versucht, dies zu beweisen. Er beschreibt seine Gefühle am Tag vor seiner Beschneidung:

---

20 Vgl. ebd., S. 7.
21 Ebd., S. 29.
22 Ebd., S. 8.
23 Ebd., S. 9.
24 Alev Tekinay: *Nur der Hauch vom Paradies*, a.a.O., S. 33.

> Endlich war es soweit. In zwei Tagen sollte meine Beschneidung stattfinden [...]. Vor allem freute ich mich, dass ich durch die Beschneidung den Kindern in Izmir, die in mir einen deutschen Jungen sahen und mir den Spitznamen Hans gegeben hatten, beweisen konnte, doch ein Türke und ein Muslim zu sein[25].

Dieselbe Beschneidungszeremonie wird von ihm als integriertem Erwachsenen erneut, diesmal jedoch ganz irritiert, beschrieben:

> Mein Onkel nahm mich auf den Arm und trug mich in das Haus [...]. Onkel half mir, die Beine zu spreizen, dann beugte er sich über den Stuhl und hielt meine Arme mit beiden Händen fest. **Alles war viel schrecklicher als im schrecklichsten Horrorfilm.** Man wird mich wie ein Opferlamm schlachten, dachte ich, ich werde nie wieder aufstehen, ich werde hier sterben [...][26].

Im Gegensatz zu Engin warten seine Eltern auf diese religiöse Zeremonie mit „riesige[r] Freude" und Stolz, sie sehen in ihr eines von den drei großen „Ereignissen im Leben eines Mannes"[27].

Die Autorin stellt die Gegensätzlichkeit zwischen Vater und Sohn, einem Integrierten und Nicht-Integrierten, nicht nur durch ihre unterschiedliche Haltung dar, sondern zeigt sie auch im ästhetischen Bereich durch die Verwendung von zwei gegensätzlichen Superlativformen, wie „das größte Fest" und „der schrecklichste Horrorfilm".

Die unterschiedliche Haltung von Engin und die seines Vaters gegenüber den Werten der Aufnahmegesellschaft, die im Widerspruch zu den türkisch-islamischen Traditionen stehen, ist ein weiteres Beispiel für das Ausmaß der Nichtübereinstimmung zwischen den Generationen: Da das Essen von Schweinefleisch nach dem islamischen Glauben streng verboten ist, fürchten sich die Eltern sehr davor, dass ihre Kinder eines Tages davon essen könnten. Im Ertürkschen Haushalt, wo sogar das Reden über Schweinefleisch ein großes Tabu ist, sind die Kinder sehr neugierig darauf, „wie so etwas Strengverbotenes schmeckt"[28]. Engin und Emel kaufen in einem Lebensmittelladen in der Nähe ihres Hauses schließlich heimlich ein Schweinefleisch-Brötchen und essen es in dem Glauben, dass dies keine Sünde sei und dass es im Leben noch größere Sünden wie „Töten zum Beispiel"[29] gäbe. Um die Kluft zwischen den Generationen noch deutlicher zu machen, nennt Engin das Schweinefleisch in ironischer Weise eine Sünde „in rosaroter Farbe"

---

25 Ebd., S. 65.
26 Ebd., S. 67.
27 Ebd., S. 66.
28 Alev Tekinay: *Nur der Hauch vom Paradies*, a.a.O., S. 125.
29 Ebd., S. 125.

im „Bauch des Brotes"[30], während seine Eltern es hassen. Die Autorin betont auch durch andere Beispiele, dass diese Art der Wahrnehmung für die gesamte erste Generation türkischer Herkunft gültig ist. Das zeigt die Reaktion eines Türken, der Engin und Emel beim Essen der Schweinefleisch-Brötchen erwischt:

> Währenddessen hatte ich eine ganze Leberkässemmel verputzt und mir eine zweite gekauft. Das hätte ich aber nicht tun sollen, denn, wie der Zufall es wollte, kam aus der Menschenmenge ein Mann in Richtung Ecke Leopold/Herzog-Strasse, den wir erst zu spät bemerkten. Ein Freund und Landsmann unseres Vaters. ‚Hallo, Kinder' wollte er uns gerade freundlich begrüßen, als er sah, was für eine Untat wir verübten […]. ‚Schämt euch' zischte er uns an und entfernte sich mit eiligen Schritten, als ob wir eine ansteckende Krankheit hätten[31].

Einen anderen Konflikt im Hinblick auf religiöse Werte erleben die Eltern aus der ersten Generation und ihre Kinder bei der Angelegenheit der Ehe und Eheschließung. Nach dem Abschluss des Gymnasiums beginnt Engin in Augsburg, wo auch seine Kindheitsfreundin Sabine lebt, Germanistik zu studieren. Der einzige Grund, warum Engin in Augsburg studieren möchte, ist sein Wunsch, mit Sabine zusammenzuwohnen. Sein Vater ärgert sich, als er erfährt, dass Engin mit einem deutschen Mädchen unverheiratet zusammenleben möchte. Seine Mutter aber wird sehr traurig und versucht, ihr Zusammenleben zu verhindern: „‚Wenn ihr schon zusammenzieht, dann heiratet wenigstens', brüllte Halil Ertürk, während Naime Ertürk weinte. ‚Das ist doch Sünde', schluchzte sie, ‚so ohne Trauschein.' Aber Sabine und ich legten keinen Wert auf einen Trauschein"[32].

4. Die Religion als Maßstab der Integration in die Aufnahmegesellschaft

Der Migrationsprozess hat auf jeden Zugewanderten unterschiedliche Auswirkungen: Herkunft und Zielland sowie Dauer und Art der Migration beeinflussen die Auswirkung der Migration. Während zum Beispiel einige Werte und Normen aus den Herkunftsländern bereits nach kurzer Zeit ihre Gültigkeit verlieren, bleiben Kultur und Religion trotz mannigfacher unübersehbarer Veränderungen eine wichtige Orientierung für die Migranten. „Die religiösen Werte der Herkunftsländer beginnen sich erst bei der zweiten Generation zu verändern"[33].

---

30 Ebd.
31 Ebd., S. 125–126.
32 Alev Tekinay: *Nur der Hauch vom Paradies*, a.a.O., S. 14.
33 Abdulvahap Taştan: *Göç, Sosyal Değişme ve Din: Kuşaklar Açısından Bir Değerlendirme*, E.Ü.İ.F.D. Kayseri-2001, S. XI, S. 75, Übersetzt von Sabri Eyigün.

Nach der Autorin können die Türken von der Mehrheitsgesellschaft jedoch erst als integrierte Mitbürger akzeptiert werden, wenn sie keine Spuren mehr von ihrer Herkunftskultur tragen. Als Maßstab für die Integration setzen die Deutschen voraus, dass Muslime ihr äußeres Erscheinungsbild ändern. Bei Engins Preisverleihung begnügen sich die Journalisten nicht damit, ihn zu fotografieren, sondern sie wollen unbedingt auch seine Familie mit aufnehmen. Als Engins Mutter ihr Kopftuch ablegen will, bittet man sie, es umgebunden zu lassen. Das wird vom Protagonisten wie folgt interpretiert: „Mit dem Kopftuch wirke sie viel origineller. Eher rührend wirken meine Eltern auf diesen Bildern. Mutter mit Kopftuch, schüchtern und hilflos, Vater mit seinem Schnauzbart, klein und gedrungen in einem noblen Anzug"[34].

Übrigens weist die Autorin darauf hin, dass beide Seiten auf die Religion einen großen Wert legen, wenn es um die Integration geht. Ein religiöses Erscheinungsbild wird als Maßstab für die Integration angesehen.

5. Zum Schluss

Durch diese Art der Darstellung gelingt es der Autorin, zum Ausdruck zu bringen, welche Rolle die Religion im Konflikt zwischen den Generationen spielt. Hier wird der Islam, der zur Religion der Aufnahmegesellschaft im Gegensatz steht, aus der Sicht eines assimilierten Deutschtürken als ein bedeutender Faktor dargestellt, der der Integration der muslimischen Kinder im Wege steht. Denn hier werden die Gleichgültigkeit und die scharfe Kritik des Protagonisten an den religiösen Werten seiner Eltern direkt mit seiner erfolgreichen Integration in Verbindung gebracht.

Diese Einstellung gegenüber dem Islam in Bezug auf die Integration findet man in Deutschland bei einigen Politikern und Akademikern wieder. Es wird behauptet, dass die Hauptbarriere bei der Integration der Türken in die deutsche Mehrheitsgesellschaft ihre religiösen Werte und Traditionen seien, immer wenn es um die Integrationsprobleme der türkischen Minderheit geht. Der Bundestagsabgeordnete Gerd Anders führte zum Vergleich das Beispiel der Polen an:

> Er [Anders] sagte, dass Hunderttausende Polen hierher kamen und sich in wenigen Jahren integrierten, ohne dass es Probleme gab – warum sind die Türken nur so trotzig, und warum lassen sie sich nicht integrieren? Die Polen sind Katholiken, und ihre Anpassung an eine christliche Gesellschaft ist sicherlich viel leichter. Auch die christlichen Türken haben nicht die gleichen Integrationsschwierigkeiten wie die muslimischen. Ich

---

34 Alev Tekinay: *Nur der Hauch vom Paradies*, a.a.O., S. 17.

meine, wenn wir hier den Islam und das Osmanische ignorieren [...], verkürzen wir das Problem erheblich[35].

Daher führt in der deutschen Öffentlichkeit die Integration der Türken, wegen ihrer türkischen und islamischen Herkunft, zu heißen Diskussionen. Bei diesen Diskussionen steht die Rolle der islamischen Werte im Vordergrund. Diese Einstellung zur Integration der türkischen Minderheit wird in Tekinays Roman kritisch dargestellt: Es scheint, dass die Türken, um in der deutschen Mehrheitsgesellschaft zu leben, keinen anderen Ausweg haben, als sich stark zu verwandeln. Der Protagonist fühlt sich als Schriftsteller zwar in der deutschen Gesellschaft ganz integriert, kennt jedoch auch Identitätskonflikte: Sein Migrationshintergrund führte auch bei ihm zu einer langen nationalen und kulturellen Identitätssuche. Als Kind schämt er sich zum Beispiel seiner religiösen Zugehörigkeit, seines Aussehens und seines türkisch klingenden Namens, weil er das alles „typisch ausländisch"[36] findet. Er denkt, dass es besser wäre, wenn er „sich umtaufe"[37] und einen deutschen Namen annehme. Er verändert seinen Namen und nennt sich kurze Zeit „Richard Christian Siegfried Berger"[38].

Tekinays eigener Migrationshintergrund und ihr Kontakt mit Fremdsprachen und fremden Kulturen sowie ihre positive Weltauffassung ermöglichen es ihr, das Problem aus der Sicht von beiden Seiten kritisch darzustellen. Dadurch unterscheidet sich Tekinay von anderen Autorinnen türkischer Herkunft, die entweder die Vorurteile beider Seiten bestätigen, oder alles einseitig zu Papier bringen.

Literatur

Fikret Adanır: *Türke sein in der Türkei und in Deutschland*. In: ders.: *Was ist ein Deutscher? Was ist ein Türke?* Körber –Stiftung. Hamburg 1998.

Gürsel Aytaç: *İki Dünyaya Birden Ait Olan Bir Yazar: Alev Tekinay*. Ankara 1989.

Friedrich-Ebert-Stiftung: *Migration – Religion – Integration*. POLICY Politische Akademie Nr. 30. Berlin 2009.

Hacı Halil Uslucan: *Erziehung, Religion und Integration bei Muslimen in Deutschland*. In: ders.: Friedrich-Ebert-Stiftung: *Migration – Religion – Integration*. POLICY Politische Akademie Nr. 30. Berlin 2009.

---

35 Fikret Adanır: „*Türke sein in der Türkei und in Deutschland*". In: ders.: Was ist ein Deutscher? Was ist ein Türke? Körber –Stiftung, Hamburg, 1998. S. 100.
36 Alev Tekinay: *Nur der Hauch vom Paradies*, a.a.O., S. 22.
37 Ebd., S. 22.
38 Ebd.

Hüseyin Kuzkaya: *Ehre und Scham in der türkischen Sprache – Prototypische Weltkonstruktionen einer traditionell ländlichen Gesellschaft.* Dissertation zur Erlangung der Würde des Doktors der Philosophie der Universität Hamburg. Hamburg 2001.

Hartmut Lehmann: *Migration – Religion – Integration: historische Perspektiven, aktuelle Theorien.* In: ders.: Friedrich-Ebert-Stiftung: *Migration – Religion – Integration.* POLICY Politische Akademie Nr. 30. Berlin 2009.

Tobias Mörschel: *Einführung in die Thematik.* In: ders.: Friedrich-Ebert-Stiftung: *Migration – Religion – Integration.* POLICY Politische Akademie Nr. 30. Berlin 2009.

Abdulvahap Taştan: *Göç, Sosyal Değişme ve Din: Kuşaklar Açısından Bir Değerlendirme,* E.Ü.İ.F.D. Kayseri 2001.

Alev Tekinay: *Nur der Hauch vom Paradies.* Brandes u. Apsel, Frankfurt am Main 1993.

Weertje Willms: *Die ‚Newcomerin' Alina Bronsky im Kontext der russisch-deutschen Gegenwartsliteratur und ihre Rezeption im deutschen Feuilleton.* „Alman Dili ve Edebiyatı Dergisi, Studien zur Deutschen Sprache und Literatur". İstanbul 2013/1, S. 65–84.

Andere Quellen

http://de.wikipedia.org/wiki/Migrationssoziologie- 10-12 2014.

Dorota Masiakowska-Osses (Poznań)

Ein „Ausnahme-Ausländer" und die zweite Generation in Alev Tekinays Roman *Nur der Hauch vom Paradies*

Zusammenfassung: Die ‚Generation' ist ein Schlüsselbegriff in Alev Tekinays Roman *Nur der Hauch vom Paradies* (1993). In diesem Werk inszeniert die Autorin einen Dauerkonflikt zwischen zwei Generationen der türkischen Einwanderer in Deutschland. Sie werden von der Figur eines jungen erfolgreichen Schriftstellers und seinen Eltern, den ehemaligen Gastarbeitern, repräsentiert. Der vorliegende Beitrag geht vom klassischen Generationsbegriff des deutschen Soziologen Karl Mannheim aus und analysiert die im Roman vermittelten Bilder von Generationen der Migranten sowie deren Selbst- und Fremdpositionierung in der deutschen Gesellschaft der 1990er Jahre mit ihren Diskursen über nationale Einheit. Es wird auch nach intergenerationellen Brüchen und Kontinuitäten in der erzählten Welt sowie nach der identitätsstiftenden Rolle eines Generationsgefühls für die zweite Generation gefragt.

Schlüsselwörter: Generationen, Migration, Alev Tekinay, *Nur der Hauch vom Paradies*, deutsch-türkische Literatur.

An 'Exceptional Foreigner' and the Second Generation in Alev Tekinay's Novel *Nur der Hauch vom Paradies*

Abstract: 'Generation' is a keyword in Alev Tekinay's *Nur der Hauch vom Paradies* (1993). In this novel the author creates a permanent conflict between two generations of Turkish immigrants in Germany. They are represented by the main character, a young successful writer, and by his parents, who were guest-workers. Based on Karl Mannheim's classical concept of generation, this article analyses images of Turkish migrant generations and their positioning among the German society in the nineties, with their dominant discourses on national homogeneity. It also examines whether the novel depicts intergenerational discontinuities, rather than continuities and asks which role the feeling to be a group sharing the same life experience plays in establishing the identity of Turkish migrant children.

Keywords: Generations, migration, Alev Tekinay, *Nur der Hauch vom Paradies*, German-Turkish literature.

1. Der Begriff der Generation

Als analytischer Begriff findet „Generation" gegenwärtig in mehreren wissenschaftlichen Disziplinen Anwendung. Die hohe Beachtung des Generations-Konzepts erlaubt es, den Begriff als eine „Zauberformel" zu betrachten, „von der man sich verspricht, gesellschaftliche Phänomene beschreiben, ordnen und deuten zu können"[1] und von seiner andauernden „Renaissance"[2] zu reden.

Die soziologische Konzeption einer Generation, die der deutschsprachigen Generationenforschung zugrunde liegt, schuf der Wissenssoziologe Karl Mannheim in den 1920er Jahren. Mit seinem kanonischen Text *Das Problem der Generationen*[3] hat er den genealogischen Generationsbegriff, welcher die diachrone, biologische Abfolge von Familienangehörigen beschreibt, durch ein als synchron verstandenes Modell von Kollektiven ergänzt, welche sich aus einer „verwandten Lagerung der Menschen im sozialen Raume"[4], aus der „Zugehörigkeit zur selben historischen Lebensgemeinschaft"[5] entwickeln. Das objektive Kriterium der Zugehörigkeit zu einer Altersgruppe (Alterskohorte) bildet für Mannheim lediglich eine potenzielle Grundlage für die Bildung eines *Generationszusammenhangs*. Dieser entsteht, wenn „reale soziale und geistige Gehalte eine reale Verbindung zwischen den in derselben Generationslagerung befindlichen Individuen stiften"[6]. Betroffenheit durch gemeinsame historische Erfahrungen und wichtige Ereignisse, Wertstrukturen sowie vorherrschende Diskurse sind verbindende Elemente, die nach Mannheim eine Generation prägen.

Die Identitätskonstruktion einer Generation vollzieht sich in Abgrenzung von der vorangehenden Generation, wobei den Nachkommen ein Protestpotenzial als inhärenter Charakterzug zugeschrieben wird. Bereits in Mannheims Konzept wurde jedoch auch die Wechselwirkung und gegenseitige Beeinflussung der Generationen angemerkt, welche durch die Notwendigkeit der Tradierung entsteht.

Im Prinzip hat Mannheims Konzept, das primär auf die Erklärung des sozialen Wandels zielt und mit unscharf definierten Kollektiven arbeitet, einen generalisierenden und homogenisierenden Charakter. Eine Generation im soziokulturellen Sinne entsteht durch Gleichzeitigkeit, gleichen historisch-kulturellen

---

1 Michał Stefański: *Die 68er-Generation vor Gericht. Untersuchungen zu den Konfliktkonstruktionen in den Texten der 85-er-Generation*. Frankfurt am Main 2013, S. 14.
2 Jutta Aumüller: *Wie viele Generationen dauert Integration? Wie Begriffe unser Bild von Gesellschaft prägen*. Heinrich Böll Stiftung, Berlin 2010, Online-Dossier, http://heimatkunde.boell.de/sites/default/files/dossier_dritte_generation.pdf, Zugang: 20.09.2014.
3 Karl Mannheim: *Das Problem der Generationen*. In: „Kölner Vierteljahreshefte für Soziologie" 7 (1928/29), S. 157–184; Neuauflage in ders.: *Wissenssoziologie. Auswahl aus dem Werk*, hg. von Kurt H. Wolff. Neuwied 1970, S. 509–565.
4 Ebd., S. 526.
5 Ebd., S. 542.
6 Ebd., S. 543.

Kontext sowie durch die Wahrnehmung erlebter Ereignisse aus der gleichen Lebens- und Bewusstseinsschichtung. Mannheim weist jedoch gleichzeitig auf Momente der sozialen Heterogenität und somit auf eine potenzielle Polyphonie der Stimmen in der Gesellschaft hin. Zum einen spricht der Soziologe in Anlehnung an den Kunsthistoriker Wilhelm Pinder von einer „Gleichzeitigkeit des Ungleichzeitigen"[7], das heißt vom Nebeneinander der aufeinander folgenden Generationen im gleichen Zeitraum; zum anderen differenziert er den *Generationszusammenhang* nach der Art und Weise, in der gemeinsame Erfahrungen und erlebte Ereignisse verarbeitet und gedeutet werden: „diejenigen Gruppen, die innerhalb desselben Generationszusammenhanges in jeweils verschiedener Weise diese Erlebnisse verarbeiten, bilden jeweils verschiedene ‚Generationseinheiten' im Rahmen desselben Generationszusammenhanges"[8].

Die für eine *Generationseinheit* charakteristische Reaktion auf eine gemeinsame Erfahrung wird in den Kulturwissenschaften zunehmend unter dem Aspekt des Erinnerns und Vergessens des Vergangenen untersucht. Dabei wird sowohl auf die Konstruktivität des generationell geprägten Geschichtsbildes als auch auf die prägende Wirkung dieses Bildes für die Herausbildung der Identität einer Generation hingewiesen. In diesem Sinne schreibt Aleida Assmann vom „Spannungsverhältnis von Prägung und Konstruktion, von Erfahrung und Entwurf"[9] im Begriff der Generation. In der neueren Forschung wird auch der narrative Charakter der Generationsbildung durch Selbstzuschreibung hervorgehoben[10].

2. Generation, Migration und Literatur

Mannheims Theorie der Generationen bezog sich auf die Gesellschaft am Anfang des 20. Jahrhunderts. Sie operierte dementsprechend mit nationalen Makroebenen und konnte damit weder der geschlechtlichen, noch der ethnischen oder kulturellen Vielfalt, welche im Zuge der Migrationsbewegungen innerhalb einer Gesellschaft entsteht, Rechnung tragen[11]. Es stellt sich somit die Frage, inwiefern

---

7 Ebd., S. 521.
8 Ebd., S. 544.
9 Aleida Assmann: *Geschichte im Gedächtnis. Von der individuellen Erfahrung zur öffentlichen Inszenierung.* München 2007, S. 67.
10 Siehe dazu: Björn Bohnenkamp/Till Manning/Eva-Maria Silies (Hg.): *Generation als Erzählung. Neue Perspektiven auf ein kulturelles Deutungsmuster.* Göttingen 2009.
11 Diese und andere Kritikpunkte bei Jürgen Zinnecker: „*Das Problem der Generationen". Überlegungen zu Karl Mannheims kanonischem Text.* In: Jürgen Reulecke (Hg.): *Generationalität und Lebensgeschichte im 20. Jahrhundert.* München 2003, S. 33–58.

der soziokulturelle Generationsbegriff im Kontext der Migration Anwendung finden kann und soll.

Obwohl das Generationskonzept in den Arbeiten von deutschen Gesellschaftsforschern wie Helmut Schelsky oder Heinz Bude[12] mit Erfolg aufgegriffen und popularisiert wurde, und das Thema der Generationen im Kontext der demographischen Entwicklung weiterhin an Bedeutung zu gewinnen scheint, musste Jutta Aumüller in ihrem Aufsatz *Wie viele Generationen dauert Integration?* (2010) feststellen, dass der soziologische Generationsbegriff in der deutschsprachigen Migrationstheorie (die erst mit dem deutschen Anwerbestopp 1973 und dem darauffolgenden Nachzug der Gastarbeiterfamilien einsetzte) bisher wenig Beachtung fand[13]. Lediglich im Expertenkreis der Ausländerpädagogen und in den Debatten um die (fehlende) Integration der Einwanderer habe er eine Rolle gespielt. Die Einführung des *Migrationshintergrunds* als Ordnungskriterium der amtlichen Statistik seit dem Mikrozensus 2005 hält Aumüller dagegen insofern für einen Indikator der politischen Einsicht, als dass „die Lebenslage von Menschen migrantischer Herkunft nachhaltig durch die familiäre Einwanderungsgeschichte bestimmt wird"[14].

Auf dem noch wenig erforschten Feld der Migrantengenerationen bildet das Buch von Nevim Çil *Topografie des Außenseiters* aus dem Jahre 2007 eine beachtenswerte Leistung. Auch in diesem Beitrag stellt die Autorin fest, dass sich die Erforschung der türkischen Generationsbeziehung einseitig unter den Mustern der Familienforschung auf die patriarchalen und implizit archaischen Familienstrukturen konzentriert habe:

> Der türkischen Familie wird ein Korsett von Ansprüchen und Erwartungen geschnürt, so dass Fragen von Erbe, Erinnerung, Tradierung von Geschichte, kaum eine Erwähnung finden. Mehr noch: In den wissenschaftlichen Studien und Diskussionen scheint ein Generationenkontext nicht vorhanden zu sein[15].

Çils Arbeit macht sich zur Aufgabe, diese Defizite zu beheben. Sie untersucht, welche Selbstbilder zwei türkische Generationen in Deutschland entwickelt haben, wie sie sich gegeneinander und gleichzeitig gegen die gesamte deutsche Gesellschaft positionieren und wie sie die gesamtgesellschaftlichen Wandlungsprozesse wahrnehmen. Prägende Ereignisse, welche diese Wandlung auslösten, sind für Çil der Mauerfall (1989) und die deutsche Wiedervereinigung (1990) sowie die

---

12 Helmut Schelsky: *Die skeptische Generation* (1957), Heinz Bude: *Das Altern einer Generation: Die Jahrgänge 1938 bis 1948* (1995), *Generation Berlin* (2001).
13 Jutta Aumüller: *Wie viele Generationen...*, a.a.O.
14 Ebd.
15 Nevim Çil: *Topographie des Außenseiters*. Berlin/Tübingen 2007, S. 14.

gewalttätigen Angriffe auf Ausländer von Mölln (1992) und Solingen (1993). Für meine Analyse erweist sich sowohl Çils methodische Vorgehensweise, welche sich an Dichotomien wie Außenseiter – Etablierte, Andere – Fremde orientiert, als auch ihre Fragestellung hilfreich, welche die Trias: „Gastarbeiter" (die erste Generation, bei Çil „Pioniere" genannt) – ihre Kinder (die zweite Generation, die Nachkommen) – die deutsche Gesellschaft mitberücksichtigt. Dies ermöglicht, nicht nur nach den intergenerationellen Beziehungen innerhalb der Migrantenfamilien zu fragen, sondern auch – besonders in Bezug auf die zweite Generation – das Verhältnis zwischen dem *Generationszusammenhang*, dem die Migrantenkinder und ihre deutschen Altersgenossen potenziell angehören, und den *Generationseinheiten*, welche sich durch die Verschiedenheit der Erfahrungen dieser Gruppen, bzw. durch ihre unterschiedliche Verarbeitung ergeben, zu beleuchten. Nevim Çil weist auch auf die Konstruktivität der Generationsbilder der türkischen Einwanderer hin. Im Falle ihrer Untersuchung handelt es sich um Selbstbilder, welche im Prozess des Erzählens der eigenen Biografie in Interviews zustande kamen.

In der Literaturwissenschaft wird das Generationskonzept in den kulturwissenschaftlich fundierten Forschungen zur „Erinnerungsliteratur" angewendet, welche sich mit der NS-Zeit und dem Holocaust, der 1968er-Bewegung und dem deutschen Terrorismus sowie mit dem DDR-Sozialismus auseinandersetzt. In dem Band mit dem prägnanten Titel *Generational Shifts in Contemporary German Culture* stellt Susanne Vees-Gulani fest, dass diese Literatur multi-generationell geworden ist; einerseits wird sie von verschiedenen Autorengenerationen geschaffen, andererseits haben immer mehr Texte die Form eines Familienromans, welcher zwei, drei oder auch mehr Generationen umfasst und die deutsche Geschichte im Fokus einer Familie und ihrer Wandlungen zeigt[16]. Schon 2005 stellte Friederike Eigler in ihrem Buch *Gedächtnis und Geschichte in Generationenromanen seit der Wende* eine enorme Popularität dieser Gattung in der deutschen Literatur nach 1989[17] fest. Beide oben genannten Bände sind von Interesse, nicht nur wegen der Anwendung des Generationsparadigmas für die Analyse von literarischen Werken, sondern auch deswegen, weil diese Analysen Aspekte einer trans- und multiethnischen Identität und Erinnerung in Texten von deutschen Autoren nichtdeutscher Herkunft mitberücksichtigen. Am Rande sei jedoch vermerkt, dass

---

16 Susanne Vees-Gulani: *Between Reevaluation and Repetition: Ulla Hahn'n „Unscharfe Bilder" and the Lasting Influence of Family Conflicts about the Nazi Past in Current Literature of the 1968 Generation*. In: Laurel Cohen-Pfister/ Susanne Vees-Gulani (Hg.): *Generational Shifts in Contemporary German Culture*. New York 2010, S. 57.

17 Friederike Eigler: *Gedächtnis und Geschichte in Generationenromanen seit der Wende*. Berlin 2005, S. 9.

die oben genannten Forscherinnen, die in ihren Beiträgen Literatur, Generation und Migration zusammenbringen, die Universitäten in Übersee repräsentieren.

Die Generation als den Schlüsselbegriff für die inhaltliche Analyse des Romans von Alev Takinay zu benutzen, scheint mir in mehrfacher Hinsicht plausibel zu sein. In *Nur der Hauch vom Paradies* erzählt die Autorin die Geschichte eines jungen Schriftstellers, Engin Ertürk, des Sohnes türkischer Einwanderer, der in seinem autobiographischen Roman unter dem gleichen Titel einen permanenten Generationskonflikt inszeniert. Sowohl der Ich-Erzähler in Tekinays Roman als auch der Ich-Erzähler in Engins Autobiographie verstehen sich nicht nur als Repräsentanten, sondern auch als Sprecher der sogenannten zweiten Generation. Dieser Begriff ist ein Schlüsselbegriff in Alev Tekinays Text. Zweifelsohne beschreibt er nicht nur eine biologische Reihenfolge der in die alte Bundesrepublik eingewanderten Eltern und ihrer meist in Deutschland geborenen Kinder. Er beschreibt auch eine Erfahrungsgemeinschaft der Nachkommen, welche sich einerseits in Opposition zu ihren Eltern und deren Werten und Verhaltensmustern, andererseits in Bezug auf die deutsche Gesellschaft profiliert.

Im Folgenden wird untersucht, wie die einzelnen Generationen und die intergenerationellen Verhältnisse in *Nur ein Hauch vom Paradies* dargestellt werden. Wie werden in Tekinays Buch Konflikte konstruiert und motiviert? Welchen Wandlungen unterliegt die Identitätsbildung der Generationen aufgrund ihrer Erfahrungen mit der familiären und sozialen Umgebung? Sind möglicherweise intergenerationelle Gemeinsamkeiten oder Kontinuitäten feststellbar? Welche Rolle spielt die Selbstbestimmung als eine Generation?

3. Generationen in Tekinays Roman

Die erste Einwanderergeneration wird aus der Perspektive des Ich-Erzählers, Engin Ertürk, geschildert. Das Bild seiner Eltern, Halil und Naime, wird sowohl in der Rahmenerzählung, als auch in Engins Werk, dem Roman im Roman, dessen Fragmente in Tekinays Buch angeführt werden, vermittelt. Diese doppelte Fiktionalisierung lässt natürlich die „Authentizität" der geschilderten familiären Erlebnisse als fraglich erscheinen, zumal der Erzähler selbst an mehreren Stellen des Romans an der Zuverlässigkeit seiner Erinnerungen, welche ein Eigenleben entfalten[18], zweifelt.

Was erfährt der Leser aus dem Erzählten über Engins Eltern? Sie sind Arbeitsmigranten aus Izmir, typische „Gastarbeiter" der ersten Stunde. Als junges Paar, das

---

18 Alev Tekinay: *Nur der Hauch vom Paradies*. Frankfurt am Main 1993, S. 33f., vgl. S. 63.

bei den Eltern wohnte und arbeitslos war, unternahmen sie auf Einladung der BRD eine Reise über die türkische Hauptstadt nach München. Sie hofften, genauso wie ihre Verwandten und Landsleute, welche in den 1960er Jahren dieselbe Entscheidung trafen, durch Ausreise aus der Türkei und Einstellung in Deutschland ihre finanzielle Lage verbessern zu können. Ein langfristiger oder sogar lebenslanger Aufenthalt in der BRD war nicht geplant, vielmehr eine schnelle Rückkehr mit dem Gesparten in die türkische Heimat. Die Migration galt nicht als Zweck, sondern nur als Mittel zum Wohle der Familie und der Verwandtschaft, die vom Auslandsaufenthalt der Ertürks ebenfalls profitierte. Das wahre Ziel der Migration war die Sicherung einer besseren Zukunft für sich selbst und für die nächste Generation. Um es zu erreichen, waren die „Gastarbeiter" und ihre Lebenspartner bereit, eine schwere, sozial niedrig positionierte Arbeit sowie Einsamkeit und Heimweh in Kauf zu nehmen. Ungeachtet der Veränderungen ihrer Lage in der Fremde, vor allem der Geburt der Kinder und ihrer Ausbildung in deutschen Schulen sowie der Etablierung des eigenen Verkaufsunternehmens, hielten die Eltern an der baldigen Rückkehr in die Türkei fest. Der verbale Ausdruck dieser Illusion war der unzählige Male wiederholte Satz: „Nächstes Jahr gehen wir endgültig zurück"[19].

Engin beurteilt den Glauben seiner Eltern an eine endgültige Rückkehr als eine Utopie, die nie verwirklicht werden kann. Die Gründe dafür sind einerseits eine wachsende Entfremdung von der alten Heimat, andererseits eine ungewollte Verwurzelung in die neue Heimat. Da die parallel verlaufenden Prozesse einen schleichenden Charakter haben, nehmen sie oder wollen sie die ehemaligen „Gastarbeiter" nicht zur Kenntnis nehmen[20]. Engin bemerkt, dass die Eltern, welche „in einer türkischen Welt mitten in der Bundesrepublik"[21] lebten, mit der Zeit die typisch deutschen Eigenschaften nachahmten, „die Technik, die Pünktlichkeit, die krankhafte Sauberkeit und die Macht der Maschine"[22] vergötterten und ihre Geselligkeit den mitteleuropäischen Verhältnissen anpassten[23]. In seinem Roman berichtet Engin von einer wirklichkeitsfremden Beziehung der Eltern zu Deutschland, einer Hassliebe, gepaart mit einem unrealistischen Bild der Türkei[24]. Die Wahrheit über den Selbstbetrug der ersten Generation und ihre Blindheit für die soziale Gerechtigkeit in der Türkei glaubt Engin besonders deutlich während

---

19 Ebd., S. 25.
20 Ebd., S. 26.
21 Ebd., S. 63.
22 Ebd.
23 Ebd., S. 83.
24 Ebd., S. 106.

seines Urlaubsaufenthaltes in der Heimatstadt seiner Eltern zu erkennen[25]. Die in elterlichen Erinnerungen verklärte Welt, die Engin allzu gut aus mitgebrachten Fotos und immer wieder erzählten Geschichten kannte, wird mit einer enttäuschenden Realität konfrontiert und einer scharfen Kritik unterzogen. Engin hasst die Familienurlaube in der Türkei. Für seine Eltern sind sie dagegen ein fester Bestandteil ihres Migrantenlebens, trotz aller Unannehmlichkeiten der Autofahrt und der geistigen Verwirrung, welche sie verursachten.

Das jährliche Pendeln zwischen Deutschland und der Türkei ist ein Ersatz für eine in unabsehbare Zukunft aufgeschobene Rückkehr und zugleich der Ausdruck der Verbundenheit und des Pflichtgefühls gegenüber dem Herkunftskontext. In ihrer bereits erwähnten Studie hat Nevim Çil den kollektiven Charakter der Migrationsentscheidung als eines familiären Projektes hervorgehoben. Mit der Zeit findet in diesem Projekt, so Çil, eine Verschiebung statt: „Die verbindliche, reale Rückkehr, die das beabsichtigte Ende des Migrationsprojekts bilden soll, wird im intergenerativen Kontext durch weitere Wünsche, wie z.B. die Bildung der Kinder, zum erweiterten Migrationsziel umformuliert"[26].

Die Bildung der Kinder streben auch die Ertürks an, die sich sowohl für ihren Sohn als *auch* für ihre Tochter einen größeren Spielraum wünschen. Der Erwerb sehr guter Deutschkenntnisse und das Erlernen eines ansehnlichen Berufs, also genau dessen, was den Eltern fehlt, ist für sie der Schlüssel zum Erfolg und zur gesellschaftlichen Anerkennung. Dieses Ziel wird mit restriktiver Freizeitgestaltung forciert[27]. Der von Engin, einem jungen Germanistikstudenten, erzielte sichtbare Erfolg entspricht zwar nicht ganz den Vorstellungen des Vaters, ist aber durch die öffentliche Bekanntheit und den relativen Reichtum des Sohnes ein Grund, stolz zu sein und – was sehr wichtig ist – diesen Stolz und die Freude mit möglichst vielen türkischen Verwandten und Bekannten zu teilen. „Mein Junge, du hast es geschafft"[28], sagt der Vater zu seinem Sohn bei einer Preisverleihung. Das Migrationsziel: eine bessere Zukunft für die Familie, scheint sich somit in der zweiten Generation zu realisieren.

Dass dieses Ziel für die erste Generation mit einem Wunsch nach gleichzeitiger Wahrung eigener Lebensformen und -normen einhergeht, erweist sich als Quelle des Generationskonflikts. Denn durch die Sozialisierung in deutschen Schulen und durch die Partizipation an der deutschen Kultur werden die fließend Deutsch sprechenden Kinder (Engin wird von den Medien als Virtuose der deutschen

---

25 Ebd., S. 105, 30.
26 Nevim Çil: *Topographie*..., a.a.O., S. 21.
27 Alev Tekinay: *Nur der Hauch vom Paradies*, a.a.O., S. 10.
28 Ebd., S. 18.

Sprache gefeiert) Einflüssen ausgesetzt, welche mit den traditionellen Werten, Normen und Verhaltensmustern der Eltern konkurrieren.

Engin und seine Schwester Emel besuchen deutsche Schulen. Für Engins Mitschüler und Mitstudenten (unter denen sich sowohl Deutsche als auch Einwandererkinder befinden) scheint seine türkische Herkunft kein Problem zu sein. Entscheidend sind für sie sein Geburtsort und seine perfekten Deutschkenntnisse, die den süddeutschen Dialekt einschließen. Engin selbst bezeichnet die deutsche Sprache als seine Muttersprache[29]. Er betont seine lokale Bindung, indem er sich einen „waschechte[n] Schwabinger"[30] nennt, welcher beim Anblick der bayerischen Landschaft „so etwas wie Heimatgefühl"[31] empfindet. Von der Türkei behauptet er dagegen, sie wäre für ihn bloß ein Name[32].

Sein Streben als Migrantenkind nach Überwindung der ethnischen und sozialen Grenzen beschreibt Engin im autobiographischen Roman mit folgenden Worten:

> Meine Eltern lebten in einer türkischen Welt mitten in der Bundesrepublik. Die Bekannten waren Türken, die Läden, in denen sie einkauften, waren türkisch, auch die Ärzte zu denen sie gingen. Ich hingegen versuchte mit meiner ganzen Kraft, diese Welt zu durchbrechen, um herauszufinden, wie die Welt draußen, Deutschland, war[33].

Man lebte also *innerhalb* Deutschlands, blieb aber gleichzeitig *außerhalb* der etablierten Gesellschaft. Man ist nach Deutschland *gekommen*, aber nicht in Deutschland *angekommen*. Für die erste Generation war das Ankommen auch kein Ziel, für die zweite schon. Deshalb versucht die letztere den sichtbaren Außenseiterstatus ihrer Eltern durch eine Anpassung an die Mehrheitsgesellschaft zu überwinden. Diese Anpassung erfordert Kraft. Sie geht mit der Kritik an dem Wertesystem der Eltern und dem türkischen Brauchtum einher und nimmt schon in Engins Kindheit die Form einer mal stillen, mal offenen Rebellion an. Die wichtigsten Reibepunkte zwischen der ersten und der zweiten Generation liegen im Bereich der religiösen und sittlichen Normen. Engin verstößt gegen die wichtigsten Ess- und Trinkverbote und verweigert das Mitfeiern muslimischer Feiertage. Er lehnt traditionelle Bräuche als anachronistisch ab und missbilligt aufs Schärfste die Sittlichkeit, welche er als eine doppelte Moral wahrnimmt: sehr restriktiv für

---

29 Ebd., S. 64.
30 Ebd., S. 26, vgl. S. 55.
31 Ebd., S. 24.
32 Ebd., S. 27.
33 Ebd., S. 63.

Frauen und nachsichtig für Männer[34]. Der Erzähler verurteilt die autoritären Erziehungsmethoden seiner Eltern sowie den familiären Zusammenhalt. Seinen Eltern bietet die Verwandtschaft festen Rückhalt, er empfindet sie als oppressiv[35]. Diese Kritik an der Elterngeneration fließt natürlich in einer zugespitzten Form in Engins Debütroman ein. Sie richtet sich dort vor allem gegen den distanzierten und gewalttätigen Vater, der die Familie tyrannisiere. Durch die Abrechnung mit der Vätergeneration wird Engins Buch zu einem Kultroman der zweiten Generation und der Autor zum Sprachrohr von Kindern der Einwanderer. Das versichern ihm zahlreiche Briefe von jungen Fans, welche sich in einer ähnlichen Lebenssituation, im Kampf gegen Enge und Isolation des Familienhauses befinden[36]. Gegen Ende des Romans bekommt Engin von einem türkischen Regisseur das Angebot, seine Autobiographie zu verfilmen. Der erfolgreiche Filmemacher sieht in dem Roman eine Geschichte, welche er in der Formel „die zweite Generation und deren Identität"[37] zusammenfasst.

Die Geschichte der Kindheit und Jugend von Engin wird in Tekinays Roman als ein Prozess der Befreiung von den Eltern geschildert, wobei der Erzähler seine Eltern von oben, aus der Position der Aufnahmegesellschaft betrachtet. Das wird deutlich an der Art und Weise, wie sein Vater im Roman vorgestellt wird. In der Rahmenerzählung heißt es: „Mama hantiert auch gern in den Schubladen meines Innenlebens, meist im Auftrag Halil Ertürks, meines Vaters, des Obst- und Gemüsehändlers, des Gastarbeiters, des Einwanderers aus Izmir"[38]. Hier werden die niedrige soziale Position und das Außenseitertum des Vaters hervorgehoben, er wird von seinem Sohn auf eine ausländische Arbeitskraft reduziert. Nevim Çil hebt in ihrer *Topographie des Außenseiters* die Internalisierung der Fremdbilder durch die zweite Generation hervor. Sie deutet die Distanz der Nachkommen zu den Eltern *und* zu der Herkunft als Bemühung um Andersartigkeit, was den Nähewunsch zur etablierten Gesellschaft impliziere[39]. Aus Çils Interviews ging hervor, dass die Identifikation mit den gesellschaftlichen Normen und Regeln und der daraus resultierende Anpassungsdrang von Schamgefühlen begleitet wird[40]. Scham begleitet auch den Protagonisten in Tekinays Roman. Als Kind schämt er sich für seinen Vater und allgemein für seine Landsleute, er schämt sich auch seines südländischen

---

34 Ebd., S. 13f., 48, 52f., 81, 120, 161, 151, 175f.
35 Die Verwandten nennt er abwertend „Sippschaft", ebd. S. 14, 23.
36 Ebd., S. 42.
37 Ebd., S. 165.
38 Ebd., S. 9.
39 Nevim Çil: *Topographie...*, a.a.O., S. 113f.
40 Ebd., S. 41.

Aussehens[41]. Diese Scham überwindet er erst, als ihm ein in Augsburg lebender Onkel erzählt, dass im Schwabenland auch „richtige Deutsche" dunkle Haare und Augen haben[42]. So kann er wieder glauben, einer gültigen Norm doch zu entsprechen. Außerdem bemerkt er auch später die Vorteile seines Aussehens: Es sichert ihm Erfolg bei deutschen Frauen. Das Problem seines türkisch klingenden Namens löst der Erzähler, indem er – nicht nur als Schriftsteller – Pseudonyme benutzt. Seinen Lieblingsnamen, Rennert, kombiniert mit dem Vornamen Richard, leiht er sich von seiner Deutschlehrerin. Er findet ihn deshalb nicht nur am klangvollsten, sondern auch „am deutschesten"[43]. Engin glaubt, dass die erkennbaren Merkmale seiner Herkunft wie Aussehen oder Name seiner Integration im Wege stünden, woran zu erkennen ist, dass er dabei unter Integration eine Assimilation, eine perfekte Anpassung, versteht. Nico Elste, der Kulturkonflikte in Tekinays Roman untersucht hat, bezeichnet die Figur Engins als einen Türken mit deutscher Identität[44]. In Engins Selbstdarstellung heißt es: „ich bin so etwas wie ein ‚weißer Neger', dem Namen und den Papieren nach ein Türke, doch was mein Denken, Fühlen, Träumen und Schreiben betrifft, ein Deutscher"[45]. Der Erzähler bevorzugt deutsches Essen, trinkt am liebsten deutsches Bier, kennt die deutschen Kinder-, Wander- und Volkslieder auswendig und führt ein lockeres Singleleben. Er glaubt, durch eigene Anstrengung und individuelle Leistung die Schranken seiner Herkunft überwinden zu können. Dieser Glaube erweist sich jedoch als trügerisch, denn selbst als ein erfolgreicher Schriftsteller oder gerade als erfolgreicher deutschsprachiger Autor bleibt er für die Mehrheit der Deutschen ein Ausländer, ein Ausnahme-Ausländer.

Nach einer Lesung in Kiel, die mit dem üblichen Fragenkatalog endet: wo seine Heimat sei, ob er sich als Deutscher oder als Türke fühle, warum er auf Deutsch schreibe usw., macht sich der junge Bestseller-Autor folgende Gedanken: „Welche Anomalie muß ein Literat wie ich für dieses Publikum sein, ein deutschschreibender Erfolgsautor aus türkischem Milieu – direkt aus den Obstkisten mit der spiritusblauen Aufschrift ‚Smyrna'"[46]. Dieses Klischee, das einen Türken weit weg von dem Bereich der hohen Kultur positioniert, hat etwa in derselben Zeit der Schriftsteller Zafer Şenocak in seinem Essay *Ein Türke geht nicht in die Oper* thematisiert. Bei

---

41 Alev Tekinay: *Nur der Hauch vom Paradies*, a.a.O., S. 31, 23f., 61f., 10, 22.
42 Ebd., S. 22.
43 Ebd., S. 23.
44 Nico Elste: *Von der Migration zur Integration. Literarische Konstruktionen von Kultur und Kulturkonflikt in der deutsch-türkischen Literatur nach 1989*. Diss. Univ. Halle-Wittenberg 2012, S. 55.
45 Alev Tekinay: *Nur der Hauch vom Paradies*, a.a.O., S. 132.
46 Ebd., S. 113.

Şenocak heißt es: „Nach wie vor sehen die Deutschen jedweder Gesinnung in uns die Fremden. Selbst wenn man in ihrer Sprache schreibt, bleibt man ein Exot, ein Eindringling, wird teils bewundert, teils mißtrauisch inspiziert"[47]. Engins Diagnose der Quelle seines Erfolgs deckt sich mit der bereits zitierten Meinung. Er werde wie ein Exot, wie ein Zirkusaffe[48] betrachtet und behandelt. Die Exotisierung geht dabei mit einer Essentialisierung zusammen, denn Engin wird primär als Vertreter eines Volkes und einer fremden Kultur wahrgenommen, als Experte für alles Türkische, für türkisch-deutsche Beziehungen, umstrittene türkische Sitten oder billige Unterkünfte in der Türkei. Die Tatsache, dass er in Deutschland geboren ist und besser Deutsch als Türkisch spricht, wird in der Öffentlichkeit ausgeblendet, bestenfalls als zweitrangig vermittelt. Die Medien inszenieren ein „originelles" Bild eines erfolgreichen Jungen aus einer traditionellen türkischen Familie.

Der erste Schritt zu Engins Erfolg ist sein preisgekröntes Gedicht mit dem Titel *Dazwischen*. Es sollte die Lage der zweiten Generation zwischen zwei Ländern und Kulturen beschreiben. Der Erzähler behauptet zwar, selbst von ähnlichen Identitätsdilemmas kaum betroffen zu sein, gibt aber zu, aus der Hochkonjunktur der Heimat-, Fremdheits- und Identitätsproblematik Kapital schlagen zu wollen. Das gelingt, legt aber ihn als Autor und sein Werk auf nur eine Rezeptionsweise fest[49]. Es stellt sich hier die Frage, inwieweit der Ich-Erzähler als Schriftsteller eine Selbstexotisierung betreibt. Dieser Vorwurf wird im Roman explizit von der Figur eines unbekannten Landsmannes ausgesprochen. „Der Irre", der mit seinen Anrufen regelrecht Stalking betreibt, kritisiert die Art und Weise, wie der Autor Engin Ertürk mit dem „Türkentum" umgeht. Er wirft ihm auch vor, mit seinem Schreiben die Vorurteile der Deutschen gegenüber den Türken zu bestätigen, worin der wahre Grund von Engins Erfolg liegen soll[50]. Diese Unterstellung trifft den Adressaten sehr und lässt in ihm Zweifel am eigenen Talent aufkommen.

An der Figur des Verfolgers wird deutlich, dass er, wie viele türkische und deutsche Rezipienten von Engins Roman, literarische Fiktion von außerliterarischer Realität nicht unterscheidet. Sowohl von der deutschen als auch von der türkischen Seite wird der Erzähler primär als Vertreter eines Volkes wahrgenommen. Dasselbe betrifft im Allgemeinen die in Deutschland von Autoren nichtdeutscher Herkunft geschaffene Literatur. Alev Tekinay reflektiert die definitorischen

---

47 Zafer Şenocak: *Ein Türke geht nicht in die Oper* (1992). In: ders.: *Atlas des tropischen Deutschland. Essays*. Berlin 1992, S. 22.
48 Alev Tekinay: *Nur der Hauch vom Paradies*, a.a.O., S. 16, vgl. auch ebd. S. 109.
49 Ebd., S. 19, Engin spricht auch ironisch von der Vermarktung seiner Identitätsprobleme, ebd., S. 116, 152.
50 Ebd., S. 153.

Schwierigkeiten der Literaturkritiker in diesem Bereich sowie das Ringen der Autoren mit Migrationshintergrund um Anerkennung ihrer Literatur und gegen deren Etikettierung als „Gastarbeiterliteratur"[51]. Migration und ihre Folgen, so wird in einem im Roman geschilderten Literatentreffen argumentiert, sei ein weltweit relevantes Thema, also ist die Literatur, die sich mit diesem Phänomen auseinandersetzt, eine Weltliteratur. Da trotzdem die allgemeine Anerkennung ausbleibt, wird Engin Ertürk auch im Kreis der bekannten Schriftsteller als eine Ausnahme betrachtet, als jemand, der es geschafft hat, nicht mehr als Autor zweiter Klasse wahrgenommen zu werden.

Außer diesem internen literarischen Diskurs nimmt Alev Tekinays Roman auch die Anfang der 1990er Jahre im wiedervereinigten Deutschland geführte Diskussion um Einwanderung und Einwanderer auf. *Nur der Hauch vom Paradies* erschien im Jahre 1993, in dem eine Verschärfung des Asylrechts in Kraft trat. Der Reform eines seit dem Anfang der Bundesrepublik im Grundgesetz verankerten Rechts auf Schutz vor Verfolgung gingen Manifestationen der Fremdenfeindlichkeit und Gewaltakte gegen Ausländer voraus. Nach den Interviews mit türkischstämmigen Zeugen dieser Ausschreitungen hat Nevim Çil festgestellt, dass sie gerade für die zweite Generation eine wichtigere Zäsur darstellen als der Mauerfall und die Wiedervereinigung. Zum einen haben die Angriffe von Hoyerswerda und Rostock (um nur die bekanntesten zu nennen) gezeigt, dass Teile der deutschen Bevölkerung diese verbal und nichtverbal unterstützen. Zum anderen haben die Brandanschläge von Mölln und Solingen, bei denen türkische Frauen und Kinder ums Leben kamen, deutlich gemacht, dass Rassismus und Fremdenfeindlichkeit nicht ausschließlich ein Problem der in totalitären Strukturen aufgewachsenen und durch die Folgen der Wende frustrierten Ostdeutschen war. In diesen Fällen wurden auch seit Jahren in Deutschland lebende, ehemals angeworbene Arbeiter angegriffen. Während die Pioniere die genannten Ereignisse als Ausnahmen bagatellisierten, führten sie bei den Kindern der Migranten vor allem zu einer großen Enttäuschung sowie zu einer Überprüfung ihrer Orientierung an der etablierten Gesellschaft und deren Regeln, ja zur Infragestellung der Regeln selbst. Sie lösen auch Angst aus. Über die Nachkommengeneration schreibt Çil zusammenfassend:

> Durch die Ereignisse von 1989/90 betrachten sich die vermeintlichen Gewinner als die Statusverlierer ihrer Generation. Die Ablehnung der Herkunft, der Bruch mit dem Türkischsein, die Übernahme von etablierten Werten, die Adaptionsbemühungen an die etablierte Gesellschaft, die persönlichen Krisen, die in engem Zusammenhang mit der sozialen Position stehen, haben sie kaum zum gewünschten Ergebnis geführt. Der Übergang von

---

51 Ebd., S. 54, vgl. ebd., S. 20.

der niedrigen zur höheren Gruppe beschreibt für diese Gruppe der Nachkommen ein Lebensprojekt, welches sie nun durch die Ereignisse von 1989/90 als zum Scheitern verurteilt betrachteten. Dieses Projekt begann für die meisten Mitglieder aus dieser Nachkommengruppe mit ihrer Einschulung und dauerte bis spätestens zu den Brandanschlägen[52].

Im Roman *Nur der Hauch vom Paradies* erklärt der junge Schriftsteller Engin Ertürk, dass einer der Gründe seines Schreibens sei, es denen zeigen zu wollen, die ihn als Ausländer von oben herab behandelten. Das Schreiben sei auch eine Reaktion gegen die Gesellschaft, die ihn nicht akzeptiert, obwohl er sich selbst als einen integrierten Ausländer betrachte[53]. Er gibt auch zu, dass es Zeiten gab, in denen ihn „jemand spüren ließ, ein ‚Scheißausländer' zu sein"[54]. Vereinzelte Fälle von offener Ausländerfeindlichkeit oder Diskriminierung scheinen jedoch Engins insgesamt positives Bild von Deutschland als einem Land, das ihm Ruhm und Anerkennung schenkte, nicht zu überschatten. Dies ändert sich jedoch gegen Ende des Romans. Zuerst zeigt eine Szene aus dem Roman, dass Engin mit rechtsextremen Parolen in Form einer Maueranschrift „Ausländer raus" konfrontiert wird. Der Ausländerhass wird im städtischen Raum sichtbar. Auf dieses sichtbare Zeichen des Ausschlusses reagiert der Erzähler mit Traurigkeit und Angst[55]. Einen richtigen Schock erlebt er aber erst beim Lesen einer Zeitungsnotiz über den Tod seines Mitschülers Enis, der von einem Nachtwächter erschossen wurde. Enis, der genauso wie der Erzähler in Deutschland geboren wurde und ein Musiker war, wurde in der Zeitung als ein Türke mit abgelaufener Aufenthaltsgenehmigung dargestellt, der beim Einbruchsversuch ertappt wurde. Engin schenkt dieser Version keinen Glauben und beschließt den Fall auf eigene Faust aufzuklären, um den guten Ruf seines Bekannten zu retten. Dadurch erfährt er einiges über Enis' demütigendes Leben als Obdachloser und Illegaler. Es bringt ihn dazu, über Deutschland als Einwanderungsland und über die Schicksale junger Ausländer differenzierter zu denken. Ein Solidaritätsgefühl mit seinen benachteiligten Landsleuten erwacht in ihm. In Gedanken nimmt er Rekurs auf Ereignisse, die er vorher nicht wahrgenommen hat, oder nicht wahrnehmen wollte: „Ich darf die Brandanschläge und Überfälle, die alltägliche fremdenfeindliche Gewalt, die schmutzigen Mauerbeschriftungen ‚Ausländer raus' nicht übersehen"[56]. Der Schriftsteller beschließt, Enis, das Opfer der Gewalt, zum Haupthelden seines nächsten Romans zu machen. Er hält es für

---

52 Nevim Çil: *Topographie...*, a.a.O., S. 225.
53 Alev Tekinay: *Nur der Hauch vom Paradies*, a.a.O., S. 28.
54 Ebd., S. 27.
55 Ebd., S. 53.
56 Ebd., S. 182.

seine Aufgabe, Probleme aufzuzeigen, auch wenn er dafür keine andere Lösung als „Mitgefühl, Verständnis und Liebe"[57] parat hat.

Genau so endet auch Tekinays Roman: mit einem Happy End. Engin erkennt seine hybride deutsch-türkische Identität an, überwindet – voller Zuversicht auf vorurteilsfreie Akzeptanz seiner Freunde – seine Angst und findet Glück in den Armen seiner wiedergewonnenen deutschen Freundin Sabine. Man kann diesen Schluss entweder als wirklichkeitsfremd beurteilen[58], als ein Festhalten an der Illusion von Deutschland als einem Paradies, oder als optimistisch bewerten. Denn Engin Ertürk schafft es, die Deutschen so zu betrachten, wie er selbst von ihnen wahrgenommen werden möchte: nicht als Vertreter eines Kollektivs, sondern als Individuen.

Kehrt man zu dem Ausgangspunkt dieses Artikels, zu dem Generationsbegriff zurück, so lässt sich abschließend feststellen, dass wir es im Falle von Alev Tekinays Roman mit einer generationellen Selbstthematisierung zu tun haben. Die Generation ist hier keine politische Handlungsgemeinschaft, wie sie Karl Mannheim verstand, welche sich primär aufgrund von prägenden Ereignissen und deren Verarbeitung nachträglich formiert. Es ist eine Momentaufnahme einer gefühlten Gemeinschaft aufgrund von ähnlichen Lebenserfahrungen. Ihr Identifikationsobjekt ist der Protagonist und sein autobiographischer Roman, eine Art Väterliteratur. Dieser Roman ist eine Abrechnung mit autoritärer Erziehung, strenger Sittlichkeit und Religiosität, was ganz stark an die Parolen der 68er-Generation erinnert. Dabei wäre der Schriftsteller Engin Ertürk eigentlich dem *Generationszusammenhang* der 85er-Generation zuzurechnen, welche sich zwar noch von den Achtundsechzigern absetzte, das Rebellieren aber nicht mehr in fand[59].

Das vertikale (in der Familie) und das horizontale Generationsverständnis (in der Gesellschaft) spielen hier eine gleich wichtige Rolle. Der Generationskonflikt ist der wichtigste Kristallisationspunkt für die hier geschilderte zweite Generation. Er entwickelt jedoch eine gewisse Dynamik, denn gegen Ende des Romans ist eine Wandlung in Engins Wahrnehmung seiner Eltern zu beobachten. Angesichts des schockierenden Schicksals seines Mitschülers fängt der Erzähler an, die positiven Seiten der strengen Erziehung zu bemerken. Hat er vorher seinen Eltern vorgeworfen, ein realitätsfernes Bild von der Türkei, eine Illusion zu pflegen, so muss er am

---

57 Ebd., S. 183.
58 Zu der Beurteilung vom Ende des Romans siehe Nico Elste: *Von der Migration*..., a.a.O., S. 87.
59 So Aleida Assmann in ihrem kleinen Generationenbrevier, anhand von *Deutschlandvermessung* (2006), dem Selbstzeugnis dieser Generation von Christian Schüle, Aleida Assmann: *Geschichte im Gedächtnis*, a.a.O., S. 65.

Ende zugeben, dass auch Deutschland für Ausländer „verschiedene Gesichter"[60] habe. Plötzlich empfindet er auch die der Elterngeneration bekannten Gefühle wie Angst, Fremdheit- und Nichtzugehörigkeitsgefühl (sowohl zu der deutschen als auch zu der türkischen Gesellschaft). Dazu kommt auch die Enttäuschung über die fehlende Anerkennung. Bei den Eltern ging es um die ausbleibende Würdigung ihrer Leistung als Arbeiter und ihres Beitrags zum deutschen Wirtschaftswunder, bei den Kindern ist das ihre Anstrengung, sich der Mehrheitsgesellschaft anzupassen.

Der Anpassungsdrang scheint in *Nur der Hauch vom Paradies* ein implizit dominanter Charakterzug der ganzen zweiten Generation zu sein. Inwieweit dies eine Generalisierung darstellt, bleibt offen, besonders wenn einer als Ausnahme konstruierten Figur ein repräsentativer Charakter zugesprochen wird. Möglicherweise handelt es sich – was generell dem Generationsmodell vorgeworfen wird – um ein Elitemodell, das durch ein Milieumodell abgelöst werden sollte. Auf jeden Fall ist noch abzuwarten, was von der im Roman geschilderten „zweiten Generation" bleibt oder was erst aus ihr wird.

Literatur

Aleida Assmann: *Geschichte im Gedächtnis. Von der individuellen Erfahrung zur öffentlichen Inszenierung.* München 2007.

Jutta Aumüller: *Wie viele Generationen dauert Integration? Wie Begriffe unser Bild von Gesellschaft prägen.* Heinrich Böll Stiftung, Berlin 2010, Online-Dossier, http://heimatkunde.boell.de/sites/default/files/dossier_dritte_generation.pdf.

Björn Bohnenkamp/Till Manning/Eva-Maria Silies (Hg.): *Generation als Erzählung. Neue Perspektiven auf ein kulturelles Deutungsmuster.* Göttingen 2009.

Nevim Çil: *Topographie des Außenseiters.* Berlin/ Tübingen 2007.

Friederike Eigler: *Gedächtnis und Geschichte in Generationenromanen seit der Wende.* Berlin 2005.

Nico Elste: *Von der Migration zur Integration. Literarische Konstruktionen von Kultur und Kulturkonflikt in der deutsch-türkischen Literatur nach 1989.* Diss. Univ. Halle-Wittenberg 2012.

Karl Mannheim: *Das Problem der Generationen.* In: „Kölner Vierteljahreshefte für Soziologie" 7 (1928/29), S. 157–184; Neuauflage in ders.: *Wissenssoziologie. Auswahl aus dem Werk*, hg. von Kurt H. Wolff. Neuwied 1970, S. 509–565.

Zafer Şenocak: *Ein Türke geht nicht in die Oper.* In: ders.: *Atlas des tropischen Deutschland. Essays.* Berlin 1992, S. 20–30.

---

60 Tekinay, Alev: *Nur der Hauch vom Paradies*, a.a.O., S. 181.

Michał Stefański: *Die 68er-Generation vor Gericht. Untersuchungen zu den Konfliktkonstruktionen in den Texten der 85-er-Generation*. Frankfurt am Main 2013.

Alev Tekinay: *Nur der Hauch vom Paradies*. Frankfurt am Main 1993.

Susanne Vees-Gulani: *Between Reevaluation and Repetition: Ulla Hahn'n „Unscharfe Bilder" and the Lasting Influence of Family Conflicts about the Nazi Past in Current Literature of the 1968 Generation*. In: Laurel Cohen-Pfister/ Susanne Vees-Gulani (Hg.): *Genarational Shifts in Contemporary German Culture*. New York 2010, S. 56–76.

Jürgen Zinnecker: *„Das Problem der Generationen". Überlegungen zu Karl Mannheims kanonischem Text*. In: Jürgen Reulecke (Hg.): *Generationalität und Lebensgeschichte im 20. Jahrhundert*. München 2003, S. 33–58.

Slavija Kabić (Zadar)

Bilder der Fremde und Heimat in Emine Sevgi Özdamars Roman *Die Brücke vom Goldenen Horn*

Zusammenfassung: Emine Sevgi Özdamars Roman *Die Brücke vom Goldenen Horn* (1998) beschäftigt sich mit der emotionalen, sozialen, politischen und künstlerischen Entwicklung einer jungen, 18-jährigen Türkin in den politisch und sozial turbulenten 1960er und 1970er Jahren. Aus der Sicht der namenlosen türkischen Ich-Erzählerin werden in diesem Beitrag die Themen der Fremde und der Heimat in Deutschland und der Türkei analysiert. In der Fremde halten sich die meisten der Figuren an die heimatlichen, traditionellen, patriarchalischen und religiösen Gesetze. Dominierende Bilder in ihrem Verhalten sind der Schutz der Frauenehre durch Männer, der Mann als Familienvater, Sprachlosigkeit, Einsamkeit, Orientierungslosigkeit, Gruppierung und Heimweh. Infolge gewaltsamer Radikalisierung politischer Situation in der Türkei wird Deutschland für die Ich-Erzählerin zum Ort der Freiheit und zur neuen Heimat, und die Türkei, ihre Heimat, zur Fremde.

Schlüsselwörter: Fremde, Heimat, Transkulturalität, Migration, Özdamar.

Images of foreignness and homeland in Emine Sevgi Özdamar's Novel *Die Brücke vom Goldenen Horn*

Abstract: Emine Sevgi Özdamar's novel *Die Brücke vom Goldenen Horn* (1998; *The Bridge of the Golden Horn*) deals with the emotional, social, political and artistic development of a young Turkish woman in her early twenties in the politically and socially turbulent 1960s and 1970s. The topics of foreignness and homeland from the perspective of the anonymous narrator, who herself is one of the Turkish guest workers in Germany, have been analyzed in this paper. In a foreign country, Germany, most of them exercise the patterns of traditional, patriarchal and religious behavior brought from their homeland. The man's protection of woman's honor, a man as a family patriarch, speechlessness, loneliness and disorientation, grouping and homesickness are dominating images of their life there. Due to a violent radicalization of the political situation in Turkey, it is Germany which becomes the narrator's second homeland and the place of freedom, and her Turkish homeland a foreign, strange place.

Keywords: foreignness, homeland, Transcultural Studies, migration, Özdamar.

1. Migration, Fremde und Heimat

In diesem Beitrag geht es um die Darstellung der Fremde und Heimat aus der Sicht der türkischen Ich-Erzählerin in Emine Sevgi Özdamars Roman *Die Brücke* vom *Goldenen Horn*[1], dem zweiten Teil ihrer Trilogie *Sonne auf halbem Weg*[2]. Da dieses Werk mit deren anderen zwei Teilen als gemeinsames Motiv das Leben der Protagonistin als Gastarbeiterin in der Fremde wie auch in der türkischen Heimat teilt, wird einführend auf einige wichtige Momente aus dem ersten Roman der Trilogie, dem Werk *Das Leben ist eine Karawanserei hat zwei Türen aus einer kam ich rein aus der anderen ging ich raus*[3] eingegangen.

Als gegen Ende des Romans *Das Leben ist eine Karawanserei* die namenlose Ich-Erzählerin sich auf ihre erste Reise nach Deutschland vorbereitet, um in Berlin bei Telefunken zu arbeiten, wird eine Hure zu ihrer Vertrauten und Begleiterin. Der Ruf der Hure als einer nichtswürdigen, verpönten Person, besonders in den patriarchalischen Gesellschaften, die durch ihr schändliches Tun ihre eigene Ehre und die ihrer Familie unwiderruflich befleckt hat, stört keineswegs die Eltern der Ich-Erzählerin, im Gegenteil:

> Meine Mutter sagte: „Pakize Abla, meine Tochter ist das dir von mir hinterlassene Gut."
> Meine Mutter sagte zu mir: „Wir erzählen deinem Vater von Pakize. Dein Vater liebt die Huren, er sagt, sie sind unsere Prophetinnen." Dann sagte sie: „Deine Mutter liebt die Huren auch." (LKT, 399).

Nachdem die deutsche Vermittlungsstelle die beiden Frauen für gesund erklärt hat und sie die Pässe und die Verträge erhalten haben, können sie nun nach Deutschland abreisen. Die Ich-Erzählerin nennt den Zug nicht nur einen „Deutschlandzug" (LKT, 400), sondern auch einen „Hurenzug" (LKT, 403), da damit auch Huren in die Fremde fahren. Der einzige Mann, der einsteigt, ist der Zugleiter, der allen Frauen auch ein Buch gibt, das „Handbuch für die Arbeiter, die in der Fremde arbeiten gehen" (LKT, 403).

Dieser 1992 erschienene Roman stellte den „literarischen Durchbruch"[4] der deutsch-türkischen, auf Deutsch schreibenden Schriftstellerin Emine Sevgi

---

1 Emine Sevgi Özdamar: *Die Brücke vom Goldenen Horn*. In: dies.: *Sonne auf halbem Weg. Die Istanbul-Berlin-Trilogie*. Köln 2006, S. 437–781. – Im weiteren Text, beim Zitieren, als: (BGH, Seitenangabe).
2 Emine Sevgi Özdamar: *Sonne auf halbem Weg. Die Istanbul-Berlin-Trilogie*. Köln 2006.
3 Emine Sevgi Özdamar: *Das Leben ist eine Karawanserei hat zwei Türen aus einer kam ich rein aus der anderen ging ich raus*. In: dies., *Sonne auf halbem Weg. Die Istanbul-Berlin-Trilogie*. Köln 2006, S. 7–406. – Im Haupttext wird der Romantitel unter verkürztem Titel *Das Leben ist eine Karawanserei* angeführt und das Zitieren aus dem Roman mit der Sigle (LKT, Seitenangabe) versehen.
4 Irmgard Ackermann: *Emine Sevgi Özdamar*. In: Heinz Ludwig Arnold (Hg.): *Kritisches Lexikon zur deutschsprachigen Gegenwartsliteratur – KLG – 6/99 (62. Nlg.) u. 6/01 (68. Nlg.)*, München 2001, S. 1–8, hier S. 3.

Özdamar (geb. 1946 in Malatya/Türkei) dar. Für den Roman wurde sie 1991 als die erste Autorin nichtdeutscher Muttersprache mit dem Ingeborg-Bachmann-Preis ausgezeichnet[5]. Die Ich-Erzählerin beschreibt darin die ersten siebzehn Jahre ihres Lebens und beginnt ihre auf bezaubernde Weise vorgetragene Geschichte „aus der vorgeburtlichen Perspektive im Bauch ihrer Mutter"[6]. Das Motiv der Reise im Zug steht am Anfang ihres Lebens und der Romanhandlung: Mit ihrem Eintritt in die „Karawanserei" durch die erste Tür imaginiert sie ihre Geburt, mit ihrem Ausgang aus der „Karawanserei" durch die nächste Tür, mit der Zugreise nach Deutschland endet der Roman bzw. die Zeit ihrer Kindheit und ersten Jugend. Das Leben der Erzählerin, die von ihren Erlebnissen und Erfahrungen konsequent in der ersten Person berichtet, spielt sich in den 50er- und 60er-Jahren des 20. Jahrhunderts ab. Es ist gekennzeichnet von „mehrfachem Wohnungswechsel der Familie zwischen dem ländlichen Malatya in Anatolien, dem städtischen Bursa, den Außenvierteln von Ankara und dem modernen Istanbul mit seinem stark westlichen Einfluß"[7]. Da ihr Vater Mustafa wegen Arbeit oft unterwegs ist, sind ihre Mutter Fatma und ihre Großmutter väterlicherseits, Ayşe, ihre einzigen Beschützerinnen und Vertrauten, die für sie auch als Vorbilder fungieren und das Mädchen mit traditionellen, kulturellen und weltanschaulichen Ansichten vertraut machen. Mit der Mutter, die für

---

5 Vgl. Karen Jankowsky: *"German" Literature Contested: The 1991 Ingeborg-Bachmann-Prize Debate. "Cultural Diversity", and Emine Sevgi Özdamar*. In: "The German Quarterly", 70/3, Sommer 1997, S. 261–276.

6 Irmgard Ackermann: *Emine Sevgi Özdamar*, a.a.O., S. 3; Vgl. dazu auch: Jochen Neubauer: *Türkische Deutsche, Kanakster und Deutschländer. Identität und Fremdwahrnehmung in Film und Literatur. Fatih Akın, Thomas Arslan, Emine Sevgi Özdamar, Zafer Şenocak und Feridun Zaimoğlu*. Würzburg 2011, S. 339, wo er das Geburtsjahr der fiktionalen Heldin anführt, die identisch ist mit E. S. Özdamars Geburtsjahr: „[…] in welchem die Lebensgeschichte einer gleichfalls namenlosen Ich-Erzählerin von den Tagen vor ihrer Geburt im Jahr 1946 bis zu ihrem Aufbruch nach Deutschland als 18-Jährige geschildert wird." – Vgl. dazu: Emine Sevgi Özdamar: *Die Frau, die ich sein sollte*. In: „taz. die tageszeitung" vom 17.03.2007 (Einführung: Renatus Deckert), http://www.taz.de/1/archiv/?dig=2007/03/17/a0003, [Zugang: 21.11.2014]: „Mein Roman fing im Mutterbauch an, Ende der 40er-Jahre in der Türkei, in einem Zug. Das kleine Mädchen im Bauch seiner Mutter fängt an, das Leben zu sehen. Ich suchte in meinem Körper, als ob mein Körper eine antike Stadt wäre, den langsamen Rhythmus aus meiner Kindheit und die Gefühle, die ich für diese wunderbar poetischen Menschen von damals hatte. Ich rief mir durch das Schreiben die Menschen, die ich verloren hatte, meine Toten, ins Gedächtnis zurück, und sie fingen an zu leben".

7 Irmgard Ackermann: *Emine Sevgi Özdamar*, a.a.O., S. 3.

die öffentliche und säkulare Identität, für Urbanität und Modernismus steht, kommt die Erzählerin häufiger in Konflikt als mit der Großmutter. Die Großmutter, der „ruhende Pol und die zentrale Bezugsperson für das heranwachsende Mädchen"[8], ist die Vertreterin der religiösen Kultur, der Tradition und der Folklore. Ihre „Sprache und Erzählungen", so Ackermann, stellen „die enge Verbindung zur islamischen Tradition" her[9].

Geschichten mit Informationen über islamische Feiertage, türkische Sitten und Gebräuche, Anredeformen im Türkischen, vor allem aber kürzere Texte im Türkischen, z.B. eines alltäglichen Dialogs, die die Erzählerin im Haupttext mit einer wörtlichen deutschen Übersetzung ausstattet, vermitteln dem aus einem anderen Kulturkreis stammenden Leser, dem nicht türkischen Leser das Wissen über das Fremde und Fremdartige, über vielerlei Fremdheiten und Neuigkeiten auf poetische, märchenhafte Art und Weise[10]. Sie machen ihn in bildhafter Sprache mit dem kulturellen Reichtum und der Tradition der Heimat der Autorin Özdamar bekannt. In ihrer magischen, verführerisch klingenden deutschen Sprache, in der das Türkische und das Deutsche spielerisch aufeinander zukommen, hat

---

8 Ebd., S. 3.
9 Ebd., S. 3.
10 Da die Rezeption eines literarischen Werkes selbstverständlich vom Erwartungshorizont eines jeden Lesers abhängt, ungeachtet dessen, ob er Laie oder Literaturwissenschaftler ist, wird Özdamars Intention bezüglich dieser „Methode" der wörtlichen Übertragungen ausgewählter Inhalte aus dem Türkischen ins Deutsche unterschiedlich gesehen und gedeutet. Vishakha Sagdeo führt in ihrer Studie *Frauen schreiben dazwischen. Eine interkulturelle Studie über die Migration von Frauen und die Globalisierung der Literatur am Beispiel des Romanwerks von Anita Desai und Emine Sevgi Özdamar*. Würzburg 2011, S. 76–88 Meinungen von Nilüfer Kuruyazıcı, Şeyda Ozil, Gürsel Aytaç, Meral Oraliş, Cornelia Zirau, Erika Tunner, Irmgard Ackermann, Maria Brunner, Eva Pfister, Norbert Mecklenburg u.a. an. Sicherlich spielt auch die Tatsache, ob eine Person die beiden Sprachen sehr gut kann, oder ob sie z.B. nur des Deutschen kundig ist, eine wichtige Rolle im Urteilen über die „Einmischung" des Türkischen in dem deutschen Text. Vgl. dazu auch: Sohelia Ghaussy: *Das Vaterland verlassen: Nomadic Language and „Feminine Writing" in Emine Sevgi Özdamar's „Das Leben ist eine Karawanserei"*. In: „The German Quarterly". 72/1, Winter 1999, S. 6–7; Sheila Johnson: *Literatur von deutschschreibenden Autorinnen islamischer Herkunft*. In: „German Studies Review", 20.2, Mai 1997, S. 261–278, hier S. 269–270 und Azade Seyhan: *Lost in Translation: Re-Membering the Mother Tongue in Emine Sevgi Özdamar's „Das Leben ist eine Karawanserei"*. In: "The German Quarterly", 69/4, Herbst 1996, S. 414–426, hier S. 418: "Although written in German, the literary discourse of Turkish-German writers reflects the living memory of their first language; in fact, it exists in the hospitable idiom of Turkish. Therefore, a genuine understanding of this literature requires both historical reading and semiotic analysis".

sie „der deutschsprachigen Literatur einen bisher ungehörten Tonfall" gegeben: „poetisches Deutsch mit türkischem Zungenschlag"[11]. Es ist die Großmutter, die die Enkelin in traditionelle Werte, in die orientalische Märchenwelt und die Lebensweisheiten einweiht, sodass quasi sie, nicht die Mutter, ihr das Leben schenkt und ihr schließlich erlaubt, sich von der Familie zu lösen und in die weite Welt zu gehen.

Der Roman *Das Leben ist eine Karawanserei* wird oft nicht nur als Roman über Migration, sondern auch über Religion gedeutet. Auch zwei Bildszenen in seinem Schlussteil – deren Funktion sich leitmotivisch im nächsten Roman fortsetzt – verweisen auf die Wichtigkeit der Religion und Tradition im Leben der Türken bzw. der Muslime. Die Rolle der Mutter der Ich-Erzählerin gilt dabei der Zukunft, die Aufgabe der Großmutter ist es, die Verbindung mit der Vergangenheit wach zu halten. Am Grab ihrer heiligen Mutter Meryem (LKT, 400) beten die Mutter und die Ich-Erzählerin: „Meine Mutter betete als letzten Satz: ‚Meine Tochter, İnşallah[12], in Deutschland soll, was du in die Hand nimmst, zu Gold werden. Amin.'" (LKT, 400). Das Beten mit der Großmutter für die Toten auf „einem İstanbuler Friedhof" (LKT, 400), in dem das erste Wort „Bismillâh" das Konzept des islamischen Lebens bestätigt[13], soll die junge Frau von jedem Bösen in der Fremde fern halten, der Stein in der Hand der Mutter soll ihre Tochter an die Werte, die mit dem Zuhause und der Heimat zusammenhängen, erinnern: „‚Schau, bis du wiederkommst, werde ich einen Stein auf meine Brust drücken.'" (LKT, 403).

In dem 1998 veröffentlichten Roman *Die Brücke vom Goldenen Horn*, wofür die Autorin 1999 den Adalbert-von-Chamisso-Preis bekommen hat, wird die Lebensgeschichte ihrer Heldin an jener Stelle fortgesetzt, an der der erste Roman endet. Umrahmt von der Reise der Protagonistin nach Berlin am Romananfang und an dessen Ende, in einer Zeitspanne von etwa zehn Jahren, vom 3. November 1966

---

11 Irmgard Ackermann: *Emine Sevgi Özdamar*, a. a. O., S. 2. Vgl. Sohelia Ghaussy: *Das Vaterland verlassen:* a.a. O., S. 5: "Much of the narration in *Karawanserei* is simultaneously estranged and embodied; words are used literally and metaphorically at the same time […]".

12 Der türkische Buchstabe „İ" blieb im ersten Roman der Trilogie (2006) in Wörtern wie „İnşallah" oder „İstanbul" bestehen, im zweiten Roman wird der große Buchstabe „İ" der deutschen Rechtschreibung angepasst: aus „İstanbul" wurde „Istanbul". Der türkische Buchstabe „ı" blieb auch im zweiten Roman bestehen, z.B. im Wort „Rakı" oder im Personennamen „Vasıf".

13 Vgl. Sohelia Ghaussy: a.a.O., S. 10: "The words of the Koran are presented in Ozdamar's novel as part of a heterogeneous acculturation process bound to a broader tradition within Islamic cultures rather than to merely the speaker's and learner's religious identity."

bis zum 21. November 1975, dem Datum auf der letzten Romanseite, schildert sie den emotionalen, sozialen, politischen und künstlerischen Entwicklungs- bzw. Reifungsprozess einer jungen Türkin in Deutschland und in der Türkei in den turbulenten Jahren der Geschichte Europas und der übrigen Welt.

Die Zeit, die Özdamar als Regieassistentin an der Volksbühne in Ost-Berlin bei Benno Besson und Matthias Langhoff verbracht hat (1. April 1976–13. Januar 1978), hat sie literarisch im 2003 erschienenen Roman *Seltsame Sterne starren zur Erde*[14] verarbeitet.

Obwohl die Autorin in ihren Interviews[15] die Behauptungen der Literaturwissenschaftler bestreitet, dass es sich bei den ersten zwei Romanen um autobiografische Werke handelt, überschneiden sich viele Erlebnisse aus dem Leben der fiktionalen Protagonistin mit den Erfahrungen und Tätigkeiten der Autorin, deren Herkunft, Alter und Lebensweg denen der Romanheldin sehr ähnlich sind[16].

Unter dem Titel *Sonne auf halbem Weg* gab der Verlag Kiepenheuer & Witsch 2006 alle drei zwischen 1992 und 2003 veröffentlichten und autobiografisch konnotierten Romane Özdamars heraus[17]. Der Untertitel der Trilogie, *Die Istanbul-Berlin-Trilogie* wies auf die Tatsache hin, dass die Ich-Erzählerin in diesen größten Städten der Türkei und Deutschlands gewisse Zeit verbracht hat bzw. in einer Stadt aufgewachsen und in die Schule gegangen war, in der anderen gearbeitet, studiert und ihre ersten literarischen und schauspielerischen Versuche gemacht

---

14 Emine Sevgi Özdamar: *Seltsame Sterne starren zur Erde*. In: dies.: *Sonne auf halbem Weg. Die Istanbul-Berlin-Trilogie*. Köln 2006, S. 811–1056. – Jochen Neubauer: *Türkische Deutsche ...*, a.a.O., S. 339, spricht über die Erfahrungen einer jungen türkischen Schauspielerin im West- und Ost-Berlin der 70er-Jahre; Über die Sprache und Frauendarstellung im Werk wie auch über die Verbindungslinien zu den ersten zwei Romanen siehe Vishakha Sagdeo: *Frauen schreiben dazwischen*, a.a.O., S. 408–416.

15 Vgl. Vishakha Sagdeo: *Frauen schreiben dazwischen*, a.a.O., S. 392, die sich auf die Interviews der Autorin mit Sabine Schmidt und Sandra Leis beruft. – Vgl. dazu: Daniel Bax: *Deutschland, ein Wörtermärchen*. In: „taz.die tageszeitung" vom 20.11.2004, http://www.taz.de/1/archiv/?dig=2004/11/20/a0257, [Zugang: 21.11.2014]: „So hat sie selbst erfahren, wie es ist, wenn man mit der Migration ‚aus den Hierarchien herausgeht' und in der Fremde neue Rollen spielt, wie sie sagt: vom Bauer in der Türkei zum Straßenkehrer und zur neuen Mittelschicht in Deutschland, von Ophelia zur Putzfrau. Und so sind all ihre Romane und Erzählungen, die sie ab 1990 verfasst hat, von autobiografischen Erlebnissen gefärbt".

16 Vgl. Özdamars Biografie in: Irmgard Ackermann: *Emine Sevgi Özdamar*, S. 1, 5, und unter Emine Sevgi Özdamar, http://de.wikipedia.org/wiki/Emine_Sevgi_%C3%96zdamar. [Zugang: 1.11.2014].

17 Siehe Anm. 2.

hat. Neubauer meint, dass trotz der starken inhaltlichen und teilweise auch stilistischen Verbindungslinien zwischen den einzelnen Texten sie auch als eigenständige literarische Werke angesehen und analysiert werden können[18]. Dass auch deren zweiter Teil, *Die Brücke vom Goldenen Horn*, das Leben einer Türkin als Gastarbeiterin in Deutschland – hier der 60er- und 70er-Jahre – thematisiert, trug dazu bei, dass man ihn den Werken der Migrantenliteratur/ Migrationsliteratur/ Ausländerliteratur[19] zuordnete.

2. Fremde und Heimat im Roman *Die Brücke vom Goldenen Horn*

Am Roman *Die Brücke vom Goldenen Horn*, der sechs Jahre nach dem ersten erschien, arbeitete die Autorin von 1992 bis 1996, als sie in Düsseldorf und Paris lebte[20]. Mit diesem Teil ihrer Lebensgeschichte begann sie sich literarisch etwa siebzehn Jahre nach 1975, dem letzten im Roman erwähnten Jahr, zu beschäftigen. Über die frühe Schaffensphase der Ausländerliteratur äußert sich Irmgard Ackermann in ihrem zuerst 1996 erschienenen Artikel:

> In den frühen Werken der „Ausländerliteratur", die im Umfeld der Arbeitsemigration entstanden sind und die schwerpunktmäßig die Auseinandersetzung mit der neuen Umwelt und die Identitätssuche in der fremden Welt darstellen, sind die Protagonisten und die sie umgebenden Figuren der Erzählungen fast immer Angehörige der Nationalität des Autors und des Erzählers[21].

Auch in diesem Werk werden die Erfahrungen einer Gastarbeiterin und Ausländerin aus der frühen Gastarbeiterphase und aus der Perspektive der Betroffenen

---

18 Jochen Neubauer: *Türkische Deutsche ...*, a.a.O., S. 339.
19 Vgl. einige Bücher, in denen die Problematik der Ausländer-, Gastarbeiter-, Migrations-, Migrantenliteratur besprochen wird: Mechthild Borries: *Deutschsprachige „Ausländerliteratur": Theoretische Überlegungen und unterrichtspraktische Vorschläge.* In: „Die Unterrichtspraxis/ Teaching German", 28/1 (The Publisher as Teacher), Frühling 1995, S. 19–28; Immacolata Amodeo: *„Die Heimat heißt Babylon". Zur Literatur ausländischer Autoren in der Bundesrepublik Deutschland.* Opladen 1996; Werner Nell: *Zur Begriffsbestimmung und Funktion einer Literatur von Migranten.* In: Nasrin Amirsedghi / Thomas Bleicher (Hg.): *Literatur der Migration.* Mainz 1997, S. 34–48; A. Mansour Bavar: *Aspekte der deutschsprachigen Migrationsliteratur. Die Darstellung der Einheimischen bei Alev Tekinay und Rafik Schami.* München 2004.
20 Vishakha Sagdeo: *Frauen schreiben dazwischen*, a.a.O., S. 370.
21 Irmgard Ackermann: *Deutsche verfremdet gesehen. Die Darstellung des „Anderen" in der „Auslandsliteratur".* In: Nasrin Amirsedghi/ Thomas Bleicher (Hg.): *Literatur der Migration.* Mainz 1997, S. 60–71, hier S. 62.

beschrieben, aber fast zwanzig Jahre später niedergeschrieben und veröffentlicht, was heißt, dass sowohl das erzählte Ich als auch das erzählende Ich im Roman auftreten. Gleich am Anfang ist es wichtig hervorzuheben, dass die Protagonistin in ihrer Geschichte eine Bestandsaufnahme über das Gesehene und das Erfahrene macht, über das, was mit ihr selbst und mit den Menschen um sie geschieht. Es sind vor allem ihre Landsleute, türkische Fremdarbeiter[22], die sie auf den Westberliner Straßen, im türkischen Arbeiterverein, in Cafés und Imbissen sieht, beobachtet oder sich mit ihnen unterhält. Es sind auch türkische Studenten, die aus politischen Gründen, wegen politischer Unterdrückung ihr Land verlassen mussten, im Ausland studieren und sich auch politisch betätigen. Über wichtige politische Ereignisse, die sich auf deutschem und türkischem Boden in der Zeit zwischen 1966 und 1975 abgespielt haben, wird auch berichtet, genauso wie über jene Ereignisse, die mit ihren Folgen die ganze Welt positiv oder negativ erschüttert haben. Obwohl aus dem Kontext klar hervorgeht, welche Weltanschauung die Ich-Erzählerin vertritt und welchen politischen Optionen sie mitfühlend und teilnahmsvoll nahe steht, verzichtet sie „auf wertende Kommentare, analysierende Beschreibungen ihrer Seelenlage oder erklärende Ausführungen zu den zeitgeschichtlichen Ereignissen"[23]. Da sie vor allem ihre eigene Lebensgeschichte erzählt, über ihre Lehrer und Mentoren, Lieben und Geliebten, Bücher und Autoren schreibt, die ihr Leben beeinflusst haben, wird das Werk auch als Entwicklungs- bzw. Bildungsroman gedeutet.

Die Ich-Erzählerin bleibt weiterhin namenlos[24], ihre Eltern haben auch keine Namen, die sie im ersten Roman hatten. Andere Menschen in ihrer Umgebung tragen ihre deutschen oder türkischen Namen, aber einige zentrale Figuren bleiben anonym oder sie treten mit ihren (türkischen) Namen selten oder spät in der Handlung auf. Diese Anonymität der Charaktere hält Vishakha Sagdeo für ein „auffälliges Zeichen" des Romans. Sie meint, dass man mit der Geheimhaltung der Identität den „Charakter anonym und unbeobachtet" erscheinen lässt, da man sich in einer traditionellen türkischen Gesellschaft stets beobachtet und kontrolliert weiß[25].

---

22 Leslie A. Adelson: Touching Tales of Turks, Germans, and Jews: Cultural Alterity, Historical Narrative, and Literary Riddles for the 1990s. In: „New German Critique", 80, Frühling-Sommer 2000, S. 93–124, hier S. 109–110.
23 Jochen Neubauer: *Türkische Deutsche ...*, a.a.O., S. 344.
24 Jochen Neubauer: *Türkische Deutsche ...*, a.a.O., S. 358, führt die Liste der beschreibenden Namen an, mit denen andere ihr begegnenden Menschen sie nennen.
25 Vgl. Vishakha Sagdeo: *Frauen schreiben dazwischen,* a.a.O., S. 397.

Gerade bei diesem, für die Identität jeder Person wichtigen Punkt tritt eine sonderbare Fremdheit[26] oder geheimnisvolle Spannung in Özdamars Werk auf, und zwar dort, wo die türkischen Namen türkischer Leute in deutscher Übersetzung erscheinen. Im Roman *Das Leben ist eine Karawanserei* heißen die Gebrüder der Protagonistin Ali und Orhan, aber ihre Schwester ist die Schwarze Rose: „Mein Vater ging mit meiner Mutter und Orhan und mit der Schwarzen Rose nach İstanbul, um seinen Kopf an diesem letzten Stein anzulehnen." (LTK, 390)[27]. Die Übersetzung des Namens ins Türkische wäre „Karagül", aber er kommt nicht als Frauenname, sondern als Name für eine Rosenart vor, die nur in der Umgebung der Kreisstadt Halfeti in der südostanatolischen Region der Türkei gedeiht[28]. Einem engen Familienmitglied gibt die Ich-Erzählerin den Namen einer Blume, aber gleich in der deutschen Übersetzung, und zu einem Zeitpunkt, als sie, die Protagonistin, noch nicht in Deutschland weilte. Aber das erzählende und das sich erinnernde Ich verbirgt mit diesem Verfahren teilweise die wahre Identität jener Personen, die ihr besonders lieb sind, und zwar so, dass sie mit den Namen spielerisch umgeht und somit zeigt, wie die neue Umgebung sie, die sie am Anfang kein Deutsch konnte (BGH, 441), derart beeinflusst hat, dass sie einige Namen ihrer türkischen Freunde oder Bekannten von Anfang an (Engel; Taube) oder nach der Vorstellung einer Person (Yağmur)[29] in deutscher Übersetzung schreibt:

> Ein Student, seine ausgegangene Zigarette noch im Mund, sagte: „Ich heiße Yagmur (Regen)." (BGH, 476).

> Im türkischen Arbeiterverein sagten nur Regen und unser kommunistischer Heimleiter „ich". (BGH, 479).

---

26 Vgl. Bernhard Waldenfels: *Grundmotive einer Phänomenologie des Fremden*. Frankfurt a. M. ³2010, S. 111: Das Problem des Fremden beginnt mit seiner Benennung. Nichts Gewöhnlicheres als das Wort „fremd" und seine verschiedenen Variationen und Ableitungen wie „Fremdling", „Fremde", „Fremdsprache", „Fremdeln", „Entfremdung" oder „Verfremdung".

27 Im Roman ist z.B. der Name des Pferdes September (LTK, 48), was im Türkischen den weiblichen Vornamen Eylül abgibt.

28 Vgl. Vishakha Sagdeo: *Frauen schreiben dazwischen,* a.a.O., S. 352, irrt teilweise, wenn sie vom türkischen Namen spricht: „Die jüngere Schwester der Ich-Erzählerin wird als ‚Schwarze Rose' bezeichnet, was die deutsche Übersetzung des türkischen Namens Karagül ist".

29 „Yağmur" ist ein türkischer weiblicher und männlicher Vorname sowie Familienname mit der Bedeutung „Regen". Der Name kommt häufiger als weiblicher Vorname vor. – Im Text wird der Name nach der deutschen Rechtschreibung mit „g" geschrieben statt mit „ğ".

Dann kam ein neues türkisches Mädchen ins Wonaym, Engel[30]. Engel war sehr klein, wenn Engel mit uns lief, sahen wir zum ersten Mal die Löcher auf den Berliner Straßen, weil wir immer auf Engel herunterschauen mußten. (BGH, 489–490).

Die Ich-Erzählerin nennt eine Person aus ihrer nahen Umgebung, die sie mag, nach dem Kosenamen, den ihr ihr Mann gibt: „Die Frau des kommunistischen Heimleiters – er sagte zu ihr ‚meine Taube' – hatte mich gerne […]. Die Taube[31] erzählte mir, daß man in Ostberlin und Istanbul das gleiche Dieselbenzin benutzte" (BGH, 467). Mit diesem Verfahren überträgt die Ich-Erzählerin die volle Identität dieser Personen aus dem einen Kulturkreis (Heimat) in den anderen (Fremde) und will sie dadurch sowohl beschützen als auch ihre Anpassungsfähigkeit und Integration bezeugen. Mit ihren Namen leben sie doch, genauso wie die namenlose Protagonistin, zwischen zwei Welten. Obwohl auch andere Frauen und Männer aus ihrem Freundes- und Bekanntenkreis in Deutschland die Rituale der Einheimischen allmählich annehmen, haben sie von Anfang an ihre türkischen Namen (Rezzan, Gül, Hamza, Şükrü, Ataman, Salim, Nur), d.h. es bleibt unklar, nach welchem Prinzip die Autorin manchen Figuren „türkischdeutsche" Namen gegeben hat.

Der Roman *Die Brücke vom Goldenen Horn* setzt sich aus zwei Teilen zusammen. Der erste, unter dem Titel *Der beleidigte Bahnhof* (S. 339–612) spielt in der Fremde, vor allem in West-Berlin, während der zwei aufeinander folgenden Aufenthalte der Heldin in Deutschland. Den Begriff „Deutschland" kann man an dieser Stelle wohl gebrauchen, da die Ich-Erzählerin in West-Berlin wohnte, aber auch Ost-Berlin besuchte, wo sich Brechts Berliner Ensemble befand, sodass sie sozusagen in beiden deutschen Staaten, der BRD und der DDR lebte. Aus den teilweise poetisch klingenden Überschriften der vier Kapitel („Die langen Korridore des Frauenwonayms", „Wir standen Tag und Nacht im Licht", „Der plötzliche Regen kam wie Tausende von leuchtenden Nadeln herunter", „Die freilaufenden Hühner und der hinkende Sozialist") kann man nicht ablesen, dass die Handlung größtenteils chronologisch verläuft, aber zwei für diesen Teil bestimmende Begriffe stehen stellvertretend für die allmähliche Freiwerdung („Frauenwonaym" bzw. „Frauenwohnheim") sowie die politische Bewusstwerdung („Sozialistin") der Ich-Erzählerin.

Im zweiten Teil, der denselben Titel wie der ganze Roman trägt, *Die Brücke vom Goldenen Horn* (S. 613–780), ist die Ich-Erzählerin wieder in Istanbul, „wohin

---

30 „Engel" bedeutet im Türkischen „Melek". Das Wort ist arabischer Herkunft und kommt sowohl als ein weiblicher Vorname wie auch als ein Familienname vor.
31 Das Wort „Güvercin" („Taube") kommt nicht als Frauenname vor, sondern nur in der Form „Güvercinim" („meine Taube") als Kosename, womit der Frau, der Geliebten oder einem kleinen Kind eine Zärtlichkeit, Niedlichkeit zugeschrieben wird.

der Vater sie unter Vortäuschung einer Erkrankung der Mutter zurückgerufen hat"[32]. Die Handlung spielt in fünf Kapiteln (*Der lange Tisch im Restaurant 'Kapitän', Die Zigarette ist das wichtigste Requisit eines Sozialisten, Der Sarg des toten Studenten schwamm tagelang im Marmara-Meer, Wir konnten den Mond mit dem Getreide füttern, Die Stimmen der Mütter*), im europäischen und kleinasiatischen Teil Istanbuls und der Türkei. Die Meerenge Bosporus (türkisch: İstanbul Boğazı, Karadeniz Boğazı) trennt bzw. verbindet die beiden Ufer. Im europäischen Teil Istanbuls hat eine ca. 7 km lange Bucht des Bosporus, das Goldene Horn (türkisch „Haliç") eine besondere Rolle im Roman, da über eine der heutigen drei Brücken die Protagonistin tagtäglich zur Schauspielschule pendelt, geht oder sich in diesem europäischen Teil Istanbuls mit ihren intellektuellen Freunden trifft[33]. Für die Geschichte Istanbuls ist der Haliç von größter Bedeutung: Auf der historischen Halbinsel, auf der Südseite des Haliç gründeten griechische Kolonisten um 660 v. Chr. Byzantion[34]. Im zweiten Teil unternimmt die Ich-Erzählerin auch eine Reise in den Osten der Türkei. Drei Wörter stehen leitmotivisch für das Reisen, für die Migration der Heldin auch in diesem Roman: Tür, Zug und Brücke. Die Stationen dieses Reisens sind: „Istanbul – Berlin – Istanbul – die Kleinstadt am Bodensee – Paris – Hannover – Berlin – Istanbul – Kappadokien – Diyarbakir – Hakkari – Kappadokien – Ankara – Istanbul – Berlin"[35].

---

32 Irmgard Ackermann: *Emine Sevgi Özdamar*, S. 6.
33 Aus dem Narrativen geht nicht klar hervor, um welche Brücke es sich handelt, obwohl Vieles auf die Galatabrücke (Galata-Köprüsü) hinweist. An der Stelle der heutigen Galatabrücke wurde 1845 zum ersten Mal eine Holzbrücke errichtet. Sie wurde 1863 erneuert und 1875 durch eine Eisenbrücke ersetzt. 1912 errichtete man dann eine Pontonbrücke. Die heutige Konstruktion der Brücke wurde – nach dem großen Brand – 1992 fertiggestellt. Sie überspannt das Goldene Horn zwischen den Istanbuler Vierteln Eminönü und Karaköy. Da die Protagonistin über die Brücke vom Goldenen Horn zwischen 1967 und 1975 geht oder mit dem Auto gefahren wird und aufgrund anderer Schilderungen, sollte es sich um die Galatabrücke handeln. Siehe dazu *Goldenes Horn (Türkei)*, http://de.wikipedia.org/wiki/Goldenes_Horn_%28T%C3%BCrkei%29, [Zugang: 12.11.2014]. – Vgl. Vishakha Sagdeo: *Frauen schreiben dazwischen*, a.a.O., S. 401: „Es ist eine Brücke, die zwischen 1970 und 1973 gebaut wurde". Einige Seiten weiter in ihrer Studie (vgl. S. 404) schreibt V. Sagdeo: „Mittlerweile ist diese Brücke kein magischer Ort mehr, sondern in den Jahren 1966–1975 zum öffentlichen und politischen Ort geworden [...]".
34 Vgl. http://de.wikipedia.org/wiki/Goldenes_Horn_%28T%C3%BCrkei%29, [Zugang: 12.11.2014].
35 Vishakha Sagdeo: *Frauen schreiben dazwischen*, a.a.O., S. 390.

In dem vielzitierten Anfangsabschnitt des ersten Teils des Romans wird das zentrale Thema dieses Beitrags, das der Fremde und der Heimat eingeleitet, aber auch das der Fremdheit und Andersartigkeit, die die Ich-Erzählerin sowohl in der Fremde als auch in der Heimat, im eigenen Land erfährt:

> IN DER STRESEMANNSTRASSE GAB ES DAMALS, es war das Jahr 1966, einen Brotladen, eine alte Frau verkaufte dort das Brot. [...] Es war schön, in diesen Brotladen hineinzugehen, weil man das Wort Brot nicht sagen mußte, man konnte nur auf das Brot zeigen. Wenn das Brot noch warm war, war es leichter, die Schlagzeilen aus der Zeitung, die draußen auf der Straße in einem Glaskasten hing, auswendig zu lernen. Ich drückte das warme Brot an meine Brust und meinen Bauch und trat mit den Füßen wie ein Storch auf die kalte Straße. (BGH, 441).

Die 18-jährige Türkin, die Mitte der 60er-Jahre nach Deutschland kommt[36] – eine von „seit den 1950er Jahren mehrere[n] Millionen Menschen mit Pässen anderer Staaten", die „in die Bundesrepublik eingewandert sind"[37] – um ihren Traum, Schauspielerin zu werden zu verwirklichen, begegnet der fremden Welt Westeuropas sprachlos und orientierungslos. Sie, eine einfache Arbeitskraft in der Radiolampenfabrik, steht der deutschen Sprache, der Fremdsprache in der fremden Stadt, auf der kalten Straße stumm und ratlos gegenüber. Unverständliche Buchstaben und Wörter in den stummen Zeitungen veranschaulichen die Unmöglichkeit der sprachlichen Kommunikation mit den Einheimischen in der Fremde. Diese mentale, aber auch existenzielle Kälte kontrastiert die Autorin mit der Wärme des Brotes in den Händen der Ich-Erzählerin, die sie wahrscheinlich in Gedanken mit dem fernen Zuhause verbindet, aber die ihr gleichzeitig das Auswendiglernen der unverständlichen deutschen Schlagzeilen beim kalten Wetter bequemer macht. Jenes Gebet der Mutter, es möge alles in den Händen ihrer Tochter mit Gottes Hilfe zu Gold werden, und jener Stein, den die Mutter auf ihrer Brust drücken wird, bis ihre Tochter aus der Fremde zurückkommt, wird mit dem Bild des warmen Brotes vervollständigt, das Heimat, Familie, Geborgenheit und das Gefühl des Satt-Werdens vermittelt. Mit den Augen der auch selbst Betroffenen und Mitfühlenden beschreibt die Ich-Erzählerin ihre Landsleute, Frauen und Männer in den für sie über Nacht vollkommen veränderten Lebenssituationen. Es ist vor allem existenzielle Not, die die Menschen mit niedrigerem

---

36 Vishakha Sagdeo: *Frauen schreiben dazwischen*, a.a.O., S. 372, stellt fest, dass die Protagonistin am 3. November 1966 in Berlin ankam und setzt fort: „Es war die Zeit wenige Jahre nach der Anwerbevereinbarung zwischen der BRD und der Türkei vom Jahre 1961 und vor der 68er Studentenbewegung in Europa".
37 Werner Nell: *Zur Begriffsbestimmung*, a.a.O., S. 39.

sozialen Status in den 60er-Jahren nach Deutschland verschlägt. Die zwei Räume bestimmen am Anfang den Alltag der Frauen: der Arbeitsplatz in der Fabrik und das Frauenwohnheim, in dem nur Arbeiterinnen aus der Türkei wohnen, die aus unterschiedlichen gesellschaftlichen Schichten kommen und ihr Glück in einem reichen westeuropäischen Land versuchen. Die Ich-Erzählerin sagt: „Ich lebte mit vielen Frauen in einem Frauenwohnheim, Wonaym sagten wir" (BGH, 446). Im Wort „Frauenwonaym" steckt auf komische Weise die Konfrontation des Fremden mit dem Eigenen. Die Frauen können eine deutsche Wortzusammensetzung noch nicht richtig aussprechen, weswegen ein Wortteil, „Frauen", im richtigen Deutsch ausgesprochen wird, der andere Teil klingt „fremd", „türkisch": „Wonaym". Ausgerechnet „Wonaym", d. h. „Wohnheim", das Wohnen, Heim und Heimat darstellt, sprechen sie falsch aus[38]. In der Fremde wird ihnen das Heim zu einer immer vageren Vorstellung. Die geographische Entfernung von Zuhause und von der Heimat geht Hand in Hand mit dem Gefühl der grausamen Bodenlosigkeit und Unsicherheit, da die Familie, Eltern, Geschwister und die mit ihnen verbundenen ethischen und religiösen Werte weit entfernt von ihnen sind. Es fehlen die heimatlichen Stimmen, die sie an ihre Aufgaben erinnern und ihnen sagen werden, was man gut und was schlecht gemacht hat:

> Wenn meine Mutter und Großmutter erzählten, sprachen sie viel von den Menschen, die gestorben waren.
> Ich hatte ihre Namen auswendig gelernt, zählte sie jede Nacht im Bett auf und gab ihnen für ihre Seelen die Gebete. Das dauerte eine Stunde. Meine Mutter sagte: „Wenn man die Seelen der Toten vergißt, werden ihre Seelen Schmerzen bekommen." Auch in den ersten Nächten in Berlin betete ich für die Toten, aber ich wurde schnell müde, weil wir so früh aufstehen mußten. Ich schlief dann, bevor ich die Namen aller meiner Toten aufgezählt hatte, ein. So verlor ich langsam alle meine Toten in Berlin. (BGH, 451).

Die Leiden der Lebendigen sind in der Fremde größer als die Schmerzen der Seelen der Toten, die man wegen anstrengender Arbeit vergisst. Der Ort, an dem einige der Mädchen einen sonderbaren Kontakt mit der Familie in der Heimat aufnehmen, ist der Anhalter Bahnhof, der sich, genauso wie das Hebbel-Theater ihrem „Wonaym" gegenüber befindet (BGH, 455): „Wir nannten ihn den zerbrochenen Bahnhof. Das türkische Wort ‚zerbrochen' bedeutete gleichzeitig auch ‚beleidigt'. So hieß er auch ‚der beleidigte Bahnhof'" (BGH, 455–456). Der verlassene, tote Bahnhof, nur eine Kulisse, „eine kaputte Wand und ein Vorbau mit drei Eingangstoren" (BGH, 460) wird für drei Mädchen – „wir waren alle drei Jungfrauen und liebten unsere Mütter" (BGH, 459) – zum Ort der imaginären

---

38 Vgl. Jochen Neubauer: *Türkische Deutsche ...*, a.a.O., S. 351.

transkulturellen Begegnung mit den unsichtbaren Familienmitgliedern in der Heimat. In ihrer neuen Umgebung beherrschen alle Frauen die ersten deutschen Vokabeln, sie lernen „Brot" zu sagen und in Hertie all die Sachen zu kaufen, die sie suchten (BGH, 458). Aber sie sind in gleichem Maße „zerbrochen" und „beleidigt" wie der Bahnhof, den die Ich-Erzählerin nach seinem Aussehen so genannt hat[39]. Als wären sie in Raum und Zeit völlig verloren, laufen drei junge Wesen um den leeren Bahnhof herum, gehen durch ein Loch hinein, dann bis zum Ende des Grundstücks, sie werden müde vom Laufen in der kalten Nacht und sprechen nicht. Erst als sie an der Telefonzelle vorbeigehen, die vor dem beleidigten Bahnhof steht, teilen sie ihr ihre Sehnsüchte und Schmerzen mit: „Wenn wir drei Mädchen an ihr vorbeigingen, redeten wir laut, als ob uns unsere Eltern in der Türkei hören könnten" (BGH, 460). Einige Seiten weiter hat die Ich-Erzählerin Angst vor den Eltern in der fernen Heimat, da sie sich einerseits dessen bewusst wird, dass sie sich allmählich ändert, das Leben in der neuen Umgebung zu genießen anfängt, die ihr bisher fremden Gewohnheiten der Einheimischen akzeptiert und da all dies ihre Eltern kränken könnte, wird sie vor der Telefonzelle sozusagen stumm. Andererseits kann ihr leises Sprechen auch einen anderen Grund haben: Sie will ihre Eltern zu Hause nicht beunruhigen, sie sollten nicht in Angst um ihr Leben in der Fremde leben:

> Wenn wir drei Mädchen, in unseren Händen die Pferdebuletten [...] zu unserem beleidigten Bahnhof gingen [...], sprach ich jetzt vor der Telefonzelle nicht mehr laut, sondern leise, in der Angst, daß meine Eltern mich in Istanbul hören könnten. (BGH, 465).

---

39 Vishakha Sagdeo: *Frauen schreiben dazwischen*, a.a.O., S. 404, führt Özdamars Worte aus ihrem Interview mit Sandra Leis (*Die Reise am Schreibtisch ist eine andere*, in: „Der Bund", v. 23. Mai 1998, S. 2) an, dass nämlich viele Türken zu der Gedächtniskirche in Berlin „krik" Kirche gesagt haben, d. h. die „zerbrochene Kirche". So verwendete sie das Wort „zerbrochen/beleidigt" für den Anhalter Bahnhof. – Im Roman spricht die Ich-Erzählerin auch diesen Satz aus: „Ich verließ den Bahnhof, ging am Wienerwald und an der zerbrochenen Kirche vorbei zum Aschinger Restaurant und aß im Stehen eine Erbsensuppe." Sowohl die Autorin als auch ihre Landsleute gebrauchen das Adjektiv „ırık", das wie das Glas, die Vase oder die Seele des Menschen „zerbrochen" ist, und nicht das Adjektiv „ıkık" („zerstört"), welches zur Bezeichnung der zerstörten Kirche oder des zerstörten Bahnhofs angemessener und richtig wäre. Meiner Meinung nach hat die Autorin die Kirche mit dem Attribut „kırık" versehen, da „ırık" figürlich „beleidigt, gekränkt, böse" bedeutet. Die Kirche ist „beleidigt" und „gekränkt", weil sie zerstört ist und ihre Funktion des Gotteshauses nicht mehr ausüben kann. Vgl. dazu Jochen Neubauer: *Türkische Deutsche ...*, a.a.O., S. 356.

Dabei kann man bei den auf den ersten Blick unwichtigen Variationen des Textes weniger von einem Wortspiel, vielmehr von der Ohnmacht und Orientierungslosigkeit der jungen Frauen im Ausland sprechen, für die die Telefonzelle, ein Telefonhäuschen, ein Fernsprecherkiosk, zur Metapher der so notwendigen Verbindung mit der Heimat wird. Auch die Telefonzelle genauso wie die Eltern in der Ferne sind stumm, womit der Bruch des Kontaktes signalisiert wird: „Wir sprachen aber weiter laut, wenn wir an unserer Telefonzelle neben unserem beleidigten Bahnhof vorbeigingen, damit uns unsere Eltern in der Türkei hören könnten."[40] (BGH, 471).

Obwohl allen die (türkische) Heimat und die (türkische) Sprache gemeinsam sind, sodass man naiv denken würde, unter den Gastarbeitern würde in der Fremde alles perfekt klappen, sind sie doch alle unterschiedlich. Im ironischen Ton schildert die Ich-Erzählerin die Menschen, die aus ihren heimatlichen Nestern in die fremden verlegt wurden. Beim Porträtieren ihrer Landsleute sieht sie in ihren Gesichtern auch sich selbst, die Menschen, die – den Figuren im türkischen Theater ähnlich – in Deutschland den Eindruck hinterlassen, dass ihre Schicksale von anderen, von Fremden in einem sonderbaren Welttheater verwaltet werden:

> […] ihre Wörter, ihre Gesichter, ihre verschiedenen Dialekte, Messerglanz in ihren Händen, […] im Teller eine fremde Spucke. (BGH, 459).

> Es sah aus wie die Schattenspiele im traditionellen türkischen Theater. Dort kamen Figuren auf die Bühne, jede redet in ihrem Dialekt – türkische Griechen, türkische Armenier, türkische Juden, verschiedene Türken aus verschiedenen Dialekten – alle verstanden sich falsch, aber redeten und spielten immer weiter, wie die Frauen im Wonaym, sie verstanden sich falsch in der Küche, aber reichten sich die Messer oder Kochtöpfe […]. (BGH, 459)[41].

Es handelt sich laut Neubauer „nicht um ein homogenes Kollektiv […], sondern, im Gegenteil, um eine derart heterogene Gruppe, dass die Kommunikation, genau wie im türkischen Schattentheater, durch Missverständnisse geprägt ist"[42].

Einsamkeit, Sprachlosigkeit und Trostlosigkeit bringt die Frauen dazu, sich unter sich zu gruppieren, sich nur mit „ihresgleichen" zu unterhalten und untereinander ihre Geheimnisse und Wünsche zu teilen. So suchen „Frauen in den

---

40 Vgl. Jochen Neubauer: *Türkische Deutsche …*, a.a.O., S. 366.
41 Jochen Neubauer: *Türkische Deutsche …*, a.a.O., S. 342, meint, dass sich im Roman zahlreiche Referenzen an das türkische Schattentheater ausmachen lassen. – Bereits in ihrem 1982 geschriebenen Theaterstück *Karagöz in Alamania* hat sich Özdamar mit den Gastarbeiterschicksalen in Deutschland beschäftigt und die „zentrale Figur aus der Tradition des türkischen Schattenspiels" (Irmgard Ackermann: *Emine Sevgi Özdamar*, a.a.O., S. 2), das „Schwarzauge" (türkisch: „Karagöz"), ins Zentrum gestellt; vgl. dazu: Daniel Bax: a.a.O., [Zugang: 21.11.2014].
42 Jochen Neubauer: *Türkische Deutsche …*, a.a.O., S. 343.

anderen Frauen die Mütter, die Schwestern oder die Stiefmütter" (BGH, 468). Der neue türkische Heimleiter, Künstler und Kommunist (BGH, 463), der im Roman fast immer mit den gleichen Worten in die Handlung eingeführt wird, lehrt die Frauen die deutsche Sprache. Seine Ansprache der Frauen mit „Zucker"/ „Zuckers" wird folglich zur Ansprechformel der Frauen unter sich, aber sie stellt auch einen der Mechanismen der Teilung der Frauen in Gruppen und eine gewisse Kategorisierung dar. Somit tritt Fremdheit unter die Angehörigen einer durch Sprache und Herkunft verbundenen Gemeinschaft ein, die in der fremden Welt eigentlich zueinander halten sollten:

> Die Frauen, die ihn liebten, fingen auch miteinander an, sich mit „Zucker" und „Zuckers" anzusprechen. Die Frauen, die ihn nicht liebten, sagten nicht „Zucker" zueinander. So teilte sich langsam das Frauenwonaym auf in die Frauen, die „Zucker" sagten, und in die Frauen, die nicht „Zucker" sagten. Wenn die Frauen in der Küche mit den Töpfen und Pfannen kochten, verteilten sich auch die Töpfe und Pfannen zwischen den Frauen, die sich mit „Zucker" ansprachen, und denen, die sich nicht mit „Zucker" ansprachen. [...] Die Frauen, die „Zucker" sagten, fanden den Abend. Sie gingen nach der Fabrikarbeit jetzt nicht mehr sofort in die Nacht hinein. So teilte sich das Wonaym noch mal zwischen den Frauen, die ihre Abende hatten, und den Frauen, die über den Abend sofort in die Nacht sprangen. (BGH, 469).

Die eine Teilung unter Frauen folgt der anderen, und zwar nach ihren Leistungen am Arbeitsplatz – ob sie Akkord schaffen oder nicht –, oder danach, ob sie sich an die alten, von Zuhause mitgebrachten traditionellen Werte halten oder sich für die neuen, europäischen Werte und Lebensweisen entscheiden und sich somit den patriarchalischen gesellschaftlichen Zwängen und Rollen entziehen. Die soziale und ethische Akzeptanz der einen Gruppe schließt die Akzeptanz der anderen aus. Der Phänomenologe des Fremden, Bernhard Waldenfels spricht über die „*Unzugänglichkeit* eines bestimmten Erfahrungs- und Sinnbereichs und die der *Nichtzugehörigkeit* zu einer Gruppe" und ist der Ansicht, dass man „zwischen einer *kulturellen* und einer *sozialen* Fremdheit unterscheiden" sollte[43]. Vishakha Sagdeo meint, dass die Frauen durch diese Unterscheidungen, beispielsweise nach „Esel", „Zucker" und „Kinder" verniedlicht bzw. versachlicht werden. Die Methode des Heimleiters hat eine zwiespältige Wirkung, da auf der einen Seite das Gruppengefühl unter Frauen Geborgenheit schafft, auf der anderen wird auch eine Rangordnung, möglicherweise auch Konkurrenz und Wettbewerb geschaffen[44].

Im Zug nach Deutschland erhalten zukünftige Gastarbeiter das *Handbuch für die Arbeiter, die in der Fremde arbeiten gehen* (LKT, 403), in dem von der türkischen

---

[43] Bernhard Waldenfels: *Grundmotive…*, a.a.O., S. 115.
[44] Vgl. Vishakha Sagdeo: *Frauen schreiben dazwischen*, a.a.O., S. 384–385.

Seite an „Liebe Brüder, Schwestern, Arbeiter" (LKT, 404) appelliert wird, welche Regeln und Verhaltensmuster sie in der Fremde befolgen sollten. Die Anleitungen sind an Leute gerichtet, die aus ländlichen Gebieten der Türkei, aus Mittel- und Ostanatolien kommen[45], die mit manchen Errungenschaften der modernen Welt noch nicht vertraut sind oder sehr stark an Religion und Tradition gebunden sind:

> Die Toiletten in Europa sind anders als bei uns. Wie ein Stuhl. Bitte, liebe Gastarbeiter, ihr sollt nicht darauf stehen, ihr sollt euch unbedingt darauf setzen. Für die Sauberkeit benutzt man nicht Wasser, Blätter, Erde oder Stein, sondern ganz feines Toilettenpapier. […] In Europa trägt man kein Kopftuch. Wenn türkische Frauen ein Kopftuch tragen, wird Europa sie nicht lieben. Bitte, liebe Schwester, Arbeiterin, trage kein Kopftuch. Wenn es unbedingt sein soll, trägt es bitte so, wie europäische Frauen Kopftücher tragen. (LKT, 404).

Das Auge der Ich-Erzählerin, einer angesehenen Schriftstellerin, Schauspielerin und Theaterregisseurin, ist wie bei Heinrich Böll, „menschlich und unbestechlich". Und dieses Auge durchschaut die menschliche Seele und ihren Traum nach dem besseren Leben. Die meisten der Arbeiter wollen nach einem Jahr mit gespartem Geld in die Türkei zurückkehren, andere (zwei Schwestern) sparen das Geld, um ihre Brüder aus der Heimat nach Deutschland holen zu können, einige (eine Opernsängerin, die Ich-Erzählerin) streben eine Weiterbildung in der Fremde an. Aber allen sind der Weg aus der (armen) Heimat in die (reiche) Fremde, das mühsame Gewöhnen an die schwierigen Arbeitsbedingungen sowie die Anpassung an die neuen zivilisatorischen und kulturellen Werte und Alltagsrituale gemeinsam:

> Die Männer waren in der Türkei in die Busse eingestiegen, dann in die Züge, dann in die Flugzeuge und waren nach Berlin gekommen. Jetzt standen sie hier vor einer Leiter, deren Ende im Himmel verschwand. Sie stiegen diese Leiter herauf und dachten: nur ein Stückchen, danach kommen wir wieder herunter. Dann wollten sie wieder in die Züge und Busse einsteigen und zu den Orten, aus denen sie gekommen waren, zurückkehren. Die Männer redeten von diesem Jahr, für das sie nach Berlin gekommen waren, als ob es nicht zu ihrem Leben gehörte, rauchten, tranken Tee und liefen zusammen durch die Stadt, als ob sie in einem Dschungel wären – ohne Väter, die vor ihnen gingen. Die Fabriksirenen, die auf- und zugehenden Bustüren, die über dem süßen Schlaf plötzlich eingeschalteten Lichter, der Seifenschaum in den Spiegeln, Rasierklingenstimmen, in Waschbecken fallende Haare, Kachelöfen, morgen noch kälter als Zimmerwände, die elektrischen Schalter, das nervöse Licht der Bäckereien, der schmutzige Schnee zwischen

---

45 Vgl. Sargut Şölçün: *Literatur der türkischen Minderheit*. In: Carmine Chiellino (Hg.): *Interkulturelle Literatur in Deutschland*. Ein Handbuch. Stuttgart – Weimar 2000, S. 135–152, hier S. 137: „Die Naivität der anatolischen Bauern, ihre Ungeschicklichkeit in den hochtechnologisierten Fabriken und ihre Sprachlosigkeit in der von anonymen Systemen gesteuerten Gesellschaft […]".

den Busrädern, schlafende Menschen in Zügen, kein Vogel im Himmel, keine Telegrafenmasten, nur einsame zerstörte Telefonzellen. (BGH, 477).

Was der Ich-Erzählerin auffällt, sind die Szenen, in denen türkische Männer sich in gleicher Weise wie in ihrer Heimat benehmen, auf der Straße oder z.B. im türkischen Arbeiterverein, wo sie ein Stück Heimat durch Sprache, Geborgenheit und Sitten (z.B. das Trinken von Tee aus einem Glas) finden und wo sie Sicherheit nur in einer Gruppe fühlen. Diese Lebens- und Verhaltensweise ist eng mit der Tradition und dem Leben auf dem Lande verbunden, wo alle Sippenmitglieder dem Sippenführer folgen, sei er Vater, Onkel oder (großer) Bruder, und diesem Gehorsam und Ehre erweisen:

> So gingen sie hinter ihren Wörtern her und sahen für die Menschen, die diese Wörter nicht verstanden, so aus, als ob sie mit ihren Eseln oder Truthähnen durch ein anderes Land gingen. Die Männer kamen hinter ihren Wörtern her bis zum türkischen Arbeiterverein, dort rauchten sie und tranken Tee. Sie sagten nicht „ich gehe", sondern einer stand auf und sagte: „Wir gehen." Wenn einer Tee in ein Glas goß, sagte er: „Wir trinken Tee." Wenn eine Zeitung auf dem Tisch lag, sagte einer: „Wir werden Zeitung lesen." Jedes „Ich" nähte sich an das nächste „Ich" und machte ein „Wir". (BGH, 478).

Das „Wir" der türkischen Männer in der Fremde wird mit der Rolle des Familienvaters in ihrer türkischen Heimat gleichgesetzt. Die Ich-Erzählerin schildert Beispiele des gewalttätigen Benehmens der Männer gegenüber den jungen alleinstehenden Frauen im „Wonaym", aus denen ersichtlich wird, wie türkische Männer in der Fremde und als Gruppe diese Herrscher-Vater-Mann-Rolle – nicht nur die symbolische Gewalt[46], sondern auch die physische, eigentlich ihr eigenes Herrschaftssystem – in das andere Land übertragen, da sie meinen, dass sie die Ehre einer jeden Frau aus ihrer eigenen, türkischen Gemeinschaft beschützen müssen, und, falls sie, die Männer, der Ansicht sind, dass die Frau gegen die moralischen Sitten verstößt, sie selbst, als Richter über die Strafe mit vollem Recht und gleich auf der Stelle entscheiden können:

> Bald aber lernten einige Frauen türkische Männer von einer ganz anderen Seite kennen. Die Frauen kamen aus der Nachtschicht, die Männer standen in der Nacht an der Bushaltestelle und schlugen der schönsten Frau ins Gesicht. [...] „Nutten, was sucht ihr hier in der Nacht?" (BGH, 474).

---

46 Hans-Christoph Koller: *Veränderungen von Leuten, die etwas verändern wollen: über symbolische Gewalt und Bildungsprozesse in Emine Sevgi Özdamars Roman „Die Brücke vom Goldenen Horn"*. In: „Zeitschrift für Qualitative Forschung", 8/1, 2007, S. 61–73, hier S. 68.

Wenn die Protagonistin, jetzt der deutschen Sprache kundig, als Dolmetscherin tätig und als Frau, auf deren Wort man hört, während ihres zweiten Berlin-Aufenthaltes die Wohnverhältnisse und -geschehnisse in einem anderen „Wonaym" beschreibt, in dem sowohl Ehepaare wie auch alleinstehende Frauen aus der Türkei leben, ist sie mit ihrer Autorität und buchstäblich mit ihrem eigenen Körper der einzige Schutz der Frauen vor den Männern:

> Manche der alleinstehenden Frauen hatten nach ihrer Meinung ihre türkische Ehre in Berlin wie ein Kleid ausgezogen, und besonders die Männer wollten ihnen dieses Kleid anziehen. Einmal rannten alle Männer wie Verrückte, die man aus ihren Ketten befreit hatte, aus ihren Zimmern auf die Straße herunter, weil sie eine der Frauen aus den oberen Etagen gesehen haben. Diese war aus einem Auto ausgestiegen und hatte dem Fahrer ihre Hand gegeben oder ihre Wange oder vielleicht auch den Mund. [...] Die Männer kamen, 30 oder 25 Männer, ich öffnete meine Arme und sagte zu ihnen: „Ihr zerquetscht erst mich, dann das Mädchen." [...] Dann schob ich die Männer hoch in den Wohnheimsalon. (BGH, 550).

Nicht nur die Ehemänner, sondern auch ihre Frauen beschäftigen sich mit der Ehre der alleinstehenden Frauen – auch in der Fremde. Junge Mädchen werden von den verheirateten Frauen immer wieder gewarnt, sie könnten leicht zu Nutten werden, da sie abends ausgehen und sich mit Männern treffen. Eine Digression: In der deutschen Fremde kann die Ich-Erzählerin auf türkische Männer einreden und junge Frauen vor ihrer Wut retten, wenn es um den Schutz ihrer „türkischen Ehre" (BGH, 550) geht. In ihrer Heimat, in einem kleinen Dorf hört sie die Geschichte über das junge Mädchen, das am Fluss „mit einem fremden Mann gesprochen" (BGH, 716) hat und wie „ihre Brüder [...] ihren Kopf zwischen zwei Steinen zerquetscht" (BGH, 716) hatten.

Das einzige, was jede Jungfrau hüten sollte, ist ihre Jungfräulichkeit, ihr Diamant. Auch die Ich-Erzählerin ist sich, von zu Hause aus, des Wertes und der Bedeutung des Diamanten bewusst, da man seit jeher weiß, dass auch dadurch die Ehre der Familie aufrechterhalten wird. Mit ihrem Bestehen darauf, sich von ihrem Diamanten möglich bald zu befreien, lehnt sich die junge Frau gegen die patriarchalischen Zwänge auf, die der Frau in traditionellen Familien durch Jahrhunderte auferlegt werden, und bringt ironischerweise den Verlust des Diamanten in direkten Zusammenhang mit der Schauspielkunst: „Ich wollte Deutsch lernen und mich dann in Deutschland von meinem Diamanten befreien, um eine gute Schauspielerin zu werden" (BGH, 544)[47]. Sie erinnert sich dabei an den Ratschlag

---

47 Vishakha Sagdeo: *Frauen schreiben dazwischen*, a.a.O., S. 372 (Zitat von Elizabeth Boa: *Özdamar's Autobiographical Fictions: Trans-National Identity and literary Form*. In: „German Life and Letters", 59 von 4.10.2006, S. 535): "The protagonist has three

des kommunistischen Heimleiters bei ihrem Abschied: „Wenn du eine gute Schauspielerin sein willst, schlaf mit Männern, egal mit wem, Schlafen ist wichtig. Das ist gut für die Kunst" (BGH, 538). Ihren Diamanten verliert sie schließlich in der Fremde, mit einem Fremden, aber dem Schwangerschaftsabbruch – in der Zwischenzeit schläft sie mit mehreren Männern und wird schwanger – unterzieht sie sich in der Heimat, im europäischen, liberalen Teil Istanbuls. Während sie in der Fremde ihre Jungfräulichkeit möglich bald loswerden wird und somit gegen die Tradition rebelliert, geht sie in der Heimat aus Mitleid fast eine Ehe ein mit einem schizophrenen Jungen und hält sich an die Tradition, wenn sie mit ihm zum Friedhof geht, „wo der heilige Großvater des Jungen begraben war" (BGH, 633).

Als sie nach dem einjährigen Aufenthalt in Deutschland in die Türkei heimkehrt, heißt der glückliche Vater seine „Löwentochter" (BGH, 524) herzlich willkommen: „Das ist meine Tochter, sie kommt gerade aus Deutschland, sie hat Europa gesehen" (BGH, 543). Ihre Eltern leben auf der asiatischen Seite Istanbuls, aber genauso wie nach ihrer ersten Rückkehr aus der Fremde, so auch nach der zweiten, weilt sie über Tag, später auch über Nacht, auf der europäischen Seite Istanbuls: „Zwischen den beiden Teilen lag das Marmara-Meer, große Schiffe fuhren von einem Ufer zum anderen. […] Ich fuhr jeden Tag mit dem Schiff von der asiatischen Seite von Istanbul zur europäischen Seite" (BGH, 627, 741). Damals, 1967, gab es zwischen Asien und Europa noch keine Brücke (BGH, 666). Obwohl ihre Eltern zu ihr mild und nachgiebig sind, sie mit Zärtlichkeiten überschütten und ihr wegweisende Lebensweisheiten erteilen, wird das Elternhaus in Asien für sie nach ihrer ersten Deutschland-Erfahrung zum Ort der Unfreiheit und Fremde, später, nach der zweiten Rückkehr auch zum Gefängnishof: „Hier müßte ich jeden Abend nach Hause zurück und in die Augen meiner Eltern schauen. In Deutschland nicht" (BGH, 544). Ihre Eltern stammen aus einer „traditionellen türkischen Unterschicht"[48], aber sie akzeptieren mit Wohlwollen die Werte, die ihre Tochter als Gaben aus Europa in die Heimat gebracht hat. Die Mutter, die ihr physisches Aussehen und ihren Kulturgeschmack inzwischen den ausländischen, vor allem amerikanischen Kultur- und Modetrends angepasst hat – die Türkei steht, seit sie 1952 Mitglied der NATO geworden ist, unter dem politischen und kulturellen Einfluss Amerikas –, ist stolz auf ihre Tochter: „Sie hat Deutsch gelernt. Eine Sprache ist ein Mensch, zwei Sprachen sind zwei Menschen" (BGH, 619). Auch der Vater betont die Wichtigkeit der Sprachen: „Sie ist als Nachtigall nach

---

ambitions: to read, to write and perfom linguistically; to lose her virginity; to become politically active".
48 Vgl. Vishakha Sagdeo: *Frauen schreiben dazwischen*, a.a.O., S. 378.

Alamania geflogen und dort ein Papagei geworden, sie hat die deutsche Sprache gelernt. Jetzt ist sie eine türkische Nachtigall und zugleich ein deutscher Papagei" (BGH, 619).

Die europäische Seite Istanbuls steht für Modernität und Fortschritt, für den Austausch von literarischen, politischen und philosophischen Ideen mit Männern, den Intellektuellen der 68er Generation[49], die für die Ich-Erzählerin die Rolle der Mentoren übernehmen[50]. Auch das Restaurant „Kapitän" an der europäischen Seite hat die Funktion der politischen Weiterbildung und Bewusstwerdung der Ich-Erzählerin in den Zeiten der gewaltsamen Spaltungen in der multikulturellen türkischen Gesellschaft[51]:

> Zum „Kapitän" kamen auch Istanbuler Griechen. Und am Ende der Nacht schlugen sie vor Lust die Teller auf den Boden [...]. Einer der Intellektuellen erzählte, daß viele Istanbuler Griechen, als in einer Septembernacht im Jahre 1955 nationalistische Türken die Läden, orthodoxen Kirchen und Friedhöfe der Istanbuler Griechen zerstört hatten, aus Angst nach Athen gegangen waren. (BGH, 664).

Deutschland (vor allem West-Berlin) und die Türkei stellen für die Protagonistin in der Zeit zwischen 1966 und 1975 auch die Schauplätze politischer Auseinandersetzungen im Staate selbst, aber auch Orte, an denen gegen Diktaturen und den Vietnamkrieg demonstriert wird. Die Ich-Erzählerin ist Zeugin radikaler Politisierung der deutschen Jugend (in Berlin) und der türkischen (in Berlin, in der Türkei) sowie ihrer Demonstrationen gegen das Unrecht. Die Erschießung eines Studenten in Berlin (Benno Ohnesorg, am 2. Juni 1967; BGH, 515) und der Tod eines anderen in Istanbul (Vedat Demircioğlu; BGH, 706–707) sind Symptome für dasselbe Übel, die Diktatur. In Berlin lernt sie den türkischen Studenten Regen kennen, der den türkischen Arbeitern den Sinn der Heimat erklärt: „Du bist ein Arbeiter, der Arbeiter hat keine Heimat. Wo die Arbeit ist, da ist die Heimat, das hat der große türkische Dichter Nazim Hikmet gesagt. Er hat dreizehn Jahre im Gefängnis gesessen" (BGH, 479). Nach dem Tod von Vedat Demircioğlu wird ein symbolischer Sarg

---

49 Vgl. Mahmut Karakuş: *E. S. Özdamars „Die Brücke vom Goldenen Horn": Auf der Suche nach einer verlorenen Generation.* In: Manfred Durzak / Nilüfer Kuruyazıcı (Hg.): *Interkulturelle Begegnungen. Festschrift für Şara Sayın.* Würzburg 2004, S. 37–47.
50 Vgl. Jochen Neubauer: *Türkische Deutsche ...,* a.a.O., S. 363.
51 Daniel Bax: *Deutschland, ein Wörtermärchen,* a.a.O., [Zugang: 21.11.2014], spricht über Özdamars Lebenssituation nach 1975: „Ihre Reise ins Niemandsland zwischen Ost- und West-Berlin verschaffte ihr Distanz zur Türkei, deren bleierner Zeit sie entflohen war, und auch zur türkischen Sprache. In Istanbul herrschte in den Siebzigerjahren ständig der Ausnahmezustand, bewaffnete Gruppen lieferten sich Bandenkriege, und prominente Linke fielen Anschlägen zum Opfer".

durch die Straßen Istanbuls von den Studenten getragen (BGH, 707). Die Symbolik der Brücke vom Goldenen Horn kommt auch in folgender Szene zum Ausdruck:

> Tausende von Menschen versammelten sich auf der Brücke vom Goldenen Horn. [...] Im Chor riefen die Studenten die ersten Zeilen eines Gedichtes von Nazim Hikmet: „Mein Junge, schau gut auf die Sterne."
> Dann sangen sie wieder:
>
> *Wie ist das möglich, wie ist das möglich?*
> *Daß der Bruder den Bruder tötet, ist unmöglich.*
> *Verfluchte Diktatoren!*
> *Diese Welt wird euch auch nicht bleiben.* (BGH, 707).

Das Schicksal Nazim Hikmets (1902–1963), dessen Leben zwischen Heimat und Fremde/Exil, Verbot und Anerkennung verlaufen ist, ist auf der intertextuellen Ebene auch ein Beispiel für den Menschen, dem die Heimat allmählich fremd wird und die Fremde Geborgenheit und Schutz bietet[52]. Die Protagonistin, eine überzeugte Sozialistin, registriert auch eine Reihe politischer Morde, deren Folgen sich auf die ganze Welt auswirken. Getötet werden Che Guevara (9. Oktober 1967), Martin Luther King (4. April 1968), Robert Kennedy (6. Juni 1968). Während man mit Apollo 7 (BGH, 709, 725: 11. Oktober 1968) zum Mond fliegt, sind die Bauern in der Türkei hungrig und der Schneider, dem die Protagonistin und ihr Begleiter auf ihrer Reise in den Osten der Türkei begegnen, kommentiert die amerikanische Leistung mit folgenden Worten: „Onlar Aya biz yaya." („Die fliegen zum Mond, wir gehen noch zu Fuß.") (BGH, 725).

Die sprachliche Anfangssituation der türkischen Ich-Erzählerin in Berlin ist die der Sprachlosigkeit: „Ich konnte kein Wort Deutsch und lernte die Sätze, so wie man, ohne English zu sprechen, 'I cant't get no satisfaction' singt." (BGH; 441). Die erste Stufe ist das Auswendiglernen der Sätze aus deutschen Zeitungen, die sie nicht versteht (BGH, 471). Ihr kommunistischer Heimleiter singt ihnen türkische Lieder in deutscher Übersetzung vor. Der Sprachkurs in der Kleinstadt am Bodensee, wohin der Vater sie schickt (BGH, 544), ermöglicht ihr bald die Stelle der Dolmetscherin bei Siemens. Dem Motiv der Zeitung, an dem das Thema der Heimat und Fremde analysiert werden kann, wird im Roman eine besondere Rolle zugeschrieben. Die deutsche Zeitung am Romananfang, in der Fremde, ist für die Protagonistin unlesbar, da sie kein Wort Deutsch versteht. Als sie nach zwei Jahren wieder in ihrer Heimat ist, erlebt sie schreckliche politische Umbrüche in der türkischen Gesellschaft, den Militärputsch, die Aktionen der faschistischen

---

52 *Nâzım Hikmet*, http://de.wikipedia.org/wiki/N%C3%A2z%C4%B1m_Hikmet, [Zugang: 11.11.2014].

Studenten „Graue Wölfe" (BGH, 701, 778), die Verfolgungen und Verhaftungen, das Foltern und das Morden der Andersgesinnten (der Linken, der Sozialdemokraten) in Gefängnissen und auf den Straßen. Die Teilung ihrer Landsleute in verschiedene politische Gruppen stellt sie auch beim Lesen von Zeitungen fest:

> Auch im Schiff hatten sich die Menschen in drei Gruppen geteilt. Ein faschistischer Zeitungsleser saß jetzt neben einem faschistischen Zeitungsleser in einer Reihe. Religiöse Zeitungsleser saßen neben religiösen Zeitungslesern, linke Zeitungsleser saßen in einer Reihe und lasen die gleiche Zeitung. Niemand schaute auf das Meer, nur alte Leute oder schwangere Frauen oder Kinder. (BGH, 741).
>
> An den Zeitungskiosken hingen die linken, faschistischen und religiösen Zeitungen nebeneinander, alle in türkisch, aber es war wie drei Fremdsprachen. (BGH, 743).

Ihre Kraft sucht sie nur „bei der linken Zeitung CUMHURIYET (Republik)" (BGH, 625). Nur diese Zeitung wird im Roman mit großen Buchstaben geschrieben. Die 20-jährige mutige und politisch aktive Frau sieht ein, dass in ihrer Heimat die Menschen untereinander Fremde und Feinde geworden sind und dass ihre gemeinsame Muttersprache auch beim Lesen der Zeitungen in der Muttersprache zur Fremdsprache wurde.

3. Fazit

Mit dem Titel des Romans, den auch der zweite Romanteil trägt, wird der Brücke vom Goldenen Horn ein eigenartiges Denkmal gesetzt. Ob die Bezeichnung der Brücke sich mit dem Titel des Romans deckt[53] oder ob eine tiefere Symbolik in irgendeiner Brücke über das Goldene Horn liegt, bleibt dahingestellt. Tatsache ist, dass die Protagonistin über die Brücke vom Goldenen Horn geht, der Brücke entlangläuft (BGH, 628), in Richtung dieser Brücke läuft (BGH, 628), dass sie dem Leser die Brücke als Verbindung zwischen den beiden europäischen Teilen von Istanbul (BGH, 628) vorstellt, dass man Auskunft darüber erhält, dass an einem Ende der Brücke eine große Moschee gibt (BGH, 628), wo Blinde in der Sonne sitzen, dass man „die Brücke gerade hochzog, damit die großen russischen Schiffe durchfahren konnten" (BGH, 671), als Holzbein sie über die Brücke fuhr. Auf der Brücke vom Goldenen Horn saßen Männer, die als Bauern nach Istanbul kamen, um dort das Glück zu finden, da sie hörten, dass die Straßen von Istanbul aus Gold sind (BGH, 654). In Gedanken an ihren spanischen Freund Jordi vertieft, erwähnt sie auch die „armen Männer auf der Goldenen Brücke" (BGH, 673). Auf der Brücke protestieren Menschen in bleiernen Zeiten gegen die Diktatur und beweinen stumm ihre Toten:

---

53 Siehe Anm. 33.

> Am nächsten Tag saßen die Menschen auf dem Schiff mit den Zeitungen auf den Knien, keiner las darin. Schwarze, große Buchstaben. Nur ein Wort: ASILDILAR. („Sie sind aufgehängt worden.") [...] Viele Mütter liefen still, auf die Erde blickend, über die Brücke vom Goldenen Horn. Sie sagten nichts, aber ich hörte ihre Stimmen. (BGH, 774).

Orhan Pamuk schreibt in seinem autobiografischen Buch *Istanbul* von der geistigen Bedeutung, die dem Blick auf den Bosporus zugeschrieben wird. In vielen Istanbuler Häusern hat das Fenster mit dem Blick auf das Meer des Bosporus jene Stelle, welche die Gebetsnische, der Mihrab[54], in der Moschee hat. Das Goldene Horn, die lange Bucht des Bosporus bzw. die Brücke über dem Goldenen Horn hat für die Ich-Erzählerin die tröstende Rolle des Gebetes und des Bekenntnisses. Sie ist der Ort der Verbindung und Trennung, der Heimat und der Fremde. Von dort aus nimmt sie Abschied von der Heimat, wenn sie zum ersten Mal mit dem „Hurenzug" in die Fremde, mit der Hure Pakize als Begleiterin fährt. Die Protagonistin tritt in der Zwischenzeit als Schauspielerin in der Rolle der Hure auf (BGH, 746–749). Als kleines Mädchen (im Roman *Das Leben ist eine Karawanserei*) wollte sie Hure werden, da sie sich darunter Freiheit und ein Leben ohne Zwänge vorstellte[55]. In der abschließenden Romanszene nimmt sie erneut Abschied von ihrer Heimat, jetzt aus politischen Gründen, die ihr in ihrer Heimat kein normales Leben ermöglichen:

> Der Zug nach Berlin fuhr ab, ich sah aus dem Fenster weiter die Brücke vom Goldenen Horn. [...] Mir gegenüber saß ein junger Mann in meinem Alter. Er öffnete die CUMHURIYET, und ich las darin: „Franco ist tot." Es war der 21. November 1975. (BGH, 780).

Während sie Abschied von der Brücke vom Goldenen Horn nimmt, liest sie in „ihrer" Zeitung „Cumhuriyet" vom Tod des Diktators Franco, der einen Tag vorher gestorben war. Die Diktatur ist im Lande ihres Freundes Jordi beendet. In der Fremde, die ihr immer mehr zur Heimat wird, will sie „ihre schauspielerischen und politischen Aktivitäten weiter ausbauen"[56] können. Nicht ohne Symbolik ist in diesem Zusammenhang der letzte Satz im Roman: „Der junge Mann, der die Zeitung las, fragte mich: ‚Wollen Sie eine Zigarette?'" (BGH, 780). Der Titel eines Kapitels im Roman lautete: *Die Zigarette ist das wichtigste Requisit eines Sozialisten*.

---

54 Das arabische Wort „Mihrāb" steht für die islamische Gebetsnische in Moscheen, die die Gebetsrichtung („Kibla", „qibla") zur Kaaba in Mekka anzeigt, in die sich die Muslime beim Gebet wenden müssen. Diese Richtung ändert sich je nachdem, wo man sich auf der Erde befindet. In der Türkei z.B. ist die Gebetsrichtung der Süden.
55 Als Erwachsene schreibt die Ich-Erzählerin: „Ich war schwanger gewesen, aber andere Menschen hatten mir geholfen. An meiner Stelle wäre ein armes Mädchen in die Hurenwelt eingetreten." (BGH, 660).
56 Vishakha Sagdeo: *Frauen schreiben dazwischen*, a.a.O., S. 395.

Literatur

Irmgard Ackermann: *Emine Sevgi Özdamar*. In: Heinz Ludwig Arnold (Hg.): *Kritisches Lexikon zur deutschsprachigen Gegenwartsliteratur* – KLG – 6/99 (62. Nlg.) u. 6/01 (68. Nlg.), München 2001, S. 1–8.

Irmgard Ackermann: *Deutsche verfremdet gesehen. Die Darstellung des „Anderen" in der „Auslandsliteratur"*. In: Nasrin Amirsedghi / Thomas Bleicher (Hg.): *Literatur der Migration*. Mainz 1997, S. 60–71.

Leslie A. Adelson: *Touching Tales of Turks, Germans, and Jews: Cultural Alterity, Historical Narrative, and Literary Riddles for the 1990s*. In: „New German Critique", 80, Frühling-Sommer 2000, S. 93–124.

Nasrin Amirsedghi / Thomas Bleicher (Hg.): *Literatur der Migration*. Mainz 1997.

Immacolata Amodeo: *„Die Heimat heißt Babylon". Zur Literatur ausländischer Autoren in der Bundesrepublik Deutschland*. Opladen 1996.

A. Mansour Bavar: *Aspekte der deutschsprachigen Migrationsliteratur. Die Darstellung der Einheimischen bei Alev Tekinay und Rafik Schami*. München 2004.

Daniel Bax: *Deutschland, ein Wörtermärchen*. In: „taz.die tageszeitung" vom 20.11.2004, http://www.taz.de/1/archiv/?dig=2004/11/20/a0257.

Bosporus, http://de.wikipedia.org/wiki/Bosporus.

Carmine Chiellino (Hg.): *Interkulturelle Literatur in Deutschland*. Ein Handbuch. Stuttgart – Weimar 2000.

Mechthild Borries: *Deutschsprachige „Ausländerliteratur": Theoretische Überlegungen und unterrichtspraktische Vorschläge*. In: „Die Unterrichtspraxis/ Teaching German", 28. 1 (The Publisher as Teacher), Frühling 1995, S. 19–28.

Nâzım Hikmet, http://de.wikipedia.org/wiki/N%C3%A2z%C4%B1m_Hikmet.

Goldenes Horn (Türkei), http://de.wikipedia.org/wiki/Goldenes_Horn_%28T%C3%BCrkei%29.

Sohelia Ghaussy: *Das Vaterland verlassen: Nomadic Language and „Feminine Writing" in Emine Sevgi Özdamar's „Das Leben ist eine Karawanserei"*. In: "The German Quarterly". 72. 1, Winter 1999, S. 1–16.

Karen Jankowsky: *"German" Literature Contested: The 1991 Ingeborg-Bachmann-Prize Debate. "Cultural Diversity", and Emine Sevgi Özdamar*. In: "The German Quarterly", 70/3, Sommer 1997, S. 261–276.

Sheila Johnson: *Literatur von deutschschreibenden Autorinnen islamischer Herkunft*. In: "German Studies Review", 20/2, Mai 1997, S. 261–278.

Sheila Johnson: *Transnational Ästhetik des türkischen Alltags: Emine Sevgi Özdamar's Das „Leben ist eine Karawanserei"*. In: "The German Quarterly", 74/1, Winter 2001, S. 37–57.

Mahmut Karakuş: *E. S. Özdamars "Die Brücke vom Goldenen Horn": Auf der Suche nach einer verlorenen Generation*. In: Manfred Durzak / Nilüfer Kuruyazıcı (Hg.): *Interkulturelle Begegnungen. Festschrift für Şara Sayın*. Würzburg 2004, S. 37–47.

Hans-Christoph Koller: *Veränderungen von Leuten, die etwas verändern wollen: über symbolische Gewalt und Bildungsprozesse in Emine Sevgi Özdamars Roman „Die Brücke vom Goldenen Horn"*. In: „Zeitschrift für Qualitative Forschung", 8/1, 2007, S. 61–73.

Werner Nell: *Zur Begriffsbestimmung und Funktion einer Literatur von Migranten*. In: Nasrin Amirsedghi / Thomas Bleicher (Hg.): *Literatur der Migration*. Mainz 1997, S. 34–48.

Jochen Neubauer: *Türkische Deutsche, Kanakster und Deutschländer. Identität und Fremdwahrnehmung in Film und Literatur. Fatih Akın, Thomas Arslan, Emine Sevgi Özdamar, Zafer Şenocak und Feridun Zaimoğlu*. Würzburg 2011.

Emine Sevgi Özdamar: *Sonne auf halbem Weg. Die Istanbul-Berlin-Trilogie*. Köln 2006.

Emine Sevgi Özdamar: *Das Leben ist eine Karawanserei hat zwei Türen aus einer kam ich rein aus der anderen ging ich raus*. In: dies.: *Sonne auf halbem Weg. Die Istanbul-Berlin-Trilogie*. Köln 2006, S. 7–406.

Emine Sevgi Özdamar: *Die Brücke vom Goldenen Horn*. In: dies.: *Sonne auf halbem Weg. Die Istanbul-Berlin-Trilogie*. Köln 2006, S. 437–781.

Emine Sevgi Özdamar: *Seltsame Sterne starren zur Erde*. In: dies.: *Sonne auf halbem Weg. Die Istanbul-Berlin-Trilogie*. Köln 2006, S. 811–1056.

Emine Sevgi Özdamar: *Die Frau, die ich sein sollte*. In: „taz. die tageszeitung" vom 17.03.2007 (Einführung: Renatus Deckert), http://www.taz.de/1/archiv/?dig=2007/03/17/a0003.

Emine Sevgi Özdamar, http://de.wikipedia.org/wiki/Emine_Sevgi_%C3%96zdamar.

Vishakha Sagdeo: *Frauen schreiben dazwischen. Eine interkulturelle Studie über die Migration von Frauen und die Globalisierung der Literatur am Beispiel des Romanwerks von Anita Desai und Emine Sevgi Özdamar*. Würzburg 2011.

Azade Seyhan: *Lost in Translation: Re-Membering the Mother Tongue in Emine Sevgi Özdamar's „Das Leben ist eine Karawanserei"*. In: „The German Quarterly", 69.4, Herbst 1996, S. 414–426.

Sargut Şölçün: *Literatur der türkischen Minderheit*. In: Carmine Chiellino (Hg.): *Interkulturelle Literatur in Deutschland. Ein Handbuch*. Stuttgart/ Weimar 2000, S. 135–152.

Bernhard Waldenfels: *Grundmotive einer Phänomenologie des Fremden*. Frankfurt a. M. ^{3}2010.

Nuran Özyer (Ankara)
Die Rückkehr in die deutsche Heimat

Zusammenfassung: Nach dem Anwerbeabkommen mit der Türkei 1961 kamen viele Türken als Arbeitskräfte in Deutschland an. Gegenwärtig leben in Deutschland ca. 2,9 Millionen Menschen, die einen türkischen Migrationshintergrund haben. Inzwischen sinkt die Zahl der Türken in Deutschland stetig, weil viele von ihnen Deutschland wieder verlassen. Sogar junge, hochqualifizierte Türken, die einen guten Beruf haben, wandern aus Deutschland in die Türkei ab. Was die Abwanderer in der Türkei machen, ob sie inzwischen ihre Entscheidung bereut haben, ob sie daran denken, wieder nach Deutschland zurückzukehren, ist ein wichtiges Forschungsfeld in der Soziologie, in der Politik und in den Medien geworden. Die Studien zeigen, dass manche Rückkehrer in die Türkei mit ihrem Berufs- und Familienleben sehr zufrieden sind und eine Rückkehr nach Deutschland für sie nicht mehr in Frage kommt, manch andere dagegen große Probleme in der Türkei haben, sich auch dort als Ausländer fühlen und ihre Entscheidung bereut haben. In diesem Beitrag wird versucht, anhand des Buches *Ich küsse dich, Kısmet* von Hatice Akyün die Gründe der Rückwanderung nach Deutschland zu ermitteln.

Schlüsselwörter: Deutschtürken, auswandern, Rückkehrer, Hatice Akyün, Kısmet.

The return to the German homeland

Abstract: After the agreement with Turkey in 1961, many Turks came as forces at work in Germany. Currently living in Germany about 2.9 million people, who have a Turkish migrant background. The number of Turks in Germany has recently been decreasing steadily, because many of them leave Germany. Even highly qualified young Turks who have a good job in Germany emigrate from Germany to Turkey. What the emigrants in Turkey do, whether they have regretted their decision, if they think of the return to Germany, has become an important research field in sociology, politics and the media. The studies show that some returnees to Turkey with their professional and family life are very satisfied and they dont think of returning to Germany, many others have quite big problems in Turkey, they feel there as foreigners and they have regretted their decision. This study aims to explore the reasons for the return to Germany with references based on the book *I kiss you, Kısmet* by Hatice Akyün.

Keywords: German Turks, emigrate, Returnees, Hatice Akyün, Kısmet.

Nach dem Anwerbeabkommen mit der Türkei 1961 kamen viele Türken als Arbeitskräfte in Deutschland an. Gegenwärtig leben in Deutschland über 2,9 Millionen Menschen, die einen türkischen Migrationshintergrund haben. Etwa ein Viertel davon hat die deutsche Staatsangehörigkeit. Die Zahl der Türken in

Deutschland sinkt aber gegenwärtig stetig, weil viele Türken Deutschland in Richtung Heimat wieder verlassen. So z.B. kamen im Jahr 2012, laut Statistischem Bundesamt, 28.641 Menschen aus der Türkei nach Deutschland[1], während 32.788 wieder zurückkehrten[2]. Es gingen 4.147 mehr, als kamen.

Sogar junge, hochqualifizierte Türken, die in Deutschland studierten und bereits einen guten Beruf in Deutschland haben, wandern aus Deutschland in die Türkei ab. Aus einer Untersuchung des Dortmunder Instituts futureorg, die von der Türkisch-Deutschen Unternehmungsvereinigung präsentiert wurde, geht hervor, dass 36 Prozent der jungen türkischstämmigen Akademiker, von denen knapp drei Viertel in Deutschland geboren wurden, ihre Zukunft in der Türkei und nicht in Deutschland sehen. Für die Abwanderung der türkeistämmigen Hochqualifizierten aus Deutschland in die Türkei gibt es nicht nur einen, sondern mehrere Gründe. In den vielen soziologischen und sozialwissenschaftlichen Forschungsprojekten, in der Politik und in den Medien wurde viel über die Gründe der Abwanderung der türkeistämmigen Hochqualifizierten diskutiert, und es wurden darüber verschiedene Theorien entworfen. Manche Forschungsergebnisse zeigen, dass die türkeistämmigen Hochqualifizierten den Abwanderungswunsch haben, weil sie sich in Deutschland nicht einheimisch und diskriminiert fühlen, weil sie in Deutschland immer noch „der Türke" sind, ebenso wie ihre Eltern. Von den türkischen Studenten, so das Forschungsinstitut futureorg, will z.B. jeder Dritte nach dem Studium lieber in der Türkei arbeiten, da er sich in Deutschland nicht richtig anerkannt und gewollt fühlt. Ihre Eltern sind nach Deutschland gekommen, um zu arbeiten, um Geld zu verdienen, ihre Kinder aber, die in Deutschland geboren sind oder den Großteil ihres Lebens in Deutschland verbracht haben, wollen in die Türkei abwandern, in der Hoffnung, dort mehr Anerkennung zu erfahren.

Nach Ansicht Faruk Şens, des Vorsitzenden der türkisch-deutschen Stiftung für Bildung und wissenschaftliche Forschung (TAVAK), sind die wichtigsten Gründe für die Rückkehr aus Deutschland in die Türkei „Diskriminierung und Arbeitslosigkeit". Seiner Meinung nach liege der Grund dafür in der steigenden „Islamophobie" und „Turkophobie"[3]. Rahükal T., die nach Istanbul ausgewandert war, sagte zu diesem Thema in einem Gespräch zum Beispiel:

---

1 https://www.destatis.de/DE/Publikationen/Thematisch/Bevoelkerung/Wanderungen/vorlaeufigeWanderungen5127101127004.pdf?__blob=publicationFile, [Zugang: 16.02.2015].
2 Vgl. ebd., [Zugang: 16.02.2015].
3 http://www.deutsch-tuerkische-nachrichten.de/2013/03/470905/weg-aus-deutschland-fast-200-000-tuerken-gehen-in-vier-jahren/ [Zugang: 02.11.2014].

‚Richtig schlimm wurde es nach dem 11. September 2001. Da musste ich mich auf einmal nicht nur für alle Türken, sondern auch für alle Muslime dieser Welt rechtfertigen. Selbst vor liberalen Freunden. Das fand ich so unfair'. Istanbul bedeutet für sie auch eine Pause von den ständigen Integrationsdebatten[4].

Andererseits ist es nicht zu leugnen, dass die Sarrazin-Debatte eben auch einen der wichtigen Gründe darstellt, warum Deutschtürken Deutschland in Richtung Türkei verlassen. Thilo Sarrazin, Volkswirt, Sachbuchautor und ehemaliger SPD-Politiker, beschreibt in seinem am 30. August 2010 erschienenen Buch *Deutschland schafft sich ab* die Folgen, die sich seiner Ansicht nach für Deutschland aus der Kombination von Geburtenrückgang, wachsender Unterschicht und Zuwanderung aus überwiegend islamisch geprägten Ländern ergeben würden[5]. Sarrazins Thesen erzeugten ein erhebliches Echo in den Medien und in der Politik und beeinflussten besonders die jungen Deutschtürken nachhaltig negativ. Er glaubt, dass die Anzahl der Muslime sich in Deutschland fast verdoppelt habe und besonders die muslimischen Migranten geringe Fortschritte in der Integration machen als andere, dass sie besonders kriminell seien und nur wenige davon gut deutsch sprechen[6]. Er schreibt in seinem Buch u.a.:

> Türken in Deutschland, die Erdoğans Wunsch folgen, Türken zu bleiben, und sich noch dazu überdurchschnittlich vermehren, würden mit der Zeit die kulturelle Identität Deutschlands gefährden, weil sie die Gesetzmäßigkeit einer wirklichen Integration außer Kraft setzen[7].

Ich nenne ein anderes Beispiel: İbrahim K. wandert aus Berlin nach Istanbul aus und sagt in einem Interview, dass er in Deutschland die Sarrazin-Debatte miterlebt habe – noch ein Grund mehr, warum es gut war, dass er gegangen sei. „Er wolle nicht der ‚brave Türke' sein, wie man es in Berlin von ihm erwarte ‚bloß nicht auffallen', ein Vorbild sein für die anderen"[8].

Der Sozialwissenschaftler und Migrationsforscher Yaşar Aydın an der Universität Hamburg ist ganz anderer Meinung. Seiner Ansicht nach verlassen diese Menschen Deutschland nicht aufgrund der „Diskriminierungserfahrungen" oder

---

4 http://www.spiegel.de/panorama/gesellschaft/rueckkehrende-migranten-nie-mehr-braver-tuerke-a-716677.html [Zugang: 02.11.2014].
5 Vgl. Thilo Sarrazin: *Deutschland schafft sich ab*. Berlin 2010.
6 http://de.wikipedia.org/wiki/Thilo_Sarrazin [Zugang: 11.10.2014].
7 Thilo Sarrazin: *Deutschland schafft sich ab*, a.a.O., S. 312.
8 http://www.spiegel.de/panaroma/gesellschaft/ruckkehrende-migranten-nie-mehr-braver-türke-a-716677.html [Zugang: 03.11.2014].

„fehlender Integrationsbereitschaft", sondern aus beruflichen Gründen. Er erklärt dies in einem Gespräch:

> wenn bereits ein Abwanderungsgedanke vorhanden ist, dann beschleunigen Diskriminierungserfahrungen die Abwanderung, die entscheidende Rolle spielen definitiv berufliche Gründe. In Bezug auf die türkeistämmige Bevölkerung in Deutschland zeigen quantitative Studien, dass diejenigen mit höherer Qualifikation mobiler sind und eher in die Türkei abwandern, die weniger qualifizierten oder, wie Sarrazin es sagt, die ‚Nicht-Integrierten', bleiben hier. Und genau deshalb ist das Phänomen der Abwanderung das Gegenteil einer gescheiterten Integration[9].

Diese jungen Deutschtürken kehren nicht zurück, sondern sie wandern ab. Sie wollen nicht als Rückkehrer genannt werden, weil sie behaupten, wir wären Rückkehrer, wenn wir aus der Türkei nach Deutschland wieder zurückkehren würden. Was diese Abwanderer in der Türkei machen, ob sie dort glücklich leben oder ihre Entscheidung bereut haben, ob sie sich überlegen, wieder nach Deutschland zurückzukehren, ist für die soziologischen und sozialwissenschaftlichen Studien und für die Migrationsforschung wiederum ein wichtiges Untersuchungsfeld geworden. Die Forschungsergebnisse zeigen, dass viele hochqualifizierte Deutschtürken in den vergangenen Jahren in Istanbul besonders bei den internationalen Institutionen Jobs gefunden haben und in der Türkei mit ihrem Berufs- und Familienleben sehr zufrieden sind und eine Rückkehr nach Deutschland für sie nicht mehr vorzustellen ist. Wenn sie sich auch manchmal am Bosporus als Alamancı (Deutschländer) fühlen, sind sie trotzdem glücklich, weil sie sich dort endlich erwünscht fühlen. Man registriert aber, dass der Abwanderungstrend sich allmählich umkehrt. Manche Deutschtürken kehren zurück nach Deutschland. Es ist nicht leicht für diese Deutschtürken, mit dem Alltagsleben in Istanbul fertig zu werden. Sie sagen, dass das Leben in der Türkei für sie härter und schwerer ist als sie dachten und sie empfehlen ihren Landesleuten, dass sie die Abwanderung sorgfältiger überlegen sollen. Sie haben durchaus große Probleme in der Türkei, sie fühlen sich auch dort als Fremde und haben ihre Entscheidung längst bereut.

In dem vorliegenden Beitrag soll auf die sozialwissenschaftlichen, soziopolitischen, ökonomischen und psychologischen Fragen und Gründe nicht eingegangen werden, warum Hochqualifizierte türkischer Herkunft aus Deutschland in die Türkei abwandern, warum einige Abwanderer sich in der Türkei zufrieden fühlen oder einige ihre Entscheidung bereut haben und nach Deutschland wieder zurückkehren. Hier wird ein selbsterlebtes und literarisches Ergebnis einer

---

9 http://www.migazin.de/2014/02/11/abwanderung-ist-das-gegenteil-einer-geschriebenen-integration [Zugang: 03.11.2014].

versuchten und gescheiterten Auswanderung und der Rückkehr einer Deutschtürkin thematisiert. Ich habe einen autobiographischen Roman der Journalistin und Schriftstellerin Hatice Akyün in der Hand, *Ich küss dich, Kısmet*[10], und dieser Roman beweist, warum die Heldin, wie einige von den in die Türkei abgewanderten Türkeistämmigen, wieder ohne weiteres nach Deutschland zurückkehren will. Diese zentrale Frage nach der Rückkehr von hochqualifizierten, türkeistämmigen Abwanderern wird im Folgenden, ausgehend von dieser Erzählung, erörtert.

Zuerst aber über die Autorin: Die Duisburger Journalistin und Bestseller-Autorin Hatice Akyün ist auch ein Gastarbeiterkind und sieht sich selbst als ein Paradebeispiel einer gelungenen Integration und erzählt in ihren Büchern, wie sie sich in Deutschland als ein türkisches Gastarbeiterkind nicht zwischen zwei Welten, sondern in zwei Welten zu Hause fühlt und wie sie es schafft, in zwei verschiedenen Welten gleichzeitig glücklich zu leben. Hatice Akyün kam in Akpınar, einem kleinen anatolischen Dorf, zur Welt. 1972 zog sie mit ihren Eltern nach Duisburg, wo ihr Vater, ein Landwirt, als Bergmann zu arbeiten begann. Sie wächst in Duisburg-Marxloh auf. Nach dem absolvierten Abitur, dem Volontariat und dem Studium der Betriebswirtschaftslehre begann sie ihre Schreibkarriere. Seit 2003 arbeitet sie als freie Schriftstellerin und schreibt als freie Journalistin unter anderem für „Spiegel", „Emma" und „Berliner Tagesspiegel". Sie lebt heute mit ihrer Tochter in Berlin. Im Jahre 2005 veröffentlichte sie den biographischen Roman *Einmal Hans mit scharfer Soße* mit dem Untertitel *Leben in zwei Welten*, der Bestseller und später verfilmt wurde. 2008 erschien die Fortsetzung *Ali zum Dessert* mit dem Untertitel *Leben in einer neuen Welt*. Beide Romane basieren auf eigenen Erfahrungen der Autorin Hatice Akyün. Sie sagt selber, „dass sie nicht fiktiv schreiben kann, da sie auch immer Angst davor hätte, dass jemand aufsteht und sagt: Das stimmt doch gar nicht!"[11]

In ihrem ersten Roman *Einmal Hans mit scharfer Soße* beschreibt Akyün humorvoll ihre Suche nach einem deutschen Traummann, ihrem Hans mit scharfer Soße, wie man zu sagen pflegt, einem deutschen Mann mit deutscher Zuverlässigkeit, aber mit türkischer Leidenschaft und dem türkischen Temperament, der – wie in der Türkei üblich ist – ihr beim ersten Date die Autotür aufhalten soll. Sowohl er als auch seine Familie und auch viele andere könnten nicht verstehen, dass Hatice auf ihre zwei Welten nicht verzichten will, in denen sie lebt. Sie ist keine Türkin

---

10 Hatice Akyün: *Ich küss dich, Kısmet*. Köln 2013. Im weiteren Text beim Zitieren als: (Kısmet, Seitenangabe).
11 Akyün als Gast in der Sendung „Zimmer frei" bei WDR Fernsehen am 17.05.2009. [Zugang: 25.05.2009].

aber auch keine Deutsche. Sie ist Deutschtürkin. Sie sucht mit großer Hoffnung einen Mann, der die Eigenschaften dieser beiden Welten in sich vereint.

Das zweite Buch *Ali zum Dessert* ist eine weitere Folge des ersten Buches. Den bisher noch nicht gefundenen deutschen Traummann findet sie in diesem Buch. Vielmehr findet er sie. Aber dieser ist leider kein Hans mit scharfer Soße, sondern Ali, der nach einer ihrer Lesungen in Aachen sie um eine Widmung für seine Schwester bittet. Kein blonder Hans mit türkischer Seele, sondern sowohl türkisch als auch deutsch wie sie. Ali zum Dessert bedeutet, wie es aus dem Buch hervorgeht, ein Türke mit einem Hauch von Süßen, also ein leidenschaftlicher Türke mit der Zuverlässigkeit eines Deutschen. Hatices Suche nach ihrem Traummann mit zwei gegenseitigen extremen, türkischen und deutschen, Eigenschaften zeigt auch ihr Leben von zwei gegenseitig extremen Welten. Im sechsten Monat ihrer Beziehung wird sie schwanger. Sie freut sich über ihr gemeinsames Kind, ihre gemeinsame Tochter, die Merve Johanna heißt. So wird Merve Johanna, wie man in ihrem Namen auch merkt, ihr Beitrag zur Völkerverständigung.

Aber „als Sarrazin 2010 den Untergang der Deutschen im Meer genetisch bedingter Muslimen-Dummheit heraufbeschwört, reißt selbst der frustgewöhnten Akyün der Faden"[12]. „Die Türken seien genetisch einfach dümmer, lautet sein unverschämtes Urteil" schreibt Akyün (Kısmet, 16). Sarrazin-Debatte hat auch ihr Leben negativ beeinflusst. Die Autorin hat plötzlich angefangen, an ihrer Heimat zu zweifeln. In einem Interview 2011 sagte die sich in Deutschland als Paradebeispiel fühlende Akyün:

> die derzeitige Stimmung in diesem Land macht mir Angst. Ich habe eine Tochter [...] ich möchte, dass sie in einem Land aufwächst, in dem sie akzeptiert ist. Ich möchte nicht, dass meine Tochter irgendwann aus der Schule nach Hause kommt und erzählt: Mama, die sagen, ich bin dumm, weil ich Türkin bin. Ich will nicht, dass sie das Gefühl bekommt, nicht zu diesem Land zu gehören[13].

Sie betonte auch noch weiter: „das Schlimme ist: ich fühle inzwischen so viel Türkisches in mir durch diese Debatte. Es ist ein Teil in mir zum Vorschein gekommen, den ich jahrelang gar nicht wahrgenommen habe [...]". Auf die Fragen „Hat Ihr Stimmungsumschwung auch etwas mit einem Herrn namens Sarrazin zu tun? Hat er dieses Land so sehr geändert, dass Sie sich hier nicht mehr zu Hause fühlen" antwortete sie folgenderweise:

---

12 http://www.ndr2/sendungen/tietjen-talkt/tietjen1351.html [Zugang: 22.11.2014].
13 http:www.migazin.de/2011/02/08/hatice-akyün-wir- stehen-wieder-bei-null [Zugang: 11.11.2014].

Ich sage das sehr ungern, weil ich es manchmal selbst nicht wahrhaben möchte: Aber wahrscheinlich hat die Sarrazin-Debatte nur etwas zum Vorschein gebracht, was die ganze Zeit da war. Sarrazin selbst ist mir egal. Aber die Massen, die zu ihm rennen und ihn hochleben lassen, machen mich fassungslos[14].

Die sich in ihrer deutschen Heimat glücklich fühlende Deutschtürkin Akyün sagt auf einmal, dass sie sich jetzt immer mehr türkischer fühlt und ihr in Deutschland sogar der Humor ausgegangen ist, und sie entschließt sich in die Türkei auszuwandern. Akyün wandert in die von ihrem Vater geschenkte Eigentumswohnung am Rande der Bosporus-Metropole in Istanbul aus. Im Kısmet wird bemerkt: „nun gehe ich auf eine Reise, um mich selbst zu finden. Das erste Mal in meinem Leben gehe ich nicht weg, um Abstand zu meinem bisherigen Leben zu bekommen, sondern um den Abstand zu mir selbst zu verringern" (Kısmet, 44). Ihre Wohnung in Berlin gibt sie aber als eine zukünftige Option nicht auf. Sie ist auf der Suche nach sich selbst, sucht ihre Heimat und schreibt darüber ein autobiographisches Buch *Ich küss dich, Kısmet* – mit dem Untertitel *Eine Deutsche am Bosporus*. „Kısmet" bedeutet im Deutschen „Schicksal". Akyün erklärt „Kısmet" wie folgt:

> Türken haben nämlich für jede Lebenssituation eine Erklärung parat. Wenn etwas Positives geschieht oder geschehen soll, kommt Kısmet zum Einsatz. Hätte ich zum Beispiel im Lotto gewonnen, würde meine Mutter sicher sagen: ‚Çok kısmetlisin oder Kısmetse olur.' Wenn es gut für dich ist, wird es auch passieren: ‚Kader' hingegen, die böse Schwester, bringt alles Schlechte. Und das ist vorher bestimmt. Hätte ich mir zum Beispiel beim Skifahren ein Bein gebrochen, würde meine Mutter sagen: ‚Ne yapalım, kaderin böyleymiş.' Da kann man nichts machen, das sollte so sein. (Kısmet, 18).

Vielleicht ist es Kısmet, dass ihr Vater Hatice die Schlüssel zu einer Eigentumswohnung in Istanbul schenkt. „Meine Mutter sagte zum Abschied in Duisburg, dass mir Kısmet mit diesem Schlüssel etwas mitteilen wolle" (Kısmet, 32). Sie denkt, dass sie nicht die Erste wäre, die es satt hat, in Deutschland die ewige Quotentürkin zu sein, und meint, dass es nicht ein Zurückkehren wäre, sondern ein Auswandern. Obwohl sie fragt, ob eine Frau, die in Deutschland aufgewachsen ist, sich in der Türkei heimisch fühlen kann, hat sie die Entscheidung, Deutschland zu verlassen, doch bewusst getroffen.

Das aus 13 Teilen bestehende Buch *Ich küss dich, Kısmet* ist die Geschichte des Aufenthalts einer Protagonistin in der Türkei und dabei auch ein Blick der Deutschtürkin Akyün, die die Türkei nur als Urlaubsland kannte und Deutschland für sie Heimat war, auf die Türkei und auf die türkische Gesellschaft. Als

---

14 http: www.migazin.de/2011/02/08 hatice-akyün-wir-stehen-bei-null [Zugang: 11.11.2014].

der türkische Taxifahrer auf dem Weg zum Flughafen Hatice fragt, ob sie in die Heimat gehe und für wie lange, antwortet sie: „für immer" (Kısmet, 45). Vielleicht lässt sie weg, weil sie denkt, dass es gerade nicht zu diesem feierlichen Moment passt. Die alleinerziehende Mutter, deren Tochter am Anfang der Reise zu den Ex-Schwiegereltern kommt, reist an den Bosporus, um zu sehen, ob das Leben dort für sie und für ihre Tochter gut wäre. Kaum in Istanbul angekommen, nimmt zuerst ihre Schwester Fatma sich ihrer an und macht sie erst fit für die türkische Gesellschaft. „Aman Allahım, hast du eine Papiertüte zum Überziehen dabei? So kannst du hier nicht auf die Straße" (Kısmet, 52), sagt sie und telefoniert sofort die Leute, die nach und nach Hand an sie legen sollen, um Hatice Istanbul tauglich zu machen. Der Besuch beim Friseur und im Nagelstudio, das Entfernen lästiger Körperhaare nach türkischer Tradition mit Warmwachs. Dank Fatmas Hilfe wird in Istanbul aus der Alltags-Deutschen eine schicke Türkin, und so fängt ihr türkisches Leben an.

Als Hatice mit Fatma in ihrer Wohnung ankommt, findet sie sie ziemlich heruntergekommen, aber ansonsten gefällt sie ihr. Da sie in der Wohnung noch nicht wohnen kann, lässt sie sich von Fatma in einem Hotel im noblen Stadtteil Nişantaşı absetzen, „in dem die Reichen von Istanbul eine Menge Zeit und Geld lassen" (Kısmet, 62). Durch Fatma lernt sie viele Frauen kennen, die sie umwerfend findet.

> Diese Frauen nehmen neben der Arbeit auch noch eine gehörige Portion Freizeit mit. Sie entscheiden selbstständig über ihr Leben […] Der Lebensstil dieser starken, emanzipierten Frauen ist eine milde Auflehnung gegen die immer sichtbarer werdende Religiosität in Istanbul […] die wichtigsten Wörter im Leben dieser Frauen sind Selbstbestimmung und Unabhängigkeit. Mustafa Kemal, besser bekannt als Atatürk, der Gründer der modernen Türkei hätte seine wahre Freude daran, wie Nesrin, Pelin, Renan und die anderen Frauen seine Reformen mit Leben erfüllen (Kısmet, 72).

Diese netten Freundinnen vermitteln Hatice das Gefühl von „Alle für Eine – Eine für Alle", das ihr in Deutschland fehlt. Hatice ist von dieser Fürsorge der wohlmeinenden Freundinnen sehr beeindruckt und sagt, dass sie in Istanbul schon richtige Freundinnen gefunden habe, die ihr das Gefühl geben, angekommen zu sein. Als Nesrin z.B. ihre Hand nimmt und ihr sagt, „mach dir keine Sorgen, auch wenn dein Herz deutsch schlägt, gehörst du ab jetzt zu uns, und wir passen auf dich auf", antwortet Hatice „Mein deutsches Herz wäre ohne meine türkische Seele sehr einsam" (Kısmet, 74).

Nach dem Aufenthalt im Hotel wohnt sie mehrere Tage bei Pelin. Sie erzählt alles, was sie in Istanbul erlebt, auf unterhaltsame Weise, aber immer mit einem vergleichenden deutschen und türkischen Blick. „Ansonsten gibt es natürlich noch immer große Unterschiede zwischen Deutschland und der Türkei" (Kısmet, 80). Sie merkt, was sie als Deutsche in der Türkei stört. Zuerst will sie in einem Maklerbüro vorbeischauen, um schätzen zu lassen, wie viel ihre geerbte Wohnung eigentlich wert ist. Auf der Suche nach einem Makler, der den Wert ihrer Wohnung schätzen soll, sieht sie mehrere geschlossene Büros oder bekommt keine Antwort auf ihre E-Mails oder Anrufe.

> Ein deutscher Makler würde sicher ans Telefon gehen oder zumindest zurückrufen. Ein türkischer Makler hat das nicht nötig. Als ich endlich vor dem Maklerbüro stehe, sehe ich das große Schild an der Tür: ‚Wegen Urlaubs geschlossen'. Wie lange das Büro unbesetzt ist, ist nirgends vermerkt […] Verrücktes Istanbul. Jetzt fällt mir die Topfpflanze im Schaufenster auf, sie ist so vertrocknet, dass dieser Urlaub schon Monate andauern muss (Kısmet, 81).

Sie verzichtet letztendlich auf den Verkauf ihrer heruntergekommenen Wohnung und will sie in einen wohnlichen Zustand bringen. „Nach der Renovierung kann ich ja immer noch schauen, ob das eine endgültige Entscheidung für Istanbul ist. Eigenartig, Kısmet nimmt mir nicht nur die Entscheidung ab, sondern beruhigt auch ungemein" (Kısmet, 85). So fangen für sie als eine Deutschtürkin ihre Schwierigkeiten in Istanbul langsam an, und durch diese Schwierigkeiten, z.B. durch Verkehr, Auto-, Bus-, Taxi-, oder Radfahren, durch Ampelsystem und Verspätungen wegen Verkehr und Stau wird ihr langsam klar, dass das Leben in Istanbul ganz anders als erwartet ist. Sie rauben ihr den letzten Nerv. „In meinem ganzen Leben hatte ich nicht so viele Wutanfälle wie im Stau in Istanbul" – erzählt die Protagonistin – „und meine Schwester sagte dann nur: Sie hat wieder ihre deutsche Phase" (Kısmet, 87).

Inzwischen trifft sie den Türken Cenk beim Angeln am Goldenen Horn, der ebenfalls in Deutschland groß geworden ist und lange in Hamburg gelebt und als Anwalt gearbeitet hat, und erst vor einigen Jahren in die Türkei abgewandert ist. Cenk ist auch einer von denen, die genug von Deutschland haben. Er erzählt Hatice, dass je länger er als Anwalt in Hamburg gearbeitet hat, desto deutlicher wurde ihm, dass er so nicht leben kann.

> Nur arbeiten, Geld verdienen und keine Zeit zum Leben, philosophiert Cenk, […] irgendwann war klar, dass ich so nicht weitermachen kann […] als mir klar wurde, dass es keinen Weg zurück in den Job geben würde, habe ich alles verkauft, was ich besaß und bin nach Istanbul gezogen […] er ist der glückliche Angler am Bosporus (Kısmet, 138f).

Cenk ist einer, der als ein hochqualifizierter türkeistämmiger Abwanderer in Istanbul sich gut fühlt und „mein Zurück ist hier" (Kısmet, 215) sagt. Kısmet meint es gut mit Hatice und sie verliebt sich in ihn so sehr, dass sie ihm zuliebe ihre Fischallergie verheimlicht.

> Wir sitzen im Bus wie Schulkinder nebeneinander […] Da muss ich erst als Deutsche mit türkischen Wurzeln nach Istanbul reisen, um einen Deutschen mit türkischen Wurzeln

> zu treffen, der in mir ein Gefühl auslöst, das ich lange schon nicht mehr gehabt habe [...] Ich weiß nicht, wie es weitergehen wird mit uns [...] Es reicht zu fühlen und ich fühle nach vielen Jahren wieder etwas für einen Mann, mit dem ich mir vorstellen könnte, für immer zusammen zu sein (Kısmet, 118).

Mit seiner Hilfe bringt Hatice ihre heruntergekommene Wohnung endlich in Ordnung. Auch mit seiner Hilfe lernt sie verschiedene Orte, Vororte von Istanbul und Menschen kennen. Während eines Konzertes in der Sommerresidenz der Deutschen Botschaft stellt Cenk Hatice einige Leute vor, und sie denkt, dass sie sich sehr lange nicht mehr so deutsch gefühlt hätte, und plötzlich ist alles wieder da, diese Sicherheit, die ihr die deutsche Sprache vermittelt. Sie lernt dort den deutschen Konsul in Antalya kennen, der sie dann zur Lesung ihrer Bücher in Antalya einlädt. Am Ende ihrer launigen Vorlesung fragt sie einer der Studenten:

> und die Deutschtürken, was ist mit denen? Sie haben bestimmt gelernt, dass sich die Türkei aus 16 Ethnien zusammensetzt. Aber ich verrate Ihnen etwas, es sind genau genommen 17. Die Deutschtürken sind nämlich eigene Ethnie oder sagen wir, Spezies [...] Hinterher fällt mir auf, mit wie viel Verständnis, Zuneigung und auch ein wenig Stolz ich mein deutsches Land vor diesen Studenten präsentiert habe [...] wenn ich ehrlich bin, bin ich ganz froh, dort aufgewachsen zu sein. Und ich bin froh, dass meine Tochter dort zur Schule gehen wird. Oh nein, wird sie das? (Kısmet,150f).

Hinterher fällt ihr auf, mit wie viel Verständnis, Zuneigung und auch ein wenig Stolz sie ihr deutsches Land vor diesen Studenten präsentiert hat. Mit der Zeit merkt sie, dass sie oft anfängt, Berlin gegen Istanbul abzuwägen und ihr Türkischsein in Istanbul von Tag zu Tag schwindet: „Ich bin nun schon einige Monate in Istanbul und das Leben wird mir immer fremder. Wie deutsch ich wirklich bin, merke ich im Alltag, an den Kleinigkeiten. Das Chaos, die Unverbindlichkeit und die nicht enden wollenden Wegstrecken zerren an meinen Nerven" (Kısmet, 184). Aber so schnell will sie nicht aufgeben und beschließt dorthin, wo ihre Wurzeln liegen, wo sie geboren wurde, in ihr kleines Dorf Akpınar zu fahren. Sie besucht dort ihre Verwandten, fühlt sich überall daheim, in jedem der Gesichter sieht sie ihre Familie. In Akpınar war auch Schluss mit ihrer Zerrissenheit zwischen der Türkei und Deutschland. „Seit Tagen frage ich mich, ob ich eigentlich wirklich in meiner Heimat angekommen bin oder doch eben nur in der vertrauten Fremde. Weiß ich überhaupt noch, wo ich angehöre?" (Kısmet, 203), denkt sie. In Istanbul und in ihrem Heimatdorf Akpınar stellt sie auch fest, dass ihre Abwanderung in die Türkei scheitert. Und auf der Rückreise nach Istanbul kommt sie endlich zur Erkenntnis, dass sie nicht mehr auf der Suche nach sich selbst ist, weil sie jetzt weiß, dass sie sich immer bei ihr haben will und Deutschland ihre Heimat ist.

Sie merkt immer öfter, wie sehr sie ihr Leben in Deutschland vermisst und sagt, „Fast hätte ich vergessen, wie sehr ich im organisierten Räderwerk von Deutschland

Die Rückkehr in die deutsche Heimat 135

verankert bin. Das wird mir in diesen Tagen immer wieder vor Augen geführt. Von meiner Tochter. Sie tanzt mir auf der Nase herum" (Kısmet, 182). Ihre Tochter packt auch immer mehr das Heimweh, sie vermisst (Hatice auch) sogar Käsekuchen und Vollkornbrot in Istanbul und meint, dass nicht nur Käsekuchen, sondern auch Gummibärchen in der Türkei ganz anders schmecken. Öfters hat Hatice gemeinsam mit ihrer Tochter die schönen Seiten Istanbuls genossen. Sie haben Freunde besucht, Pelin hat Johanna sogar einen Platz in einer deutsch-türkischen Kita besorgen können. Trotzdem sehnt sie sich nach ihrem alten Leben. „,Mami, in Berlin machen wir das aber anders' ist eine ihrer Lieblingsantworte, wenn sie wieder einmal Heimweh hat" (Kısmet, 203).

Obwohl es zwischen Istanbul und Berlin viele Parallelen gibt, fühlt auch Hatice sich oft wie eine Deutsche am Bosporus und es wird ihr klar, dass sie in Istanbul nur zu Gast und Berlin, auch nicht Duisburg, ihre Heimat ist. Sie fühlt sich in Istanbul zwar endlich als ein Teil der türkischen Gesellschaft, aber es reicht ihr leider nicht aus, um für immer in Istanbul zu bleiben. Als sie in Ikea mit Cenk zusammentrifft, um für ihre Wohnung Möbel zu kaufen, sagt sie auch ihm endlich die Wahrheit: „Ich will zurück, sagt sie. Cenk sieht sie erschrocken an und fragt ‚Nach Hause?' ‚Richtig nach Hause. Nach Berlin'" (Kısmet, 207). Sie sagt ihm, dass sie es seit Tagen versuche, ihr selbst zu erklären, warum sie nach Deutschland zurückkehren will.

> Mir ist klar geworden, dass ich in Istanbul nur Gast bin, und obwohl ich mich in Berlin manchmal so behandelt fühle, als sei ich auch dort nur zu Besuch, weiß ich jetzt, dass ich dorthin gehöre [...] und ich möchte wieder in meiner Sprache leben und arbeiten, nicht in meiner Muttersprache, sondern in der, die ich mir hart erarbeitet habe, die mir aber durch all das Lesen die Welt geöffnet hat (Kısmet, 206).

Obwohl Cenk vermutet, dass sie Istanbul aufgibt, sagt sie jedoch: „Nein, ich gebe Istanbul niemals auf. Und meine Wohnung behalte ich auch. Ich habe zwar nur eine Heimat, aber ab sofort zwei Schlüssel [...] Deutschland ist meine Heimat" (Kısmet, 207). Hatice steckt den Istanbul-Schlüssel an ihr Berliner Schlüsselbund. „Er gehört jetzt zur Familie, er ist ein Teil meines Lebens", sagt sie (Kısmet, 220).

Nach sechsmonatiger Auswanderung in die Türkei kehrt Hatice mit ihrer Tochter in ihre deutsche Heimat zurück. Als der Beamte bei der Passkontrolle auf dem Flughafen in Berlin Hatice und ihrer Tochter „willkommen zurück" sagt, drückt sie ihre Erkenntnis so aus: „Meine Identitätssuche war mehr ein Abenteuerurlaub statt einer Heimatsuche" (Kısmet, 221). Sie freut sich sehr auf ihre Heimat und sagt:

> Deutschland, du wirst mich nicht los. Wenn du glaubst, dass ich in deinen Städten aufwachse, deine Sprache lerne, mich von dir prägen lasse, mich an dir abarbeite, dir Nachwuchs schenke, um dann einfach aufzugeben, hast du dich getäuscht. Und damit du eines

Tages so toll wirst, wie du sein könntest, werde ich meinen Teil dazu beitragen. Wenn du auf der Welt eine Rolle spielen willst, brauchst du uns, die Dunkelköpfigen, Lockigen, Braunäugigen, die von weit her zu dir gekommen sind. Wir sind nämlich mittlerweile dein Gesicht in der Welt […] Und je bunter und durchmischter du wirst, desto mehr wirst du verstehen, wie der Rest der Welt funktioniert […] Übrigens, was meine Heimat ist, bestimme ich ganz alleine. Du darfst es sein, wenn du versprichst, nicht eifersüchtig zu werden, wenn ich ohne schlechtes Gewissen ab und zu als Deutsche in Istanbul Türkin bin, um kurz darauf in Berlin wieder umso lieber Deutsche zu sein (Kısmet, 218f.)

Diese Sätze können wir auch als eine endgültige und radikale Antwort zu Sarrazin annehmen. Als die Protagonistin Berlin verließ, um ihr anderes Ich zu ergründen, wusste sie auch nicht, wie fremd ihr die Türkei eigentlich ist, die sie so gut zu kennen glaubte. Sie kannte aber das Land vorher nur als Langzeittouristin, war nie ein Teil der Gesellschaft, aber jetzt ist die Türkei durch ihren Aufenthalt in Istanbul ein Teil von ihr geworden. Nach einem halben Jahr wieder zurück in Berlin stellt Hatice fest, dass sie ihren Fluchtversuch in die Türkei nie bereut habe. Sie hat versucht in die Türkei abzuwandern, aber ist zurückgekehrt, in ihre deutsche Heimat.

Im letzten Teil des Buches werden sogar von Akyün die Proteste der bürgerlichen Opposition rund um den Istanbuler Gezi-Park thematisiert:

Im Gezi-Park finden sich erstmalig Leute zusammen, die sich sonst nicht furchtbar viel zu sagen haben. Sie eint die Gegnerschaft zur Politik Erdoğans […] Die Jugend, die durch die Bildungsoffensiven der AKP-Regierung bestens für den Weltmarkt vorbereitet ist, wendet sich gegen die Hand, die sie gerade noch gefüttert hat. Und sie sind bereit, bis zum Äußersten zu gehen. Es geht um ihre Zukunft (Kısmet, 233).

Bis zu ihrem Umzug nach Istanbul war die Türkei das Land ihrer Eltern, der letzte Teil des Buches zeigt aber, dass Hatice die Türkei durch ihren Aufenthalt in Istanbul viel besser kennen gelernt hat und dass die Türkei für sie zu ihrer zweiten Heimat geworden ist. Sie fühlt sich nun mit der türkischen Gesellschaft viel mehr verbunden als früher. Sie sagt ihre Meinung lautstark: „Die junge, moderne Türkei wird gewinnen, dessen bin ich mir sicher. Sie ist zu stark, um von einem einzigen Menschen gebändigt zu werden. Sie ist zu dynamisch, um sich einsperren zu lassen. Und in dieser Revolution steckt so viel Liebe, dass Hass keine Früchte tragen wird" (Kısmet, 234). Das Buch wird mit einem Zitat von Atatürk beendet. „Mustafa Kemal Atatürk sagte einmal: ‚Ne mutlu Türküm diyene. Glücklich, wer sich Türke nennt.' Ich bin es zum ersten Mal" (Kısmet, 235). Sie ist glücklich, eine Türkin zu sein. Eine Türkin mit deutschem Herz.

Zusammenfassend lässt sich sagen, dass das autobiographisch verfasste Buch für viele Deutschtürken, die ebenfalls wie Hatice Akyün auf einmal den Wunsch haben, Deutschland zu verlassen, um in der Türkei ein neues Leben zu versuchen, ein sehr interessantes, erlebtes Experiment ist. Was in *Ich küss dich, Kısmet* von Akyün mit humorvollem Ton beschrieben wird (Erlebnisse und Empfindungen), trifft inzwischen für nicht wenige Deutschtürken zu, die glaubten, in Deutschland heimisch geworden zu sein. Die Abwanderer wie Hatice verstehen erst in Istanbul mit der Zeit, dass Deutschland für sie längst zur Heimat geworden ist. Nicht wenige seien frustriert, berichtet Akyün. Wie Hatice Akyün zeigen auch die Forschungsergebnisse wiederum, dass viele türkeistämmige Abwanderer, die in der Türkei gute Positionen haben und gutes Geld verdienen, in der Türkei vieles aus Deutschland vermissen und sich mit der Zeit oft die Frage stellen, ob sie deutsch oder türkisch sind. Sie wandern in die Türkei ab, aber nach einiger Zeit verstehen sie, dass ihnen deutlich wird, wie deutsch sie sind und heim nach Deutschland wollen. Sie sagen wie Hatice Akyün „ich bin Türke mit deutschem Herz, und weiß, dass ich hier nicht hingehöre und mir hier etwas fehlt" (Kısmet, 208). Sie kehren wieder mit deutschem Herz und türkischer Seele in ihre deutsche Heimat zurück und sogar mit der Hoffnung, dass sie als türkeistämmige Deutsche nicht mehr unter dem Verdacht stehen, dass sie nicht integrationswillig seien. Sie lieben ihr Heimatland, Deutschland, die Türkinnen und Türken.

Literatur

Hatice Akyün: *Einmal Hans mit scharfer Soße*. Köln 2005.

Hatice Akyün: *Ali zum Dessert*. Köln 2008.

Hatice Akyün: *Ich küss dich, Kısmet*. Köln 2013.

Thilo Sarrazin: *Deutschland schafft sich ab*. Berlin 2010.

http://www.deutsch-tuerkische-nachrichten.de/2013/03/470905/weg-aus-deutschland-fast-200-000-tuerken-gehen-in-vier-jahren/.

http://www.spiegel.de/panorama/gesellschaft/rueckkehrende-migranten-nie-mehr-braver-tuerke-a-716677.html.

http://de.wikipedia.org/wiki/Thilo_Sarrazin.

http://www.spiegel.de/panorama/gesellschaft/rueckkehrende-migranten-nie-mehr-braver-tuerke-a-716677.html.

http://www.migazin.de/2014/02/11/abwanderung-ist-das-gegenteil-einer-gescheiterten-integration/.

Hatice Akyün als Gast in der Sendung „Zimmer frei!" bei WDR Fernsehen am 17.05.2009.

http://www.ndr.de/ndr 2/sendungen/tietjen_talkt/tietjen1351.html.

http://www.migazin.de/2011/02/08/hatice_akyun-wir-stehen-wieder-bei-null/.

Anna Górajek (Warschau)

Von einem, der nicht aufhörte zu migrieren. Gabriel Laub – ein Denker in vier Sprachen

*Ich bin nicht direkt von irgendwoher
und bin nicht direkt irgendwohin gekommen*[1]

Zusammenfassung: Der Artikel ist dem Satiriker und Publizisten Gabriel Laub gewidmet. An seinem Beispiel wird die Unbestimmtheit des Begriffs ‚Heimat' gezeigt. Darüber hinaus wird auf die Unvollkommenheit des politisch vorgeprägten Terminus ‚Migrant' hingewiesen.

Schlüsselwörter: Laub, Heimat, Migration, Sprache.

About migration and identity. Gabriel Laub – the thinker in four languages

Abstract: This article deals with the imperfection of the notion of migrant and the multi-layered notion of heimat (homeland). The author brings closer the profile of the journalist and satirist Gabriel Laub who was rooted in many cultures, and on his example is trying to demonstrate the limitations of the concept of people's categorization by nationality (among the others in literary studies), which promotes the perception of a man as a representative of a strictly defined community and not as an individual person, which he is in fact.

Keywords: Laub, homeland, migration, language.

Die polnische und tschechische Version der Wikipedia nennen Gabriel Laub einen polnisch-tschechischen (bzw. tschechisch-polnischen) Publizisten, Satiriker und Aphoristiker jüdischer Herkunft, die englische Version – einen auf Tschechisch und Deutsch schreibenden Schriftsteller und Journalisten, die deutsche – einen mehrsprachigen (polnisch, russisch, tschechisch und deutsch) Journalisten, Satiriker und Aphoristiker polnisch-jüdischer Herkunft[2]. Auf der Seite des *Who's Who. The People Lexicon* wird Laub als deutscher Schriftsteller polnischer Herkunft

---

[1] Gabriel Laub: *Meine große Heimat*. In: Rosemarie Fiedler-Winter (Hg.): *Überall kann Heimat sein*. München 1997, S. 118–128, hier S. 118.
[2] Vgl. http://pl.wikipedia.org/wiki/Gabriel_Laub; http://cs.wikipedia.org/wiki/Gabriel_Laub; http://en.wikipedia.org/wiki/Gabriel_Laub; http://de.wikipedia.org/wiki/Gabriel_Laub.

charakterisiert[3]. Literaturwissenschaftler, die sich mit der sog. interkulturellen Literatur in Deutschland befassen, wie Carmine Chiellino oder Michaela Bürger-Koftis, zählen ihn zu polnischen in Deutschland lebenden und schaffenden Autoren[4]. Der tschechische Literaturwissenschaftler Jan Čapek sieht dagegen in ihm eher einen deutschen Schriftsteller[5]. Und der Betroffene? Er selbst bezeichnete sich als „Pole von Geburt, Tscheche aus Neigung und Weltbürger ohne Weltpass"[6]. Gabriel Laub hatte einfach eine große Heimat[7].

Er wurde am 24. Oktober 1928 als Sohn einer jüdischen Kaufmannsfamilie in Bochnia (Polen) geboren. Seine frühe Kindheit verbrachte er in der Nähe von Krakau sowie in Chorzów, im damaligen polnischen Oberschlesien. 1939 floh er mit seinen Eltern vor den heranrückenden Nationalsozialisten Richtung Osten. Unter dramatischen Umständen kam er bis nach Lemberg. Von da wurde er, wie viele andere Flüchtlinge, 1940 von den Sowjets als „Sonderumsiedler" in den Ural deportiert. Die Jahre 1941–1946 verbrachte er in Samarkand (Usbekistan/USSR). Nach dem Ende des Krieges kehrte er nach Polen zurück und holte in Krakau sein Abitur nach. Doch die einstige Heimat nahm ihn nicht mit offenen Armen auf und auch ihm ist sie fremd geworden. Nach nur fünf Monaten Aufenthalt in Polen siedelte er nach Prag um, wo er in den Jahren 1946–1951 Journalismus an der Hochschule für Politische und Soziale Wissenschaften studierte. Schon während des Studiums entschied er sich für Prag als sein Lebensbiotop und das Tschechische wurde mehr als nur Dienstsprache. 1948 erhielt er die tschechoslowakische Staatsbürgerschaft. Prag wurde seine Liebe fürs Leben, wenn auch nicht, wie die Zukunft zeigen sollte, die einzige[8]. Hier verbrachte er eine der entscheidenden Etappen seines Lebens und lernte seine Gedanken knapp und präzise auszudrücken, wie auch Kritik als Witz zu tarnen. Er wurde Journalist und von 1953 an schrieb er hauptsächlich für die sog. reformorientierten Zeitungen wie „Literárni Listy", „Reportér" und „Student", die als Keimzellen des Prager Frühlings gelten[9]. 1967 brachte er sein erstes Buch unter dem Titel „Zkuškenosti" heraus, ein

---

3 Vgl. *Who's Who. The People Lexicon*, http://www.whoswho.de/bio/gabriel-laub.html.
4 Carmine Chiellino: *Interkulturelle Literatur in Deutschland. Ein Handbuch.* Stuttgart/Weimar 2007, S. 195; Michaela Bürger-Koftis (Hg.): *Eine Sprache – viele Horizonte... Die Osterweiterung der deutschsprachigen Literatur. Porträts einer neuen europäischen Generation.* Wien 2008, S. 15.
5 Jan Čapek: *Literatur von zwei Sprachen. Ein Lesebuch.* Pardubice 2013, S. 95.
6 Carmine Chiellino: *Interkulturelle Literatur in Deutschland...*, a. a. O., S. 195.
7 Gabriel Laub: *Meine große Heimat*, a. a. O., S. 125.
8 Vgl. ebd., S. 124.
9 Vgl. http://www.buecher-wiki.de/index.php/BuecherWiki/LaubGabriel.

Sammelband mit Aphorismen und Kurzgeschichten. Kurz danach, im August 1968, als die Truppen des Warschauer Paktes in Prag einmarschierten, verließ er die Tschechoslowakei. Es verschlug ihn über Wien und München nach Hamburg, wo er als freier Schriftsteller und Journalist bis ans Ende seiner Tage lebte. Als er in die Bundesrepublik übersiedelte, waren seine Deutschkenntnisse eher dürftig. Doch sprachbegabt, wie er war, erlernte er das Deutsche im Nu und schon im März 1969 druckte „Die Zeit" seinen ersten auf Deutsch geschriebenen Artikel. Seitdem verfasste er alle seine Texte in deutscher Sprache. Laub starb am 3. Februar 1998 in Hamburg, doch beigesetzt wurde er in Tel Aviv, im Grab seiner Eltern.

Es ist keine einfache Aufgabe, den Platz auf Erden auszumachen, der hieb- und stichfest als Laubs Heimat gelten könnte. Zuerst müsste man klären, was Heimat eigentlich bedeutet. Ginge man davon aus, das Heimat sich auf den Ort bezieht, in den man hineingeboren wird, würde Laub in Kleinpolen, also im Krakauer Umland, beheimatet sein müssen. Von der Tatsache ausgehend, dass Kleinpolen ein Teil der Republik Polen ist, dürfte man annehmen, dass der Schriftsteller in Polen seine Heimat sah. Doch reicht es aus, an irgendeinem Ort das Licht der Welt zu erblicken, um diesen Flecken Erde gleich seine Heimat zu nennen? Ist Heimat demzufolge gleichbedeutend mit dem Territorium, auf dem man lebt oder ist auch die kulturell-geistige Verankerung des Individuums von Bedeutung, die erst das subjektiv empfundene Heimatgefühl überhaupt keimen lässt?

Laub, gefragt nach seiner Heimat, gab stets zu bedenken, dass es für ihn nicht leicht sei, sich für einen Ort oder einen Staat zu entscheiden, denn außer in Deutschland, lebte er in drei anderen Ländern, insgesamt in sieben Städten und einem Dorf. In seinem Essay *Meine große Heimat*, den er kurz vor seinem Tode verfasste, schreibt er: „Man sagt, die Heimat sei da, wo man die ersten Worte gelernt und zum ersten Mal ein Mädchen geküsst hat. Zwischen diesen beiden Ereignissen lagen bei mir etwa 17 Jahre und mehrere tausend Kilometer. Wie soll ich mich also entscheiden, wo meine Heimat ist? Und warum soll ich mich entscheiden müssen?"[10]. Hamburg, wo er 30 Jahre lang lebte, nannte er seine Wahlheimat, doch er betonte zugleich, dass er sich in Prag oder in Sankt Petersburg, in Warschau oder in Jerusalem nicht fremd fühlen kann, „so richtig ausländisch, wie in Australien oder in China"[11]. Auch die Sprache, in der er sprach, schrieb bzw. träumte, erleichterte ihm die Entscheidung nicht, denn er war in mehreren Sprachen bewandert. Erste Gedichte verfasste er auf Polnisch, erste Aphorismen auf Tschechisch, die meisten Bücher schrieb er auf Deutsch.

---

10 Gabriel Laub: *Meine große Heimat*, a. a. O., S. 121.
11 Ebd., S. 127.

Die ersten Worte, die er gesprochen hatte, waren polnisch, doch die ersten Buchstaben, die er gelernt hatte – hebräisch[12]. In der Nähe von Krakau lernte er polnisch sprechen und jiddisch verstehen, in Oberschlesien kam das auf dem Hof und auf der Straße gleichermaßen von polnischen wie deutschen Jugendlichen gesprochene schlesische Polnisch hinzu[13] (damals auch Wasserpolakisch genannt[14]), in der Sowjetunion – das Russische, in der Tschechoslowakei – das Tschechische und in der Bundesrepublik schließlich – das Deutsche. Maxim Biller erinnert sich hierzu: „Deutsch war seine vierte Sprache. Seine Mutter sprach polnisch mit ihm, ich tschechisch, meine Eltern und er unterhielten sich auf Russisch"[15]. Laub konnte sich in jeder dieser Sprachen verständigen und fühlte sich in jeder ungefähr gleich sicher[16], was er auch in seiner Tätigkeit als Übersetzer bewiesen hatte. Aus dem Tschechischen übersetzte er u.a. Václav Havel, aus dem Polnischen Leszek Kołakowski und aus dem Russischen Alexander Solschenizyn. Alle Querdenker wie er. Die Analyse der Traumwelt des Schriftstellers würde ebenfalls zu keiner eindeutigen Antwort führen. Denn nach der Sprache seiner Träume gefragt, antwortete Laub: „Soweit ich weiß, ist es ein Mischmasch aus allen meinen Sprachen, mit einigen Zugaben aus solchen, die ich wenig kenne. Ich habe eine Viersprachenheimat"[17]. Laub wollte sich in Sachen Heimat nicht festlegen, aber richtig zu Hause fühlte er sich nur in Hamburg. Doch auch hier nur in der nächsten Umgebung seiner Altbauwohnung, dort wo der Tee am besten schmeckte[18].

Wenn die Sprache das ausschlaggebende Kennzeichen der Heimat wäre, hätte Laub zumindest vier Heimaten haben müssen und doch wird die Pluralform dieses Wortes nur selten gebraucht. Jede Migration, jeder Wechsel des Wohnorts, was meistens auch die Änderung der Staatsangehörigkeit nach sich zog, bedeuteten für Laub zugleich einen weiteren Sprachwechsel. Diesen verstand Laub jedoch als Bereicherung. Die neuerworbenen Sprachen erweiterten jedes Mal seinen Sprachschatz, oder besser gesagt – vervielfältigten ihn, erlaubten dem vorerst noch angehenden Journalisten und mit der Zeit spottwitzigen Denker neue Dimensionen der Klangwiedergabe zu entdecken. Jan Čapek sieht in den deutschen

---

12 Vgl. ebd., S. 122.
13 Vgl. Gabriel Laub: *Ein ganz anderes Ritter-Räuber-Spiel*, http://www.zeit.de/1969/35/ein-ganz-anderes-ritter-raeuber-spiel.
14 Vgl. Gabriel Laub: *Meine große Heimat*, a. a. O., S. 122.
15 Maxim Biller: *Der gebrauchte Jude. Selbstportrait*. Köln 2009, S. 61.
16 Vgl. Gabriel Laub: *Meine große Heimat*, a. a. O., S. 127.
17 Ebd.
18 Vgl. ebd., S. 118.

Texten von Laub eine „unnachahmliche Mischung aus jüdischem Rabbinerhumor, tschechischer Lebensweisheit und polnischem Charme"[19]. Laub schrieb seine Satiren und andere Kurzgeschichten für die Frau/den Mann von nebenan, nicht für die Ewigkeit. Aus diesem Grunde hielt er nicht nur den Wortschöpfer, also sich selbst, für wichtig, sondern auch dessen Gegenpart – den Leser, ohne den die geschriebenen Texte ihre Rolle hätten nicht erfüllen können. Deswegen schrieb er auf Tschechisch, solange er in der ČSSR lebte und dann auf Deutsch, sobald er sich entschieden hatte, in der Bundesrepublik zu bleiben. Anfänglich noch auf Übersetzer angewiesen, wollte er so schnell wie möglich den Leser ohne Vermittler erreichen. Er war der Meinung, dass der Autor selbstverständlich in der Sprache, in der er schreibt, zu Hause sein muss. Doch er pflegte hinzuzufügen, dass es „nicht immer das Haus der Mutter sein [muss], als Erwachsener fühlt man sich oft wohler und sicherer bei der Geliebten"[20]. Einer seiner Aphorismen lautet: „Das Wichtigste für einen Schriftsteller ist die Sprache, vorausgesetzt, er hat etwas zu sagen"[21].

Die Sprache verstand Laub als ein Instrument, Gedanken und Gefühlen Ausdruck zu geben. Nicht so sehr die Sprache, der man sich bedient, schien ihm wichtig, sondern vielmehr der Sinn der Aussage, der in Worte gekleidet ist. Und Laub wusste, wie Wörter zu gebrauchen sind. In einem Artikel über die *Literatur* fasst er seine Gedanken zum vorangestellten Thema folgenderweise zusammen:

> Worte können nicht *so* eindeutig sein, wie sie es sein sollten. Worte sollten nicht *so* eindeutig sein, wie sie es sein könnten. Eindeutigkeit ist Mitteilung, Mitteilung birgt Rechthaberei. Eine eindeutige Mitteilung ist ein Imperativ, Imperativ ist Befehl, Befehl ist Unfreiheit, denn er bindet beide Seiten, Sprache soll verbinden, aber nicht binden. Unverbindliche Sprache fesselt – und entfesselt somit den Menschen. Menschen brauchen die Sprache, um sich zu verbinden, können sich aber nur dann verbinden, wenn sie von Fesseln frei sind ...[22].

Schon in der Tschechoslowakei hatte er sich mit Aphorismen und satirischen Glossen einen Namen gemacht, in Deutschland konnte jedoch sein Talent erst recht gedeihen, auch weil er ohne Zensur frei publizieren und zu jedem Thema sich beliebig äußern konnte. Diese Freiheit schätzte er an der Bundesrepublik am meisten:

---

19 Jan Čapek: *Literatur von zwei Sprachen. Ein Lesebuch.* Pardubice 2013, S. 105.
20 Gabriel Laub: *Meine große Heimat*, a. a. O., S. 126.
21 Ebd.
22 Gabriel Laub: *Literatur.*, http://www.zeit.de/1980/19/literatur.

> … die Freiheit. Sagen wir, die relative Freiheit. Absolute Freiheit gibt es nirgendwo in der Welt. Kann es auch nicht geben. Denn die würde den Gesetzen des Zusammenlebens widersprechen. Aber ich kann hier schreiben, was ich will. Sicher, der Verleger kann auch das verlegen, was er will. Aber damit bin ich einverstanden. […] Ich werde nicht behaupten, dass unser Gesellschaftssystem hier das Beste aller möglichen ist. Es ist allerdings das Beste von allen vorhandenen. Und als bescheidener Mensch, der ich bin, will ich mich damit zufriedengeben[23].

Wohl wissend, dass „Denken kriminell [ist]. Die Gedanken werden ja gleich in grauen Zellen geboren"[24], machte Laub von dem Privileg, sich frei äußern zu dürfen, bis an sein Lebensende Gebrauch. Er zeigte sich als engagierter Autor, vor dessen Ironie niemand und nichts sicher war[25]. Satire war für ihn keine literarische Gattung, eher eine Art Philosophie, „eine Methode, die Welt zu sehen: eine Art Verantwortung, die man für die Welt übernimmt, obwohl man auf ihren Lauf keinen Einfluss hat"[26]. Jahrzehntelang wurden mit Witz und Spitzfindigkeit die grauen Gehirnzellen seiner Leser aktiv zum Nachdenken über sich selbst, die Bundesrepublik und die Menschheit angespornt.

Es gab für Laub keine Tabuthemen. So nahm er auch auf seine Art und Weise, polemisch, zum Teil provokativ, aber zugleich witzig an der Diskussion rund um die Migrationsproblematik teil, doch machte er daraus kein führendes Thema weder seiner publizistischen, noch literarischen Aktivitäten. Als er an der Schwelle der 1970er Jahre in die Bundesrepublik kam, war die Auseinandersetzung um die Begriffe *Gastarbeiter, Migration, Fremdheit* schon im Gange. 1973 wurde dann der Anwerbestopp für ausländische Arbeitskräfte beschlossen, aber der Immigrationsstrom und die Migrationsdebatte hielten weiter an. Obwohl Laub als freischaffender Journalist und Schriftsteller nicht zu den Gastarbeitern gezählt wurde, so konnte er, der selbst Immigrant in Deutschland war, die Irritation der in der Bundesrepublik arbeitenden Ausländer gut nachvollziehen. Viele von ihnen wollten in der Bundesrepublik nicht nur vorübergehend bleiben, nicht nur für kurze Zeit zu Gast sein, sondern vielmehr sich hier eine neue Existenz aufbauen. Es war für sie wichtig, dass sie von den Deutschen als Mitbürger akzeptiert werden. Dagegen galten sie als Bürger zweiter Klasse. In einem im Juni 1970 in „Die Zeit" veröffentlichten Beitrag, den Laub *Gastfreundschaft, das edle Gefühl* betitelte, unterzieht er den Terminus *Gastarbeiter* einer skeptisch-humorvollen Analyse:

---

23 W. Christian Schmitt: *Die Buchstaben-Millionäre. Begegnungen, Gespräch und Erfahrungen mit vierzig Schriftstellern.* Karlsruhe 1986, S. 131.
24 Gabriel Laub, zit. nach http://www.zitate.eu/de/zitat/217651/gabriel-laub.
25 Jan Čapek: *Literatur von zwei Sprachen …*, a. a. O., S. 97.
26 *Zeitlese* (o. V.), http://www.zeit.de/1993/44/zeitlese.

> Ein schönes Wort: *Gastarbeiter*. Es besteht aus zwei schönen Wörtern: Ein *Gast* ist doch ein Mensch, den man gerne sieht, der willkommen ist; ein *Arbeiter* ist ein Mensch, der arbeitet, der Werte erzeugt, sein Brot nicht umsonst isst. Besonders schön und wichtig ist, dass beide Teilworte den Begriff *Mensch* enthalten. […] *Gastarbeiter* [klingt] viel sympathischer als *Fremdarbeiter* oder *ausländische Arbeitskraft*; die älteren und noch drastischeren Bezeichnungen will ich hier gar nicht erwähnen. Das Wort Gastarbeiter bescheinigt denjenigen, die es benutzen, feines Empfinden und Schamgefühl […]. Sie dürfen für uns, die wir alle so sympathische, gute, tolerante Leute sind, arbeiten; und sie dürfen sich frei bewegen, und wir dulden sie und haben für sie so einen schönen Namen voll menschlicher Wärme erfunden: *Gastarbeiter*. Wie schön, wie wunderschön, rührend fast[27].

Laub war der Meinung, dass der Mensch als Individuum am wichtigsten sei und nicht seine Herkunft, sein Aussehen oder seine Religion. Er, der selber viele Male seinen Wohnsitz ändern musste, wusste wie schwer es ist, Wurzeln zu schlagen. Auch war er überzeugt, und diese Überzeugung erwuchs aus eigener Erfahrung, dass es unmöglich ist, sich wirklich da zu Hause zu fühlen, wo man nicht oder nur bedingt akzeptiert wird. Er forderte Toleranz, jedoch nicht anderen Nationalitäten gegenüber, sondern einfach den Artgenossen, den Menschen. Nationale Eigenschaften definierte er als „verbindliche Vorurteile eines Volkes über sich selbst"[28] und um die Absurdität des Streits um Nationalität und Einbürgerungsrecht aufzuzeigen, setzte er sich in einem seiner satirischen Artikel mit dem Phänomen der nationalen Zugehörigkeit als solchen wie folgt auseinander:

> Ich lese auf Verpackungen oft ‚Deutsche Eier' oder ‚Amerikanische Hühner' und bewundere immer, wie schön die Welt schon geordnet ist: Sogar die Hühner haben eine Nationalität. Noch mehr bewundere ich Menschen (wahrscheinlich sind das doch Menschen, keine Hühner mit juristischen Diplomen), die diese Nationalität feststellen. Das muss ja ein verdammtes völkerrechtliches Problem sein! Zum Beispiel: Ist ein Wyandottei, welches in Bayern auf die Welt gekommen ist, bayrischer, deutscher oder nordamerikanischer Nation? Wieviel Generationen muss ein italienischer Leghornstamm in Deutschland sein, um Einbürgerungsanspruch für seine Eier erheben zu dürfen?[29].

Obwohl der Artikel *Nationalbewusstes Geflügel* 1969 veröffentlicht worden ist, hat er bis heute nichts an Aktualität verloren. Auch im 21. Jahrhundert, in Zeiten der Globalisierung und fortschreitenden Transkulturalität, streiten die Politiker weiterhin um Begriffe, die dem politischen Diskurs des 19. bzw. frühen 20. Jahrhunderts

---

27 Gabriel Laub: *Gastfreundschaft, das edle Gefühl*, http://www.zeit.de/1970/25/gastfreundschaft-das-edle-gefuehl.
28 Vgl. http://www.zitate.eu/de/zitat/187724/gabriel-laub.
29 Gabriel Laub: *Nationalbewusstes Geflügel*, http://www.zeit.de/1969/23/nationalbewusstes-gefluegel.

entstammen, und seitdem im Leben ihrer selbst ausreichend spotten. Laub stellt die Frage, ob es wirklich darauf ankommt, woher die Vorfahren eines Menschen stammen. Er bezweifelt, dass die Nationalität, die man vererbt bekommt, das Individuum in irgendeiner Weise determinieren kann. Er negiert die bereits kompromittierte, dennoch bis heute unersetzbar scheinende Legitimation durch den Stammbaum. Für viel wichtiger hält er den freien Entschluss des Menschen, sich mit anderen zu identifizieren. In diesem Falle trägt jedes Individuum volle Verantwortung für seine selbstbewusst getroffene Entscheidung. Doch der Wille des Individuums ist nur eine Seite der Medaille und entscheidet noch nicht über das Dazugehören zu einer Gruppe. Das Zugehörigkeitsgefühl kann sich nur dann entwickeln, wenn auf beiden Seiten der Wille zur Akzeptanz vorhanden ist, sonst bleibt der Nachbar mit dem Migrationshintergrund auch in der dritten Generation weiterhin ein Fremder.

Auch den Begriff des „Fremdseins" nahm Laub aufs Korn und näherte sich ihm auf die für ihn charakteristische Weise, indem er ihn der Lächerlichkeit preisgab. Im Februar 1970 veröffentlichte er in „Die Zeit" einen Text unter dem Titel *Fremde*, der später auch zum Gedicht umfunktioniert wurde[30], in dem er die Bezeichnung folgendermaßen dechiffriert:

> Fremde sind Leute, die später gekommen sind als wir: in unser Haus, in unseren Betrieb, in unsere Straße, unsere Stadt, unser Land. Die Fremden sind frech; die einen wollen so leben wie wir, die anderen wollen nicht so leben wie wir. Beides ist natürlich widerlich. Alle erheben dabei Ansprüche auf Arbeit, auf Wohnungen und so weiter, als wären sie normale Einheimische. Manche wollen unsere Töchter heiraten, und manche wollen sie sogar nicht heiraten, was noch schlimmer ist. Fremdsein ist ein Verbrechen, das man nie wieder gutmachen kann …[31].

Der Satire steht das Recht auf Übertreibung zu und Laub verstand von diesem Recht Gebrauch zu machen. Er wusste wovon er schrieb. Fremd zu sein, war für ihn keine Neuigkeit, aber diese des Öfteren gemachte Erfahrung, zeigte ihm auch, dass die Fremdheit zu überwinden ist. Es lag zum Teil an ihm, zum Teil an denjenigen, die früher als er, aber dort wo er, Fuß gefasst hatten.

Der Schriftsteller, wie dies seinen Texten zu entnehmen ist, stellte sich auf die Seite der Schwächeren, d. h. der Immigranten, die sich durch ihre Lebensumstände gezwungen sahen, ihren bisherigen Wohnort zu verlassen, um in der weiten Welt das Glück oder auch nur Normalität und Frieden zu suchen. Laub kritisierte die deutsche Wohlstandsgesellschaft, die sich nicht unbedingt offen und tolerant

---

30 Vgl. Gisela Klemt-Kozinowski (Hg.): *Platz zum Leben gesucht: Lesebuch Asyl.* Baden-Baden 1987, S. 13.
31 Gabriel Laub: *Fremde*, http://www.zeit.de/1970/09/fremde.

den Ausländern gegenüber zeigte, diese zwar als billige Arbeitskraft duldete, aber einen Dialog auf gleicher Augenhöhe zu meiden suchte. Die Migrationsdebatte war dem ewigen Migranten zuwider, weil er das Fremde nicht als fremd, sondern nur als anders auffasste, in ihm eine Bereicherung und nicht eine Bedrohung sah. Stellt man sich die Frage, was die Ergebnisse der fast ein halbes Jahrhundert in der Bundesrepublik andauernden mal mehr, mal weniger ergiebigen Diskussion rund um die Einwanderung sind, so kommt man zum Schluss, dass der Disput zwar zu einer Begriffsinflation führte, jedoch keine Lösung der anstehenden Probleme brachte, bestenfalls nur Teillösungen. Zafer Şenocak bringt es auf den Punkt, indem er sagt: „Aus ihm [dem Fremden – A. G.] wurde zuerst ein Ausländer, aus dem Ausländer dann der Einwanderer, aus dem Einwanderer ein Mensch mit Migrationshintergrund, eine lange Reise, bei der der Mensch noch nicht beim Menschen angekommen ist"[32]. Doch Laub blieb, was die Integrationsfähigkeit der deutschen Gesellschaft anbetrifft, bis ans Lebensende Optimist, also nach eigener Definition: „Ein Mensch, der zuversichtig ist"[33]. Er glaubte an das Gute im Menschen oder einfach an den Menschen im Menschen. Seine Zuversicht ergab sich aus der jahrzehntelangen Erfahrung, die er in Hamburg gemacht hat. Er fühlte sich wohl in dieser Stadt, weil er hier viele Menschen kennengelernt hatte. Und er nannte nicht jeden Artgenossen „Mensch"[34].

Literatur

Maxim Biller: *Der gebrauchte Jude. Selbstporträt.* Köln 2009.

Michaela Bürger-Koftis (Hg.): *Eine Sprache – viele Horizonte … Die Osterweiterung der deutschsprachigen Literatur. Porträts einer neuen europäischen Generation.* Wien 2008.

Jan Čapek: *Literatur von zwei Sprachen. Ein Lesebuch.* Pardubice 2013.

Carmine Chiellino (Hg.): *Interkulturelle Literatur in Deutschland. Ein Handbuch.* Stuttgart/Weimar 2007.

Gisela Klemt-Kozinowski (Hg.): *Platz zum Leben gesucht: Lesebuch Asyl.* Baden-Baden 1987.

Gabriel Laub: *All-Gemeines,* http://www.zeit.de/1979/03/all-gemeines/komplettansicht.

---

32 Özlem Topçu, Alice Bota, Khuê Pham: *Wir neuen Deutschen. Wer wir sind, was wir wollen.* Reinbek bei Hamburg 2012, S. 147.
33 Gabriel Laub: All-Gemeines, http://www.zeit.de/1979/03/all-gemeines/komplettansicht.
34 Gabriel Laub: *Meine große Heimat,* a. a. O., S. 128.

Gabriel Laub: *Ein ganz anderes Ritter-Räuber-Spiel*, http://www.zeit.de/1969/35/ein-ganz-anderes-ritter-raeuber-spiel.

Gabriel Laub: *Fremde*, http://www.zeit.de/1970/09/fremde.

Gabriel Laub: *Gastfreundschaft, das edle Gefühl*, http://www.zeit.de/1970/25/gastfreundschaft-das-edle-gefuehl.

Gabriel Laub: *Literatur*, http://www.zeit.de/1980/19/literatur.

Gabriel Laub: *Meine große Heimat*. In: Rosemarie Fiedler-Winter (Hg.): *Überall kann Heimat sein*. München 1997, S. 118–128.

Gabriel Laub: *Nationalbewusstes Geflügel*, http://www.zeit.de/1969/23/nationalbewusstes-gefluegel.

W. Christian Schmitt: *Die Buchstaben-Millionäre. Begegnungen, Gespräch und Erfahrungen mit vierzig Schriftstellern*. Karlsruhe 1986, S. 127–131.

Özlem Topçu, Alice Bota, Khuê Pham: *Wir neuen Deutschen. Wer wir sind, was wir wollen*. Reinbek bei Hamburg 2012.

Andere Quellen

Who's Who. The People Lexicon, http://www.whoswho.de/bio/gabriel-laub.html.

Zeitlese (o. V.), http://www.zeit.de/1993/44/zeitlese.

http://cs.wikipedia.org/wiki/Gabriel_Laub.

http://de.wikipedia.org/wiki/Gabriel_Laub.

http://en.wikipedia.org/wiki/Gabriel_Laub.

http://pl.wikipedia.org/wiki/Gabriel_Laub.

http://www.buecher-wiki.de/index.php/BuecherWiki/LaubGabriel.

http://www.zitate.eu/de/zitat/187724/gabriel-laub.

http://www.zitate.eu/de/zitat/217651/gabriel-laub.

Raluca Rădulescu (Bukarest)

„texte in den zwischenräumen". Zur Rezeption der Moderne in der Lyrik ausgewählter rumäniendeutscher und deutschsprachiger AutorInnen mit Migrationshintergrund

Zusammenfassung: Der vorliegende Beitrag setzt sich mit der Frage auseinander, inwieweit Paradigmen der europäischen und deutschen Avantgarde (Expressionismus, Dadaismus, Surrealismus), der hermetischen Lyrik oder der Neuen Subjektivität in den Werken von deutschsprachigen GegenwartsautorInnen mit Migrationshintergrund rezipiert werden. In den Texten von AutorInnen wie Zafer Şenocak, José F.A. Oliver, Ilma Rakusa, Adel Karasholi, Yüksel Pazarkaya, Franz Hodjak, Richard Wagner, Horst Samson kann man sowohl die Zersplitterung der Identität als auch die Fragmentarisierung der Sprache als wesentliche Züge der Avantgarde betrachten. Ihre intertextuelle Herangehensweise erweist sich nicht als eine postmoderne ästhetische Erwiderung, sondern eher als eine Neuschreibung der Avantgarde, in der soziale, politische und wirtschaftliche Begebenheiten in einem neuen eigenständigen fiktionalen Gewebe zusammengefügt werden.

Schlüsselwörter: Migrationsliteratur, deutsche Avantgarde, Intertextualität, Identität, Exil.

"texts between interspaces". Looking back toward the modern poetry in selected works of Romanian and migrant authors of German language

Abstract: The paper focuses on the way in which patterns and paradigms of the European and German Avant-garde (Expressionism, Dadaism, Surrealism), the hermetic poetry or the poetry of the New Subjectivity are being assimilated in the works of contemporary German language authors with migration background (Zafer Şenocak, José F.A. Oliver, Ilma Rakusa, Adel Karasholi, Yüksel Pazarkaya, Franz Hodjak, Richard Wagner, Horst Samson). These authors emphasize in their texts the identity split as well the all-encompassing fragmentarization of language as representative features of the avant-garde. Their intertextual approach proves to be not just an aesthetic contemporary postmodern reply, but moreover a reinscription of the avant-garde, which blends social, political and economic issues into a fictional world of its own.

Keywords: migration literature, German avant-garde, intertextuality, identity, exile.

Die deutschsprachige Literatur der Autoren mit Migrationshintergrund wird vor dem Hintergrund der Globalisierungsprozesse immer häufiger als „die neue Weltliteratur"[1] oder „ganz selbstverständlich als ein Teil der deutschen Gegenwartsliteratur"[2] wahrgenommen. In diesem Sinne seien zwei Verse von einem Adel Karasholi gewidmeten Gedicht erwähnt, in denen Volker Braun die Fremdheitsproblematik durch interkulturelles Zusammenwirken als lösbar erklärt:

> Bist du, Dichter unter den Deutschen
> daheim in der Fremde:
> Sind wir Deutschen mit dir auch nicht/mehr Fremde daheim (Volker Braun, *Für Adel Karasholi*).

Besonders ergiebig sind die lyrischen Werke der mit dem Adalbert-von-Chamisso-Preis ausgezeichneten Gegenwartsautoren, wo ein ganzes Repertoire an kulturspezifischen und kulturübergreifenden Einflüssen und Bezügen zu untersuchen ist. Ihnen füge ich in dieser Untersuchung eine Reihe „rumäniendeutscher" Dichter hinzu, die kurz vor der Wende oder danach nach Deutschland ausgereist sind. Diese Autoren stammen aus verschiedenen Gebieten Rumäniens (Banat, Siebenbürgen) und gehören der deutschen Minderheit an, so dass sie ihre Texte unmittelbar in deutscher Sprache verfassen. Obwohl sie keinen Sprachwechsel vollzogen haben, bleibt die Sehnsucht des Inseldeutschen nach dem binnendeutschen Zentrum vorhanden, sowie der Kampf um die Überwindung sprachlicher und kultureller Ferne. Als Ausgewanderte und ursprünglich Asylbewerber teilen sie mit den oben erwähnten „Migrantenautoren" die Exil- und Fremdheitsproblematik, was sie vom thematischen Standpunkt aus dem gleichen Autorenkorpus zuordnen lässt. In diesem Zusammenhang bieten sich mehrere Aspekte einer näheren Forschung dar, wie z.B. inwieweit die Texte der beiden Schriftstellergruppen Gemeinsamkeiten in der Problematik, Komposition, Motivik, bei Stilmitteln, rezipierten Mustern aufweisen. Es lässt sich ferner feststellen, dass alle Autoren Anschluss an die Tradition der modernen und postmodernen Dichtung finden, so dass ihnen ein gemeinsames Paradigma an Mitteln zur Verfügung steht.

Ihre Lyrik stützt sich auf die Erkenntnisse moderner und postmoderner binnendeutscher Dichtung. Die Experimentierlust mit der Sprache, die Sprengung

---

1 Wolf-Dieter Krause (Hg.): *Das Fremde und der Text. Fremdsprachige Kommunikation und ihre Ergebnisse.* Potsdam: Universitätsverlag Potsdam 2010, S. 153–164, hier S. 154.
2 Clemens-Peter Haase: *Transkulturalität, Hybridität, Postnationalität. Anmerkungen zu einem Diskurs über die Literatur von Migranten in Deutschland.* In: Uwe Pörksen; Bernd Busch (Hg.): *Eingezogen in die Sprache, angekommen in der Literatur. Positionen des Schreibens in unserem Einwanderungsland.* Göttingen: Wallstein 2008, S. 34–39, hier S. 35.

der Ausdrucksschranken und der prosodischen Vorschriften, der Verzicht auf grammatikalische und orthographische Korrektheit, die Vorliebe für die konkrete Poesie: es sind tatsächlich überlieferte Haltungen, die sich in der binnendeutschen Literatur ausgehend vom Expressionismus etablieren und in der dunklen, hermetischen Lyrik der 50er-60er Jahre (Paul Celan, Ingeborg Bachmann, Peter Huchel, Günter Eich) und der Neuen Innerlichkeit/Neuen Subjektivität (Volker Braun, Günter Kunert, Sarah Kirsch, Wolf Dieter Brinkmann) fortgesetzt werden. Diese Poetik des Fragmentarischen und der Dissonanzen, die die Entfremdung des Einzelnen und die Absage an eine unannehmbare Wirklichkeit rechtfertigt, liefert den ästhetischen Rahmen und haftet für ein traditionsbewusstes philologisches Herangehen. Über diese für Umbruchzeiten typische Abwehrhaltung und die literaturgeschichtlichen Hintergründe und Bedingtheiten hinaus ist das Zusammenwirken von paraliterarischen und außerliterarischen Anregungsfaktoren und Auswirkungen noch zu untersuchen, wie z.B. das der deutschsprachigen Literatur der Autoren mit Migrationshintergrund innewohnende interkulturelle Potenzial, der politisch-wirtschaftliche und soziale Zusammenhang, die gesellschaftliche Beteiligung und die kritische Stellungnahme.

Das Exil als (auto)biographische Kategorie, „in welcher die historisch-politische Kausalität ihren Ausdruck findet", und ontologische Metapher[3] wirkt sich auf den Umgang mit der Sprache und die poetologische Auffassung aus. In den von Arno Holz, Mallarmé, Apollinaire, Ezra Pound beeinflussten Erzeugnissen der konkreten Poesie im deutschen Sprachraum war das aus dem Zusammenhang ausgelöste Wort dazu gemeint, auf literarischer Ebene die typischen Bewegungen einer Umbruchzeit zu vergegenwärtigen. Diese ästhetische Formel haben sich sowohl die rumäniendeutschen als auch die Autoren mit Migrationshintergrund mühelos aneignen können, da sie ihre eigene Krisenlage vollkommen bedient. Daher erklärt sich diese Wahl sowohl geschichtlich wie soziologisch. Die in der konkreten Poesie entstandenen Erzeugnisse sind „texte in den zwischenräumen" (Franz Mon) *per se*, Frei- und Zwischenräume erfüllen selbst syntaktische Funktionen[4].

Die in der Moderne durch Hofmannsthals *Chandos-Brief* (1902) ausdrücklich gewordene Sprachkrise wird in den draufkommenden literarischen Epochen bis

---

3   Eva Behring (Hg.): *Rumänische Exilliteratur 1945–1989 und ihre Integration heute: Beiträge des Deutsch-Rumänischen Symposions der Südosteuropa-Gesellschaft und der Fundaţia Culturală Română in Freiburg, 26./27. Oktober 1998*. München: Südosteuropa Gesellschaft 1999.

4   Vgl. Eugen Gomringer: *vom vers zur konstellation*. In: Eugen Gomringer (Hg.): *Poezie concretă: autori de limbă germană. Konkrete Poesie: deutschsprachige Autoren. Eine Anthologie*. Bucureşti: România Press 2005, S. 303–325.

in die Gegenwart hinein verschiedene Intensitätsstufen und Schattierungen erreichen. Die verwirrende Lage sprachlicher Verunsicherung durch die Kontingenz des sprachlichen Zeichens, dessen Arbitrarität die linguistischen Untersuchungen Ferdinand de Saussures hervorheben, wird auf zwei Weisen überwunden. Einmal durch die Schaffung der dichterischen Sprache, die über das Kontingente emporkommt, was mit einem Begriff von Mallarmé dem *regard absolu*, dem absoluten Blick zu verdanken ist. Dieser gebraucht nach dem Diktat der dichterischen Phantasie die „nur als frei verfügbare Zeichensprache" nach Belieben und setzt die künstlerischen Produkte in „völlig entrealisiertes Material" ein[5]. Die sich am meisten verinnerlichende Dimension des Sprachzweifels mündet in die Abschaffung aller Reaktionsformen, die Absage an eine hermetische Welt bekleidet die radikalisierte Antwort des Schweigens, worauf Wittgenstein in seinem *Tractatus logico-philosophicus* (1918) hinweist: „wovon man nicht sprechen kann, darüber muß man schweigen".

In *Probleme der Lyrik* (1951) plädiert Gottfried Benn für eine „monologische Kunst, die sich abhebt von der geradezu ontologischen Leere, die über allen Unterhaltungen liegt und die die Frage nahe legt, ob die Sprache überhaupt noch einen dialogischen Charakter in einem metaphysischen Sinne hat"[6]. Dieser Kunst liegt der Konflikt zwischen ihrem Vergeistigungshang und der Wirklichkeitskontingenz zugrunde, deswegen ist ihre Nichttauglichkeit für Kommunikationsprozesse auf diese ontologisch und ästhetisch bedingte Kluft zurückzuführen. Der Art der Kunst, sei es Sprache, Farbe oder Ton kommt die Mitteilungsfunktion abhanden, die Kunst entsteht durch sich und steht für sich allein, sie „geschieht". Edvard Munchs, Federico García Lorcas und Gottfried Benns Schrei steigen zu den ältesten Göttern hoch, und diese „schweigen".

In der neueren Forschung wird ein besonderes Augenmerk dem „Engagement absoluter Poesie" in Paul Celans Lyrik gewidmet[7]. In seiner Dichtung erreicht das Kristallbild ein besonderes Ausmaß an Poetisierungskraft, zumal es in den Bänden nach dem Jahr 1957 auftritt, das eine ästhetische Umorientierung hervorruft. Es ist das Jahr, in dem Celan aus Rimbaud übersetzt, dessen *Le bateau ivre*, eine Wegmarke der europäischen Moderne, seine Aufmerksamkeit erregt und einen deutlichen Einfluss auf den Gedichtband *Sprachgitter* (1959) ausüben wird. Celans

---

5   Vgl. Hugo Friedrich: *Die Struktur der modernen Lyrik (1956)*. Reinbek bei Hamburg: Rowohlt Taschenbuch Verlag 2006, S. 137f.

6   Gottfried Benn: *Probleme der Lyrik (1951)*. In: Gottfried Benn: *Essays und Reden in der Fassung der Erstdrucke*. Frankfurt am Main: Fischer Taschenbuch Verlag 1989, S. 532.

7   Vgl. Wilfried Barner (Hg.): *Geschichte der deutschen Literatur von 1945 bis zur Gegenwart*. München: C.H. Beck 2006, S. 218.

Sprache beginnt, hermetischer, in sich verschlossener, immer selbstbezogener zu werden, „der Taumel der Wörter ist in künstlerische Form überführt und dadurch objektiviert"[8]. „Kristall um Kristall,/zeittief gegittert, wir fallen,/wir fallen und liegen und fallen" (*Schneebett*)[9]: die Sprache ist nicht imstande, die transzendentale Lücke zu füllen, und fällt zur Naturform zurück, indem die existentielle Erfahrung dermaßen vergeistigt wird, als sie die Stufe der starren, farbenverneinenden Mineralform erreicht. Diese „neue synthetisch-ursprüngliche Sprache" erweist sich jedoch als künstlicher Ersatz der Natur[10], der Mensch ist der ewige Büßer, der die verlorene Einheit nicht wiederherstellen kann, und mit der Verdammnis ständiger, antwortloser Selbstgespräche weiterleben muss. In *Weggebeitzt* (Band *Atemwende*, 1967) friert das Gedicht zum „menschengestaltigen Schnee", „Büßerschnee", „Gletscherstuben" und „Wabeneis", die innere Welt versachlicht und reinigt sich zu einem „Atemkristall"[11]. Das menschliche Dasein wird nur in der Sprache möglich, deren herkömmliche Rhythmen zerstört werden müssen, damit sie die äußeren Zustände widerspiegeln kann. Ein Atemkristall versachlicht die gängige Realität insofern, als sie entrealisiert und in eine Ferne eines transzendenten Ausdruckssystems gerückt wird. Celans Überlegungen gehen über den Entdinglichungsdrang der Poetik Rimbauds und Benns einen Schritt hinaus. Er postuliert die völlige Ohnmacht der Sprache sowohl vor der Wirklichkeit als auch vor einer sonst in der Sprache möglichen Transzendenz. Das Gedicht zeigt immer mehr „eine starke Neigung zum Verstummen. […] Das Gedicht ist einsam. Es ist einsam und unterwegs. Wer es schreibt, bleibt ihm mitgegeben"[12].

Dem rumäniendeutschen Dichter Richard Wagner wird Vergitterung zum Chiffre für sein eigenes Schicksal, dem er sich gezwungenermaßen unterwerfen muss, indem das literarische Vorbild, „Der Jud. Verlorner" einen künstlerischen und menschlichen Leidensweg vorzeigt: „In diesen Sätzen./ Bin ich. Eingemauert".

---

8 Theo Buck: „*Sonnenflechten*" *und* „*azurner Schleim*" – *Celan übersetzt Rimbaud*. In: Text + Kritik. Zeitschrift für Literatur. Hg. v. Heinz Ludwig Arnold, H. 53/54, November 2002, S. 66–98, hier S. 69.
9 Paul Celan: *Gedichte in zwei Bänden. Erster Band*. Frankfurt am Main: Suhrkamp 1975, S. 168.
10 Vgl. Sieghild Bogumil: *Das Letzte was bleibt*. In: Hans-Michael Speier: *Interpretationen Gedichte von Paul Celan*. Stuttgart: Reclam 2002, S. 134–147, hier S. 147.
11 Vgl. Paul Celan: *Gedichte in zwei Bänden. Zweiter Band*. Frankfurt am Main: Suhrkamp 1975, S. 31.
12 Paul Celan: *Der Meridian. Rede anläßlich der Verleihung des Georg-Büchner-Preises*. Darmstadt, am 22. Oktober 1960. In: Paul Celan: *Gesammelte Werke in sieben Bänden*. Hg. von Beda Allemann und Stefan Reichert unter Mitwirkung von Rolf Bücher. Dritter Band. Frankfurt a. M.: Suhrkamp 2000, S. 197f.

Es ist nicht mehr und nicht weniger als „diese Sprache", dieses vererbtes, einkerkerndes und vernichtendes Ausdrucks- und Daseinsmittel, in dem der Dichter selbst reden und schweigen muss, seinem Vorgänger folgend (*Lesung*)[13].

Horst Samson widmet Celan das Gedicht *Schweigegrenze* und diagnostiziert in Wittgensteinscher Erwägungen die Abwesenheit der Sprache, sie „ist für uns nicht mehr/ in rufweite". Entworfen wird eine expressionistische städtische Landschaft, in deren Lokalen und Diskotheken Wörter und Bilder erlöschen, bis der Nebel sie verschleiert und die Erde nicht mehr zu sehen ist. Inmitten des annähernden Weltuntergangs wird das Ich mit einer spiegelverkehrten Sicht ausgestattet, der Himmel soll ihm als Schuhsohle dienen, und wenn auch das Licht verschwindet, setzt die vollkommene Stummheit als Ende aller Kämpfe und Anstrengungen ein. „Das sprachliche Versagen angesichts der erlebten Gegenwart"[14] wird wie bei Celan postuliert, da die Sprache ihre kommunikative Aufgabe nicht mehr erfüllen und den gegenwärtigen Begebenheiten nur mit der Abwehr gegen ihre einst in einer anders gestalteten Welt gültige Funktion begegnet werden kann. Mit dieser kämpferischen Haltung sei einerseits den zeitlichen zerstörerischen Gespenstern zu erwidern, andererseits würde man eine Wiederherstellung des paradiesischen Zustands versuchen: „mit der stille schlag ich/ die schlangen tot"[15].

Schweigen wird auch bei Irene Mokka mit einer doppelkonnotierten Mischung aus Vergessen, Tod und Lachen verbunden. Die Dichterin spielt mit der Distelmetapher, zu deren Wirkungsfeld auch der Distelvogel (Disteler) angehört, beide mit der zweifellosen Bedeutung des Leidens, der Passion Christi und des Todes. An die Zeit unter Gras und diejenige unter Disteln erinnert man sich mit einem paradoxen Lachen, hingegen besiegelt das Schweigen am Ende des Gedichtes die absolute Leere, das Vakuum[16]. Einen Tribut an Celan zollt Mokka auch wenn sie der „Sanduhr" die lyrische Botschaft anvertraut. Der Lebens- und Zeitstrang zeichnet sich – durch den zarten Glashals der Sanduhr gesehen – als besonders zerbrechlich aus. Mit der Entdeckungsgier eines Kindes fragt das Auge nach ihrer Zusammensetzung, worauf der erfahrene Erwachsene auf die tatsächliche und immer rätselhafte kosmische Kreisbewegung hinweisen muss. Die Sanduhr ist der Zeuge des unendlichen Stafettenwechsels der einzelnen Körner, von denen jedes

---

13 Richard Wagner: *Rostregen. Gedichte.* Darmstadt: Luchterhand 1986, S. 52.
14 Erich Menthen: „*Grenzüberschreitung*" und „*Ehrenrettung der Poesie*". Über Sinn und Unsinn in den Arbeiten der Wiener Gruppe. In: Dieter Breuer (Hg.): *Deutsche Lyrik nach 1945.* Frankfurt am Main: Suhrkamp 1988, S. 200–230, hier S. 210.
15 Horst Samson: *Lebraum. Gedichte.* Cluj-Napoca: Dacia 1985, S. 12.
16 Irene Mokka: *Keine Blüte Kein Weg/ Se virág Se út.* Gedichte/Versek. Deutsch-ungarische Ausgabe. Bukarest: Kriterion 1996, S. 8.

dem nächsten ein Ende ankündigt, bei jeder Umkehr wird jedoch ein anderer Ausblick angeboten, was einen neuen Anfang mit sich bringt[17].

Bei den rumäniendeutschen Autoren fällt der Zweifel an der Anwesenheit der Sprache schlechthin, an ihren Befreiungsmöglichkeiten, mit politisch gesteuerten Erfahrungen wie Freiheitsentzug und -verlust zusammen. Der resignative Ton der Mitte der siebziger und vor allem der achtziger Jahre schlägt eine Brücke zwischen Sprachskepsis und Gefangensein. Franz Hodjaks hoffnungsvolle Huldigung der Sprache, dem Wort als „Taube", Friedensbote und Freiheitssymbol, die „einen grenzenlosen himmel" durchbrechen vermag und wie der Phoenix aus der eigenen Asche immer zum neuen Leben kommt, wird am Ende des Gedichtes *die taube* im Band *offene briefe* schroff enttäuscht, weil hierzulande Wirklichkeit und Sprache ihrer wesentlichen, naturgemäßen Funktionen beraubt werden. Somit lässt sich die Welt nur von der Innensicht als geschlossener Käfig bezeichnen: „sie fliegt/ ungezählte horizonte an/ hinter unserm horizont"[18]. Über den Mangel eines vertrauten, heimlichen Raums wird ferner im Gedicht *bad moneasa* des gleichnamigen Bandes geklagt. Die durch Stöße verursachten Wunden der menschlichen Heimatlosen bilden hier den Ausgangspunkt zu einer Überlegung über das Lerchendasein: „lerchen eure flügel/ sie stoßen sich/ an nichts/ wund/ ihr habt eine heimat/ aus luft"[19]. Im Gegensatz dazu treten Freiheitsbeschränkung und -verletzung bei den Menschen in den Vordergrund.

Richard Wagner verrät sogar die Quellen seines Gedichts *fußgängerzone*[20], das intertextuelle Einschübe aus Rolf Dieter Brinkmann verwertet und eine in Anlehnung an Schwitters Merz-Collagen zerfetzte Auseinandersetzung mit Dieter Wellershofs „destruktion als befreiungsversuch" darstellt. Ausgehend von einem allgemeinen Verstummen fragt man sich:

was ist noch aussprechbar in dieser sprache
       mein   die meine war sie nie.

Der Welt, in die man hineinwächst, wird bereits eine vorbestimmte, unentrinnbare Zersplitterung („sprunghafte gedanken") zugesprochen, dabei wird es dem befremdeten und einsamen Individuum unheimlich, „meine erstaunliche fremdheit!" wirkt angsterzeugend und kein erlösender Raum scheint möglich zu sein: „entgrenzung was ist das/ u. in welcher sprache in einer sprache doch wie tot ist die wie tot sind die/ wie egal ist denen das". Die „Entsublimierung als ästhetisches

---

17 Ebd., S. 86.
18 Franz Hodjak: *offene briefe. gedichte.* Bukarest: Kriterion 1976, S. 17.
19 Ebd., S. 77.
20 Richard Wagner: *hotel california. gedichte 2.* Bukarest: Kriterion 1981, S. 66–67.

Programm"[21] wird behauptet, selbst der „einstieg in die phantasien" oder „der bewußtseinsvorsprung" sind „ein sprung ins leere", das Absurde und Nichtsnutzige eines jeden Befreiungsversuchs durch dichterische Mittel stellt sich wie eine ewige Verdammnis, eine allgegenwärtige Ausweglosigkeit ein. Manchmal wird der Freiheitsentzug mit den Mitteln eines feinen Sarkasmus mit Galgenhumor bloßgestellt. Der Titel *über alle grenzen hinweg* führt in die Irre und unterstützt die Schilderung einer bitteren Lage des im kommunistischen Rumänien gebliebenen Dichters, der mit dem Ausgereisten nur in seiner Vorstellung etwas teilen kann: „Wulf Kirsten und ich trinken ein bier,/ er in Weimar, ich hier"[22].

Johann Lippet fängt den immer größer werdenden Befreiungswunsch in Form eines in der besten Tradition der Konkreten Poesie verfassten Gedichts ein. Vers für Vers gewinnen die Zeilen an Länge, an Sehnsucht, die Flucht als Krönung der lang ersehnten Wünsche scheint vorbereitet zu sein, doch sie wird am Ende ins romantische Phantasieren versetzt, wobei mit der Doppeldeutigkeit des Lexems „ziehen" domptiert wird (*aufforderung*).

> so
> so ziehe
> so ziehe weit
> so ziehe weit weg
> so ziehe weit weg morgen
> so ziehe weit weg morgen früh
> so ziehe weit weg morgen früh wenn du willst
>   so ziehe weit weg morgen früh wenn du willst den vorhang der
>   nacht[23].

Auch bei Lippet wird das Gefangensein, der Kerker als Daseinslage dargeboten, was sich in und von der Sprache messen lässt. Metaphern wie die immer enger gewordenen Kreise, der Zwirnsfaden der eigenen Falle und die Angst, die sich wie die Chinesische Mauer ums Herz legt, entwerfen die Topographie eines verheerenden, allesumwebenden Nichts. Selbst die Sprache gerät außer die Wirklichkeitsbahnen, sie nimmt Unverwirklichtes vorweg und treibt den Einzelnen schneller in den Tod: „für mich klingt ,morgen' wie ,jenseits',/ und übrig bleibt von meinem leben nur der tod" (*morgen wie jenseits*)[24].

---

21 Vgl. Werner Jung: *Vom Alltag, der Neuen Subjektivität und der Politisierung des Privaten. Anmerkungen zur Lyrik der 70er Jahre*. In: Dieter Breuer (Hg.): *Deutsche Lyrik nach 1945*. Frankfurt am Main: Suhrkamp 1988, S. 261–283, hier S. 266.
22 Franz Hodjak: *flieder im ohr. Gedichte*. Bukarest: Kriterion 1983, S. 39.
23 Johann Lippet: *so wars im mai so ist es. gedichte*. Bukarest: Kriterion 1984, S. 23.
24 Ebd., S. 36.

Todesszenarien sind auch bei Hodjak im Gedicht *Türkischer Friedhof*[25] am Werk, wo die Ruhestätte nur die Zeichen des Verfalls enthält, ohne eine einzige Erinnerung an die Vorfahren damaliger in Mangalia verbliebenen Minderheit bewahren zu können. Eindeutige Metaphern weisen auf die unheilbare Öde, auf den ewigen Verfall hin: „verschlossene tore", „zerbrochene bierflaschen", „das zerbröckeln der statuen". Der Ort wird zum Archetyp einer zerstückelten, untergegangenen Welt, die in den „zeitungsfetzen" ihr Abbild bekommt und den „unterschied zwischen fremdheit und entfremdung" nicht mehr wahrnehmen kann, weil beides in eine absolute Leere hineinfließt. Die alte Moschee könnte an Istanbul erinnern, die Stadt gibt es aber in der Erinnerung nicht mehr, das Gedächtnis ist nicht mehr imstande, ein ganzes Gebilde aus den zersprengten Atomen zusammenzusetzen, eine verwahrloste, hoffnungslose Gegenwart ersetzt eine in Frage zu stellende Vergangenheit.

Gespielt wird mit Tendenzen aus verschiedenen literarischen Strömungen und Kunstbewegungen, das Gedicht wird oft zu einem hybriden Gebilde als postmoderner Nachfolger der am Anfang des 20. Jahrhunderts eingeführten Collagen, Pastiches und anderer moderner Ausdrucksformen von verfremdeter Wirklichkeit. Richard Wagners Gedicht *Abends* zollt der restaurativen Poesie der 50er Jahre Tribut und nähert sich gleichzeitig der Lyrik der Neuen Subjektivität. Caspar David Friedrichs Landschaft kleidet die Zeilen in ein romantisches Gewand, indem der vom Naturgang erregte Seelenzustand die Struktur des Gedichts prägt: „Der Mond überm Meer/ Caspar Davids, an der zur Ruhe gekommenen/ Wand". Doch in der Tat sind eher die expressionistischen Klänge eines Trakls zu bemerken. Der lyrische Vorsprung wird auf die Bewegungen der Naturerscheinungen abgestimmt, die Gegenstände werden zu abstrakten Gebilden entdinglicht. In Anlehnung an García Lorcas Gedicht *El Grito* (*Der Schrei*) drängt die Ellipse der Materie in das vergeistigte Wesen des Gedichts ein: „Der Stuhl/ bäumt sich. Auf. Ein Gewitter geht/ durch die Zeilen"[26], doch wechseln Bilder und Wörter in unerwarteten Verhältnissen zueinander ab, als wären sie einem surrealistischen Gemälde entnommen: „Ein Blatt fällt untern Tisch. Es raschelt/ im Laub des Stuhlbeins". Horst Samson fängt das Spielballschicksal des Menschen in Anlehnung an biblische Mythen ein, und weil der Verfall in Trakls Gedichtsstimmung eingehüllt wird, trägt der Text den Namen *leben oder gedicht für trakl*: „die Wiese fällt herunter, der Baum der Erkenntnis steht schief: aufgeschreckt/ geh ich im zerbrochenen/ mund gottes/ auf und ab"[27].

---

25 Franz Hodjak: *flieder im ohr*, a. a. O., S. 13.
26 Richard Wagner: *Hotel California. Gedichte 1*. Bukarest: Kriterion 1980, S. 63.
27 Horst Samson: *Lebraum. Gedichte …*, a. a. O., S. 53.

In der Moderne bestand bekannterweise eine rege Austauschtätigkeit zwischen Künstlern, seien es Dichter, Maler oder Musiker, was sich an ihren Programmschriften ablesen ließ, in denen sie gegenseitige Anregungen und Begriffe übernahmen. Es herrschte eine „Struktureinheit", ein „epochaler Stil- und Strukturzwang"[28], eine stilistische Matrix vor, die den dichterischen und künstlerischen Werken der Moderne zugrunde liegt, eine Wahlverwandtschaft in der Herangehensweise an die Realität. Kandinsky hob zum Beispiel das symbiotische Zusammenwirken der Künste hervor: es galt, „einen bestimmten Klang einer Kunst durch den identischen Klang einer anderen Kunst zu unterstützen, zu stärken und dadurch eine besonders gewaltige Wirkung zu erzielen"[29].

Auch bei den rumäniendeutschen Autoren werden das „exotische" oder die „farbenfrohen verse" (*da staunst du*)[30] besungen, das Gedicht ähnelt immer mehr der visuellen Kunst, mit der es offensichtliche Durchdringungen und überraschende synästhetische Korrespondenzen hat. In Anlehnung an die expressionistische Malerei, wo die Farben die Körper einsaugen (Kandinsky), und die expressionistische, imagistische Lyrik wird anhand der phantastischen Abstraktion die „Entsubstantivierung der Welt" (Werfel) bezeugt[31]. Samson geht von bei Franz Marc üblichen fauvistischen Tierdarstellungen aus, verwertet die Kraft der auf dem Schlachtfeld des Gemäldes kämpfenden Farben, um das Interesse auf das Thema Gewalt und Krieg zu lenken. Der Dichter lässt einen Schützen ins Gemälde einschleichen, der das „schwarze reh" trifft, während der Blaue Reiter wahrscheinlich später im Panzerkrieg erschlagen wird. Das postexpressionistische, surrealistische Bild einer lebenslosen Zunge, worüber das Gras schnell wächst, sowie dasjenige des lachenden Kriegs stellen Verbindungen zwischen der Sprache der Kunst und der Sprache der Poesie her, deren Ineinanderfließen immer möglich ist (*dem maler franz marc*)[32].

Doch sinkt letztendlich das ermüdete Ich in Zeit- und Sprachlosigkeit. In Richard Wagners *Mittagsschlaftrunken*[33] wird durch das Bild der „toten Uhr" und die Anspielung „Dali, weich" auf dessen berühmtes Schmelzuhren-Gemälde *Die*

---

28 Hugo Friedrich: *Die Struktur der modernen Lyrik* ..., a. a. O., S. 140f.
29 Wassily Kandinsky: *Über Bühnenkomposition*. In: Wassily Kandinsky u. Franz Marc (Hg.): *Der Blaue Reiter*. München: R. Pipper & Co. Verlag 1912, S. 103–113. Hier zit. nach Thomas Anz, Michael Stark (Hg.): *Expressionismus. Manifeste und Dokumente zur deutschen Literatur 1910–1920*. Stuttgart: Metzler 1982, S. 546–552, hier S. 547.
30 Richard Wagner: *hotel california* 2, a. a. O., S. 62.
31 Walter H. Sokel: *Der literarische Expressionismus*. Langen-Müller: München 1959, v. a. S. 60–70; 147.
32 Horst Samson:, *Lebraum. Gedichte* ..., a. a. O., S. 19.
33 Richard Wagner: *Rostregen*, a. a. O., S. 62.

Beständigkeit der Erinnerung hingewiesen, in dem menschliche Ordnungsraster gesprengt werden und mit den herkömmlichen Realitätsvorstellungen aufgeräumt wird. Man trauert über die verlorenen Bräute und alles wird mit einem „lebenden Schweigen,/ halbgeographisch" überdeckt, das das Herausspringen aus den Raum-Zeit-Verhältnissen bezeugt. Dahinter zeichnet sich das Meer ab, damit man der Unendlichkeit, der ersehnten Entgrenzung einen Namen geben kann. Die normkonforme Wahrnehmung wird gestört, ein Körperteil wie der Kopf sieht wie bei Dali eng aus, die Vernunft kann die Verzerrungen im menschlichen Inneren nicht mehr zu einem einheitlichen Gebilde zusammenfügen. Noch die Sprache ist imstande, die Unstimmigkeiten miteinander zu versöhnen, die Wirklichkeitszeichen werden laut einem anderen Code gedeutet, denn überhaupt wird mit einer abgeänderten Wirklichkeit hantiert, die sich den alten Normen nicht mehr unterwirft. Die „Undurchdringlichkeit der geschichtlichen Realität" spiegelt sich in einer „ebenso undurchdringlichen sprachlichen Welt" wider[34].

Dem Autor mit Migrationshintergrund zwingt seine Daseinslage an Kulturschwellen einen Dazwischen-Status auf, der einen literarischen Niederschlag in seinen Texten findet. Der Verzicht auf die grammatikalische und förmliche Korrektheit bezeugt den Bruch mit dem Gesicherten, Einheimischen, und ist zugleich ein Protest gegen eine unbequeme Wirklichkeit, die selbst entgrammatikalisiert wird. Es wird versucht, sich von allen Vorschriften zu befreien und eine eigene selbstreflexive Sprache zu erfinden. Das ideologische Sprechen wird erst durch die „Zerschlagung des Regelsystems der konventionellen Sprache" sichtbar, die Determinierung durch Sprache wird durchgebrochen, um Bewusstseinsfreiräume schaffen zu können[35].

Der lyrische Stoff setzt sich in einem Parallelvorgang der bildenden Künste zusammen, angestrebt wird ein überlegener Reinigungsprozess der Bilder und der Kunstsprache, so wie die expressionistischen Maler um den „Blauen Reiter" und „Die Brücke" es sich vornahmen. Den Ausgangspunkt für die künstlerische Feinarbeit an einem handwerklichen Prozess bildet die Reinigung von allen störenden Einflüssen, zu deren Erzfeinden das unverarbeitete Konkrete der Wirklichkeit zählt. Bereits Mallarmé legte einen großen Wert auf den Begriff der *poésie pure*, die bei der „Entdinglichung"[36] der Welt als „ungegenständliche Dichtung"[37] fungieren

---

34 Joachim Bark, Gabriela Scherer, Dietrich Steinbach (Hg.): *Geschichte der deutschen Literatur. Von 1945 bis zur Gegenwart.* Klett: Leipzig, Stuttgart, Düsseldorf 2006, S. 55.
35 Ebd., S. 103f.
36 Hugo Friedrich: *Die Struktur der modernen Lyrik …*, a. a. O., S. 136.
37 Thomas Anz: *Literatur des Expressionismus.* Stuttgart, Weimar: Metzler 2002, S. 156.

und sie „im Kern und im Ursprünglichen"[38] erfassen sollte. Diese Sicht samt ihrer Zergliederung der Realitätsbestandteile und der Vorliebe für das dunkle, hermetische Labyrinth-Gedicht wird auch von vielen Migrantenautoren ausgenutzt.

In Zafer Şenocaks *Elektrisches Blau*[39] wird die romantische Pose der sehnsuchtsvollen Suche nach Weltharmonie schlagartig enttäuscht und verabschiedet. Der Dichter entwirft eine expressionistische Stadtstimmung, in die die postmoderne „Diktatur der Lichter" versinkt. Die Hände „verstummen nie", der Einzelne wird in einen künstlichen, erregenden und schließlich betäubenden Rausch getrieben, in dem die elektrische Farbe den gewalttätigen Ersatz von Novalis' utopischen Vorstellungen bildet. Noch die Sprache verstummt, hingegen lebt sie schizophren weiter und bezeugt die Relativierung alles Geschehen, das Willkürliche in einer Welt ohne Richtungs- und Anhaltspunkte: „die neuerfundene zerhackte Sprache", an ihr lässt sich eine Diagnose des existentiellen Fluidum liefern, ihrer Atomisierung und Gesetzlosigkeit sind pandemische Beschwerden abzulesen, die vom „betrunkenen Hirn" zur „Masse" hinübergehen.

Farbe wird bei José F.A. Oliver zu Nichtfarbe dekonstruiert, es wird über den alltäglichen, allgegenwärtigen Tod als Vorstellung in „SCHWARZWEISS" nachgedacht, wobei auf das Zeitungsschicksal als Metonymie – „gepresste agonie" – Verbreitungsmedium und Vergänglichkeitssymbol, hingewiesen wird. Die Welt wird oft von unten durch Perspektivenverletzungen und -brüche als übermäßiges Grab wahrgenommen, auf dem die abgelegten verfaulten Blumen ihre Farbe verloren haben und eine zeitungsartige unpersönliche, verstörte Nachbildung der Wirklichkeit entsteht. Selbst die Gedächtnisfunktion wird außer Kraft gesetzt, Vernunft und Berechenbarkeit werden ins Ungewisse, ins Rätselhafte einer alles umwebenden Agonie, ins Vakuum der lebenszerstörenden schwarzen Löcher eingesogen, Celans „schwarze Milch"-Metapher wird resemantisiert (*Capa im kopf-bild*)[40]:

(wurmschwarz/ maden/ weiß) [...]
gedächtnisunkraut wuchernd wie
die graumilchnebel (unsicht) der kraftwerke blau

Die Metaphern werden als „ästhetische (vs. „logische", dem unmittelbar Alltäglichen entnommene) Attribute" (Kant), als „parole essentielle" (vs. „parole immédiate",

---

38 Kasimir Edschmid: *Über den dichterischen Expressionismus (1917)*. In: *Über den Expressionismus in der Literatur und die neue Dichtung*. Berlin: Erich Reiß Verlag 1920, S. 39–78, hier S. 52.
39 Zafer Şenoçak: *Elektrisches Blau. Gedichte*. Ströme-Verlag Hohoff, 1983. http://www.zeit.de/1984/26/elektrisches-blau-2.
40 José F. A. Oliver: *nachtrandspuren. Gedichte*. Frankfurt am Main: Suhrkamp 2002, S. 17.

Mallarmé), sie schaffen die hypnotische Stimmung einer surrealen Wirklichkeit. Andererseits löst das eintönige Schwarzweiß-Paar, das zugleich auf die Paradoxie der Zusammenschmelzung aller Spektralfarben und der Verneinung der Farbe hinweist, andere Lebenserscheinungen ab und schafft einen Raum besessener Stille, ein weltfremdes Reich vollkommenen Schweigens. Hingegen wird in dem Gedicht *kompaß & dämmerung*[41] eine Lösung zur Daseinsqual vorgeschlagen, indem der Anhaltspunkt mit der „SPRACHZEITLOSEN licht/ verzweigung" zusammenfällt. Das neue Weltbild lässt keine eindeutigen Ordnungsraster mehr zu, begünstigt wird die doppelte Optik, die andererseits als eine erneute Verwirrungsquelle fungieren kann. Die Sprache wird zum Gegenstand vielfacher Verwandlungen, sie passt sich an fundamentale Erfahrungen der menschlichen Existenz an.

In der „wundgeographie" der Schmerzen schrumpft sie zum „stimmkristall", verbirgt sich in unteren geheimnisvollen Wahrnehmungsschichten: „im schlupfloch unterschlupf der sprache", wo das Schweigen widerhallt und man zum Selbstvergessen kommt[42]. Im Stimmkristall kehrt die Sprache zu sich selbst zurück, zu ihrer ursprünglichen Materie, zum Nichts und Absoluten zugleich. Mallarmé gestand, im Nichts endlich das Schöne entdeckt zu haben, eine Stufe erreicht zu haben, wo der Sprachstoff auf sein reinstes Wesen konzentriert werden kann. Die Ankunft in Czernowitz bietet Oliver den Anlass an, mit Celans Geburtsort in Berührung zu kommen und ein Teil einer dichterischen Offenbarung zu werden, es findet eine „wortankunft" statt. Der hier im „gebietscelan" aufgefundene Inbegriff der Celanschen Kunst ist ein „verschliffener stein" (*Czernowitz, 5 km*)[43]. Die Chiffre, die sicherlich auf einen Edelstein hinweist, wird als der Höhepunkt in einer Steigerung von Mineralien gesetzt („kalk weiß", „kreuzalabaster"), denn es bezeichnet die höchste Stufe kunstvoller Vervollkommnung. Einen Stein zu schleifen, setzt ein mühevolles Handwerk voraus, das Ergebnis ist kein Naturgegenstand, sondern ein menschenerzeugtes Artefakt. Dank seiner Mineraleigenschaften kann der menschlich bearbeitete Stein seinem Pygmalion Überdauer und Ewigkeit verleihen, er überlebt durch seine Kunst die üblichen Naturgesetze und setzt sich somit über die Kontingenz der Natur hinweg.

Auch der schweizerischen Schriftstellerin Ilma Rakusas Gedicht *In den Pausen*[44] bestätigt eine an den Erkenntnissen der konkreten Poesie geschulte Lyrik

---

41 Ebd., S. 12.
42 José F. A. Oliver: *herkunftsstimmen. 1 vision in Kairo & erinnere 1 namenloses grab in Málaga*. In: *unterschlupf. Gedichte*. Frankfurt am Main: Suhrkamp 2006, S. 47.
43 José F. A. Oliver: *fahrtenschreiber. Gedichte*. Frankfurt am Main: Suhrkamp 2010, S. 68.
44 http://www.lyrikline.org/de/gedichte/den-pausen-zwischen-den-baeumen-schnee-437#.U_3VTcD6jmQ.

als Stimmungsdichtung und Denkspiel, in der die Fläche sich als konstitutives Element des Textes erweist. Der Schnee soll die Leerstellen in einer konkreten und seelischen Topographie als Reinheitsmetapher und kosmisches Regenerierungsprinzip füllen, die eine Wiedergeburt und -herstellung der Zusammenhänge erzeugt.

> In den Pausen zwischen den Bäumen: Schnee
> in den Räumen zwischen den Worten: Schnee [...]
> in den Träumen zwischen den Feldern: Schnee
> in den Tellern und Falten: Schnee.

Die der Literatur der Autoren mit Migrationshintergrund immanente, ontologisch geprägte Vorliebe für die Thematisierung der Fremdheit wurde oft als Ausgangspunkt in ihrer Exegese ausgenutzt, und zwar nicht selten zuungunsten der Ästhetik literarischer Texte. Eine durch die Linse der Moderne vorgenommene Lektüre kann überlieferte Kategorien wie die „transzendentale Obdachlosigkeit"[45] sowie die „leere Transzendenz"[46] nicht außer Acht lassen. Den Texten wohnt eine eigene Poetik inne, die sich aus den Quellen der literarischen Moderne speist, sie jedoch weiterhin auf eigenständigem Boden verarbeitet und verwertet. Dass der Migrationshintergrund zu einer ausgeprägten Fremdheitswahrnehmung veranlagt, soll keineswegs zu einer einseitigen ausschließlich autobiographischen oder soziologischen Lesart einladen. Hingegen soll in diesem Fall die Hermeneutik der Moderne auf die Hermeneutik der Fremdheit bezogen und in ihrem Zusammenwirken berücksichtigt werden.

Die Spagathaltung zwischen verschiedenen Heimatorten und Identitäten wird bei Adel Karasholi, einem Autor mit syrisch-arabischen Wurzeln, als schmerzhaftes und gefährliches Schauspiel dargestellt: „Fremde ist zu deiner Rechten/ Und zu deiner Linken ist Fremde/ Denn du tanzt auf einem Seil" (*Seiltanz*)[47]. Manchmal besitzt die Fremde eine wunderliche Vervielfältigungskraft, die Elemente von sich selbst aus verdoppeln und glückliche Versöhnungs- und Bindeglieder entstehen lässt, die die postcelanschen kulturellen Isotopen herstellen: „Die Brücke dehnt sich aus in der Brücke/ Und die Brücke dehnt sich aus/ Von Meridian/ Zu Meridian" (*Die Brücke*)[48]. Anderenorts wird die Taubenmetapher als Freiheitssymbol dekonstruiert („Taub ist des Himmels Taubenblau"), das Verlassen der Heimat gleicht dem Entzug wesentlicher, angeborener Rechte, die

---

45 Silvio Vietta (Hg.): *Lyrik des Expressionismus*. Tübingen: Max Niemeyer 1990, S. 70.
46 Hugo Friedrich: *Struktur der modernen Lyrik*, a. a. O.
47 Adel Karasholi: *Also sprach Abdulla*. München: A-1-Verl. 1995, S. 11.
48 Adel Karasholi: *Wenn Damaskus nicht wäre*. München: A 1 1992, S. 81.

naturwidrige Haltungen entarten, im Mutterleib lernt man schon auswendig „Die Worte/ Weggehen/ fremdsein" (*Fremde*)[49].

Das Gefühl einer überwältigenden, unerträglichen Ortlosigkeit, der Unstetigkeit als Ahasverlage erreicht bei dem türkeistämmigen Yüksel Pazarkaya kosmische Ausmaße, breitet sich bis in den Himmel aus, der selbst keine Rettung verspricht, sondern die irdische Unsicherheit wiederholt und hypertrophiert: „Verstehen ist ein bewegter Himmel/ und doch sehnst du dich manchmal/ nach einem Zuhaus auf Erden" (*Die Tage in St. Louis*)[50]. Die Verzweiflung aufgrund zunehmender Einsamkeit wird anhand der trostlosen Himmelmetapher geschildert, die den Schmerz ins Unendliche hineinfließen lässt. Zeitverhältnisse werden abgehoben, die kosmischen Ungereimtheiten sammeln sich bei dem lyrischen Ich als „Delta der Himmelsflüsse" zurück, das Menschliche fängt als Spiegelfläche eine verkehrte himmlische Ordnung ein, die ihm eine „einmündende" „Heimatlosigkeit" vorbestimmen und einprägen (*Heimat - die umzingelte Festung*)[51].

An den untersuchten Texten lassen sich mehrere Tendenzen und Rezeptionsmuster feststellen, die auch der binnendeutschen Literatur nicht fremd sind. Die Traditionen der europäischen Moderne (Expressionismus, Dadaismus, Surrealismus), das Anknüpfen an Formen des hermetischen Gedichts oder an die Lyrik der Neuen Subjektivität, an allen lässt sich die Problematik der Migration oder des Exils anhand überlieferter Muster zum Ausdruck bringen. Der in der Literatur der Moderne allgegenwärtige Zerfall des Einzelnen sowie der Zweifel an den Möglichkeiten sprachlicher Welterfassung werden in der Literatur rumäniendeutscher Autoren oder deren mit Migrationshintergrund einem Diskurs einverleibt, der soziale, politische und wirtschaftliche Faktoren ästhetisch sublimieren lässt.

Literatur

Primärliteratur

Franz Hodjak: *flieder im ohr. Gedichte*. Kriterion, Bukarest 1983.
Franz Hodjak: *offene briefe. gedichte*. Kriterion, Bukarest 1976.
Adel Karasholi: *Wenn Damaskus nicht wäre*. A 1 Verlag, München 1992.
Adel Karasholi: *Also sprach Abdulla*. A1 Verlag, München 1995.

---

49 Ebd., S. 73.
50 Reiner Möckelmann (Hg).: *Aufzeichnung des literarischen Abends mit Dr. YÜKSEL PAZARKAYA im Deutschen Generalkonsulat am 19.04.2005*. http://www.istanbul.diplo. de/contentblob/4092912/Daten/40842/Pazarkaya_DD.pdf.
51 Ebd.

Johann Lippet: *so wars im mai so ist es. gedichte*. Kriterion, Bukarest 1984.

Irene Mokka: *Keine Blüte Kein Weg/ Se virág Se út. Gedichte/Versek*. Deutschungarische Ausgabe. Kriterion, Bukarest 1996.

José F. A. Oliver: *nachtrandspuren. Gedichte*. Suhrkamp, Frankfurt am Main 2002.

José F. A. Oliver: *fahrtenschreiber. Gedichte*. Suhrkamp, Frankfurt am Main 2010.

José F. A. Oliver: *unterschlupf. Gedichte*. Suhrkamp, Frankfurt am Main 2006.

Horst Samson: *Lebraum. Gedichte*. Dacia, Cluj-Napoca 1985.

Zafer Şenocak: *Elektrisches Blau*. Gedichte. Ströme-Verlag, Hohoff 1983.

Richard Wagner: *Hotel California. Gedichte 1*. Kriterion, Bukarest 1980.

Richard Wagner: *hotel california. gedichte 2*. Kriterion, Bukarest 1981.

Richard Wagner: *Rostregen. Gedichte*. Luchterhand, Darmstadt 1986.

Sekundärliteratur

Thomas Anz: *Literatur des Expressionismus*. Metzler, Stuttgart/ Weimar 2002.

Thomas Anz; Michael Stark (Hg.): *Expressionismus. Manifeste und Dokumente zur deutschen Literatur 1910–1920*. Metzler, Stuttgart 1982.

Joachim Bark; Gabriela Scherer; Dietrich Steinbach (Hg.): *Geschichte der deutschen Literatur. Von 1945 bis zur Gegenwart*. Klett, Leipzig/ Stuttgart/ Düsseldorf 2006.

Wilfried Barner (Hg.): *Geschichte der deutschen Literatur von 1945 bis zur Gegenwart*.: C.H. Beck, München 2006.

Gottfried Benn: *Probleme der Lyrik (1951)*. In: Gottfried Benn. *Essays und Reden in der Fassung der Erstdrucke*. Fischer Taschenbuch Verlag, Frankfurt am Main 1989.

Dieter Breuer (Hg.): *Deutsche Lyrik nach 1945*. Suhrkamp, Frankfurt am Main 1988.

Theo Buck: „*Sonnenflechten*" *und „azurner Schleim" – Celan übersetzt Rimbaud*. In: Text + Kritik. Zeitschrift für Literatur. Hg. v. Heinz Ludwig Arnold, H. 53/54, November 2002, S. 66–98.

Paul Celan: *Der Meridian. Rede anläßlich der Verleihung des Georg-Büchner-Preises. Darmstadt, am 22. Oktober 1960*. In: Paul Celan: *Gesammelte Werke in sieben Bänden*. Hg. von Beda Allemann und Stefan Reichert unter Mitwirkung von Rolf Bücher. Dritter Band. Suhrkamp, Frankfurt a. M. 2000.

Kasimir Edschmid: *Über den dichterischen Expressionismus (1917)*. In: *Über den Expressionismus in der Literatur und die neue Dichtung*. Erich Reiß Verlag, Berlin 1920, S. 39–78.

Hugo Friedrich: *Die Struktur der modernen Lyrik (1956)*. Rowohlt Taschenbuch Verlag, Reinbek bei Hamburg 2006.

Eugen Gomringer: *vom vers zur konstellation*. In: Gomringer, Eugen (Hg.): *Poezie concretă: autori de limbă germană. Konkrete Poesie: deutschsprachige Autoren. Eine Anthologie*. România Press, București 2005.

Clemens-Peter Haase: *Transkulturalität, Hybridität, Postnationalität. Anmerkungen zu einem Diskurs über die Literatur von Migranten in Deutschland*. In: Uwe Pörksen; Bernd Busch (Hg.): *Eingezogen in die Sprache, angekommen in der Literatur. Positionen des Schreibens in unserem Einwanderungsland*. Wallstein, Göttingen 2008, S. 34–39.

Werner Jung: *Vom Alltag, der Neuen Subjektivität und der Politisierung des Privaten. Anmerkungen zur Lyrik der 70er Jahre*. In: Dieter Breuer (Hg.): *Deutsche Lyrik nach 1945*. Suhrkamp, Frankfurt am Main 1988, S. 261–283.

Wolf-Dieter Krause (Hg.): *Das Fremde und der Text. Fremdsprachige Kommunikation und ihre Ergebnisse*. Universitätsverlag Potsdam, Potsdam 2010, S. 153–164.

Erich Menthen: *„Grenzüberschreitung" und „Ehrenrettung der Poesie". Über Sinn und Unsinn in den Arbeiten der Wiener Gruppe*. In: Dieter Breuer (Hg.): *Deutsche Lyrik nach 1945*. Suhrkamp, Frankfurt am Main 1988, S. 200–230.

Walter H. Sokel: *Der literarische Expressionismus*. Langen-Müller, München 1959.

Hans-Michael Speier: *Interpretationen Gedichte von Paul Celan*. Reclam, Stuttgart 2002.

Silvio Vietta (Hg.): *Lyrik des Expressionismus*. Max Niemeyer, Tübingen 1990.

Pino Valero (Alicante)

Didaktische Anwendungen der interkulturellen Literatur im Deutschunterricht sowie im Fach „Literarische Übersetzung"

Zusammenfassung: In diesem Beitrag sollen didaktische Möglichkeiten der sogenannten interkulturellen Literatur, eines sehr wichtigen (und nicht immer anerkannten) Teils der Literatur in deutscher Sprache präsentiert werden. Dies wird anhand von vier ausgewählten Autoren mit unterschiedlichem Migrationshintergrund gezeigt, die meiner Meinung nach sehr repräsentativ für diese Literatur sind. Diese sind: die türkeistämmige Schriftstellerin und Dramaturgin Emine Sevgi Özdamar, der syrische Schriftsteller Rafik Schami, die aus Rumänien stammende Nobelpreisträgerin Herta Müller und zuletzt die schon verstorbene tschechische Autorin Libuse Monikova. Die ersten drei sind heutzutage sehr bekannt im deutschsprachigen Raum, insbesondere in Deutschland, und ihre besondere Nutzung der deutschen Sprache wird hier ermöglichen, die immensen Möglichkeiten der Didaktisierung ihrer Texte für den Deutschunterricht sowie für den Unterricht der literarischen Übersetzung zu verdeutlichen, teilweise durch den Übersetzungsvergleich der Originaltexte mit den spanischen Übersetzungen. Einige Beispiele aus meiner Praxis im Studiengang für Übersetzen und Dolmetschen an der Universität Alicante werden mir dabei helfen, diese Möglichkeiten zu erläutern.

Schlüsselwörter: Didaktik des Deutschen, deutsche interkulturelle Literatur, literarische Übersetzung, Übersetzungsvergleich Deutsch-Spanisch.

The Use of the Intercultural Literature in German and Literary Translation classes

Abstract: The aim of this paper is to present the didactic possibilities of the so called Intercultural Literature. This Literature is written in German and published in German-speaking countries (Germany, Austria and Switzerland) by authors who were born abroad. Moreover, it represents a very important – and not always noticed – side of literature written in German. We will analyze it taking into account four authors with different migration backgrounds and who are to our opinion highly representative of this kind of literature.

Keywords: Didactics, Intercultural Literature, German language, migration-backgrounds, German literature.

1. Einführung

In diesem Artikel will ich die didaktischen Möglichkeiten der sogenannten interkulturellen Literatur präsentieren, dieser Art von Literatur, die:

- auf Deutsch und in Deutschland (und in geringerem Maße auch in Österreich und der Schweiz) von im Ausland geborenen AutorInnen geschrieben wird.
- bereits heute ein sehr wichtiger – und nicht immer anerkannter – Teil der Literatur in deutscher Sprache darstellt.

Ich werde dies anhand von vier Autoren zeigen, die unterschiedliche (Migrations)hintergründe haben, die aber meiner Meinung nach sehr repräsentativ für diese Art Literatur sind.

Die Ursprünge dieser Literatur findet man in der Migrationswelle der 50er, 60er und 70er Jahre aus Italien, Spanien, der Türkei, dem Iran oder Osteuropa u.a. Worin sich die Forscher nicht einig sind, ist der Bezug auf die (sehr umstrittene) Denominierung dieser literarischen Bewegung. Unter den Bezeichnungen, die unter anderem zur Anwendung gekommen sind, finden sich folgende: Migrantenliteratur, Gastarbeiterliteratur, Gastliteratur, Ausländerliteratur[1] oder sogar Neue Deutsche Literatur. Heutzutage hat sich die Bezeichnung „interkulturelle Literatur" als die weniger despektive Denominierung durchgesetzt.

Die wichtige Frage bei diesem Thema war aber immer vor allem eine: Sind diese Texte immer literarischer Natur? Sollen ästhetische Kriterien das Wichtigste sein, um gewisse schriftliche Äußerung als Literatur bezeichnen zu können? Ich werde es versuchen, wie oben gesagt, anhand der Texte von vier verschiedenen Autoren, deren Werke die höchste literarische Qualität haben, zu beantworten. Diese wurden auch deswegen ins Spanische übersetzt – und sogar von renommierten Übersetzern – und in wichtigen Verlagen veröffentlicht, was auch ermöglicht, sie sowohl im Übersetzungsunterricht wie natürlich im Deutschunterricht als didaktisches Material zu benutzen, wie Marcela Jašová erklärt:

> Mit dem Einsatz der Literatur im Fremdsprachenunterricht beschäftigt sich die wissenschaftliche Literaturdidaktik. […] Wenn wir eine Frage stellen, warum die literarischen Texte so wichtig für uns sind, bekommen wir viele Antworten. Literarische Texte haben ästhetische und emotionale Funktion, sie bereichern die kommunikative Kompetenz der Schüler. Die Literatur bringt Schülern eine breite Auswahl an Themen, die ihr Interesse zum Lesen anregen und ihre verbale und schriftliche Äußerung aktivieren. Nicht nur sprachliche,

---

[1] Vgl. Kreuzer, Helmut: *Gastarbeiter-Literatur, Ausländer-Literatur, Migranten-Literatur? Zur Einführung.* In: „Zeitschrift für Literaturwissenschaft und Linguistik", Bd. 4, 56, 1984, S. 8.

sondern auch soziolinguistische, soziokulturelle und interkulturelle Funktion hat das Lesen. Nicht zuletzt haben literarische Texte einen authentischen und dauerhaften Wert[2].

Ein anderes Thema ist die Textauswahl, was meiner Meinung nach die interkulturelle Literatur als besonders geeignet für den Deutsch- und Übersetzungsunterricht macht, weil sie besondere Probleme mit sich bringt, die bei anderen Texten nicht zu finden sind, auch wenn man davon ausgeht, dass sie schwierigere Texte sind als die, die im Übersetzungsunterricht üblicherweise benutzt werden. Wie Saqmar Sailer de Duque sich ausdrückt:

> In der Literatur zur Übersetzungsdidaktik findet man zuweilen hilfreiche Hinweise, mit „leichten" Texten anzufangen und dann den Schwierigkeitsgrad zu steigern. Aber was sind "leichte" Texte und was sind „schwierige" Texte? […] Ein als auf den ersten Blick leicht gefundener Text kann sich aufgrund nicht erkannter Übersetzungsprobleme als äußerst schwierig erweisen[3].

Deswegen bin ich der Meinung, dass solche Texte wegen ihrer Besonderheit sehr geeignet für den literarischen Übersetzungsunterricht sind.

2. Die Autoren und ihre Texte

Erstmals werde ich die gewählten vier Autoren, ihr Leben und ihre Werke präsentieren, denn ihre Texte sind das Material, das ich im Unterricht benutzt habe und benutzen werde, und deren Übersetzungsprobleme ins Spanische im Mittelpunkt der vorliegenden Analyse stehen.

2.1 Die vier AutorInnen

Es handelt sich um folgende vier AutorInnen mit unterschiedlichen, aber auch ähnlichen biographischen Profilen:

2.1.1 Die türkische Schriftstellerin und Dramaturgin Emine Sevgi Özdamar

Sie kam 1965, im Alter von 18 Jahren, zum ersten Mal nach Deutschland, ohne Deutschkenntnisse, und arbeitete ein halbes Jahr lang in einer Elektrofabrik in Berlin. Von 1967 bis 1970 besuchte sie die Schauspielschule in Istanbul und bekam

---

2 Vgl. Jašová, Marcela: *Arbeit mit literarischen Texten im DaF Unterricht am Beispiel eines Textes von Christine Nöstlinger*. Diss. 2009, S. 12.
3 Seiler de Duque, Daqmar: *Übersetzerische Kompetenz und Textauswahl im Übersetzungsunterricht Deutsch-Spanisch – Deutsch für Anfänger*. In: Eberhard Fleischmann, Wladimir Kutz, Peter A. Schmidt (Hg.): *Translatiodidaktik*. Tübingen: Narr, 1997, S. 112.

bis 1976 erste professionelle Theaterrollen in der Türkei. Durch den Militärputsch von 1971 verlor sie als Mitglied der türkischen Arbeiterpartei ihre Zukunftsperspektiven in der Türkei. 1976 ging sie für eine Regieassistenz an die Volksbühne nach Ost-Berlin. Diese Zeit hat sie später in ihrem Roman *Seltsame Sterne starren zur Erde* literarisch verarbeitet. 1979 bis 1984 hatte sie ein Festengagement als Schauspielerin und Regieassistentin am Schauspielhaus Bochum. In dessen Auftrag entstand 1982 ihr erstes Theaterstück *Karagöz in Alamania (Schwarzauge in Deutschland)*, das 1986 am Schauspielhaus Frankfurt unter ihrer Regie uraufgeführt wurde. Özdamar trat als Schauspielerin auch in Filmen auf, u.a. 1992 in dem als der beste Spielfilm mit dem Deutschen Filmpreis ausgezeichneten *Happy Birthday, Türke!* Seit 1986 arbeitet sie als freie Schriftstellerin und Schauspielerin, lebt und arbeitet heute in Berlin.

Neben ihrer Tätigkeit als Schauspielerin schrieb Özdamar von Anfang an auch Theaterstücke, Romane und Erzählungen. Sie ist eine der bekanntesten deutschtürkischen Autorinnen. Für ihre Werke erhielt Özdamar zahlreiche Auszeichnungen. Im Mai 2007 wurde Özdamar als Mitglied der Deutschen Akademie für Sprache und Dichtung in Darmstadt aufgenommen. Im selben Jahr wurde ihr Buch *Das Leben ist eine Karawanserei, hat zwei Türen, aus einer kam ich rein, aus der anderen ging ich raus* in die renommierte Liste der *1001 Books You Must Read Before You Die* aufgenommen[4].

2.1.2 Der syrische Schriftsteller Rafik Schami

Rafik Schami floh 1970 aus seinem Heimatland Syrien zunächst in den Libanon wegen der Drohung der Zensur. 1971 wanderte er in die Bundesrepublik Deutschland aus. Er setzte sein Chemiestudium in Heidelberg fort und schloss es 1979 mit der Promotion ab. Neben seinem Studium arbeitete er in verschiedenen Aushilfsjobs in Fabriken und als Aushilfskraft in Kaufhäusern, Restaurants und auf Baustellen. Außerdem veröffentlichte er zahlreiche Texte in Zeitschriften und Anthologien, zunächst in arabischer, seit 1977 auch in deutscher Sprache. 1978 erschien mit *Andere Märchen* sein erstes Buch in deutscher Sprache. Seit 1982 lebt er als freier Schriftsteller und gehört zu den erfolgreichsten und beliebtesten deutschsprachigen Autoren der Gegenwart. Für sein Werk hat er zahlreiche Auszeichnungen und Preise erhalten. Sein Erfolg gründet sich nicht zuletzt auf seine zahlreichen Lesungen, bei denen er sein Talent zum freien Fabulieren entfaltet. Der Verkauf des einmillionsten Exemplars der Taschenbücher Schamis im

---

4 Vgl. https://de.wikipedia.org/wiki/Emine_Sevgi_%C3%96zdamar und http://www.goethe.de/ins/es/bar/prj/lit/aoz/oez/deindex.htm.

Januar 2005 zeugt von seiner gleichbleibend großen Beliebtheit beim deutschen Publikum. Schami hat die Staatsbürgerschaften von Syrien und Deutschland[5].

Die bestimmenden Themen von Schamis Werk sind das Leben der Migranten in Deutschland, die Darstellung der arabischen Welt damals, heute und in der Utopie, Politik und Gesellschaft sowie das Erzählen. Schami gilt als ein begnadeter Erzähler. Ein wesentliches Merkmal von Schamis Stil ist seine Nähe zur oralen Tradition des arabischen Geschichtenerzählens, man kann sogar von einer Integration der arabischen und der deutschen Erzähltradition sprechen. Die meisten seiner Bücher sind Sammlungen von Geschichten, wobei die Erzählungen bewusste Anklänge an die arabischen Nächte (*1001 Nacht*) sind. Innerhalb einer rein narrativen Rahmenhandlung, also von Geschichtenerzählern, wird eine Serie von ebenfalls mündlich vermittelten Geschichten entfaltet[6].

2.1.3 Die aus Rumänien stammende Nobelpreisträgerin Herta Müller

Herta Müller, deren Familie zur deutschen Minderheit in Rumänien gehörte, wurde im Banat geboren. Ihr Großvater war ein wohlhabender Bauer und Kaufmann und wurde unter dem kommunistischen Regime in Rumänien enteignet. Ihre Mutter wurde nach dem Zweiten Weltkrieg zu jahrelanger Zwangsarbeit in ein ukrainisches Lager deportiert. Nach dem Abitur studierte Müller von 1973 bis 1976 Germanistik und Rumänistik. Ab 1976 arbeitete sie als Übersetzerin in einer Maschinenfabrik, wurde allerdings 1979 nach ihrer Weigerung, mit dem rumänischen Geheimdienst zusammenzuarbeiten, entlassen. In Timisoara stand Müller zunächst den Autoren der Aktionsgruppe Banat nahe und nach der Zerschlagung der Gruppe durch die *Securitate* im Jahre 1976 organisierten sich die Autoren erneut im offiziellen Literaturkreis, wo Herta Müller die einzige Frau war. Nachdem sie dreimal die Bundesrepublik Deutschland besucht hatte, reiste Herta Müller 1987 mit ihrem damaligen Ehemann Richard Wagner nach Deutschland aus. 2005 war sie „Heiner-Müller-Gastprofessorin" an der Freien Universität in Berlin, wo sie heute lebt. Seit 1995 ist sie Mitglied der Deutschen Akademie für Sprache und Dichtung[7].

2.1.4 Die (schon verstorbene) tschechische Autorin Libuše Monikova

Libuše Moníková wuchs in Prag auf. Von 1963 bis 1968 studierte sie und 1970 promovierte sie. Am 28. September 1970 heirateten Libuše Moníková und der deutsche Student Michael Herzog und 1971 zog sie endgültig zu ihrem Mann nach Deutschland. Die Übersiedlung geschah auch aus politischen Gründen. In

---

5   Vgl. https://de.wikipedia.org/wiki/Rafik_Schami.
6   Ebd.
7   Vgl. https://de.wikipedia.org/wiki/Herta_M%C3%BCller.

Deutschland arbeitete Moníková als Lehrbeauftragte und ab 1977 an der Universität Bremen. Von 1978 bis 1981 war sie als Referendarin und Lehrerin tätig. Seit 1981 lebte sie als freie Schriftstellerin in Berlin. Libuše Moníková starb nach einer Kopfoperation.

> Libuše Moníková begann erst während ihres Deutschlandaufenthalts in deutscher Sprache zu schreiben. Ihre u.a. von Franz Kafka oder Jorge Luis Borges beeinflussten, häufig phantastische und mythische Elemente einbeziehenden Werke sind von der Erinnerung an die Prager Jahre geprägt, von der Erfahrung der Niederschlagung des Prager Frühlings und des Exils, aus dem Moníková auch nach der Wende in Osteuropa nicht mehr in ihre Heimat zurückzukehren vermochte. Für die Autorin wurde die deutsche Sprache zu einem künstlerischen, auch ästhetischen Potenzial[8].

Die ersten drei sind heutzutage sehr bekannt im deutschsprachigen Raum, besonders in Deutschland.

Sie werden mir durch ihre besondere Nutzung der deutschen Sprache ermöglichen, die immensen Möglichkeiten der Didaktisierung dieser Texte für den Unterricht des Deutschen, sowie vor allem für den der literarischen Übersetzung (Deutsch-Spanisch) zu verdeutlichen, besonders durch den Übersetzungsvergleich der Originaltexte mit den spanischen Übersetzungen, was eine außergewöhnlich gute didaktische Methode werden kann.

2.2 Die Texte

2.2.1 *Mutterzunge*

Mutterzunge ist das Prosadebüt Özdamars und der Text, wo die Autorin beschreibt, wann und wie die türkische Sprache die Sprache ihrer Mutter und ihrer Kindheit wurde, und die deutsche – die ihres Lebens als Erwachsene in Deutschland, also als Schriftstellerin. Als Beispieltext zeige ich einen Abschnitt dieser Erzählung:

---

8 Vgl. https://de.wikipedia.org/wiki/Libu%C5%A1e_Mon%C3%ADkov%C3%A1 und http://www.fembio.org/biographie.php/frau/biographie/libushe-monikova.

ORIGINALTEXT	ZIELTEXT
Ich erinnere mich jetzt an Muttersätze, die sie in ihrer Mutterzunge gesagt hat, nur dann, wenn ich ihre Stimme mir vorstelle, die Sätze selbst kamen in meine Ohren wie eine von mir gut gelernte Fremdsprache. Ich fragte sie auch, warum Istanbul so dunkel geworden ist, sie sagte: „Istanbul hatte immer diese Lichter, deine Augen sind an Alamanien-Lichter gewöhnt". Ich erinnere mich noch an eine türkische Mutter und ihre Wörter, die sie in unserer Mutterzunge erzählt hatte. Sie war eine Mutter von einem im Gefängnis in der Nacht nicht schlafenden Jungen, weil er wartete, dass man ihn zum Aufhängen abholen wird. Diese Mutter sagte: „Ich kam aus dem Krankenhaus vor elf Jahren. Ich hab gesehen: der Garten voll mit Polizisten, mein Kopf ist aus seinem Platz gesprungen, ich habe Nachbarn gefragt. Wahrscheinlich sind die hier für deinen Sohn, haben sie gesagt. Ich bin in den Garten gegangen, zu dem ersten Polizisten. Warum bist du in meinen Garten reingekommen, hab ich gesagt. Dein Sohn ist geschnappt worden, hat er gesagt. Warum soll mein Sohn geschnappt worden sein, hast du überhaupt Hausdurchsuchungspapier, habe ich gesagt, ich bin Analphabet. Er sagte ja. Also gehe ins Haus, such, habe ich gesagt. Das Haus wurde so voll mit ihnen, ich habe auf meinen Beinen gesessen, bin da geblieben, als ich fragte, was ist mit meinem Sohn, haben die gesagt. Dein Sohn ist Anarchist".	Ahora solo recuerdo frases de mi madre que ella dijo en su lengua de madre, pero, cuando me imagino su voz, las frases me vienen a los oídos como un idioma extranjero bien aprendido. Le pregunté también por qué Estambul se ha vuelto tan oscuro y ella dijo: „Estambul tuvo siempre esas luces, tus ojos se han acostumbrado a las luces de Alamania". Todavía recuerdo a una madre turca y sus palabras, que ella decía en nuestra lengua de madre. Era la madre de un muchacho que no podía dormir de noche en la cárcel porque esperaba que vinieran para ahorcarlo. Aquella madre dijo: „Salí del hospital hace once años. Vi que el jardín estaba lleno de policías, la cabeza se me salió de su sitio y pregunté a los vecinos. Probablemente están aquí por tu hijo, me dijeron. Entre en el jardín, fui al primer policía. Por qué has entrado en mi jardín?, dije. Han atrapado a tu hijo, dijo él. Por qué han atrapado a mi hijo? Tienes papeles para registrar la casa?", dije, soy analfabeta. Dijo que sí. Entonces entra en la casa, busca, dije yo. La casa estaba tan llena de ellos que me senté sobre las piernas, me quedé allí y, cuando pregunté qué pasaba con mi hijo, me dijeron: tu hijo es anarquista"[9].

Als Übersetzungsprobleme des Abschnittes, die im literarischen Übersetzungsunterricht zu behandeln sind, hätte ich folgende:

a) Den Titel, *Mutterzunge*
   Das Problem liegt daran, dass es auf Spanisch dasselbe Wort gibt für Zunge und Sprache, wie auf Türkisch, so dass Zunge für Özdamar, die Sprache der Mutter

---

[9] Özdamar, Emine Sevgi: *Mutterzunge*. Rotbuch, Berlin 1990. [*La lengua de mi madre*. Traducción de Miguel Sáenz, Alfaguara Madrid 1996, S. 9–10, S. 14 der spanischen Übersetzung].

ist, und Sprache ihre Sprache, also die deutsche Sprache. Deswegen lautet die spanische Übersetzung des Titels *La lengua de mi madre*, wortwörtlich ‚die Sprache meiner Mutter'.
b) Das Gastarbeiterdeutsch
Im ganzen Text, wenn die Mutter spricht, klingt es nach dem sogenannten „Gastarbeiterdeutsch", ein Soziolekt der Migranten, der z.B. weder die Verben konjugiert noch die Fälle berücksichtigt. Die Frage ist dabei: Wie können solche Beispiele ins Spanische übersetzt werden? In der spanischen Version von Miguel Sáenz werden solche Elemente total neutralisiert, so dass die Mutter in der spanischen Fassung ein unterbrochenes, aber völlig korrektes Deutsch spricht.
c) Sprachfehler
Die Autorin hat mehrmals ihren bewussten Verzicht auf Korrektheit betont, was zu komischen Sätzen und Ausdrücken führt, die aber auch ihre sprachliche Besonderheit bilden, eine Besonderheit, die die Bezeichnung von „magischem Realismus" verdiente. Dies ist wieder ein schwer lösbares Übersetzungsproblem.
d) Der politische Hintergrund des Werkes, charakteristisch für eine Literatur, bei der die autobiographische Komponente von großer Bedeutung ist, was für den Übersetzer erneut ein Dokumentationsproblem bildet.
e) Türkismen, die man nicht erkennt, wenn man kein Türkisch kann. Es gibt tatsächlich einige Wörter oder Ausdrücke im Text, die eine direkte Übersetzung ins Deutsche von türkischen Wörtern sind: Dies ist der Fall des Satzes: „Mein Kopf ist aus seinem Platz gesprungen", der ins Spanische nur wortwörtlich übersetzt werden konnte als „la cabeza se me salió del sitio".
f) Der muslimische Hintergrund, auch gewöhnlich bei solchen Werken, kann auch gewisse Übersetzungsprobleme hervorbringen, was beim nächsten Autor zu beobachten sein wird.

Als Übersetzungsprobleme des Abschnittes, die im Sprachunterricht zu behandeln sind, hätte ich folgende zu betonen:

a) Der komische Sprachgebrauch bei Sätzen wie „Sie war eine Mutter von einem im Gefängnis in der Nacht nicht schlafenden Jungen", der benutzt werden kann, um die Partizipialkonstruktionen des Deutschen, die bei Özdamar quasi parodiert werden, zu erläutern.
b) Die grammatikalischen Sprachfehler, die die Autorin freiwillig bei Sätzen wie „… wenn ich ihre Stimme mir vorstelle, die Sätze selbst kamen in meine Ohren wie eine von mir gut gelernte Fremdsprache" begeht und die diesmal benutzt werden könnten, um gewisse Schwierigkeiten der deutschen Syntax zu erklären.

2.2.2 Erzähler der Nacht

Dieser Roman ist das bekannteste Werk Schamis in Deutschland, aber auch außerhalb des Landes, höchstwahrscheinlich, weil es sich darin um einen Roman handelt, der die Struktur von *Tausendundeine Nacht*, die sogenannte Rahmenerzählung, die auch große Autoren wie Goethe oder Stefan Zweig im deutschen Raum literarisch ausgenutzt haben, imitieren möchte. Dass die arabische Erzähltradition ein wesentliches Element des Romans von Schami ist, und der Inhalt des Textes, die Geschichte eines alten Mannes, der wie Scheherazade eine Gefahr innerhalb von einem gewissen Zeitraum vermeiden muss, machen den Roman sehr attraktiv für abendländische Leser. Hier ein Textbeispiel:

ORIGINALTEXT	SPANISCHE ÜBERSETZUNG
„Bist du ein Türke", fragte er. „Nein, Araber", antwortete ich. „Das macht nichts. Mohammedaner ist gut. Ich bin zum Islam übergetreten: ‚Aschhadu anna la ilaha illa Allah wa anna Muhammadan Rasul Allah', sprach der Amerikaner die Worte seines Glaubensbekenntnisses daher, aber mehr als diesen Satz konnte er nicht auf arabisch"[10].	„Eres turco?", preguntó. „No, árabe", contesté. „Eso no importa. Musulmán está bien. Yo me he convertido al islam. ‚Aschhadu anna la ilaha Allah wa anna Muhammadan Rasul Allah', recitó el americano las palabras de su credo, pero aparte de esa frase no sabía decir nada en árabe".

In diesem Fragment kann man deutlich beobachten, wie die islamische Kultur durch religiöse Ausdrücke in Arabisch (der Sprache, in der der Koran offenbart wurde) oder Verweise auf den Islam immer präsent ist, da beide Aspekte das Leben in muslimischen Ländern prägen, was in den Versionen auf Spanisch sehr schwierig zu reproduzieren ist. Den Satz des islamischen Glaubensbekenntnisses muss man natürlich auf Arabisch lassen und kursiv schreiben, was aber nur ein einfach lösbares Übersetzungsproblem wäre.

2.2.3 Die Fassade

Dieser ist der wichtigste Roman der Autorin. Er ist in elf Fremdsprachen übersetzt worden und wurde 1988 mit dem Alfred-Döblin-Preis ausgezeichnet. Dieser Originalroman, als „Schelmenroman" bezeichnet, erzählt, wie eine Gruppe von Bekannten, dank der Kontakte von einem von ihnen, Olbram Maltzan, einen Zehn-Jahres-Vertrag erreicht, um das Schloss Freiland-Litomyšl

---

10 Schami, Rafik: *Erzähler der Nacht*. Belz Verlag, Weinheim & Basel 1989, S. 153–154. *Narradores de la noche*. Traducción de Antón Dietrich. Siruela Madrid 1990, S. 160–161.

wiederherzustellen. Die Aufgabe ist es, die Originalzeichnungen der Fassade des alten Gebäudes zu restaurieren, aber das Problem ist, dass es keine Originalskizzen gibt, und die Reste sind stark beschädigt, so dass der Wiederaufbau sich als sehr schwierig erweist. Hier erneut ein Textbeispiel:

ORIGINALTEXT	SPANISCHE ÜBERSETZUNG
Vier Tage verbringen sie am Ufer der Wolga, Herzog deliriert, sie zwingt ihm Binsenwurzeln auf und Wildzwiebel, versucht, die Mücken von seinem blasigen Gesicht fernzuhalten. Dann läßt das Fieber nach und sie ziehen weiter, erfahren die bestürzende Gastfreundschaft der von Krieg und Hunger gebeutelten Menschen an der Wolga, hören ihre Lieder und die Geschichten von Stenka Rasin und Jemeljan Putgatschow, den die Alten zärtlich Jemelka nennen; sein Aufstand, an dem ihre Urgroßväter beteiligt waren, ist den Bauern teurer als die Revolution mit ihren Erlässen.	Pasan juntos cuatro días a orillas del Volga, Herzog delira, ella lo obliga a comer raíces y cebollas silvestres, intenta alejar los mosquitos de su rostro cubierto de pápulas. Después remite la fiebre y siguen adelante, viven la emocionante hospitalidad de los habitantes de la región del Volga, no menos sacudida que otras por la guerra y el hambre, escuchan sus canciones y las historias de Stienka Rasin y Yemelián Pugachóv, a quien los viejos llaman cariñosamente *Yemielka*; aquella revuelta en la que participaron sus bisabuelos está más cerca de su corazón que la Revolución con sus decretos.
Bei dem Namen Putgatschow setzt sich der geschwächte, apathische Herzog auf seinem Lager in der niedrigen Stube, die sie mit der fünfköpfigen Familie ihrer Gastgeber teilen, und spricht zum ersten Mal seit ihrer Flucht aus Samara mehrere zusammenhängende Sätze. Es ist die kalmückische Fabel von Adler und dem langlebigen Raben, die Pugatschow in Puschkins ‚Hauptmannstochter' seinem Begleiter erzählt. (…)	Al oír el nombre de Pugachov, Herzog, débil y apático hasta entonces, se incorpora por primera vez en su lecho, en la habitación de techo bajo que comparte con los cinco miembros de la familia que los ha acogido, y por primera vez, también desde su huida de Samara, pronuncia varias frases seguidas. Les cuenta la fábula del águila y del cuervo que vivió tanto tiempo, fábula que repiten los calmucos y que Pugachov explicaba a su acompañante, según nos relata Pushkin en su obra *La hija del capitán*.
Es war das erste Buch, das Herzog in Kiew russisch las. ‚A tam sto bog dast!', ruft der alte närrische Vater aus, dem die Kosaken vor zwanzig Jahren mit der Nagaika den Verstand herausgeprügelt haben, und die junge Bäuerin geht hinaus und kommt mit einem Huhn und dem halben Dorf zurück …[11].	Aquel había sido el primer libro que Herzog había leído en ruso, aún en Kiev. ‚A tam shto bog dast!' ‚Y que sea lo que Dios quiera!' – exclama el anciano padre, que ha perdido la razón desde que los cosacos se la sacaran a latigazos veinte años atrás, empleando a fondo la nagaika, y la joven campesina sale de casa y vuelve con una gallina y acompañada de medio pueblo.

---

11 Moníková, Libuše: *Die Fassade*. Hanser München 1987, S. 74. *La fachada*. Traducción de Helga Pawlosky. Muchnik Barcelona 1989, S. 70–71.

Viele Übersetzungsprobleme sind mit der Einbettung des Romans in den slawischen Kulturkreis verbunden, wie in den folgenden Beispielen veranschaulicht wurde:

a) Die vielen Tschechismen, unbemerkbar, wenn man die Sprache nicht kann, die aber im Werk trotzdem übersetzt werden sollten, wie es auch bei den Türkismen in den Romanen von Özdamar der Fall war.
b) Man muss die (Eigen)namen und Spitznamen aus dem slawischen Sprachraum übersetzen bzw. ihnen neue schriftliche Form geben, denn der Roman ist von der slawischen Kultur geprägt:

Putgatschow	Pugachóv
Stenka	Stienka
Jemeljan (russischer Name)	Yemelián
Jemelka (Koseform)	*Yemielka*
Puschkin	Pushkin

c) Aus den oben genannten Gründen muss man oft Wörter oder Ausdrücke auf Russisch übersetzen wie „A tam sto bog dast!", ein Ausdruck, der im gleichen Dialog in der spanischen Fassung transkribiert und übersetzt wurde (*A tam shto bog dast! Y que sea lo que Dios quiera!*), also zweisprachig, aber auch Lehnwörter, Ortsnamen oder Namen von historischen Figuren, wie im Folgenden:

Nagaika	*Nagaika*
Kosaken	Cosacos
Kiew	Kiev
Wolga	Volga

d) Übersetzung von Titeln literarischer Werke wie Puschkins *Hauptmannstocher*. Alle Beispiele zeigen einen besonderen Sprachgebrauch und deswegen schlage ich eine gründlichere Untersuchung dieses freiwillig unkonventionellen Umgangs mit der deutschen Sprache vor – wie es auch bei Özdamar der Fall war – der neben dem bewussten Gebrauch von Slawismen erhebliche Probleme für die Übersetzung darstellt.

2.2.4 *Der Mensch ist wie ein großer Fasan auf der Welt*

Dies ist ein Roman, der sich mit der moralischen Zersetzung einer deutschen Gemeinschaft in Rumänien befasst, die während der Herrschaft des Diktators

Ceaușescu nach Deutschland auswandern muss. Die Entwurzelung der Protagonistenfamilie Windisch wird in einem Roman in kurzen Kapiteln unterteilt beschrieben. Die zwei wichtigsten Probleme, die ihr Schreiben charakterisieren, sind: die poetische Sprache in Prosa und der politische Hintergrund der Autorin, was auch bei den anderen Schriftstellerinnen von großer Bedeutung war. Um diese Aspekte zu illustrieren, habe ich das Fragment *Die Fliege* gewählt:

ORIGINALTEXT	SPANISCHE ÜBERSETZUNG
Windischs Frau schüttelt die Regentropfen von ihrem Kopftuch. Durchsichtige Schnüre fallen auf ihre Schuhe. Neben den betenden Frauen stehen Regenschirme. Unter den Stühlen irren Wasserstreifen. Sie schlängeln. Sie glitzern zwischen den Schuhen.	La mujer de Windisch se sacude las gotas de lluvia del pañuelo. Sobre sus zapatos caen unos hilillos transparentes. Junto a las mujeres que rezan hay varios paraguas abiertos. Estrías de agua serpentean sin rumbo debajo de las sillas, centelleando entre los zapatos.
Windischs Frau setzt sich auf den leeren Stuhl neben der Tür. Sie weint aus jedem Auge eine große Träne. Die Fliege setzt sich auf ihre Wange. Die Träne rollt auf die Fliege herab. Sie fliegt mit feuchtem Flügelrand ins Zimmer. Die Fliege kommt zurückgeflogen. Sie setzt sich auf Windischs Frau. Auf ihren welken Zeigefinger[12].	La mujer de Windisch se sienta en la silla vacía que hay junto a la puerta. De cada ojo le brota una gruesa lágrima. La mosca se posa en su mejilla. Una de las lágrimas se desliza hacia la mosca, que echa a volar con el borde de las alas húmedo. Luego regresa. Se posa sobre la mujer de Windisch. Sobre su índice marchito.

Mit diesem Text konnte man im Deutschunterricht folgende Themen behandeln:

a) Den besonderen Sprachgebrauch bei Sätzen wie „Sie weint aus jedem Auge eine große Träne".
b) Metaphern wie „Neben den betenden Frauen stehen Regenschirme. Unter den Stühlen irren Wasserstreifen".

3. Schlussfolgerungen

- Die Migrantenliteratur stellt ein sehr interessantes didaktisches Mittel im Sprach- und Übersetzungsunterricht dar; und nicht nur im deutschen Sprachraum, denn die Methode ist bei anderen Sprachen auch anwendbar.

---

12 Müller, Herta: *Der Mensch ist ein großer Fasan auf der Welt*. Rotbuch. Berlin 1986, S. 80. *El hombre es un gran faisán en el mundo*. Traducción de J. J. de Solar. Siruela Madrid 1992, S. 70–71.

- Im (aber nicht nur) literarischen Übersetzungsunterricht kann man hauptsächlich zwei verschiedene Probleme bearbeiten:
    - kulturspezifische Übersetzungsprobleme, die auch bei anderen literarischen Texten zu behandeln sind
    - besondere Übersetzungsprobleme, die aufgrund ihrer (schon erklärten) Spezifik nur bei solchen Texten auftauchen: Es handelt sich um Autoren mit Migrationshintergrund, die eigenmächtig die deutsche Sprache als Ausdrucksmittel, aber auch als ästhetisches Objekt benutzen.
- Im Deutschunterricht sind andererseits folgende Übersetzungsprobleme mit diesen Texten zu behandeln:
    - rein grammatikalische Themen
    - die Übung des Vokabulars und der Sprachgebrauch, um das Sprachgefühl des Schülers zu „testen".

Literatur

Primärliteratur

Libuše Moníková: *Die Fassade*. Hanser, München 1987. [*La fachada*. Traducción de Helga Pawlosky. Muchnik Barcelona 1989].

Herta Müller: *Der Mensch ist ein großer Fasan auf der Welt*. Rotbuch, Berlin 1986. [*El hombre es un gran faisán en el mundo*. Traducción de J. J. de Solar. Siruela Madrid 1992].

Emine Sevgi Özdamar: *Mutterzunge*. Rotbuch, Berlin 1990. [*La lengua de mi madre*. Traducción de Miguel Sáenz, Alfaguara Madrid 1996].

Rafik Schami: *Erzähler der Nacht*. Belz Verlag, Weinheim & Basel 1989. [*Narradores de la noche*. Traducción de Antón Dietrich. Siruela Madrid 1990].

Sekundärliteratur

Irgmard Ackermann: *Der Chamisso-Preis und der Literaturkanon*. In: Durzak, M./ Kuruyazıcı, N. (Hg.): *Die andere deutsche Literatur*. Königshausen und Neumann, Würzburg 2004, S. 47–51.

Aglaia Blioumi (Hg.): *Migration und Interkulturalität in neueren literarischen Texten*. Iudicium, München 2002.

Ana Rosa Calero Valera: *Literatura intercultural en lengua alemana*. In: *Prosopopeya*, 6, S. 157–180.

Carmine Chiellino: *Interkulturelle Literatur in der BRD. Ein Handbuch*. Metzler, Stuttgart 2002.

Escritoras emigrantes traducidas. In: Navarro Domínguez, F., Vega Cernuda, M.A., Albaladejo Martínez, J.A., Gallego-Hernández, D. y Tolosa Igualada, M. (Hg.): *La traducción: balance del pasado y retos del futuro.* Agua Clara, Universidad de Alicante 2007, S. 349–360.

Maria Sagrario García Fernández: *La literatura del discurso multicultural: escritores turco-alemanes* [Tesis doctoral]. Universidad complutense, Madrid 2007.

Marcela Jašová: *Arbeit mit literarischen Texten im DaF Unterricht am Beispiel eines Textes von Christine Nöstlinger.* Brünn 2009.

Helmut Kreuzer: *Gastarbeiter-Literatur, Ausländer-Literatur, Migranten-Literatur? Zur Einführung.* In: „Zeitschrift für LiLi", 14, 56, 1984, S. 7–11.

Heidi Rösch: *Migrationsliteratur als neue Weltliteratur.* In: „Sprachkunst", 35, 2004, S. 89–109.

Cristina Santana Quintana: *Convergencia de dos culturas (turco-alemana) en los textos „híbridos" de Emine Sevgi Özdamar. Una contribución intercultural.* In: „Estudios filológicos alemanes", 8, 2005, S. 421–428.

Daqmar Seiler de Duque: *Übersetzerische Kompetenz und Textauswahl im Übersetzungsunterricht Deutsch-Spanisch – Deutsch für Anfänger.* In: Eberhard Fleischmann, Wladimir Kutz & Peter A. Schmidt (Hg.): *Translatiodidaktik.* Narr, Tübingen 1997.

Pino Valero Cuadra: *La traducción de literatura intercultural turco-alemana.* In: Blanco García, Pilar/ Martino Alba, Pilar (Hg.): *Traducción y Multiculturalidad.* Instituto Universitario de Lenguas Modernas y Traductores, Madrid 2006, S. 297–308.

Annette Wierschke: *Schreiben als Selbstbehauptung: Kulturkonflikt und Identität in den Werken von Aysel Özakin, Alev Tekinay und Emine Sevgi Özdamar. Mit Interviews.* Verlag für Interkulturelle Kommunikation, Frankfurt/a.M 1996.

Karin Yeşilada: *Die geschundene Suleika. Das Eigenbild der Türkin in der deutschsprachigen Literatur türkischer Autorinnen.* In: Howard, Mary (Hg.): *Interkulturelle Konfigurationen. Zur deutschsprachigen Erzählliteratur von Autoren nichtdeutscher Herkunft.* Iudicium, München 1997, S. 95–114.

Andere Quellen

https://de.wikipedia.org/wiki/Emine_Sevgi_%C3%96zdamar.
http://www.goethe.de/ins/es/bar/prj/lit/aoz/oez/deindex.html.
https://de.wikipedia.org/wiki/Rafik_Schami.
https://www.rafik-schami.de/autor_rafik_schami.cfm.
https://de.wikipedia.org/wiki/Libu%C5%A1e_Mon%C3%ADkov%C3%A1.
http://www.fembio.org/biographie.php/frau/biographie/libushe-monikova.

https://de.wikipedia.org/wiki/Herta_M%C3%BCller.
http://www.fembio.org/biographie.php/frau/biographie/herta-mueller/.
http://www.literaturnobelpreis.com/biografie-herta-mueller-literaturnobelpreis-gewinner-2009.

Dieter Hermann Schmitz (Tampere)

Vom Kampf der Kulturen zur humoristischen Begegnung? Die andere Form von Migrantenliteratur

Zusammenfassung: In diesem Beitrag wird auf eine Form von Migrantenliteratur eingegangen, die in literaturwissenschaftlichen Besprechungen möglicherweise etwas zu kurz kommt und die hier in vorläufiger Ermangelung eines besseren Ausdrucks als „andere Form von Migrantenliteratur" bezeichnet wird. Dabei handelt es sich um Literatur, die von deutsch(sprachig)en Autoren produziert wird, die es vorübergehend oder auf Dauer ins Ausland verschlagen hat und die ihre Erlebnisse und Erfahrungen in humoristischen erzählenden Texten verarbeiten. Auf dem deutsch(sprachig)en Buchmarkt hat sich diese Form von Literatur, die fließende Übergänge zum Sachbuch aufweist, längst als erfolgreiches Genre etabliert. Obwohl diese andere Migrantenliteratur weniger „problemlastig" ist, weist sie zugleich eine Reihe von Gemeinsamkeiten mit ihrem „ernsten" Pendant von literarischen Texten auf, die von Personen mit Migrationshintergrund in D-A-CH produziert wird.

Schlüsselwörter: „andere Migrationsliteratur", deutschsprachige Autoren im Ausland, humoristische Literatur.

From the Clash of Cultures to a humoristic encounter? The other Form of Migration Literature

Abstract: This paper is concerned with a type of migration literature which somehow seems to get less attention in literary studies and which, in the initial lack of a more suitable term, will be called 'other migration literature'. The form of literature in question is produced by German-speaking authors who temporarily or permanently live abroad and who process their own experiences and occurrences into narrative humoristic writing. This kind of literature, which crosses over with ease into non-fiction, has long been successful on the German book market. Although this migration literature is less problem-centered, it nevertheless shows some similarity with 'serious' migration literature, which is produced by people with a migration background in Germany, Austria and Switzerland.

Keywords: other migration literature, German-speaking authors abroad, humoristic literature.

1. Einleitung

Bei Migrantenliteratur denkt man für gewöhnlich an literarische Texte von „Hinzugekommenen" oder deren Nachwuchs in zweiter und dritter Generation, die sich in ihren Werken mit Fragen von Identität, Heimat und Integration sowie dem Spannungsfeld von „alteingesessener" Bevölkerungsmehrheit und „neuer" Minderheit beschäftigen. Während man im westeuropäischen Raum (Britannien, Frankreich, Niederlande ...) dabei vor allem an Personen denkt, die aus ehemaligen Kolonien stammen, und im nordamerikanischen Raum an solche, die nach den ersten weißen Siedlern als Sklaven (Schwarzafrika), Billiglohnkräfte (Fernasien) oder illegale Einwanderer (Südamerika) ins Land kamen, denkt man im deutschsprachigen Raum typischerweise an Personen, die aus der Türkei, Südeuropa, dem Nahen Osten oder anderen Weltteilen als Gastarbeiter, Flüchtlinge und Asylanten eingewandert sind. Insbesondere die Liste deutsch-türkischer Autoren ist mittlerweile beachtlich[1].

Auch wenn es eine ganze Reihe humoristischer Romane und Erzählungen gibt, die sich mit dem oben genannten Themenkomplex auseinandersetzen, so wie beispielsweise *Einmal Hans mit scharfer Soße* von Hatice Akyün (2005), so sind die Bücher, die Gegenstand der Feuilletons und der wissenschaftlichen literarischen Auseinandersetzung sind, eher „ernst" und problemzentriert: Literatur, die mahnende Finger auf die Wunden der Zeit legt. Selbstredend gibt es auch eine Vielzahl an Beiträgen etwa zu den humoristischen Werken Wladimir Kaminers[2] oder zu unterhaltsamen Romanen deutsch-türkischer Schriftstellerinnen. Für Letztere sei hier exemplarisch Karin E. Yeşiladas Artikel *Nette Türkinnen von nebenan*[3] genannt. Bei Yeşilada entsteht leider der Eindruck, dass das Erreichen einer breiten Leserschaft und kommerzieller Erfolg gleichbedeutend ist mit seichter Unterhaltung und minderer literarischer Qualität. Im Trend zu liegen – letztlich der Wunsch eines jeden Autors – wirkt dabei fast wie eine Verwerflichkeit.

Insgesamt bilden Arbeiten zu transnationalen humoristischen Texten aber eine Minderheit. Dabei wird meines Erachtens häufig zweierlei übersehen: zum einen, dass es auch zeitgenössische deutsch(sprachig)e schreibende Migranten gibt, die sich mit ähnlichen Problemen von Identität und Zugehörigkeit beschäftigen, zum

---

1 Vgl. Tayfun Demir (Hg.): *Türkischdeutsche Literatur, Chronik literarischer Wanderungen.* Dialog Edition: Duisburg 2008. – Eine aktuelle Auflistung findet sich im Online-Lexikon Wikipedia.

2 Vgl. Christoph Meurer: ‚Ihr seid anders und wir auch': Inter- und transkulturelle Russlandbilder bei Wladimir Kaminer. In: Helmut Schmitz (Hg.): *Von der nationalen zur internationalen Literatur. Transkulturelle deutschsprachige Literatur und Kultur im Zeitalter globaler Migration.* Amsterdam und New York: Rodopi 2009, S. 227–241.

3 Karin E. Yeşilada: ‚Nette Türkinnen von nebenan' – Die neue deutsch-türkische Harmlosigkeit als literarischer Trend. In: Helmut Schmitz (Hg.): *Von der nationalen zur internationalen Literatur. Transkulturelle deutschsprachige Literatur und Kultur im Zeitalter globaler Migration.* Amsterdam und New York: Rodopi 2009, S. 117–142.

anderen, dass sich auf dem deutsch(sprachig)en Buchmarkt längst ein reges und kommerziell erfolgreiches Subgenre epischer Texte etabliert hat, das vom vermeintlichen Konfliktpotenzial des Zusammentreffens unterschiedlicher Kulturen durch Wanderungsbewegungen zehrt und auf unterhaltsame Weise aufarbeitet.

In meinem Beitrag möchte ich, nicht zuletzt aus der Innenansicht eines Autors, eine andere Art von Migrationsliteratur besprechen, die sich dieses Themas unterhaltsam-heiter bis witzig-ironisch annimmt. Dabei verzichte ich einleitend auf eine eingehende Problematisierung des Begriffs „Migrantenliteratur", doch erlaube ich mir die Bemerkung, dass ich persönlich, in Anlehnung an Welsch, „transkulturelle Literatur"[4] bevorzuge – schon deshalb, um es schlicht auszudrücken, weil der schreibende Sohn eines Migranten kein Migrant mehr ist.

2. „…ihm schmeckt's nicht". Geburt eines literarischen Subgenres?

Als stilbildend und Schule machend für die Form von Literatur, die ich hier besprechen möchte, darf möglicherweise das Erstlingswerk von Autor und Journalist Jan Weiler betrachtet werden, dessen *Maria, ihm schmeckt's nicht*, im Jahr 2003 im Berliner Verlagshaus Ullstein erschienen, zu einem Bestseller wurde[5]. In den folgenden Jahren hat Ullstein knapp zwei Dutzend ähnlicher Titel veröffentlicht, die durch ihre einheitliche Aufmachung erkennbar sind und die zunächst unter dem Reihentitel *Lesezeichen* vermarktet wurden; heutigentags werden sie auf der Internetseite des Verlags (bzw. der 100%igen Verlagstochter Ullstein-Taschenbuch) zusammen mit exotischen Kochbüchern, Reiseberichten und Heimaterzählungen unter der Rubrik *Rund um den Globus*[6] gelistet. Weitere Titel sind in Planung.

Der Untertitel von Weilers Buch lautet *Geschichten von meiner italienischen Sippe* und er erscheint mir gleich mehrfach symptomatisch: Es fällt beispielsweise auf, dass im Plural von *Geschichten* die Rede ist, denn bei Weiler wie in vielen ähnlichen Büchern geht es in der Regel um eine ganze Ansammlung von Begebenheiten und Erlebnissen, die zwar durch einen umfassenderen Spannungsbogen verklammert

---

4 Wolfgang Welsch: *Transkulturalität. Zwischen Globalisierung und Partikularisierung*. In: Alois Wierlacher et al. (Hg.): *Jahrbuch Deutsch als Fremdsprache*. München: iudicium verlag 2000, S. 335 ff.
5 Vgl. Verkaufsplatzierungen bei buchreport.de, Stichwort: Jan Weiler + *Maria, ihm schmeckt's nicht*. [Zugang: 02.12.2014].
6 Alle Angaben zu Titel, Erscheinungsjahr usw. der Ullstein-Bücher unter www.ullstein-buchverlage.de → Unsere Verlage → Ullstein Taschenbuch → Bücher → Sachbuch → Rund um den Globus. [Zugang: 16.12.2014].

sein mögen, zum Teil aber auch lose aneinandergereiht sind und – auf den ersten Blick – assoziierend fabuliert wirken. Das Possessivpronomen *meiner* markiert die typische Erzählperspektive eines Ich-Erzählers, das Adjektiv *italienisch*, mit dem auf eine fremde, jedenfalls nicht-deutsche Personengruppe verwiesen wird, deutet ein wiederkehrendes Erzählmoment an, namentlich das Aufeinandertreffen von vermeintlich Eigenem/Vertrautem mit Anderem/Fremdem und ihrer „intrafamiliären Hybridisierung". Das Wort *Sippe* wiederum erweckt unweigerlich das Bild einer (italienischen) Großfamilie und wirkt als veraltende Bezeichnung drollig, ganz im Gegensatz zu den eher neutralen Bezeichnungen *Verwandtschaft* oder *Familie*. Das Spiel mit bekannten Allgemeinvorstellungen und die Thematisierung vorherrschender Stereotype – ohne dass diese zwangsläufig nur ausgewalzt und bestätigt werden – ist ebenso kennzeichnend für die Texte dieser Reihe wie ihre witzige Darstellung. Dabei verstehe ich *witzig* nicht nur als spaßhaft-unterhaltsam, sondern auch im älteren und besseren Sinne des Wortes als geistreich und wissend.

Andere Vertreter dieser Ullstein-Reihe sind beispielsweise:

- *Das kommt mir spanisch vor. Madrid für Anfänger*, 2009, von Andrea Parr
- *Mordsgouda: Als Deutsche unter Holländern*, 2011, von Annette Birschel
- *Unter Galliern. Pariser Leben*, 2012, von Sascha Lehnartz
- *Manche mögen Reis. Skurriles aus dem Reich der Mitte*, 2014, von Susanne Vehlow.

Verschiedene Bücher belegen durch ihren Untertitel, dass die Autoren nicht dauerhaft ausgewandert sind, sondern sich nur für einen begrenzten Zeitraum in einem fremden Land aufhalten. Wenn der unbegrenzte Dauerzustand ein Kriterium für Migration sein sollte, so würden diese hier nicht als Migrantenliteratur, auch nicht im allerweitesten Sinne, bezeichnet werden können:

- *Allein unter Doppel-Whoppern. Unser Jahr in Amerika*, 2010, von Reymer Klüver
- *Elchtest. Ein Jahr in Bullerbü*, 2010, von Gunnar Herrmann
- *Bonjour la France. Ein Jahr in Paris*, 2013, von Stefan Ulrich.

Nicht alle Texte stammen von Deutschen, die sich auf einen fremden Sprach- und Kulturraum eingelassen haben, ebenso gehören Bücher dazu, die von Nicht-Deutschen (oder deren Nachkommen) stammen, die in Deutschland heimisch geworden sind:

- *Candlelight Döner. Geschichten über meine deutsch-türkische Familie*, 2005, von Asli Sevindim
- *My dear Krauts. Wie ich die Deutschen entdeckte*, 2006, von Roger Boyes, aus dem Englischen von Axel Henrici
- *Sitzen vier Polen im Auto. Teutonische Abenteuer*, 2012, von Alexandra Tobor.

Im Folgenden beschränke ich mich für genauere Betrachtungen auf drei Werke, die von deutsch(sprachig)en, dauerhaft ausgewanderten Autoren stammen. Dabei handelt es sich um:

- *Papa ante Palma. Mallorca für Fortgeschrittene*, 2011, von Stefan Keller
- *Weit weg im Outback. Unser Leben in Australien*, 2013, von Urs Wälterlin

sowie aus eigener Feder

- *Die spinnen, die Finnen. Mein Leben im hohen Norden*, 2011, von Dieter Hermann Schmitz.

Da es sich – wie erwähnt – um Werke von Personen handelt, die nicht bloß für eine Reise oder eine festgelegte Dauer den Ort ihrer Kindheit und Jugend verlassen haben, sondern ihren Lebensmittelpunkt dauerhaft in eine andere Weltgegend verlegt haben, lassen sich ihre Texte mit einem gewissen Recht als Migrantenliteratur bezeichnen. Ebenso wie Migranten der ersten Generation in Deutschland haben sie sich für Textproduktionen in ihrer Herkunftssprache entschieden, in deren Sprachraum auch ihre Leserschaft zu suchen ist. Als Beispiel mag hier Fakir Baykurt (1929–1999) und sein Werk dienen, dessen Erzählungen und Kinderbücher nach der Emigration in deutscher Übersetzung bzw. zweisprachig bei kleineren Verlagen v.a. in Nordrhein-Westfalen sowie in Berlin erschienen sind.

3. Anmerkungen zu Aufmachung, literarischer Gattung und Vermarktung

An dieser Stelle möchte ich mir erlauben, auch schnöd Profanes wie Aufmachung und Werbung dieser Werke kurz zu thematisieren. Bücher sind (aus Sicht der Verlage) in erster Linie Ware (die gewinnbringend verkauft sein will) und meines Erachtens reicht es (aus kultur- oder literaturwissenschaftlicher Perspektive) nicht, sich in textimmanenten Interpretationen zu ergehen, ohne Aspekte wie Entstehung, Distribution, Vermarktung und Rezeption zu beachten.

Die Buchtitel der oben genannten Ullstein-Reihe setzen sich allesamt aus einem Haupt- und einem Untertitel zusammen. Der Haupttitel besteht häufig – wie die Auflistung weiter oben zeigt – aus Wortspielen oder Anspielungen. Gemeinsam mit den Titel*bildern* signalisieren sie, dass es sich um vermeintlich humoristische Texte handelt. Auf den Umschlägen sind fast durchgängig Illustrationen der weltweit erfolgreichen Künstlerin Isabel Klett zu sehen, die gewisse karikaturistische Züge tragen. Oft werden collageartig Versatzstücke gezeigt, die typischerweise oder klischeehaft mit einem Land, einer Landschaft oder Stadt verbunden werden. So zeigt das Titelbild von *Alles wegen Dänen! Überleben mit Smørrebrød*, Ullstein

2013, von Autor Elmar Jung, eine Landkarte von Dänemark, ein Wikingerschiff, Flaschen der Brauerei Carlsberg und die Statue der Kleinen Meerjungfrau, die ja zu den großen Sehenswürdigkeiten Kopenhagens zählt. Auf dem Umschlag von *Oh, wie schön ist Kanada! Leben unterm Ahornblatt*[7], Ullstein 2011, von Autorin Bernadette Calonego, prangen unter anderem die kanadische Flagge, ein Angler mit einem prächtigen Lachs in den Händen, ein Braunbär sowie ein Baumstumpf, in dem eine Holzfälleraxt steckt. Alle Bücher sind etwa zwischen 250 und 350 Seiten stark und eignen sich im handlichen Taschenbuchformat (ca. 12×19 cm) gut zur Reiselektüre.

Was allen Büchern gleichermaßen fehlt, ist die Gattungsbezeichnung. Nirgendwo, weder auf dem Umschlag noch in der Titelei, erscheinen Bezeichnungen wie *Roman, Erzählung, Biografie, Reportage* oder *Erlebnisbericht*. Grund dafür ist sicher, dass sie Elemente aus all diesen Gattungen und Textsorten aufweisen. Versuche von Klassifizierungen als fiktionale oder non-fiktionale Texte mögen somit unmöglich und letztlich auch müßig sein[8]. Mit ziemlicher Sicherheit lässt sich jedenfalls sagen, dass die Grenzen zwischen tatsächlich Erlebtem, leicht Verfremdetem, stark Karikiertem und völlig Erfundenem sehr fließend sind – und ich erlaube mir hier als Autor der Reihe für schreibende Kollegen mitzusprechen. Tatsache ist allerdings, dass der Ullstein-Verlag die Bücher von *Rund um den Globus* unter dem Stichwort *Sachbuch* subsumiert und dass selbige in Buchläden häufig neben den klassischen Reiseführern ausliegen. In Bibliotheken stehen diese Bücher nach eigenen Beobachtungen nicht unbedingt bei der Belletristik. Anzunehmen ist, dass für den Leser auch ein großer Reiz in der Vorstellung liegt, dass sich alles im Text Geschilderte wirklich so abgespielt hat. (Und auch die Auseinandersetzung mit „herkömmlicher Migrantenliteratur" findet ja letztlich unter der Prämisse statt, dass vieles vom Dargestellten auf tatsächliche Gegebenheiten rekurriert bzw. Verweischarakter besitzt und das darin Geschilderte mit unseren Lebenswelten mehr zu tun hat als die Abenteuer in einem Fantasy-Roman, wenn sie auch nicht als „Spiegel der menschlichen Situation der Einwanderer [...] mißverstanden"[9]

---

7   Für die Ansicht der Titelbilder vgl. z.B. Online-Bestelldienste wie amazon.de.
8   Klein und Wälterlin gehen beide in einer Danksagung bzw. einer Zueignung auf dieses Problem ein: Klein bezeichnet seinen Text als letztlich „fiktive Erzählung", Wälterlin erläutert, tatsächliche Begebenheiten anonymisiert zu haben. Siehe Stefan Klein: *Papa ante Palma. Mallorca für Fortgeschrittene*. Berlin: Ullstein 2011, S. 364 (Danksagung), und Urs Wälterlin: *Weit weg im Outback. Unser Leben in Australien*. Berlin: Ullstein 2013, S. 4 (Vorbemerkung).
9   Carmine Chiellino: *Vorwort*. In: ders. (Hg.): *Interkulturelle Literatur in Deutschland. Ein Handbuch*. Stuttgart und Weimar: J.B. Metzler Verlag 2000, S. VI.

werden sollten). Die Annahme des Wirklich-so-gewesenen führt bei unbedarften Lesern zwangsläufig zur Gleichsetzung von Autor und Ich-Erzähler.

Persönlich halte ich den Wahrheitsgehalt eines Textes nicht für das entscheidende Kriterium einer Zuordnung in Belletristik/Sachbuch, sondern die Art und Weise der Darbietung und der Textgestaltung. Insofern sind alle Vertreter dieser Ullstein-Reihe romanartig. Als erzählende Texte übernehmen sie – wie man annehmen darf – beim Leser mehrere Funktionen: Sie sind zunächst einmal kurzweilig und unterhaltend[10]; Sie befriedigen wahlweise eine gewisse Neugierde am Unbekannten bzw. eine Freude am Wiederkennen von Vertrautem aus Ländern des eigenen Interesses; Sie sind auf ihre Art lehrreich, insofern sie Aufschluss geben über Probleme des Einlebens und Zurechtkommens in neuen Kulturkreisen; Und sie fungieren mithin auch als eine Mischung aus alternativem Reiseführer, Kultur-Knigge und Erfahrungsbericht. Dabei werden weniger sachlich-trocken Sehenswürdigkeiten, historische Ereignisse oder Tipps für den Alltag aufgelistet und in diskontinuierlichen Texten präsentiert, als vielmehr persönlich Erlebtes in literarisierter Form aufgearbeitet.

So wie die Bücher dieser Reihe eine wiedererkennbare äußere Aufmachung haben, so zeigen sich auch bei den Texten auf den Buchrückseiten gewisse Ähnlichkeiten. Diese Texte werden von Verlagslektoren und Werbestrategen geschrieben und auf den Internetseiten der Verlagshäuser auch als Werbetexte verwendet. Auf der Buchrückseite von *Weit weg im Outback* des Schweizer Korrespondenten Urs Wälterlin, der seit rund 20 Jahren in Australien lebt, steht beispielsweise:

> Alphornspieler trifft Kängurus – Urs Wälterlin hat sich einen Traum vieler Deutscher [sic!] erfüllt: Er lebt mit seiner Frau und den beiden Söhnen mitten im australischen Busch. [...] Er reist [...] immer wieder durch dieses riesige Land [...] und stellt dabei fest, dass das Provinzkaff seiner Wahl wie ein Mikrokosmos von Australien ist: übersichtlich, liebenswert, freundlich – und gelegentlich etwas nervig[11].

Ähnlich heißt es auf der Rückseite von *Papa ante Palma* von Musiker und Autor Stefan Keller, der mit seiner Frau knapp fünf Jahre vor Erscheinen des Buches nach Mallorca ausgewandert ist:

> Mal komisch, mal tragisch, Mallorca – Stefan liebt die hübsche Lucia [...]. Erst bekommt seine Frau Zwillinge, dann einen Job auf Mallorca. Spanien ist ja prima, aber ausgerechnet

---

10 Der Unterhaltungswert eines literarischen Werks ist für mich ein wichtiges Kriterium seiner Qualität. Werke, die nicht (auch) unterhalten, sind bei der Lektüre so vergnüglich wie Telefonbücher oder Polizeiberichte.

11 Urs Wälterlin: *Weit weg im Outback. Unser Leben in Australien.* Berlin: Ullstein 2013, Buchrückseite.

die deutscheste aller Inseln? Dort erwarten sie [...] Frauen, die gleichzeitig Maria und Josef heißen, und eine dörfliche Idylle fernab vom Ballermann. Eigentlich ist Stefan glücklich, aber hält das Inselparadies wirklich, was es verspricht?[12]

Und auf der Rückseite von *Die spinnen, die Finnen*, dessen Skript in den Jahren 2009/2010 entstand, mehr als anderthalb Jahrzehnte nach meinem Umzug nach Finnland, wird folgendermaßen geworben:

> Rentierpizza und Eisnacktbaden. Finnisch für Anfänger – Niemand kann so gut schweigen wie die Finnen. Niemand kann mehr trinken [...] Und niemand erträgt so viel Kälte und Dunkelheit. Ausgerechnet nach Finnland hat es die rheinische Frohnatur Hermann[13] verschlagen [...][14].

Typisch für diese Paratexte ist eine Haltung des schmunzelnden Kopfschüttelns: Es wird auf absonderliche Eigenheiten und vordergründig Kulturspezifisches (Frauen mit seltsamen Vornamen, Rentierpizza) verwiesen, was (beim deutschen Leser) eine gewisse Verwunderung hervorruft, zugleich aber die exotische Unverwechselbarkeit und Liebenswürdigkeit einer Nation oder Volksgruppe, eines Landes oder Kulturkreises generiert. Das Aufeinandertreffen von Gegensätzen wird thematisiert (Alphorn vs. Känguru, finnische Schweigsamkeit vs. rheinische Fröhlichkeit), wodurch gewisse Konflikte vorprogrammiert scheinen, die aber unterhalb eines Grenzwertes des gänzlich Unvereinbaren oder völlig Unerträglichen bleiben. (Undenkbar wären an entsprechender Stelle Sätze wie „Hier, wo man noch nach alter Sitte Ziegen schächtet und ausbluten lässt..." oder „In keinem Land sterben mehr Kinder an Cholera ...". Im Falle der drei hier ausgewählten Bücher wird außerdem die Ferne betont (mitten im australischen Busch, in einem Dörfchen fernab des Ballermann, im kalten Finnland).

Diese Paratexte wollen nicht nur zum Kauf des Buches und zur Lektüre des Textes verlocken, sie nehmen auch eine gewisse (Erzähl-)Grundhaltung vorweg: dass der Alltag in fremden Weltgefilden zwar gelegentlich anstrengend sein kann, aber dank seiner Überraschungen und netten Eigentümlichkeiten lohnend ist und letztlich das Positive der Fremderfahrung resp. des Findens einer neuen Heimat

---

12 Stefan Keller: *Papa ante Palma. Mallorca für Fortgeschrittene*. Berlin: Ullstein 2011, Buchrückseite.

13 Der Ich-Erzähler meiner Geschichte, der in der Tat einiges mit meiner Person gemeinsam hat, trägt meinen zweiten Vornamen (Hermann) als Rufnamen. – Gebürtig stamme ich tatsächlich aus dem Rheinland. Ob ich eine rheinische Frohnatur bin, wie der Verlagstexter meinem Alter Ego freundlicherweise attestiert, sei dahingestellt.

14 Dieter Hermann Schmitz: *Die spinnen, die Finnen. Mein Leben im hohen Norden*. Berlin: Ullstein 2011, Buchrückseite.

überwiegt. Salopp gesagt hätte mein Skript zu *Die spinnen, die Finnen* auch kaum das Wohlgefallen des Verlagslektorats gefunden, wenn mein Text zu dem Fazit gekommen wäre, dass meine Auswanderung nach Finnland der größte Fehler meines Lebens gewesen wäre.

Bemerkenswert ist übrigens, dass viele deutsche Verlagshäuser längst ähnliche Reihen auf den Weg gebracht haben und Titel vermarkten, die dem Konzept von Ullstein sehr nahe kommen. Einige Beispiele:

- *In Brasilien geht's ohne Textilien. Ein Deutscher in Rio de Janeiro*, von Andreas Wunn, 2013 im Heyne-Verlag
- *Ich trink Ouzo, was trinkst du so? Meine griechische Familie und ich*, von Stella Bettermann, 2010 bei Bastei-Lübbe
- *Überall ist Lönneberga. Ein Deutscher unter Schweden*, von Christoph Borchelt, 2010 im Blessing-Verlag.

Dass Verlage voneinander abgucken und Marketingstrategien kopieren, ist ein übliches Phänomen und betrifft Regionalkrimis, Frauenliteratur, Historische Romane und Kinderbücher ebenso wie andere Gattungen, wenn auch zum Teil in subtileren Formen. Immerhin scheint mir dieser Umstand zu belegen, dass diese Literatur ihre Leser findet und kein Randphänomen darstellt, somit von gesellschaftlicher Bedeutung ist und Beachtung verdient. Dass es bei deutschen Lesern eine Bereitschaft gibt, lesend den Alltag in fremden Ländern kennenzulernen, wenn auch zuweilen in karikierter Form, halte ich persönlich für einen sympathischen Zug. Nebenher angemerkt bin ich in diesem Zusammenhang fest davon überzeugt, dass man das Urteilsvermögen der Leser(mehrheit) durchaus nicht unterschätzen darf: Überspitzt dargestellte Situationen, Kolportiertes oder bewusst humoristisch Pauschalisiertes wird vom Leser sicher als solches erkannt, Einzelerfahrungen auch als solche verstanden.

Viele dieser Texte thematisieren zwar Länder und Gegenden, die zu gewissen „Sehnsuchtsorten" der Deutschen gehören, aber es gibt durchaus auch Bücher dieser Reihen zu Ungarn, Polen, Russland oder China, die sicherlich nicht zu klassischen Auswanderungsländern der Deutschen zählen.

4. *Don't judge a book by its cover*. Von Lese- und Schreiberfahrungen

Das in der Überschrift zitierte englische – hier wörtlich zu verstehende – Idiom, ein Buch nicht nach seinem Einband zu beurteilen, möchte ich ausweiten und behaupten, dass man ein Buch genauso wenig nach seinem Titel oder seinen Buchrück- oder Klappentexten beurteilen sollte. Leider wird von manch einem

Literaturwissenschaftler allzu unerfahren übersehen, dass keinesfalls die Autoren über die Titel, die Aufmachung und die Form der Vermarktung entscheiden, sondern Verlage, Agenturen und Lektorate. Die rezeptionssteuernden Paratexte werden allzu vorschnell überbewertet. Die verschiedenen romanartigen Texte der Ullstein-Reihe *Rund um den Globus* sind jedenfalls weniger schenkelklopfend-spaßig (und weniger gleichförmig) als es die Buchdeckel suggerieren möchten. Erfahrungen der Desillusionierung spielen darin eine nicht unwesentliche Rolle. Das Zerplatzen hoher Erwartungen, das Erleben von Ernüchterung und das Ankommen im Alltag zeigen sich bei Stefan Kellers *Papa ante Palma* zum Beispiel, als sein Ich-Erzähler die erste Wohnung auf Mallorca bezieht:

> Leicht benommen folge ich Lucia [der vorgereisten Ehefrau] und den Kindern in die [neue] Wohnung. Sie ist klein. Halb so groß wie unser Zuhause in Köln. Steinboden. […] Nach dem Flug und der Bustour bin ich ziemlich erschöpft und, ja, auch etwas enttäuscht über diesen Klotz, in dem wir nun wohnen. […] ich […] öffne demonstrativ das Fenster im Kinderzimmer, um einen Blick in die Straßenschlucht zu werfen. Ein polyphones Hupkonzert, eingebettet in einen basslastigen Dröhnteppich, dringt herein. Die Fensterscheiben vibrieren, als unten ein riesiger Lastzug vorbeirauscht […] Irgendwie hatte ich mir Palma romantischer vorgestellt[15].

Auch wenn die Familie später ein schöneres Zuhause findet, so ist auch dort nicht alles eitel Sonnenschein. So muss der Ich-Erzähler später erfahren, dass die Winter auf den Balearen wenig angenehm und die Wohnungen oft schwer zu heizen sind:

> „Was gibt es bei euch Neu-neu-neu-neu-neues?", fragt Lucia [die beruflich verreiste Frau] mich am Abend per Skype. Die Leitung nach Zürich ist sehr instabil und zerhackt immer wieder Sätze. „Och, nichts, alles ist prima. Wir frieren, der Papagei hat nach zehn Minuten ins Gras gebissen […], aber sonst ist alles bestens."
>
> „De-e-e-r-r-r Papagei ist tot?"
>
> […] „Vielleicht ist der Broiler […] erfroren. […] Und, wie ist es in Zürich? Muss toll sein, in einer Stadt, wo es Heizungen gibt"[16].

Auch in Urs Wälterlins *Weit weg im Outback* wird Australien längst nicht als sorgenfreier fünfter Kontinent mit intakter Natur und florierender Wirtschaft dargestellt. Im Gegenteil geht der Schweizer Autor und Journalist mit seinen Wahllandsleuten und der staatlichen Führung hart ins Gericht, wenn es um Umweltschutz und die Erhaltung natürlicher Ressourcen geht. Anders als Keller, bei dem eine Familiengeschichte im Vordergrund steht und Probleme des Einlebens

---

15 Stefan Keller, *Papa ante Palma*, a.a.O., S. 64.
16 Stefan Keller, *Papa ante Palma*, a.a.O., S. 297.

beschrieben werden, schreibt Wälterlin sehr viel mehr über Politik, Geschichte und Wirtschaft:

> In den Wäldern von Tasmanien zeigt sich beispielsweise ein Phänomen, das Australien prägt und das Schicksal dieses Landes bestimmt: ein extrem kurzsichtiges Denken der Entscheidungsträger. Kurzfristiger Gewinn – politisch oder wirtschaftlich – hat fast immer oberste Priorität, selbst wenn er auf Kosten der Umwelt geht und der wirtschaftlichen Zukunft kommender Generationen. Nachhaltigkeit ist für viele Politiker ein Fremdwort. [...] Ein durchschnittlicher Urwaldriese [gemeint sind Bäume] – zu Holzschnitzeln verarbeitet – bringt gerade einmal 180 Euro ein. In einem Gebiet Tasmaniens aber, das touristisch erschlossen ist, legen Gruppen von Reisenden aus Japan und Korea jede Stunde ein Mehrfaches dieser Summe auf den Tisch, nur um einmal in ihrem Leben einen solchen Baum sehen zu können[17].

Diese Anmerkungen sind in Wälterlins Text mehr als landeskundliche Infos am Rande, denn in den erzählenden Passagen geht es fast leitmotivisch um die Bemühungen des Erzählers, in seinem eigenen Wohnort für grüne Energie und Umweltschutz zu kämpfen und sich am Aufbau eines besseren Australien zu beteiligen.

Auch dass die Neu-Australier trotz europäischer Herkunft und weißer Hautfarbe anfänglich mit Vorurteilen zu kämpfen haben, wird bei Wälterlin mehrfach zur Sprache gebracht. Die deutsche Ehefrau des Erzählers, die als Krankenschwester arbeitet, stößt beispielsweise auf einen alten Mann, einen Kriegsveteranen, der „kompromisslos [ablehnt] von ihr behandelt zu werden"[18]. Erheblich mitverantwortlich für eine fremdenfeindliche Stimmung im Lande seien sogenannte ‚Shock Jocks', Radiomoderatoren, die ungehemmt ihre Hasstiraden unters Volk bringen gegen alles, was nicht ‚Austrayn' ist. Zu ihren Feindbildern gehören

> Flüchtlinge, Grüne, Faule, Wohlfahrtsempfänger, Ausländer, Snobs, Intellektuelle. Und Politiker, außer den konservativsten. Die dauernde Angst vor anderen Kulturen äußert sich in den Suburbs in hemdärmeligem, aggressivem Pub-Patriotismus[19].

Diese kurzen Textpassagen mögen illustrieren, dass trotz der fröhlich-bunten Aufmachung der Bücher mehr als Jux-Schmöker geboten werden, insofern sehr oft eine Urlaubspostkarten-Sorglosigkeit demontiert und durch differenziertere Bilder ersetzt wird. Humoristisch ist dabei vor allem die Grundhaltung des Trotzdem-lachens.

---

17 Urs Wälterlin, *Weit weg im Outback,* a.a.O., S. 182 f.
18 Urs Wälterlin, *Weit weg im Outback,* a.a.O., S. 186.
19 Urs Wälterlin, *Weit weg im Outback,* a.a.O., S. 102.

Mein eigener Text, *Die spinnen, die Finnen*[20], entstand – wie schon erwähnt – in den Jahren 2009/2010. Einen Vertrag erhielt ich bei Ullstein aufgrund von Exposee und Probekapiteln[21]. Die Fertigstellung des Skripts wurde mir möglich durch eine Aus-Zeit von meiner Arbeit an der Uni, um mich ganz dem Schreiben widmen zu können. Im Herbst 2010 wurde mein Skript lektoriert, gekürzt und geringfügig überarbeitet, im März 2011 erschien die erste Auflage (Taschenbuch und E-Buch)[22]. Sehr erfreulich war, dass es seitens des Verlags keine Gängelung, keine Vorgaben oder thematischen Einengungen gab. Wäre ich dazu angehalten worden, über meine Zeit als Finnland-Neuling zu schreiben, die für mich seinerzeit bereits über ein Jahrzehnt zurücklag, hätte ich das ebenso abgelehnt wie die Aufforderung, darüber zu schreiben, wie ich meine (finnische) Frau kennengelernt habe. Weder eine Geschichte des verblüfften Ankömmlings noch eine Brautschau-Story hätten sich mit meinen persönlichen Schreibvorstellungen und -wünschen vereinbaren lassen. Der Verlag ließ mir auch völlig freie Hand, was etwa die Verwendung von Namen oder überhaupt den „Wahrheitsgehalt" meiner Erzählung anbelangte. Hartnäckig wurde zu meinem Leidwesen allerdings am Titel *Die spinnen, die Finnen* festgehalten, der zunächst als Arbeitstitel im Vertrag stand und den der Verlag schon frühzeitig für sich hatte reservieren lassen. Es sollte nach Meinung von Ullstein unbedingt etwas Eingängiges, witzig Klingendes, möglicherweise auch Provokantes sein. Davon abbringen ließ sich der Verlag auch nicht, als während meiner Schreibphase ein

---

20 Dieter Hermann Schmitz: *Die spinnen, die Finnen. Mein Leben im hohen Norden*. Berlin: Ullstein 2011.

21 Zu Beginn meines Schreibprozesses war mir klar, dass ich nicht der erste finnisch-deutsche Autor war; hier zu nennen ist vor allem Roman Schatz, der es in Finnland als Radiomoderator, TV-Entertainer, Kolumnist und Autor zu Berühmtheit gebracht hat. Sein auf Finnisch verfasstes Buch *Rakasta minut* war 2008 in Selbstübersetzung unter dem Titel *Der König von Helsinki* auch in Deutschland erschienen. Vgl. dazu auch Johanna Domokos: *(Nicht) normale finnische Fahrten. Überlegungen zu den Werken eines interkulturellen Autors in Finnland*. In: Ernest W.B. Hess-Lüttich et al. (Hg.): *Re-Visionen. Kulturwissenschaftliche Herausforderungen interkultureller Germanistik*. Frankfurt a.M.: Peter Lang 2012, S. 123–135.

22 Im Jahr 2013 erschien meine Geschichte auch in finnischer Übersetzung beim Verlag Atena unter dem Titel *Täällä pohjoisnavan alla* (Übersetzung von Heli Naski, Jyväskylä/Finnland). Vgl. dazu auch Dieter Hermann Schmitz: *Unter dem Polarstern. Vom Begleiten eines literarischen Übersetzungsprozesses*. In: Wolfram Bauer et al. (Hg.): *Man vs. Machine?* Tagungsbände des 20. FIT-Weltkongresses. Berlin: BDÜ Fachverlag 2014. Bd. II, S. 705–712.

Finnland-Buch mit einem ähnlich klingenden Titel erschien[23]. Seit 2012 sind weitere autobiografisch angehauchte, humoristische Finnland-Bücher auf den Markt gekommen, die zeigen, dass der „Lesehunger" des Publikums – zumindest in Sachen Finnland – weiterhin groß zu sein scheint[24].

Mir ist bewusst, dass ich mit meinem Beitrag gleich mehrfach gewisse Tabus breche! Normalerweise thematisieren Autoren, sofern sie überhaupt Einblicke in ihr Arbeiten gewähren, ungern die Konkurrenz oder Werke mit ähnlicher Thematik, wie ich dies weiter oben getan habe. Jeder Schreibende wäre auf seine Weise sicher gerne einmalig. Aber der Buchmarkt ist nun einmal so „gestrickt" und gleicht einem Meer von Publikationen: Ein Krimiautor aus Hamburg muss damit leben, dass auch andere Schriftsteller Krimis schreiben, die in Hamburg spielen. Ein ostdeutscher Schriftsteller, der seine Erinnerungen aus der DDR thematisiert, muss wissen, dass andere das längst vor ihm getan haben und wieder andere es nach ihm tun werden. Verlage versuchen ihre Titel lieber in Reihen mit Wiedererkennbarkeit zu vermarkten statt als Einzelwerke. – Ein weiteres Tabu ist, dass Autoren sich normalerweise davor hüten sollten, ihre Texte selbst interpretieren zu wollen. Dennoch will ich auch das ansatzweise weiter unten wagen, trotz des drohenden Verlusts einer wie auch immer gearteten wissenschaftlichen Distanz.

In meiner Geschichte geht es um einen Mann mittleren Alters, der nach vielen Jahren in Finnland eine Krise erlebt, weil er bemerkt, dass er nicht mehr so recht Deutscher ist, aber auch kein wirklicher Finne geworden ist: Sein Akzent verrät ihn als Nicht-Muttersprachler, seine Ansichten und Denkweisen unterscheiden ihn zum Teil von der Bevölkerungsmehrheit. Er beginnt daraufhin eine Diskussion auf Facebook unter Freunden und Bekannten, was er alles erleben, erleiden, erfahren und erfühlen müsse, um endlich zum waschechten Finnen zu werden[25]. Als

---

23 Gemeint ist Wolfram Eilenbergers Buch *Finnen von Sinnen*, Berlin: Blanvalet 2010. Da Eilenbergers Buch früher erschien, gerät das meinige mit ähnlich klingendem Titel für Außenstehende leicht in den Verdacht eines Plagiats, sehr zu meinem Bedauern. Tatsache ist, dass unsere Texte ebenso unabhängig voneinander entstanden sind, wie wir unabhängig voneinander finnische Frauen geheiratet haben. Sehr ähnlich ist hingegen die Form der Vermarktung durch die beiden Verlage. – Ich habe Eilenberger, der heute in Deutschland als Publizist und Philosoph bekannt ist, 2011 kurz kennengelernt; auch er hatte sich, wie ich erfahren durfte, ursprünglich einen anderen Titel für seinen Text gewünscht.

24 Dazu gehören *Finne dich selbst* von Bernd Gieseking (2012) oder *Rakkaus! (finnisch: Liebe)* des Schweizers Christian Gasser (2014). Bei den beiden letztgenannten Autoren handelt es sich allerdings – ebenso wie bei Eilenberger – um Finnland-Freunde und Finnland-Reisende, nicht um Migranten mit Dauerwohnsitz in Finnland.

25 Dieter Hermann Schmitz, *Die spinnen, die Finnen*, a.a.O., S. 54 ff.

Antwort erhält er eine regelrechte Auflistung an landestypischen Klischees: voller Inbrunst Tango tanzen, an einer Elchjagd teilnehmen, mit Begeisterung Karaoke singen, donnerstags Appetit auf Erbsensuppe entwickeln und vieles mehr. Verrückt wie er ist, entschließt sich der Erzähler dazu, alles auszuprobieren, was er bisher noch nicht gemacht hat. Dabei will er binnen zwölf Monaten alle Aufgaben erledigt haben. Der Kampf mit den Klischees ist im Grunde ein verlorener, denn zum einen lassen sich gewisse „Gefühlserlebnisse" kaum erzwingen, zum anderen führt ihr Erlangen oder Bestehen nicht zwangsläufig zu einer Änderung des eigenen Ich-Erlebens oder der Wahrnehmung durch andere. Dass dem Erzähler dennoch vieles gelingt, liegt daran, dass sich durch Zufall oder Fügung manches ereignet, dass ihm das ein oder andere widerfährt, ohne dass er bewusst handeln würde.

Neben dieser Bewältigung von insgesamt sieben Aufgaben, deren Ausgang ich hier offen lassen will, spielen Begebenheiten aus dem Berufsleben an einem Institut für Translationswissenschaft sowie Alltagsgeschichten einer finnisch-deutschen Familie eine wichtige Rolle, in denen immer wieder Fragen von Selbst- und Fremderfahrung, von kulturellen Besonderheiten, sprachlichen Unterschieden und ihrer Übersetzbarkeit und letztlich von Identität behandelt werden. Trotz der verrückt-abgedrehten Handlung und eines unbeschwerten Erzähltons enthält die Geschichte ein ernstes Kernproblem: eines, das viele Personen nachvollziehen werden können, die – egal ob freiwillig oder unfreiwillig – heute anderswo leben als in ihren ersten prägenden Lebensjahren bis zum Erwachsenenalter und die sich gelegentlich fragen müssen, wo sie hingehören[26]. Insofern ist meine Geschichte[27] Migrantenliteratur nicht nur durch meinen biografischen Hintergrund, sondern auch durch seine Thematik.

5. Schlussbetrachtungen

Im literaturwissenschaftlichen Diskurs gilt die Annahme von Nationalliteraturen längst als veraltet, an ihre Stelle sind (etwa für den deutschsprachigen Raum) unterschiedliche Modelle gerückt, die auch die literarische Produktion hinzukommender Minderheiten zu integrieren versucht. Diese neuen Formen, neuen

---

26 Zu meinen schönsten Leserrückmeldungen gehört die Post einer Kroatin, die in Deutschland lebt und die mir schrieb, dass sie viele der in meiner Geschichte dargestellten Befindlichkeiten und Probleme aus dem eigenen Erleben wiedererkennen würde und nachvollziehen könne.

27 Den Ausdruck „mein Buch" versuche ich bewusst zu vermeiden und spreche lieber von „meiner Geschichte", denn das Buch (zumal in seiner physischen Gestalt) ist Produkt des Verlags.

Produzenten oder neuen Stimmen von Literatur sind beispielsweise in Gastarbeiterliteratur der ersten Generation, „hybride Literatur" von Personen der zweiten und dritten Generation mit doppelter Enkulturation, in Rückwandererliteratur usw. ausdifferenziert worden[28]. Verstärkt berücksichtigen ließe sich aus der Perspektive der sog. Inlands-Germanistik die literarische Produktion ausgewanderter deutschsprachiger Autoren, die interessante Vergleichsmöglichkeiten zur Migrantenliteratur in D-A-CH bieten kann. Ermutigt sei auch zur Beschäftigung mit humoristischen Texten, nicht zuletzt, weil Arbeitsmigration, das Finden einer neuen Heimat, das Leben in hybriden kulturellen Zusammenhängen und das Schreiben über derartige Lebensbefindlichkeiten nicht nur schwerwiegende Probleme aufwirft, nicht nur zu traumatischen Schicksalsschlägen, kultureller Entwurzelung oder dem Verlust der eigenen Identität führt, sondern sicher ebenso Anlass zum Schmunzeln, zum Wundern, zur fruchtbaren Selbstreflexion, zur humoristischen Selbstdistanzierung und zum bereichernden Entdecken von Neuem ist. Der literarische Wert dieser Werke sollte nicht daran gemessen werden, ob es aufklärerisch und weltverbesserisch gelingt, Stereotype aufzubrechen oder Dichotomien von vertraut/fremd, alteingesessen/neu hinzugezogen, (deutsch/türkisch) usw. aufzuweichen, vielmehr sollten Verlaufsmuster dargestellter Handlungen, Erzählstile, die Produktion von Komik resp. Evozierung von Betroffenheit durch Mittel wie Distanzierung und Identifizierung usw. untersucht werden, gepaart mit einer echten Rezeptionsforschung, die über die gepflegte Lektüreerfahrung vielbelesener Einzelpersonen hinausgeht. Mit Leitfragen wie: Welche Stellung beziehen die Autoren selbst zu ihren Texten? Wie sind diese Texte entstanden? Welche Funktion erfüllt ein Text für seinen Autor?[29] Welche Rolle spielen Verlage, Lektorate und Agenturen bei Distribution, Vermarktung und Wahrnehmung eines Textes? Wie ist der Erfolg verschiedener Werke messbar? Welche Faktoren (Werbung, Rezensionen, Renommee des Verlags, Kontakte und Bekanntheitsgrad des Autors[30], Verkaufspreis, Thematik usw.) spielen für Leserecho, Erfolg und

---

28 Carmine Chiellino (Hg.): *Interkulturelle Literatur in Deutschland. Ein Handbuch.* Stuttgart und Weimar: J.B. Metzler Verlag 2000, S. 54 f.
29 In meinem Falle darf ich sagen, dass das Schreiben auch einen therapeutischen Effekt hatte, völlig unabhängig von Verkaufszahlen und Verdienstmöglichkeiten. Die Fragen, die in überspitzter Form meinen Ich-Erzähler umtreiben, lösen sich für selbigen *auf* dem Papier, für den Autor *durch* das Papier.
30 Der Bekanntheitsgrad und die Kontakte eines Autors sind m.E. für den Erfolg von Buchpublikationen nicht zu unterschätzen. Ein Autor, der bereits als TV-Moderator Bekanntheit erlangt hat, wird natürlich mit einer Veröffentlichung völlig anders wahrgenommen als ein Buchmarkt-Neuling.

Rezeption eine Rolle? Was ist Lesemotivation des Publikums? Welche Funktionen erfüllt der Text bei den Lesern? Welche Leserrückmeldungen zeitigt ein Text? Welche gesellschaftlichen Wirkungen kann ein Text haben? Zugleich sollte man aufhören mit Einteilungen, die unterschiedlichste Formen von Kunst und Literatur am Herkunftsland ihrer Produzenten festmacht (Literatur russischer Migranten, Literatur von Autoren aus Schwarzafrika, Literatur der italienischen Minderheit usw.)

Literatur

Primärliteratur

Verwendete Primärliteratur

Stefan Keller: *Papa ante Palma. Mallorca für Fortgeschrittene.* Ullstein, Berlin 2011.

Dieter Hermann Schmitz: *Die spinnen, die Finnen. Mein Leben im hohen Norden.* Berlin: Ullstein 2011. [Übersetzung *Täällä pohjoisnavan alla. Matkani saunankestäväksi suomalaiseksi.* Aus dem Deutschen von Heli Naski in Zusammenarbeit mit dem Autor. Jyväskylä: Atena 2013].

Urs Wälterlin: *Weit weg im Outback. Unser Leben in Australien.* Ullstein, Berlin 2013.

Erwähnte Primärliteratur

Hatice Akyün: *Einmal Hans mit scharfer Soße.* Goldmann, München 2005.

Stella Bettermann: *Ich trink Ouzo, was trinkst du so? Meine griechische Familie und ich.* Bastei-Lübbe, Köln 2010.

Annette Birschel: *Mordsgouda. Als Deutsche unter Holländern.* Ullstein, Berlin 2011.

Christoph Borchelt: *Überall ist Lönneberga. Ein Deutscher unter Schweden.* Blessing-Verlag, München 2010.

Roger Boyes: *My dear Krauts. Wie ich die Deutschen entdeckte.* Aus dem Englischen von Axel Henrici. Ullstein, Berlin 2006.

Bernadette Calonego: *Oh, wie schön ist Kanada! Leben unterm Ahornblatt.* Ullstein, Berlin 2011.

Wolfram Eilenberger: *Finnen von Sinnen: Von einem, der auszog, eine finnische Frau zu heiraten.* Blanvalet, Berlin 2010.

Christian Gasser: *Rakkaus! (finnisch: Liebe).* Rowohlt, Reinbek 2014.

Bernd Gieseking: *Finne dich selbst! Mit den Eltern auf dem Rücksitz ins Land der Rentiere.* Fischer Buchverlage, Frankfurt am Main 2012.

Gunnar Herrmann: *Elchtest. Ein Jahr in Bullerbü.* Ullstein, Berlin 2010.

Elmar Jung: *Alles wegen Dänen! Überleben mit Smørrebrød.* Ullstein, Berlin 2013.

Reymer Klüver: *Allein unter Doppel-Whoppern. Unser Jahr in Amerika.* Ullstein, Berlin 2010.

Sascha Lehnartz: *Unter Galliern. Pariser Leben.* Ullstein, Berlin 2012.

Andrea Parr: *Das kommt mir spanisch vor. Madrid für Anfänger.* Ullstein, Berlin 2009.

Roman Schatz: *Der König von Helsinki. Oder wie ich der berühmteste Deutsche Finnlands wurde.* Eichborn, Frankfurt am Main 2008 [Original *Rakasta minut.* Helsinki: WSOY 2006].

Asli Sevindim: *Candlelight Döner. Geschichten über meine deutsch-türkische Familie.* Ullstein, Berlin 2005.

Alexandra Tobor: *Sitzen vier Polen im Auto. Teutonische Abenteuer.* Ullstein, Berlin 2012.

Stefan Ulrich: *Bonjour la France. Ein Jahr in Paris.* Ullstein, Berlin 2013.

Susanne Vehlow: *Manche mögen Reis. Skurriles aus dem Reich der Mitte.* Ullstein, Berlin 2014.

Jan Weiler: *Maria, ihm schmeckt's nicht! Geschichten von meiner italienischen Sippe.* Ullstein, Berlin 2003.

Andreas Wunn: *In Brasilien geht's ohne Textilien. Ein Deutscher in Rio de Janeiro.* Heyne, München 2013.

Sekundärliteratur

Carmine Chiellino (Hg.): *Interkulturelle Literatur in Deutschland. Ein Handbuch.* J.B. Metzler Verlag, Stuttgart und Weimar 2000.

Tayfun Demir (Hg.): *Türkischdeutsche Literatur, Chronik literarischer Wanderungen.* Dialog Edition, Duisburg 2008.

Johanna Domokos: *(Nicht) normale finnische Fahrten. Überlegungen zu den Werken eines interkulturellen Autors in Finnland.* In: Ernest W.B. Hess-Lüttich et al. (Hg.): *Re-Visionen. Kulturwissenschaftliche Herausforderungen interkultureller Germanistik.* Peter Lang, Frankfurt a.M. 2012, S. 123–135.

Christoph Meurer: ‚Ihr seid anders und wir auch‘: Inter- und transkulturelle Russlandbilder bei Wladimir Kaminer. In: Helmut Schmitz (Hg.): *Von der nationalen zur internationalen Literatur. Transkulturelle deutschsprachige Literatur und Kultur im Zeitalter globaler Migration.* Rodopi, Amsterdam und New York 2009, S. 227–241.

Dieter Hermann Schmitz: *Unter dem Polarstern. Vom Begleiten eines literarischen Übersetzungsprozesses.* In: Wolfram Bauer, Brigitte Eichner, Sylvia Kalina, Norma Keßler, Felix Mayer, Jeannette Ørsted (Hg.): *Man vs. Machine?* Tagungsbände des 20. FIT-Weltkongresses [FIT = Fédération internationale des traducteurs, International Federation of Translators]. BDÜ Fachverlag, Berlin 2014. Bd. II, S. 705–712.

Wolfgang Welsch: *Transkulturalität. Zwischen Globalisierung und Partikularisierung.* In: Alois Wierlacher et al. (Hg.): *Jahrbuch Deutsch als Fremdsprache.* iudicium verlag, München 2000, S. 327–351.

Karin E. Yeşilada: ‚Nette Türkinnen von nebenan' – *Die neue deutsch-türkische Harmlosigkeit als literarischer Trend.* In: Helmut Schmitz (Hg.): *Von der nationalen zur internationalen Literatur. Transkulturelle deutschsprachige Literatur und Kultur im Zeitalter globaler Migration.* Amsterdam und New York: Rodopi 2009, S. 117–142.

Online-Quellen

Wikipedia, die freie Enzyklopädie. Stichwort *Liste deutsch-türkischer Schriftsteller,* http://de.wikipedia.org/wiki/Liste_deutsch-türkischer_Schriftsteller.

Titel(bild)suche im Online-Verkausportal www.amazon.de.

Internet-Auftritt der Ullstein-Buchverlage, Ullstein-Taschenbuch, Reihe *Rund um den Globus,* www.ullsteinbuchverlage.de/sachbuch/rund-um-den-globus.html.

Elena Witschewa (Sofia)
Über bulgarische Migranten in Deutschland

Zusammenfassung: Dieser Artikel beruht auf Forschungen von bulgarischen und deutschen Wissenschaftlern, die sich mit der Problematik der Migration beschäftigen. Es wird hier versucht, einen kurzen Überblick über die historische Entwicklung der Migration von Bulgaren nach Deutschland, über den jetzigen Zustand der bulgarischen Migration sowie über die demographische Entwicklung der bulgarischen Migranten innerhalb der EU im Zuge der Arbeitnehmerfreizügigkeit zu geben.

Schlüsselwörter: bulgarische Migration, Charakterzüge, Arbeitnehmerfreizügigkeit

About Bulgarian Migrants in Germany

Abstract: The article is based on surveys conducted by Bulgarian and German researchers on the topic of migration. It briefly examines the historical development of migration processes from Bulgaria to Germany, the characteristics of Bulgarian migration to Germany in recent times and the development at EU level concerning the freedom of movement of Bulgarian workers.

Keywords: Bulgarian migration, Characteristics, Free Movement of Workers.

1. Einführung

Tausende von Migranten sind nach Deutschland gekommen, um Unterkunft, Arbeit oder ein besseres Leben zu suchen. Inzwischen sind sie ein Teil dieses Landes geworden. Sie haben in vielen Jahren ihren Beitrag für die ökonomische, politische und kulturelle Entwicklung des Landes geleistet. In der zweiten oder in der dritten Generation gibt es in den Migrantenfamilien hervorragende Künstler, Politiker, Vertreter der Industrie, Ärzte, Architekten, Ingenieure u.a. Der heutige Nachwuchs der Migrantenfamilien ist ein wichtiger Teil des sozialen und kulturellen Lebens, nicht nur in Deutschland sondern auch in ganz Europa.

Nach dem EU-Beitritt Bulgariens 2007 machten viele Bulgaren das Freizügigkeitsrecht der EU geltend, um ihr Glück in Deutschland oder auch in anderen entwickelten westeuropäischen Ländern zu suchen. Bei den zwei Erweiterungsrunden der EU von 2004 und 2007 wurde das Recht auf Arbeit für die Bürger der neuen Mitgliedstaaten eingeschränkt. Diese Einschränkung ist auf eine Dauer von 7 Jahren festgelegt worden. Durch die Entschließung des Europäischen Parlaments vom 25. Oktober 2011 wird die Förderung der Mobilität der Arbeitnehmer innerhalb der Europäischen Union festgelegt (2010/2273(INI)[1]. Mit diesem Dokument werden die Mitgliedstaaten gefordert, ihre Vorschriften hinsichtlich der Übergangsfristen für den Zugang zu ihren Arbeitsmärkten zu überprüfen, weil sie sich langfristig negativ auf die in den EU-Verträgen verankerten Grundwerte und Grundrechte wie die Freizügigkeit, das Diskriminierungsverbot sowie Solidarität und Gleichberechtigung auswirken können. Das Dokument begrüßt die Entscheidungen einiger Mitgliedstaaten, ihre Arbeitsmärkte für einen Teil der Mitgliedstaaten, die der EU 2004 beigetreten sind, uneingeschränkt zu öffnen, und bedauert die aktuellen Legislativvorschläge in anderen Mitgliedstaaten, die darauf abzielen, die Rechte der Arbeitnehmer aus den Mitgliedstaaten, die der EU 2004 und 2007 beigetreten sind, zu schwächen. Am 11. November 2011 veröffentlichte die EU-Kommission eine Analyse, laut der der positive Beitrag bulgarischer und rumänischer Arbeitnehmer zur Ökonomie der alten Mitgliedstaaten deutlich wird[2]. Bei dieser Analyse wird insbesondere die positive Auswirkung der Teilnahme der Arbeitnehmer aus den neuen Mitgliedstaaten in den entwickelten Industrieländern Europas deutlich. Seit 2014 ist die freie Bewegung der Arbeitskräfte aus Bulgarien und Rumänien gewährleistet.

2. Geschichtlicher Überblick

Nach der Abhandlung von Jordan Kolev *Die Bulgaren außerhalb Bulgariens 1878–1945* entwickelte sich die Geschichte der bulgarischen Migranten in Deutschland wie folgt: 1878, nach der Befreiung Bulgariens von der türkischen Herrschaft, fuhren viele junge Bulgaren nach Deutschland, um an den deutschen Universitäten, vor allem in Leipzig, München, Berlin, Hamburg und Dresden zu studieren. Ein Teil davon blieb in Deutschland. Die nächste Migrantenwelle bildeten die Gärtner, die sich in den 1930er–1940er Jahren um die Städte Leipzig, München und andere Orte im Südosten Deutschlands niederließen. Zu dieser Zeit kamen auch viele Musikstudenten aus Bulgarien nach Deutschland, die nach ihrem Studium in ihrer zweiten Heimat blieben. Während des Zweiten Weltkrieges kamen viele Bulgaren nach Deutschland, die in der Industrie und in der Landwirtschaft arbeiteten. Auch während des Zweiten Weltkrieges studierten viele Bulgaren in Deutschland und 2000 von ihnen blieben auch dort, nachdem Bulgarien 1944

---

[1] Amtsblatt der Europäischen Union, CE 131, 8. Mai 2013.
[2] *Report from the Commission to the Council on the Functioning of the Transitional Arrangements on Free Movement of Workers from Bulgaria and Romania*, Brussels 11.11.2011, COM(2011) 729 final, http://ec.europa.eu/social/main.jsp?langId=en&catId=457&newsId=1114&furtherNews=yes.

Deutschland den Krieg erklärt hatte. Seit dem 09. September 1944 etablierte sich in Deutschland auch eine politische Emigration von Bulgaren, die mit der sozialistischen Entwicklung in ihrem eigenen Land nicht einverstanden waren[3]. Nach 1989 emigrierten und emigrieren immer noch viele Bulgaren nach Deutschland aus ökonomischen bzw. gesellschaftlichen Gründen. Sie suchen dort günstige Arbeitsbedingungen, einen höheren Lebensstandard und bessere Ausbildungsmöglichkeiten.

Die Migration der Bulgaren nach Deutschland war am stärksten in den Jahren 1990–1994. Laut der wissenschaftlichen Untersuchung von Jordan Kolev (2005) lebten im Jahr 2000 in Deutschland 35.000 Bulgaren, 23.000 von ihnen auf dem Gebiet der ehemaligen Deutschen Demokratischen Republik[4]. Die größten bulgarischen Migrantengruppen in Deutschland gibt es in Berlin, München, Bonn, Darmstadt, Dresden, Düsseldorf, Erfurt, Köln, Leipzig, Magdeburg, Rostock, Frankfurt am Main, Hamburg und Stuttgart.

Laut Forschungsbericht von Open Society Institute-Sofia (Stand 11.2011) ist für die bulgarische Migration in die entwickelten westeuropäischen Industrieländer nach dem Jahr 2000 der zeitbegrenzte Aufenthalt in diesen Ländern charakteristisch und die damit verbundene Hoffnung auf bessere soziale Leistungen, Überlebenschancen, gerechtere Entlohnung und gute Aussichten auf beruflichen Erfolg.

Nach 2007 bleibt Deutschland ein gewünschtes Ziel für bulgarische Migranten. Es gibt wenige Daten über den Anteil verschiedener ethnischer Gruppen von bulgarischen Bürgern an dem Migrationsprozess in die Bundesrepublik Deutschland. Als einer der ärmsten Mitglieder der EU bleibt Bulgarien eine Quelle ökonomischer Migration nach Westeuropa. Doch, man muss wissen, dass sich inzwischen viel verändert hat: Sowohl die große Diskrepanz bei der Bezahlung der Beschäftigten als auch der Unterschied bei der Arbeitslosenquote sind kleiner geworden. Während zum Beispiel das Jahreseinkommen in Westeuropa Ende der 1990er Jahre noch 4-mal höher war als in Bulgarien, war es 2010 nur noch 2,5-mal höher. Infolgedessen verringert sich auch die Zahl der Migranten aus Bulgarien nach Deutschland[5].

Aus dem Artikel *Der Mythos der Armutszuwanderung* von Herbert Brücker, der am 21.08.2013 in „Die Zeit Online" publiziert worden ist, kann man vernehmen, dass Bulgarien und Rumänien zu den ärmsten EU-Staaten gehören: Nach Schätzungen von Eurostat beläuft sich das Pro-Kopf-Einkommen in diesen Ländern

---

3 http://liternet.bg/publish25/t_matanova/koncepcii.htm. Jordan Kolev: *Die Bulgaren außerhalb Bulgarien 1878–1945*. Sofia 2005.
4 Vgl. ebenda.
5 http://www.osf.bg/cyeds/downloads/Bg_trudova_migracia_BG_FINAL.pdf - S. 5.

auf 39 Prozent des deutschen Niveaus. Zum Vergleich: Die Länder der ersten EU-Osterweiterung erreichen immerhin noch 58 Prozent dieses Niveaus. Während rund fünf Prozent der Bevölkerung aus Polen und den anderen Ländern der ersten Osterweiterungsrunde in den alten EU-Mitgliedsstaaten leben, so sind es mehr als zehn Prozent aus Bulgarien und Rumänien. Seit die wirtschaftlichen Bedingungen in Spanien und Italien sich stark verschlechtert haben, nimmt die Zuwanderung bulgarischer und rumänischer Bürger nach Deutschland zu[6].

In demselben Zeitungsartikel erwähnt der Autor auch, dass Ende 2012 9,6 Prozent der in Deutschland lebenden Bulgaren arbeitslos waren. Die Quote liegt damit nur leicht über dem gesamtdeutschen Durchschnitt (7,4 Prozent) und weit unter der Arbeitslosenquote für alle in Deutschland lebenden Ausländer (16,4 Prozent). Ein ähnliches Bild ergibt sich auch, wenn man sich die Zahlen der Leistungsbezieher anschaut. So haben Ende des Jahres 2012 9,3 Prozent der Bulgaren ganz oder teilweise Hartz IV oder andere Sozialleistungen erhalten. Für alle in Deutschland lebenden Ausländer liegt die Quote bei 16,4 Prozent und für ganz Deutschland bei 7,4 Prozent. Gemessen an diesen Zahlen gehören die Bulgaren gegenwärtig zu den am besten integrierten Ausländergruppen in Deutschland, besser als etwa die Bevölkerung aus den südeuropäischen Ländern oder den Ländern der ersten Osterweiterungsrunde.

3. Zusammenfassung

Das kann sich natürlich ändern, weil die Zuwanderung aus Bulgarien noch jung ist. In den verschiedenen Städten Deutschlands sind die Arbeitslosenquoten der bulgarischen Migranten unterschiedlich. Die Arbeitslosenquoten der Bulgaren reichen von 5,6 Prozent in Stuttgart und 6,7 Prozent in München bis zu knapp 27 Prozent in Duisburg und knapp 25 Prozent in Berlin. Der Anteil der Hartz IV-Empfänger unter den Bulgaren beläuft sich in den süddeutschen Kommunen Stuttgart und München auf 5,2 und 5,6 Prozent, in Berlin auf knapp 20 Prozent und in Köln auf 15 Prozent[7].

Am Ende würde ich zwei deutsche Zeitungen: „Die Zeit" und „Die FAZ" zitieren und somit den Standpunkt, der in der Presse vertreten wird, in meine Überlegungen miteinbeziehen. Diese Zitate sollen zugleich als eine gewisse Zusammenfassung fungieren.

---

6 http://www.zeit.de/wirtschaft/2013-08/mythos-armutszuwanderung.
7 http://www.zeit.de/wirtschaft/2013-08/mythos-armutszuwanderung.

1. „Die Zeit"[8]: „Wir müssen das herrschende Bild, bei der Zuwanderung aus Bulgarien und Rumänien handele es sich überwiegend um eine Armutszuwanderung, korrigieren. Eine solche Korrektur ist auch deshalb notwendig, um die Bevölkerung aus diesen Ländern nicht ungerechtfertigt zu stigmatisieren. Damit werden die Integrationsprobleme nicht kleiner, sondern größer";
2. „Die Frankfurter Allgemeine Zeitung": „Die deutsche Wirtschaft profitiert von Zuwanderern aus Rumänien und Bulgarien. Das ist das Ergebnis einer Analyse des arbeitgebernahen Instituts der deutschen Wirtschaft (IW) in Köln. Demnach erhöhe Migration aus diesen beiden Ländern den Fachkräfteanteil unter den Arbeitnehmern: 25 Prozent der Zuwanderer aus Rumänien und Bulgarien hätten einen akademischen Abschluss, in der deutschen Bevölkerung betrage der Anteil 19 Prozent, rechnet das IW vor. Zuwanderer verfügten überdies häufiger über einen Abschluss in den am Arbeitsmarkt besonders intensiv gesuchten Qualifikationen im Bereich Mathematik, Informatik, Naturwissenschaften und Technik. Nach Angaben des IW verfügen acht Prozent der Zuwanderer aus Rumänien und Bulgarien über solch einen Abschluss. Unter Zuwanderern insgesamt betrage dieser Anteil zehn Prozent, im Schnitt der deutschen Bevölkerung dagegen nur sechs Prozent"[9].

Literatur

Amtsblatt der Europäischen Union, CE 131, 8. Mai 2013.
Jordan Kolev: *Die Bulgaren außerhalb Bulgarien 1878–1945.* Sofia 2005.
Report from the Commission to the Council on the Functioning of the Transitional Arrangements on Free Movement of Workers from Bulgaria and Romania, Brussels 11.11.2011, COM(2011) 729 final, http://ec.europa.eu/social/main.jsp?langId=en&catId=457&newsId=1114&furtherNews=yes.

Andere Quellen

http://liternet.bg/publish25/t_matanova/koncepcii.htm.
http://www.osf.bg/cyeds/downloads/Bg_trudova_migracia_BG_FINAL.pdf - S. 5.
http://www.zeit.de/wirtschaft/2013-08/mythos-armutszuwanderung.
http://www.faz.net/aktuell/wirtschaft/wirtschaftspolitik/iw-studie-migranten-aus-rumaenien-und-bulgarien-sind-gut-qualifiziert-12760236.html.

---

8   http://www.zeit.de/wirtschaft/2013-08/mythos-armutszuwanderung.
9   http://www.faz.net/aktuell/wirtschaft/wirtschaftspolitik/iw-studie-migranten-aus-rumaenien-und-bulgarien-sind-gut-qualifiziert-12760236.html.

Felicitas Söhner (Köln)

Leben als Migrant in Deutschland – das Gödelitzer Modell zum Abbau von Vorurteilen

Zusammenfassung: Das ost-west-forum Gut Gödelitz e. V. hat sich zum Ziel gesetzt, den Dialog zwischen Ost und West zu fördern, aus dem ost-west-deutschen Austausch heraus etablierte sich dann das erfolgreiche „Gödelitzer Modell" der Biographiegespräche.

Die Biographie-Wochenenden dienen dem Erfahrungsaustausch zwischen den deutsch- und türkeistämmigen Teilnehmern. Angehörige verschiedener Herkunft, Geschlechter, Generationen und Berufe erzählen ihre Lebensgeschichten. Über die Offenheit der Zuhörer, fremde Lebensläufe aufzunehmen, lernen die Teilnehmer die anderen besser zu verstehen und bauen Vorurteile ab.

Schlüsselwörter: Biografie, Identität, Migration, kulturelle Vielfalt, Gödelitz.

Living in Germany as an Immigrant – Gödelitz Model to reduce the prejudices

Abstract: This article presents a biography project aimed at practicing tolerance and deepens knowledge of one another between Germans and Turkish-Germans. It examines the basic philosophy of the round of talks as well as ideas and background of the "Gödelitz Model". Aim of the biography project is to bring people from different societal, cultural and religious backgrounds together. The publication therefore examines chances and possibilities of the concept. It points out how the project enhances to promote the intercultural dialogue.

Keywords: biography, identity, migration, cultural diversity, Gödelitz.

1. Grundgedanken der Gödelitzer Biografiegespräche

In Deutschland leben und arbeiten Millionen Menschen mit türkischen Wurzeln neben Deutschen als Kollegen oder Nachbarn und sind sich dennoch im Privatleben einander fremd. Obwohl nun die dritte Generation von Migranten in ihrer Wahlheimat lebt, existieren Vorurteile zwischen Türkeistämmigen und Deutschen. Viele haben noch nie die Wohnung ihres Nachbarn betreten – von einem Miteinander kann hier keine Rede sein. Die Zugehörigkeit zu einer ethnischen Gruppe trennt den Einzelnen von den Mitgliedern anderer Bevölkerungsgruppen. Wie die Mehrheit der Bevölkerung greifen auch die Medien zu vereinfachenden Vorurteilen des „typischen" Deutschen oder Türken, daraus speisen sich die Meinungen über den anderen, den man im Grunde nicht wirklich kennt. „Ich kenne viele Deutsche ... Beruflich, privat. Aber ich habe keinen deutschen Freund, keinen einzigen. Es ergibt sich einfach nicht. Ich bin eben der Türke. Und sie sind eben die Deutschen"[1].

Aus dem Gedanken heraus, dass eine friedvolle Gesellschaft und deren Zukunft nur in einem gegenseitigen Verständnis für die Geschichte der Mitmenschen mit und ohne Migrationshintergrund gestaltet werden kann, und dass man sich nur wirklich kennen lernen kann, wenn man auch miteinander – und nicht übereinander – redet, initiierte das Ost-West-Forum auf Gut Gödelitz die deutschtürkeistämmigen Biografiegespräche[2]. Durch sie sollen Fremdheit und Scheu überwunden werden und Raum geschaffen werden für einen freundschaftlichen und ernsthaften Austausch auf Augenhöhe.

Ihren Ursprung nahmen die Gödelitzer Biografiegespräche am Kultur- und Begegnungszentrum Gut Gödelitz in der Nähe von Dresden. Dort schuf der Politologe und Journalist Axel Schmidt-Gödelitz 1998 die Voraussetzung für die Gründung des Ost-West-Forums; ein Verein, dessen Anliegen in der Förderung eines friedlichen Europas liegt. Dabei liegt eine Grundidee darin, die mangelnde Kenntnis vom Leben der Mitmenschen in Deutschland zu überbrücken[3]. Der ehemalige Diplomat benennt die Motivation, jenes enorm arbeitsintensive ehrenamtliche Engagement zu leisten:

> Es ist die Sorge um die Zukunft unseres Landes, um die Zukunft Europas, des größten Friedensprojektes der neueren Geschichte ... Als ost-west-forum haben wir uns vorgenommen, unseren kleinen Anteil zu leisten. Wir wollen eine Gesellschaft, die nach außen und innen friedensfähig, sowie kreativ und wettbewerbsfähig ist[4].

Begonnen hatten die Biografierunden mit den deutsch-deutschen Biografien. Seit über zwei Jahrzehnten erzählen sich Menschen aus dem Osten und Westen ihre Lebensgeschichten. So sind mittlerweile mehr als 3400 Personen auf das Landgut in Sachsen gekommen und haben sich ihre Biografien erzählt. Das erfolgreiche Modell der deutsch-deutschen Begegnung wurde bald auf deutschtürkeistämmige, deutsch-polnische und nord-südkoreanische Gesprächsrunden ausgedehnt. Mittlerweile weitet sich das Gödelitzer Modell mehr und mehr zu

---

1   Burhan Gözüakça. In: Adina Rieckmann: *Herr Gözüakça spricht*. In: Zeit Online, Ausg. vom 30.09.11, 40/2011.
2   http://gut-goedelitz.de/biografiegespraeche/.
3   Axel Schmidt-Gödelitz: *Erfolgreich im Abbau von Vorurteilen*. In: FreieWelt.net: 21.11.2014.
4   Axel Schmidt-Gödelitz: *Offener Brief an die Mitglieder des ost-west-forums Gut Gödelitz vom 09.01.2015*, S. 1.

einem internationalen Projekt aus, mit dem Ziel Vorurteile zwischen Menschen mit und ohne Migrationshintergrund abzubauen.

2. Idee und Hintergrund des Gödelitzer Modells

Die historische Biografiearbeit bietet den Zugang zur Erfahrung gesellschaftspolitischer Inhalte im Zusammenhang mit alltagsrelevanten Inhalten. Nach Lutz Niethammer, Historiker und Biografieforscher, öffnet sich über die „Dimension des Alltäglichen" der Zugang zu subjektiven Perspektiven derjenigen Bevölkerungsteile, die bislang als „Objekte der Geschichte"[5] behandelt wurden. Die Narration von Lebensgeschichten bietet den Beteiligten den Zugang zu individuellen Erfahrungen, Perspektiven und Handlungsmotiven[6]. Über die Gödelitzer Biografierunden erhalten die Teilnehmer über die Reflexion der eigenen Lebensgeschichte die Möglichkeit, die eigenen sozialen Prozesse, in die sie eingebunden sind und waren, wie auch die der Mitteilnehmer zu rekonstruieren und zu verstehen[7].

Diese Variante der narrativen Geschichte bietet auch die Möglichkeit, historische Details zu erfahren, die bislang weder vom Sprechenden noch vom Zuhörenden als relevante Inhalte erfasst wurden. Personen, die wohl sonst eher kaum wahrgenommen worden wären, erhalten eine Stimme und werden gehört. Auf diese Weise eröffnen sich den Teilnehmern Zugänge zu gesellschaftlichen Aspekten, die jenseits einer offiziellen Geschichtstradition liegen. Im Laufe der Jahre zeigte sich, dass die inhaltlichen Akzente der Gespräche sich fortwährend verschieben: „Klagen über Ungerechtigkeiten der Vergangenheit werden zunehmend von den Sorgen um die Zukunft abgelöst"[8].

Der Ursprung der deutsch-türkeistämmigen Biografien geht auf eine Gesprächsrunde zurück, die ein türkeistämmiger Kurde mit seiner Lebensgeschichte bereicherte[9]. Er motivierte dazu, dieses zunächst deutsch-deutsche Projekt auch auf in Deutschland lebende Migranten zu erweitern. Schlüsselerlebnis waren dessen Äußerungen: „... ich habe Teller abgewaschen, ich habe Gebäude gereinigt und am Ende hatte [ich] ein wirtschaftswissenschaftliches Studium geschafft. [...] Ich bin jetzt 35 Jahre in Deutschland. Ich bin noch nie von Deutschen auf gleicher

---

5 Lutz Niethammer: *Lebenserfahrung und kollektives Gedächtnis. Die Praxis der ‚Oral History'*. Frankfurt a.M 1985, S. 10.
6 Vgl. ebd.
7 Vgl. Rainer Hirt: *Biografiearbeit zwischen Erinnerung und Therapie*. FH Jena 2003.
8 Axel Schmidt-Gödelitz: *Offener Brief*, a. a. O., S. 1.
9 Oya Susanne Abali. In: Kirsten Schlüter: „*Wir überwinden Vorurteile". Auf einen Kaffee mit Oya Susanne Abali*. In: „Südkurier" vom 09.01.2012.

Augenhöhe behandelt worden"[10]. Das Projekt der deutsch-türkeistämmigen Biografierunden startete im Herbst 2009 auf Gut Gödelitz und findet seitdem bundesweit mehrmals jährlich mit finanzieller Unterstützung des Bundeskanzleramtes statt[11].
Weiter werden die Gespräche nach Gödelitzer Konzept, die unter der Schirmherrschaft von Prof. Rita Süssmuth – ehemalige Präsidentin des Deutschen Bundestages, stehen, von vielen Einrichtungen finanziell und organisatorisch unterstützt. In Baden-Württemberg werden die deutsch-türkeistämmigen Biografierunden von den veranstaltenden Städten und der Baden-Württemberg-Stiftung im Rahmen des Programms „Vielfalt gefällt! 60 Orte der Integration" gefördert. Weitere Unterstützung erfährt das Projekt durch die Alfred-Töpfer-Stiftung sowie die Landeszentrale für politische Bildung Nordrhein-Westfalen und die Bundeszentrale für politische Bildung. Die Ausbildung der Moderatoren der Gesprächsrunden wurde durch die Robert-Bosch-Stiftung mitfinanziert. Mittlerweile sind die deutsch-türkeistämmigen Biografien in 17 deutschen Städten vertreten, mit weiteren fünf Städten stehen die Veranstalter derzeit in Verhandlungen.

Die Biografierunden werden von einem deutsch-türkeistämmigen Moderatorenpaar begleitet. Diese werden durch das Ost-West-Forum geschult.

Zu den Gesprächsrunden treffen zehn sich bislang fremde Personen zusammen. Die Gruppe ist ausgewogen zusammengesetzt im Hinblick auf berufliche Tätigkeit, Alter und Herkunft. Die gleichmäßige Verteilung der Geschlechter zielt darauf, neben der Gleichstellung auch die oft zu wenig beachtete Rolle der Frau in der Migrationsgeschichte zu berücksichtigen.

Zu Beginn des Biografiewochenendes finden die Teilnehmer Raum zum Kennenlernen bei gemeinsamen Mahlzeiten und Gesprächsrunden. Am folgenden Tag beginnt die erste Runde des biografischen Erzählens über Kindheit und Jugendjahre. In der Erzählung können folgende Fragen als Leitfaden dienen: Was hat mich in der Kindheit und in der Familie geprägt? Wie habe ich mich in der Schule und im Beruf entwickeln können? Welche Erschwernisse in meiner Entwicklung gab es? Welche Hilfen von außen habe ich bekommen? Welche Stärken habe ich durch meine Erfahrungen entwickelt? Wie lebe ich heute? Welche Werte, welche Ziele habe ich? In etwa einer halben Stunde berichten die Gesprächspartner über ihr Leben, ihre Werte und Ziele. Ein türkeistämmiger Teilnehmer erzählt, wie sich seine Familie im Deutschland der 80er Jahre durchschlug, „vom

---

10 Axel Schmidt-Gödelitz: *Revolution durch Dialog*, in: Kowalski & Schmidt, Sendung vom 02.11.2014, 18:32, RBB.
11 An den Standorten Berlin, Bobingen, Dortmund, Duisburg, Essen, Frankfurt, Freiburg, Friedrichshafen, Hamburg, Karlsruhe, Köln, Konstanz, Mannheim, Saarbrücken, Stuttgart und Ulm. [Zugang: Dezember 2014].

Vater, der zuerst alleine aus der Türkei kam" und wie es war „als die Mutter mit den Kindern nachgekommen war[12]".

In der Runde gilt als vertrauensschaffende Grundregel die gegenseitige Zusicherung, erzählte Inhalte vertraulich zu behandeln. Ein weiteres wesentliches Charaktermerkmal der Gespräche liegt im Grundsatz: Es gibt kein Gut oder Böse, kein Falsch oder Richtig. Die Zuhörenden dürfen anschließend zwar nachfragen, aber eine Bewertung, Kritik und Diskussion zur Lebensgeschichte des Erzählenden gibt es nicht. Am Ende lässt man die Geschichte so stehen, schließt für einige Minuten die Augen und lässt das Gehörte nochmals in den Gedanken ziehen.

In einer weiteren Gesprächsrunde tauschen sich die Gesprächspartner über das Hier und Jetzt aus. Hier gehen sie gemeinsam der Frage nach, in welcher Gesellschaft sie gemeinsam leben wollen, wie sie das gesellschaftliche Miteinander derzeit beurteilen und was jeder einzelne direkt tun kann, um ein Aufeinanderzugehen zu unterstützen.

Um die Nachhaltigkeit der deutsch-türkeistämmigen Biografiegespräche zu erreichen, treffen sich die Teilnehmer der Biografierunden zu regelmäßigen Treffen, an denen neben den Gesprächspartnern auch weitere interessierte Personen teilnehmen können. Diese dienen der Festigung der Kontakte und der gegenseitigen Wissensvermittlung. „… um stabile Brücken der Freundschaft und des gegenseitigen Verstehens zu bauen, treffen sich in allen 17 Städten die deutschen und türkeistämmigen TeilnehmerInnen regelmäßig zum ‚Jour Fixe', wo deutsche und türkische Musik und Literatur vorgestellt und gemeinsam gegessen wird"[13].

Die Erzählungen der Lebensgeschichten geschehen in den Gesprächsrunden in stark unterschiedlichem Maße. Während die einen Gruppen sich mehr auf der Ebene des bloßen Darstellens von Erfahrungen bewegen, bewegen sich andere Gesprächskreise in ein unmittelbares Erleben und emotionales Teilnehmen an biografischen Episoden. Dabei kann das Erzählen der Biografie in vielfältiger Form geschehen – etwa als pures Aneinanderreihen einzelner Bruchstücke und Anekdoten oder aber eine chronologische, reflektierte Erzählung oder auch ein ungeplant strukturierter Erzählstrang, der sich weniger an einem Zeitablauf orientiert, sondern vielmehr an der Logik eines Narrativs[14].

---

12 Ulrike Schnellbach: *Erzähl mir dein Leben*. In: Publik-Forum 22/2014 vom 21.11.2014.
13 Axel Schmidt-Gödelitz: *Offener Brief*, a.a.O., S. 3.
14 Vgl. Birgitt Röttger-Rössler (Hg.): *Lebenswege im Spannungsfeld lokaler und globaler Prozesse. Person, Selbst und Emotion in der ethnologischen Biografieforschung*. Münster 2003.

Zu Beginn ist die Haltung der Teilnehmer oft von Unsicherheit geprägt („Ich hatte erstmal Schwierigkeiten zu begreifen, was das ist"[15]). Gleichzeitig erfahren einige, dass die Form des offenen und direkten Austausches im Nachhinein eine wertvolle Erfahrung bietet[16]. Die persönliche Nähe an einem neutralen Ort bereitet den Raum für gegenseitiges Verständnis. Diese Öffnung bemerkte eine Freiburger Teilnehmerin: „Ich bin erstaunt, wie viel Vertrauen und Nähe entstanden sind und welcher Perspektivenwechsel möglich wurde – einfach dadurch, dass wir uns geöffnet und uns gegenseitig aus unserem Leben erzählt haben"[17]. Der unmittelbare Kontakt bietet den verschiedenen Generationen die Chance, über die Sorgen, Gedanken und Motive der anderen Generationen nachzudenken und damit Verhaltensweisen verstehen zu lernen. Daneben beginnen manche Gesprächspartner intensiver über das eigene Leben nachzudenken, wie ein Freiburger Teilnehmer feststellte: „Ich war fast erschrocken, wie wenig ich weiß und was ich auch über mich selbst erfahren habe"[18]. Darüber hinaus endet der wechselseitige Dialog nicht nach der Erfahrung eines Wochenendes, sondern beschäftigt die Teilnehmer auch nach dessen Ende weiter. Auch bieten die nachfolgenden Treffen Gelegenheit, den Austausch zu intensivieren und eine neue Verbundenheit, vielleicht gar Freundschaften zu bilden.

Im intensiven Zuhören entdecken manche Teilnehmer neben den angenommenen oder erfahrenen Unterschieden auch die Gemeinsamkeiten und Parallelen zu Gesprächspartnern der anderen Gruppe[19]. Hier zeigen sich manche überrascht, dass dabei die nationale Herkunft oft wenig Bedeutung hat und biografische Ereignisse oft ihren Ursprung im Menschsein an sich haben[20]. Axel Schmidt-Gödelitz äußert sich hierzu treffend: „Ich kann nur sagen, es ist überall eine Schicht Kultur drüber, aber drunter sitzt der Mensch mit seinen Grundbedürfnissen und da stoßen Sie relativ schnell auf diesen Untergrund und da ist der – der Mensch"[21].

---

15 Hildegard Wenzler-Cremer. In: Simone Lutz: *Miteinander statt Nebeneinander*. In: „Badische Zeitung" vom 12. Juli 2014.
16 Vgl. Kirsten Schlüter: *Wir überwinden Vorurteile. Auf einen Kaffee mit Oya Susanne Abali*. In: „Südkurier" vom 09.01.2012.
17 Hildegard Wenzler-Cremer. In: Ulrike Schnellbach: *Wir müssen reden*. In: InZeitung, Hg. InForum e.V. Freiburg, Nr. 13/14, Herbst/Winter 2014.
18 Wilfried Nagel. In: Lutz: *Miteinander statt Nebeneinander*, a.a.O.
19 Vgl. Michael Hesse: *Deutsch-Türkische Biografiegespräche im Rheinland*. In: „Kölner Stadtanzeiger" vom 18.04.2012.
20 Zahide Sarikas. In: E. Morhart: *Erstes Bobinger Biografiegespräch*. In: „Bobinger Stadtbote", vom. 6/2014, S. 10.
21 Axel Schmidt-Gödelitz: *Revolution durch Dialog*, a.a.O.

Mit dieser Erkenntnis erscheint das vom Nachbarn trennende plötzlich nicht mehr so trennend wie bislang angenommen. So lange man die Geschichte des anderen nicht kennt, hat jeder einzelne nur Klischees im Kopf. Nun werden existente Vorurteile neu bewertet, befremdliche Unterschiede können aus anderer Perspektive gesehen und wenn nicht ganz verstanden, dann doch zumindest angenommen werden. Diese Erfahrungen können durch historische Abhandlungen oder klassische Unterrichtsmodelle kaum geleistet werden. Das Verstehen des Anderen geschieht auf dem Wege des biografischen Austauschs. „Kein Geschichts- und Sozialkundeunterricht, kein Buch, kein Vortrag, keine politische Debatte und kein Zeitungsbericht kann eine solche Begegnung auf Augenhöhe ersetzen"[22]. Dies bestätigt auch der Impulsgeber der Biografiegespräche, Schmidt-Gödelitz, der die Nachhaltigkeit des Konzepts unterstreicht, da hier Emotionales und Kognitives zusammenfließen: „Selbst die Hirnforschung gibt mir recht. Nur indem ich mitfühle, gelingt es mir, auch tief verwurzelte Vorurteile aufzubrechen"[23]. Auf diese Weise geschieht in den Gesprächsrunden historische Aufarbeitung und gesellschaftliche Arbeit im Stillen.

Der Erfahrungsaustausch über die Erzählung der Lebensgeschichte bereitet damit den Boden für Toleranz, für die Individualität von Biografien. Damit bietet sich den Gesprächspartnern ein multiperspektivischer Blick nicht nur auf persönliche, sondern auch auf die gesellschaftliche Geschichte. Hier setzt das Gödelitzer Modell einen bewussten Kontrapunkt zu den Medien, die oft Konflikte und Probleme mit anderen Kulturen hervorheben oder gar skandalisieren.

3. Chancen und Möglichkeiten des Konzepts

Das Gödelitzer Modell schafft den Raum für Begegnungen, die unabhängig von Herkunft und Kultur Schranken aufheben. Die Teilnehmer erhalten die Chance, sich in die Situation des Anderen hineinzuversetzen und aus dessen Perspektive die Lebenszusammenhänge zu sehen und zu beurteilen[24]. Zugleich setzt das Konzept der deutsch-türkeistämmigen Biografiegespräche auf den Multiplikatoreneffekt durch das Weitertragen der Erfahrungen in die jeweiligen Netzwerke der Teilnehmer. Auf diese Weise lassen die Biografierunden an der Geschichte des Anderen teilnehmen, wie es über klassischen Geschichtsunterricht kaum möglich wäre.

---

22 Ayse E.: *Biografiegespräche Konstanz*, 26. bis 28. November 2010.
23 Adina Rieckmann: *Herr Gözüakça spricht*, a.a.O.
24 Vgl. Axel Schmidt-Gödelitz: *Offener Brief*, a.a.O., S. 3.

Auf der persönlichen Ebene reflektieren die Teilnehmer im aktiven Zuhören eigene Verhaltens- und Denkweisen („Man hört zu, fragt und wundert sich, wie spärlich und auch falsch die eigene Meinung über Migranten wie Hiesige ist"[25]).

Auf der institutionellen Ebene lösen die Gesprächsrunden ebenfalls Wandlungsprozesse aus, indem sich etwa Veranstalter, Moderatoren und weitere Verantwortliche mit der Thematik Toleranz und Integration beschäftigen. Dies bietet etwa veranstaltenden Institutionen die Chance, ihr eigenes Programm aus neuer Perspektive zu betrachten, indem sie das Thema in ihrem regionalen Zusammenhang neu wahrnehmen.

Darüber hinaus begründen die Gödelitzer Gespräche auch Lernprozesse auf politischer Ebene. Allein durch die gedankliche Öffnung wie auch die ideelle und materielle Unterstützung der Biografierunden durch fördernde Institutionen findet die Thematik ein stärkeres Gehör bei politischen Entscheidungsträgern.

Die Biografiegespräche zielen darauf Vorurteile abzubauen, Toleranz einzuüben und andere, fremde oder gar befremdliche Lebensgeschichten des anderen mit Interesse oder gar Empathie anzuhören. Dies weist den Gesprächspartnern die Erkenntnis, dass es nicht nur die eigene Wahrheit gibt, sondern immer auch die Wahrheit der anderen. Von den mittlerweile über 3400 Menschen, die an den Gödelitzer Biografiegesprächen teilgenommen haben, gab es laut Schmidt-Gödelitz erst einen, der die Konfrontation mit Biografien, die im Widerspruch zu seinen Wertmaßstäben standen, nicht ausgehalten habe[26]. Vielmehr schafft das Gödelitzer Konzept die Basis für Toleranz gegenüber dem Anderssein, Respekt für und Wertschätzung der Persönlichkeit des Anderen und Vertrauen in die Mitmenschen als grundlegende Voraussetzungen für ein gelingendes Miteinander. Eine teilnehmende Journalistin resümierte treffend:

> Wenn Deutsche und Türken einander zuhören, stellen sie schnell fest, dass sie sich gar nicht so fremd sind. Oft teilen sie Erfahrungen wie Heimatverlust, Arbeitslosigkeit, familiäre Freuden und auch Sorgen miteinander […] Das gegenseitige Vertrauen ist am Ende der Kitt, der unsere Gesellschaft zusammenhält[27].

In Zeiten, in denen das Verhältnis zwischen Muslimen in Deutschland und der nicht-muslimischen Mehrheitsgesellschaft aufgrund der NSU-Morde, der

---

25 Biografiegespraeche D-Tuerkei, Blog „Freiburg-Schwarzwald.de". Publiziert am 13. Juli 2014.
26 Hendrik Lasch: *Der Gut(s)mensch und die Graswurzeln*. In: „Neues Deutschland", vom 23.02.2009.
27 Astrid Wirtz. In: Merle Sievers: *Deutsche und Türken erzählen sich ihr Leben*. In: „Berliner Zeitung" vom 19.11.2014.

Pegida-Kundgebungen und global auftretender islamistischer Terrorakte sich in einer besonders schwierigen Phase befindet, erhält die Bedeutung des Projektes zunehmend an Gewicht. Deutsche, die ihre muslimischen Nachbarn kennen, mit ihnen befreundet sind und sie zu sich einladen oder von ihnen eingeladen werden, werden eine verwachsene Gleichmacherei von Islam und Islamismus ablehnen.

Das Gödelitzer Konzept hat sich von der Vision eines biografischen Austauschs zu einem internationalen Modell für mehr Toleranz entwickelt. Das Ost-West-Forum ist bestrebt, das Projekt bundesweit in allen größeren Städten einzupflanzen, denn die interkulturelle Annäherung über den direkten Dialog ist noch an vielen Orten förderungswürdig, denn „überall nisten Vorurteile zwischen Einheimischen und Migranten, zwischen verschiedenen Ethnien oder Glaubensrichtungen"[28]. Gleichzeitig macht die zunehmende mediale Aufmerksamkeit auf das Projekt Hoffnung. So trug die Vorstellung des Gödelitzer Modells vor der Türkisch-Deutschen Industrie- und Handelskammer in Berlin im November 2014 dazu bei, einen größeren Kreis von Wirtschaftsleuten von dem Projekt zu überzeugen. Der türkische Botschafter Hüseyin Avni Karslıoğlu bemerkt dazu treffend: „Die Zukunft wird schwierig genug […] Damit wir sie gemeinsam durchstehen, müssen wir uns verständigen"[29]. Und diese Arbeit wird heute mehr denn je gebraucht.

Literatur

Aleida Assmann: *Der lange Schatten der Vergangenheit. Erinnerungskultur und Geschichtspolitik.* C.H. Beck 2011.

Biografiegespraeche D-Tuerkei, Blog „Freiburg-Schwarzwald.de" Publiziert am 13. Juli 2014.

Michael Hesse: *Deutsch-Türkische Biografiegespräche im Rheinland.* In: „Kölner Stadtanzeiger" vom 18.04.2012.

Rainer Hirt: *Biografiearbeit zwischen Erinnerung und Therapie.* FH Jena 2003.

Eric Hobsbawm: *Das Zeitalter der Extreme. Weltgeschichte des 20. Jahrhunderts.* Deutscher Taschenbuch Verlag, München 1995.

Chirin Kolb: *Gespräche von Herz zu Herz.* In: Südwest Presse Online vom 16.01.2013.

Hendrik Lasch: *Der Gut(s)mensch und die Graswurzeln.* In: „Neues Deutschland" vom 23.02.2009.

---

28 Schmidt-Gödelitz: *Erfolgreich im Abbau von Vorurteilen*, a.a.O.
29 Hüseyin Avni Karslıoğlu. In: Merle Sievers: *Deutsche und Türken*, a. a. O.

Simone Lutz: *Miteinander statt Nebeneinander.* In: „Badische Zeitung" vom 12. Juli 2014.

E. Morhart: *Erstes Bobinger Biografiegespräch.* In: „Bobinger Stadtbote" vom 6/2014, S. 10.

Lutz Niethammer: *Lebenserfahrung und kollektives Gedächtnis. Die Praxis der ‚Oral History'.* Frankfurt a.M 1985.

Adina Rieckmann: *Herr Gözüakça spricht*, in: Zeit Online vom 30.09.11, 40/2011.

Birgitt Röttger-Rössler (Hg.): *Lebenswege im Spannungsfeld lokaler und globaler Prozesse. Person, Selbst und Emotion in der ethnologischen Biografieforschung.* Münster 2003.

Kirsten Schlüter: *„Wir überwinden Vorurteile". Auf einen Kaffee mit Oya Susanne Abali.* In: „Südkurier" vom 09.01.2012.

Axel Schmidt-Gödelitz: *Erzählt euch eure Lebensgeschichten.* In: „Der Tagesspiegel" vom 05.06.2013.

Axel Schmidt-Gödelitz: *Die wichtigsten Momente meines Lebens.* In: Anna Warakomska unter Mitwirkung von Tomasz G. Pszczółkowski (Hg.): *Erlebte und erinnerte Geschichte. Deutsch-polnische Biografien.* Verlag Humanistische Akademie Pułtusk, Warszawa 2014, S. 11–22.

Axel Schmidt-Gödelitz: *Erfolgreich im Abbau von Vorurteilen* In: „FreieWelt.net" vom 21.11.2014.

Axel Schmidt-Gödelitz: *Revolution durch Dialog.* In: Kowalski & Schmidt, Sendung vom 02.11.2014, 18:32, RBB.

Ulrike Schnellbach: *Erzähl mir dein Leben.* In: Publik-Forum 22/2014 vom 21.11.2014.

Ulrike Schnellbach: *Wir müssen reden.* In: InZeitung, Hg. InForum e.V. Freiburg, Nr. 13/14, Herbst/Winter 2014.

Benjamin Schuke: *Damit die Kluft kleiner wird.* In: „Sächsische Zeitung Sz-Online" vom Montag, 03.11.2014.

Merle Sievers: *Deutsche und Türken erzählen sich ihr Leben.* In: „Berliner Zeitung" vom Mittwoch, 19.11.2014.

Felicitas Söhner: *Zum Schreiben von Geschichte – Aufgabe und Ethik historischer Forschung.* In: IABLIS Jahrbuch für europäische Prozesse, Institut für Neuere deutsche und europäische Literatur, Fernuniversität in Hagen 2013.

Izabela Surynt/ Marek Zybura (Hg.): *Die politische Wende 1989/90 im öffentlichen Diskurs Mittel- und Osteuropas.* DOBU, Wissenschaftlicher Verlag Dokumentation & Buch, Wrocław 2007.

Philipp Ther: *1989 – eine verhandelte Revolution, Version 1,0.* In: Docupedia-Zeitgeschichte, 11. Februar 2010.

Philipp Ther: *Das ‚neue' Europa seit 1989. Überlegungen zu einer Geschichte der Transformationszeit.* In: Zeithistorische Forschungen, Online-Ausgabe 6/2009.

Hannah Weiner: *Ich erzähle dir mein Leben. Deutsch-türkische Biografiegespräche in Frankfurt.* In: „Frankfurter Rundschau" vom 02.09.2014.

Andreas Wirsching: *Der Preis der Freiheit – Geschichte Europas in unserer Zeit.* München 2012.

Anna Warakomska (Warschau)

Kann Deutschland zur Wahlheimat werden? Einwanderungspolitik als eine der größten Herausforderungen unserer Zeit. Mit positiven Beispielen der Integration aus Kultur und Literatur

Zusammenfassung: Der Artikel setzt sich zum Ziel, über eine der wichtigsten Fragen des zeitgenössischen Europa zu reflektieren, nämlich darüber, ob unser Kontinent zur Wahlheimat für Migranten werden kann. Einführend wird an Seyran Ateş' Abhandlung *Wahlheimat* erinnert, in der die Autorin u.a. die Fragen der Transkulturalität und Integration erörtert. Vor diesem Hintergrund werden einige Beispiele der gelungenen Integration der Migranten und ihrer Nachfahren in Deutschland gezeigt. Der Analyse werden Auszüge aus den Werken deutscher Schriftsteller türkischer Herkunft unterzogen, z.B. von Feridun Zaimoglu, Iris Alanyali, Hatice Akyün. Die ausgewählten Passagen weisen darauf hin, dass Menschen mit differenten Kulturen und Lebensläufen in Deutschland, aber bestimmt auch in anderen Ecken unseres Kontinentes, in der Lage sind, etwas Positives zum Leben in den Mehrheitsgesellschaften beizutragen und dass sie diese Gesellschaften mitgestalten – ohne dabei zur Gänze assimiliert werden zu müssen. Ihre Verankerung in zwei Kulturen und Traditionen gibt ihnen Kraft und bildet eine Chance für ein vollkommeneres Leben. Ferner wird die Frage erwogen, welche Bedingungen erfüllt werden müssen, um Europa zur Wahlheimat für die Migranten zu machen.

Schlüsselwörter: Heimat, kulturelle Identität, Demokratie, Emanzipation, Bildung, konstitutioneller Patriotismus.

Can Germany be an adoptive country? Immigration policy as one of the greatest challenges of our time. The positive examples of integration in culture and literature

Abstract: The aim of the paper is to reflect upon one of the most important questions in contemporary Europe, namely: could Europe be a new homeland for immigrants. Starting from the analysis of the essay *Wahlheimat, Warum ich Deutschland lieben möchte* by Seyran Ateş, in which its authoress discusses the issues of transculturality and integration, we present the positive examples of integration of immigrants and their descendants with the local community shown in the literature by German writers of Turkish origin. We refer to the selected passages from the works by such authors as Feridun Zaimoglu, Iris Alanyali, Hatice Akyün. The writers prove in their texts that people of different backgrounds as well as with different life stories are also able to make a positive contribution to the majority of society and can co-create it both in Germany and anywhere else on the continent – without any need to be fully assimilated. Living in two cultures and traditions gives them a sense of power and remains a chance for a fuller life.

Furthermore, the article will also be a reflection upon the issue what conditions should be fulfilled to make Europe a homeland for immigrants.

Keywords: home, cultural identity, democracy, emancipation, education, constitutional patriotism.

1. Einleitung

Integrations- und Einwanderungspolitik ist meiner Ansicht nach eine der größten Herausforderungen unserer Zeit. Denn sie wird über das weltweite friedliche Zusammenleben von Kulturen, Religionen und Ethnien bestimmen. Es ist daher längst überfällig, die Integrationspolitik aus ihrem Schattendasein herauszuholen und sie zu den tragenden politischen Pfeilern eines jeden Landes auf dieser Welt zu erklären. Sie ist mindestens so wichtig wie Wirtschaftspolitik und wird langfristig über den Erfolg oder Misserfolg eines Landes entscheiden[1].

Die obenstehenden Worte sind ein Zitat aus dem Abschlusskapitel, *Vom Zuwanderungs- zum Einwanderungsland*, von Seyran Ateş' Buch über den Irrtum des Multikulturalismus. Es sind schon über fünf Jahre seit der Erstveröffentlichung des Bandes vergangen, aber die Gedanken der Autorin scheinen aktueller denn je.

Weltweit schauen die Menschen mit Bestürzung auf die Bilder von Flüchtlingen aus Kriegs- und Krisengebieten[2], auf ihre dunkle Hautfarbe, auf ihr für viele fremd wirkendes Äußeres, ihre Angst beim Ankommen an den italienischen und griechischen Küsten. Überwältigend für die hiesige Bevölkerung sowie für alle nördlich der Alpen wohnenden Europäer ist vor allem die immer größer werdende Anzahl der Gestrandeten und die beinah unerträgliche Zusammenführung von Szenen im Mittelmeer badender Touristen einerseits und verzweifelten Flüchtlingen, die nach Essen suchen, andererseits. Es sind traurige Bilder, und keiner weiß eigentlich recht, wie den Menschen geholfen werden kann. Wegzuschauen und einfach wie bisher weiterzuleben, sind kurzsichtige Ideen. Vielleicht ist es wirklich an der Zeit, sich der größten Herausforderung unserer Zeit ernsthaft und grenzübergreifend anzunehmen.

---

1 Seyran Ateş: *Der Multikulti-Irrtum. Wie wir in Deutschland besser zusammen leben können*. Berlin 2010, S. 265.
2 Vgl. *Neues Flüchtlingsdrama im Mittelmeer. 40 Tote nach Schlauch-Boot Havarie*. In: tagesschau.de, vom 5.05.2015. http://www.tagesschau.de/ausland/fluechtlinge-327.html [Zugang: 1.07.2015].

Wie in vielen europäischen Ländern, hört man auch in Polen, das sich seit Jahrhunderten seiner religiösen Toleranz rühmt[3], Immigranten seien unerwünscht[4], insbesondere wenn sie eine andere Kultur und Religion haben als die einheimische Mehrheit[5]. Manchmal wird vorgeschlagen, die Immigranten sollen nur in denjenigen Staaten Hilfe suchen, die früher in ihren jeweiligen Heimatländern als Kolonialmacht Profite machten. Dies war zum Teil zur Zeit der Dekolonisation nach dem Zweiten Weltkrieg der Fall[6]. Andernorts bereitet man sich auf die Einreisenden mit Schließung der Grenzen vor, oder man plant, schnell neue Schutzwälle zu errichten[7]. Andererseits gibt es Stimmen, die behaupten, dass die EU-Subventionspolitik selbst ein Grund für die aktuellen Fluchtbewegungen sei[8], und die den Europäern selbst die Schuld an der peinlichen Lage zuweisen. Die Verwirrung ist groß, die Unbeholfenheit scheint noch größer zu sein. Bestimmt kann man nicht jedem, der nach Europa will, helfen, aber es wäre vernünftig, über die Regeln des künftigen Zusammenlebens mit den neuen Einwanderern nachzudenken bzw. an sie zu erinnern.

Seyran Ateş und Necla Kelek, zwei Frauen-Aktivistinnen aus Deutschland, deren Familien ursprünglich aus der Türkei stammen, machen dies in ihren Schriften, die sich vor allem mit muslimischen Migranten türkischer Herkunft beschäftigen, seit Jahren[9]. Sie bekennen sich zu westlichen Werten der liberalen

---

3 Vgl. Józef Łucyszyn: *Polska tradycja tolerancji w kontekście kształtowania nowego społeczeństwa. Od Pawła Włodkowica do Jana Pawła II – recepcja myśli teologicznej i politycznej*. Kraków 2014.

4 Vgl. Piotr Fijałkowski: *Nie chcemy imigrantów z Afryki. Pikieta narodowców*. In: „Gazeta Wyborcza" vom 22.05.2015 http://wyborcza.pl/1,75248,17960942,_Nie_chcemy_imigrantow_z_Afryki___Pikieta_narodowcow.html. [Zugang: 3.07.2015].

5 Vgl. Claudia Mende: *Lieben Sie Deutschland? – Die Studie ‚Deutschland postmigrantisch'*. In: http://www.goethe.de/lhr/prj/daz/mag/igd/de13847779.htm. [Zugang: 3.07.2015].

6 Vgl. Klaus J. Bade: *Europa in Bewegung. Migration vom späten 18. Jahrhundert bis zur Gegenwart*. München 2002, S. 307.

7 Vgl. *Ungarn will Flüchtlinge mit Grenzzaun aufhalten*. In: „Zeit-Online" vom 17.06.2015. http://www.zeit.de/politik/ausland/2015-06/fluechtlinge-ungarn-grenzezaun-serbien [Zugang: 3.07.2015].

8 Heribert Prantl: *Willkommen und Abschottung – Migration in Europa*. In: http://www.goethe.de/lhr/prj/daz/mag/mip/de13649715.htm [Zugang: 3.07.2015].

9 Vgl. Seyran Ateş: *Der Multikulti-Irrtum. Wie wir in Deutschland besser zusammen leben können*. Berlin 2010; Seyran Ateş: *Der Islam braucht eine sexuelle Revolution*. Berlin 2011; Seyran Ateş: *Wahlheimat. Warum ich Deutschland lieben möchte*. Berlin 2013; Necla Kelek: *Islam im Alltag. Islamische Religiosität und ihre Bedeutung in der Lebenswelt von Schülerinnen und Schülern türkischer Herkunft*. Münster 2002; Necla Kelek: *Die fremde Braut. Ein Bericht aus dem Inneren des türkischen Lebens in Deutschland*.

Demokratie, und bei der Lektüre ihrer Texte staunt man manches Mal, wie treffend sie die beobachteten Probleme analysieren. Noch bemerkenswerter ist es, von den Autorinnen an Grundsätze und Normen erinnert zu werden, die in Europa scheinbar gelegentlich in Vergessenheit geraten.

Gewiss muss man zwischen den regulär und gezielt einreisenden Immigranten, über die die Autorinnen grundsätzlich schreiben, und den bedrohten Flüchtlingen von heute, die um ihr Leben fürchten müssen, immer unterscheiden[10]. Die für einen einhaltenden Frieden erforderlichen Prinzipien und Regeln werden in der Zukunft jedoch alle betreffen, falls sie sich entscheiden, neben- und miteinander zu leben.

Der Kern des vorliegenden Beitrags wird die Analyse von Ateş' Essay *Wahlheimat* sein, in dem die Autorin neben der Erörterung von Fragen der Transkulturalität und Integration auch nach Möglichkeiten einer neuen Definition des Begriffes Heimat sucht. In Anlehnung an ihre Reflexionen soll ferner an positive Beispiele der Integration von Migranten bzw. ihrer Nachfahren in den deutschen Sprachraum sowie ihre literarische Darstellung erinnert werden. Gemeint sind ausgewählte Passagen aus den Werken von Autoren, wie Osman Engin, Feridun Zaimoglu oder Hatice Akyün. Sie zeugen davon, dass Menschen verschiedener Herkunft und mit unterschiedlichsten Lebensgeschichten in Deutschland (und bestimmt auch anderswo auf dem Kontinent) im Stande sind, einen positiven Beitrag zur Mehrheitsgesellschaft, deren konstitutiver Teil sie sind, zu leisten. Allerdings ohne dabei zur gänzlichen Assimilation genötigt zu werden! Ganz im Gegenteil – die Verankerung in zwei Kulturen und Traditionen wird von diesen Autoren als wertvoll und erhaltenswert dargestellt.

Anhand dieser Exempel wird hoffentlich ersichtlich, welche Anforderungen erfüllt werden müssen, um den Erfolg einer gelungenen Integration genießen zu können. Die literarischen Beispiele können meiner Ansicht nach sinnvolle Impulse in der Diskussion um Migrationsfragen liefern. Angestrebt wird in diesem Beitrag folglich die Antwort auf die Frage, unter welchen Bedingungen Europa zur *Wahlheimat* für Nichteuropäer werden kann.

Köln 2005; Necla Kelek: *Die verlorenen Söhne. Plädoyer für die Befreiung des türkischmuslimischen Mannes.* Köln 2006; Necla Kelek: *Bittersüße Heimat. Bericht aus dem Inneren der Türkei.* München 2009; Necla Kelek: *Himmelsreise. Mein Streit mit den Wächtern des Islam.* München 2011; Necla Kelek: *Chaos der Kulturen. Die Debatte um Islam und Integration.* Köln 2012.

10 In Bezug auf die 90er Jahre des 20. Jahrhunderts vgl. Klaus J. Bade: *Einwanderung und Gesellschaftspolitik in Deutschland – Quo vadis Bundesrepublik.* In: Klaus J. Bade (Hg.): *Menschen über Grenzen, Grenzen über Menschen.* Heitkamp-Edition 1995, S. 204–223, hier S. 223.

2. Die Zahlen

Statistisch gesehen scheinen Europa und insbesondere Deutschland für viele ein Paradies auf Erden zu sein. Ab dem Jahr 2000 wuchs zum Beispiel die Zahl der sich in den USA ansiedelnden Bevölkerung jährlich um 1 Million Einwanderer, von denen die meisten erklärten, für immer dort bleiben zu wollen, auch wenn sie ursprünglich nicht als Immigranten einreisten. Laut Schätzungen wird die Einwohnerzahl der Vereinigten Staaten innerhalb der nächsten 70–80 Jahre um 600 Millionen Menschen betragen, ein Viertel davon mit lateinamerikanischem Migrationshintergrund[11]. Im Vergleich zu den USA und anderen Ländern wurde Deutschland mit immer schneller steigenden Zahlen der Einwanderer bereits 2012[12] zum zweitbeliebtesten Einwanderungsland der Welt und überholte damit Länder wie Kanada und Großbritannien[13]. Um die Lage der Immigranten in Deutschland adäquat darzustellen, bräuchte man eine separate wissenschaftliche Studie. Die bekannten Zahlen beweisen jedoch mit Sicherheit eine große Attraktivität des Landes für die Zugewanderten. Selbstverständlich spielen ökonomische Faktoren eine wesentliche Rolle bei solch einer Anziehungskraft. Sie werden aber um andere Vorzüge erweitert, die im Folgenden kurz skizziert werden sollen. Da die Mehrheit der bereits Eingewanderten bzw. der Bürger mit Migrationshintergrund aus der Türkei stammt – ihre Zahl wird gegenwärtig auf zwischen 1,5-3 Millionen geschätzt[14], konzentriert sich die weitere Analyse auf diese Gruppe.

Klaus J. Bade bemerkte in seinen Untersuchungen zu Migrationsbewegungen in Europa, dass die Zahl der aus der Türkei stammenden Bevölkerung in Deutschland sich zwischen den Jahren 1968 und 1973 von beinah 11% aller hier lebenden Ausländer auf 23% so gut wie verdoppelte. Bis in die 1980er Jahre waren sie jedoch im Vergleich zu anderen Bürgern, wegen der Nicht-Zugehörigkeit ihres Herkunftslandes zur EG, in vielen Bereichen benachteiligt. Über die soziokulturellen Differenzen sowie Probleme, die damit verbunden waren, bemerkt Bade u.a.:

---

11 Magdalena Górnicka, Michał Jarocki: *Migracje w USA*. In: http://www.psz.pl/168-archiwum/migracje-w-usa [Zugang: 2.07.2015].
12 *Die Zahlen vgl. Das Statistik-Portal. Statistiken und Studien aus über 18.000 Quellen:* Anzahl der Zuwanderer nach Deutschland von 1991 bis 2013. *In:* http://de.statista.com/statistik/daten/studie/28347/umfrage/zuwanderung-nach-deutschland/ [Zugang: 10.09.2015].
13 Heribert Prantl: *Willkommen und Abschottung*, a. a. O.
14 Vgl. Berlin-Institut für Bevölkerungsentwicklung (Hg.): *Ungenutzte Potenziale. Zur Lage der Integration in Deutschland*. Berlin 2009, S. 26; Faruk Şen/ Hayerettin Aydın: *Islam in Deutschland*. München 2002, S. 15.

Erschwerend hinzu kamen anfangs durch die große soziokulturelle Distanz zwischen Herkunfts- und Aufnahmegesellschaft, aber auch durch Abwehrhaltungen der Aufnahmegesellschaft gegenüber ‚dem Islam' geprägte Integrationsbarrieren: die Türken waren in der Bundesrepublik Deutschland die als ‚fremdeste' wahrgenommene Gruppe, ähnlich wie die ebenfalls muslimischen Nordafrikaner in Frankreich, die Afro-Karibier oder Pakistanis und ostafrikanischen Inder in Großbritannien. 1980 war fast die Hälfte der türkischen Jugendlichen im Alter von 16–20 Jahren weder in der Schule noch in der Lehre oder in regulärer Arbeit; zwei Drittel derjenigen im Alter von 15–19 Jahren hatten keinerlei berufliche Ausbildung. Sprachprobleme (‚Analphabeten in zwei Sprachen'), mangelhafte schulische Bildung und berufliche Ausbildung erschwerten noch lange auch in der zweiten Generation die soziale Integration, so daß nicht ohne Grund die Lage der Türken in Deutschland immer wieder mit derjenigen von Nordafrikanern in Frankreich verglichen wurde[15].

Diese Fakten, die auf die soziale Lage der angeworbenen Arbeitermigranten sowie auf das zunächst mangelnde Interesse des aufnehmenden Landes an der Verbesserung dieser Lage zurückzuführen sind, sorgten in der Öffentlichkeit immer mehr für angespannte Diskussionen. Migration habe man fortwährend als Risiko für die Wohlfahrt verstanden, so Bade, und die „Skandalisierung des Themas sowie seine dramatische Inszenierung in den öffentlichen Debatten" führten zu Restriktionen in der Politik und Gesetzeslage[16].

Es sind seit dieser Zeit mehrere Jahre vergangen, der Diskurs ist immer noch emotional beladen, bedingt durch diverse Faktoren – sei es durch die Debatte um das Asylrecht Mitte der 1990er Jahre[17], sei es durch verbale und körperliche Attacken gegen Türkinnen und Türken oder die Attentate auf türkische Familien in Mölln und Solingen[18], oder anderseits durch Diskussionen um Ehrenmorde und traditionsbedingte Kulturdifferenzen[19] oder Integrationsbarrieren sozialen

---

15 Klaus J. Bade: *Europa in Bewegung*, a. a. O., S. 335.
16 Vgl. ebenda., S. 345.
17 Vgl. Christoph Peters: *Geleitwort*. In: Hilal Sezgin (Hg.): *Manifest der Vielen*. Berlin 2011, S. 7–10, hier S. 7.
18 Faruk Şen/ Andreas Goldberg: *Türken in Deutschland. Leben zwischen zwei Kulturen*. München 1994, S. 10; Günther Lachmann: *Tödliche Toleranz. Die Muslime und unsere offene Gesellschaft. Mit einem Beitrag von Ayaan Hirsi Ali über die Situation der muslimischen Frauen*. München/ Zürich 2007, S. 40ff.
19 Vgl. Anna Reimann: ‚*Ehrenmord' an Hatun Sürücü: Unvergessen, ungesühnt*. In: „Spiegel-Online" vom 7.02.2008, http://www.spiegel.de/panorama/justiz/ehrenmord-an-hatun-sueruecue-unvergessen-ungesuehnt-a-533755.html, [Zugang: 20.08.2013]; Janine Ziegler: *Das Kopftuchverbot in Deutschland und Frankreich. Ein Beitrag zur Interpretation der Deutschen und französischen Islam-Politik*. Paderborn 2011.

Ursprungs[20]. In den letzten Jahren spitzte sich die Lage durch die medienwirksame Diskussion des Buches von Thilo Sarrazin[21] oder jüngst durch die Pegida-Aufmärsche (u.ä.) in vielen Städten Deutschlands zu[22].

Es gibt jedoch auch positive Elemente in der Entwicklung des ‚türkisch-postmigrantischen' Lebens in der Bundesrepublik. Allen voran muss man die überwiegend friedliche Koexistenz der Millionen Menschen verschiedener Herkunft im Land nennen. Um den Wohlstand der Nation muss man sich nach über fünfzig Jahren der Anwesenheit der Gastarbeiter aus der Türkei und ihrer Nachfahren nach wie vor kümmern. (In kapitalistischen Ländern ist er sowieso immer bedroht, aber glücklicher Weise noch nicht zusammengebrochen).

Die juristische Seite des Aufenthaltes der Migranten verbesserte sich wesentlich in den 1990er Jahren, und ab dem Jahr 2000 erhalten viele Kinder türkischer Staatsangehöriger in Deutschland auch die deutsche Staatsangehörigkeit[23]. Außerdem verändert sich, wenn auch langsam, die Beschäftigungsstruktur der ursprünglich aus der Türkei stammenden Erwerbsbevölkerung in Richtung von Tätigkeiten im Angestelltenverhältnis, vor allem im Dienstleistungsbereich. Es wächst auch die Zahl der Wohnungs- und Hauseigentümer unter ihnen[24]. Karakasoglu notiert noch eine weitere kulturell wichtige und in Bezug auf die Integration tragende Tatsache:

> Kulturschaffende türkischer Herkunft erlangen zunehmend Anerkennung und Popularität und werden zum selbstverständlichen Element der pluralen deutschen Kulturszene. Die Schauspieler, Regisseure, Schriftsteller und Kabarettisten türkischer Herkunft sind Vertreter eines neuen Selbstverständnisses der Türken in Deutschland. Sie stehen zu ihrer Herkunft, die sie auch als künstlerisches Verbindungsmittel einsetzen, betonen aber ihre Verbindung zu Deutschland und die Eigenständigkeit einer türkischen Migrantenkultur gegenüber der Kultur der türkischen Herkunftsgesellschaft. Die Tatsache, daß sich Türken zu einem selbstverständlichen Thema und zu Protagonisten der Literatur und des Films entwickelt haben, verweist auf ihre Akzeptanz als Element der deutschen Populärkultur[25].

---

20 Vgl. Stefan Luft: *Wege aus der Integrationskrise*. In: http://www.hss.de/uploads/tx_ ddceventsbrowser/070117_Stefan_Luft_01.pdf [Zugang: 3.07.2015].
21 Vgl. die Debatte um das Buch – Thilo Sarrazin: *Deutschland schafft sich ab. Wie wir unser Land aufs Spiel setzen*. München 2012; Hilal Sezgin (Hg.): *Manifest...*, a. a. O.
22 „Pegida"-Demonstration in Köln. Köln verhindert Kögida Aufmarsch. In: http://www1. wdr.de/themen/politik/sp_pegida/pegida-koeln-100.html [Zugang: 6.01.2015].
23 Vgl. Yasemin Karakasoglu: *Türkische Arbeitswanderer seit Mitte der 50er Jahre*. In: Klaus J. Bade u.a. (Hg.): *Enzyklopädie Migration in Europa: vom 17. Jahrhundert bis zur Gegenwart*. Zürich 2007, S. 1054–1061, hier S. 1059.
24 Vgl. ebenda, S. 1057.
25 Ebenda, S. 1059.

Die Zahl der im Bereich Kultur tätigen Nachfahren von Migrantenfamilien aus der Türkei wird immer größer und ihre Popularität überquert mittlerweile die deutschen Grenzen. Es seien hier nur die Filme von Fatih Akin oder der Schwestern Şamdereli, Übersetzungen der Werke von Feridun Zaimoglu, Emine Sevgi Özdamar oder der Einsatz der Satiren Osman Engins im Fremdsprachenunterricht in vielen europäischen Ländern[26] erwähnt. Ihre künstlerische Leistung kann als Musterbeispiel einer gut gelungenen Integration dienen.

3. Von der Integration der Werte und dem Wert der Integration

Nicht zuletzt gehören zu den grenzüberschreitend bekannten Werken, geschrieben von in Deutschland lebenden Intellektuellen türkischer Herkunft, die Kritiken von Necla Kelek, die auch ins Polnische übersetzt wurden. Die Autorin spricht sich deutlich für die Werte der demokratischen Zivilgesellschaft des Westens aus und hält sich für eine Deutsche, Europäerin sowie Türkin zugleich. Ihre Argumente im Dialog der Kulturen klingen überzeugend in westlichen Ohren. Sie betont z.B.:

> Die europäischen Gesellschaften sind säkulare Gemeinwesen, in denen der Glaube und seine Ausübung geschützt sind, den Menschen aber keine verbindlichen Vorschriften mehr durch die Religion gemacht werden. Unsere Werte und Normen verdanken sich in wesentlichen Bestandteilen dem Christentum und dem Humanismus der Aufklärung. Beide haben, auf unterschiedliche Weise, zur Befreiung des Einzelnen von jedweder Vormundschaft beigetragen, uns beigebracht, die unantastbare Würde des Menschen zu achten, Männer und Frauen als gleichberechtigt anzuerkennen und die Grenzen unserer individuellen Freiheit dort zu sehen, wo sie die Freiheit eines anderen verletzt. Die Rechte des Individuums stehen im Zentrum unserer Verfassung. Durch Rechtsstaatlichkeit werden sie garantiert, durch Gesetze ‚von außen' geschützt, über ‚internalisierte' Werte haben wir sie uns als moralische Orientierung ‚zu eigen' gemacht. Wir wissen – auch wenn viele es nicht wahrhaben wollen – dass jeder für sein Tun verantwortlich ist[27].

In einem ähnlichen Tenor äußert sich auch Seyran Ateş zum Thema, indem sie die Werte der westlichen Demokratien als den Hauptgrund für ihre persönliche Entscheidung, in Zukunft nur deutsche Staatsbürgerin zu sein, nennt. Sie schreibt diesbezüglich u.a.:

> Der Besitz oder Nichtbesitz eines Passes bzw. einer Staatsangehörigkeit ist allerdings keinesfalls ein Kriterium für die Anwesenheit oder Abwesenheit einer Identität. Mit der

---

26 Vgl. http://www.osmanengin.de/, [Zugang: 30.08.2014]; Anna Warakomska: *Osman Engins Bild Deutschlands und der Deutschen im Roman ‚Kanaken-Gandhi'*. Materialien der Konferenz *Deutsch ohne Grenzen*. České Budějovice 18-19.09.2014, in Druck gegeben.
27 Necla Kelek: *Bittersüße Heimat* …, a. a. O., S. 326.

Abgabe der türkischen Staatsangehörigkeit habe ich auch nicht gegen die Türkei und für Deutschland im Sinne eines nationalen Denkens entschieden. Nationales Denken ist mir vollkommen fremd. Entschieden habe ich mich aber für ein politisches System, für eine Zivilgesellschaft, für ein Rechtssystem, für Gewaltenteilung, für einen hohen Standard an Demokratie und Gleichberechtigung der Geschlechter, für einen – wenn auch hinkend – säkularen, auf jeden Fall aber aufgeklärten Umgang mit Religion, vor allem jedoch auch für die Freiheit und den Schutz, der mir in diesem Land gewährt wird[28].

Ihren Schritt bezeichnet die Autorin als eine Entscheidung für eine politische Heimat, die eines Tages auch das politische System der Türkei wird miteinschließen können, wenn dieses Land sich – so Ateş weiter – in Richtung wahrer Demokratie bewegen würde, was wiederum die Schranken zwischen ihm und Europa niederreißen könnte[29].

In weiteren Reflexionen überlegt die Kritikerin, was für sie der Begriff Heimat bedeute und kommt zum Schluss, dass sie keinen engen Heimatbegriff habe, der sich nur auf Blut und Boden beziehe. Für sie gebe es nicht nur eine Heimat, sie habe vielmehr eine Identität, die sich zusammensetze aus Erfahrungen und Erinnerungen, aus den Sprachen, die sie spreche, aus ihren Gefühlen gegenüber Landschaften, gegenüber Musik, Literatur, Kunst, letztlich gegenüber der ganzen Kultur, die sie erlebe, zum Leben, das sie führe. Man muss zugeben: Ein modernes Heimatgefühl, das in der globalisierten Welt zum Gemeingut von immer mehr Menschen wird. Die Türkei bleibe ihre Heimat, aber sie habe eine neue hinzubekommen – ergänzt Ateş weiter – nämlich Deutschland. Dies passierte zwar nicht auf Anhieb, als sie 1969 als Sechsjährige mit ihren Eltern nach Deutschland kam, aber sehr rasch. Zu den Elementen, die dieses neue Heimatgefühl potenzierten, gehörten ihre deutsche Schule, die sie besonders liebte, die deutsche Sprache und deutsche Bücher, von denen sie angetan war.

Deutschland mit seinen Errungenschaften im pädagogischen Bereich hat Ateş eine Karriere ermöglicht und sie hat ihre Chance gut genutzt. Dies war möglich, weil es in diesem Land, wie übrigens auch in anderen europäischen Ländern, die Eigeninitiative und Bildung von Menschen, sowohl von Mädchen wie auch Jungen, etwas Selbstverständliches ist. Ateş erzählt von ihrem Schicksal in Anlehnung an die Geschichte von Malala Yousafzai aus Pakistan, die 2012 von den Taliban niedergeschossen und schwer verletzt wurde, weil sie sich öffentlich für das Recht von Mädchen auf Bildung eingesetzt hatte. Die Zusammenführung dieser zwei Lebensschicksale spricht für sich und bedarf keines weiteren Kommentars.

---

28 Seyran Ateş: *Wahlheimat ...*, a. a. O., S. 22.
29 Vgl. ebenda, S. 23.

Eine positive Erinnerung an die Schulzeit in Deutschland gehört inzwischen zum festen Repertoire der auf Deutsch schreibenden Erzähler mit Migrationshintergrund – dieser Begriff ist übrigens kontrovers[30], aber ich finde hier keinen besseren. Iris Alanyali, deren Vater aus Izmir und deren Mutter aus Hessen stammt, rekurriert zum Beispiel in einer ihrer Familiengeschichten mit viel Humor auf ihre deutsche Schulzeit:

> Dass keine Missverständnisse aufkommen: Ich bin die erste, die findet, dass wir Deutschen von Ausländern deutsche Sprachkenntnisse verlangen müssen. Und zwar am besten mit Zwang. Mit fremden Ausländern kenne ich mich nicht so aus, aber über die türkische Psyche weiß ich eins: Je strenger, desto besser. Erstens ist die türkische Gesellschaft ein patriarchalisches System, und zweitens sind die Türken seit Atatürk daran gewöhnt, mit dem Rohrstock erzogen zu werden[31].

Aufgrund des Sozialsystems müsse dem durchschnittlichen Türken Deutschland wie eine Waldorfschule erscheinen und das Schulsystem sei innerhalb dieser Waldorfschule das Kuschelzimmer. Um die beschriebene Lage vollends ironisch zu untermalen, skizziert die Autorin die angebliche Hauptdifferenz zwischen den Pädagogen in Deutschland und denen in der Türkei. Türkische Lehrer seien – so der Text – keine unreifen Weicheier mit immensem Rede- und Freundschaftsbedarf, sie biederten sich deshalb bei ihren Schülern nicht an, wie ihre deutschen Kollegen, sondern seien Respektspersonen. Daher preist die Autorin die Grundprinzipien der türkischen Pädagogik, indem sie empfiehlt, Türken eine Alternative anzubieten: „Du willst bei uns in Deutschland leben? Dann musst du Deutsch sprechen können"[32]. So einfach könnte es ihrer Ansicht nach gehen. Der satirische Ton ist hier leicht verständlich, zugleich wirkt jedoch die Exaktheit der Problemdarstellung verblüffend. Solche Darstellungen und die Offenheit der Autorin scheinen in der Debatte um die Grundlagen einer modernen Gesellschaft sehr hilfreich zu sein, sie beleidigen nicht, haben aber die Chance zur Verbesserung beizutragen.

Ohne satirische Übertreibung, aber mit viel Einsicht äußerte sich zum Thema bereits in den 1990er Jahren Heiner Geißler in seinen Reflexionen über die multikulturelle Gesellschaft[33]. Der Politiker stellt diese Idee als einen Gegenentwurf zu dem Konzept „Deutschland den Deutschen" dar und weist auf ihre elementarsten

---

30 Vgl. ebenda.
31 Iris Alanyali: *Die Blaue Reise und andere Geschichten aus meiner deutsch-türkischen Familie*. Reinbek bei Hamburg 2009, S. 12.
32 Ebenda, S. 13.
33 Heiner Geißler: *Bürger, Nation, Republik – Europa und die multikulturelle Gesellschaft*. In: Klaus J. Bade (Hg.): *Menschen über Grenzen, Grenzen über Menschen*. Heitkamp-Edition 1995, S. 112–131.

Anforderungen hin. So gehöre zu einer multikulturellen Gesellschaft das friedliche Zusammenleben der Deutschen mit Menschen anderer Herkunft in Gleichberechtigung und Toleranz, ohne Zwang zur Assimilation und mit Beibehaltung der kulturellen Identität. Andererseits würde aber eine solche Gesellschaft von den Ausländern, die schon längst Inländer sind, viele von ihnen bereits mit deutschen Pässen, die Anerkennung der Verfassungsgrundsätze Deutschlands sowie die Beherrschung der deutschen Sprache verlangen. Mit Erfüllung dieser Bedingungen sollte der Zugang zur deutschen Staatsbürgerschaft erleichtert und beschleunigt werden[34]. Der Autor fasst die Prinzipien eines solchen gesellschaftlichen Projektes zusammen:

> Das sind die Bedingungen für die Ausländer in einer multikulturellen Gesellschaft. Das heißt also auch: wer zum Beispiel als fundamentalistischer Moslem die Gleichberechtigung der Frau und die Religions- und Glaubensfreiheit nicht akzeptiert, der hat in Deutschland nichts verloren. Das mag hart klingen und von manchen als ‚eurozentristisch' angesehen werden, ist aber wichtig, um Missverständnisse zu vermeiden. Die dogmatische Vorstellung der falschen Multikulturellen, die die kulturelle Identität des Ausländers unabhängig von den Grundregeln unserer Verfassung gelten lassen wollen, muss abgelehnt werden[35].

Die Anerkennung der Prinzipien einer demokratischen Gesellschaft demonstriert der Autor mithilfe von zwei hypothetischen Beispielen: Das „des Religionsimperialismus", der das aufklärerische Schulwesen in Frage stellen würde, und des Postulats der Außerkraft-Setzung der Gleichberechtigung der Frau in isolierten Zirkeln innerhalb der Bundesrepublik. An diesen Exempeln sieht man klar, dass Ansichten, die gegen das Erbe der Aufklärung, gegen westliche Grund- und Menschenrechte verstoßen, auch in den liberalsten Gesellschaften keinen Bestand haben können, weil sie den Primat des Grundgesetzes nicht achten. Geißler betont dementsprechend, dass eben diese „grundgesetzliche" Einschränkung gemacht werden müsse. Sie sei konstitutiv und unabdingbar für das friedliche Zusammenleben. „Keine pluralistische, also auch keine multikulturelle Gesellschaft, ob in Deutschland, Frankreich, Großbritannien oder der Europäischen Union allgemein, kann auf Dauer Bestand haben, wenn keine Übereinstimmung über die Grundwerte und grundlegenden Regeln besteht, die einer Gesellschaft zugrunde liegen"[36].

Seyran Ateş sieht diese Problematik ähnlich, indem sie sich für Freiheit, Selbstbestimmung und Partizipation der Frauen, zum Beispiel am politischen Leben, und gegen die Relativierung der Menschenrechte einsetzt und für die

---

34 Vgl. ebenda.
35 Ebenda.
36 Ebenda, S. 123.

zuletzt genannten sogar die Universalität sowie übereinstimmende Definitionen in Morgen- und Abendland einfordert[37]. In Bezug auf die Grundwerte, über die Geißler sprach, schlägt sie das US-amerikanische Beispiel vor und plädiert für den sogenannten Verfassungspatriotismus. Sie äußert sich dazu folgenderweise: „Die USA sind seit ihrer Gründung mit ethnischer und kultureller Heterogenität konfrontiert, in Europa gilt es, der Wirklichkeit Rechnung zu tragen und anzuerkennen, dass auch seine Staaten multikulturell geworden sind und es in der Zukunft auch bleiben werden"[38]. Aber der Verfassungspatriotismus bedeutet bei der Essayistin nicht nur eine ‚oberflächliche' Anerkennung der Grundrechte, die sich etwa in Unterordnung unter Regeln, Teilnahme an Wahlen und dergleichen mehr manifestiert. Sie betont, dass diese Art Patriotismus von den Menschen aktiv gelebt und „sozusagen ‚von Herzen'" angenommen werden muss. Über die Verpflichtungen aller Bürger in einem solchen System, die für die Stabilisierung der stark pluralistischen modernen Gesellschaften sorgen und meiner Ansicht nach zur *conditio sine qua non* solcher Gesellschaften gehören, sagt Ateş:

> [...] es geht tatsächlich um eine Identifikation mit den Werten Freiheit, Gleichheit und Demokratie und der auf ihnen fußenden Verfassung. Erst aus einer Verinnerlichung dieser Werte resultieren Solidarität mit sowie Respekt und Toleranz gegenüber anderen Menschen. Diese können ganz anders sein als man selbst, man braucht sie nicht zu mögen und kann ihnen auch aus dem Weg gehen, aber man darf sie nicht als Fremde ausgrenzen, denn sie gehören zur selben Gesellschaft, zum selben Staat, ja, wenn man es auf das Weltbürgertum ausweitet, zur selben Welt. Sie haben sich denselben Regeln verschrieben, die verlangen, dass sie sich ebenso solidarisch, respektvoll und tolerant verhalten wie man selbst[39].

Die obenstehenden Reflexionen von Heiner Geißler wie auch Seyran Ateş' Bekenntnisse zur liberalen Demokratie scheinen in Europa selbstverständlich zu sein und klingen manchmal sogar banal, wenn man sie tatsächlich verinnerlicht hat. An die genannten Werte soll ständig erinnert werden, um die Un-Überzeugten genauso wie die nicht mehr Überzeugten für sie zu gewinnen. Ohne diese Werte würde die Gesellschaft vielleicht weiter bestehen, von Pluralismus, geschweige denn Multikulturalismus kann dann aber keine Rede mehr sein. Und dies in jeder Hinsicht.

Diese Ansicht kann die Debatte um Thilo Sarrazins Thesen sehr gut illustrieren. Exemplarisch sei hier an ein von Miyesser Ildem, Mitbegründerin des Zentrums für Islamische Frauenforschung und Frauenförderung, genanntes Beispiel erinnert.

---

37 Vgl. Seyran Ateş: *Wahlheimat.*, a. a. O., S. 27.
38 Ebenda, S. 161.
39 Ebenda, S. 162.

Sie zitiert die Ergebnisse einer von der Friedrich-Ebert-Stiftung durchgeführten Untersuchung, laut der 58,4% der Deutschen dafür sind, die Religionsausübung für Muslime einzuschränken. Die Autorin unterstreicht: „Irgendwie scheinen in Bezug auf Musliminnen und Muslime alle Dämme gebrochen zu sein – die gesamte Ablehnung fokussiert sich auf sie, und zwar gleichgültig, wie der oder die Einzelne als Mensch ist. Das erschreckt mich"[40]. Dieses Erschrecken tendiert zum Entsetzen, wenn die Autorin bedenkt, dass ein Grundrecht zur Disposition steht. Mit Sorge und auch Empörung kontert sie daher alle Verfassungsbekenntnisse, indem sie für jeden einleuchtend schreibt: „Einerseits wird das Grundgesetz als die Errungenschaft schlechthin deklariert, andererseits wird es eingeschränkt. Bei Bedarf wird augenscheinlich ein Abgrenzungsmechanismus aktiviert, der zu einer Diskriminierung führt, die auch mit den Menschenrechten nicht zu vereinbaren ist"[41].

Naika Foroutan, Politikwissenschaftlerin am Institut für Sozialwissenschaften der Humboldt Universität, ist ähnlich besorgt wie Ildem und zeigt anhand zweier Studien die Bereitschaft zur kollektiven Abwertung von Muslimen in Deutschland auf. Die erste Umfrage wurde noch vor der Sarrazin-Debatte durchgeführt, und damals lag diese Bereitschaft bei 25 Prozent der Befragten. In der zweiten Untersuchung aus der Zeit nach der Publikation von *Deutschland schafft sich ab* lagen die Werte bei 55 Prozent und hatten sich also verdoppelt. Mit dem Hinweis auf die Macht des Diskurses mahnt die Forscherin vor Panikmache:

> Wir müssen die Ängste in der Bevölkerung ernst nehmen, hallt es durch alle Parteien. Die Ängste – wovor? Vor dem Fünf-Prozent-Anteil der Muslime in Deutschland? Vor dem 0,5-Prozent-Anteil der Integrationsverweigerer an der Gesamtbevölkerung? Den 0,05-Prozent Islamisten in Deutschland? Oder von den 7,6 Prozent Hartz-IV-Empfängern, die es in Deutschland gibt – mit und ohne Migrationshintergrund?[42].

Auch diese Autorin plädiert für eine gemeinsame Identität in einem pluralistischen Deutschland: Sie soll nicht über Herkunft, Religion oder Kultur definiert werden, weil eben diese Größen ihrer Meinung nach als Formen von Rassismus und Ausschluss zu überwinden sind, sondern über einen gemeinsamen Ausblick in die Zukunft innerhalb eines heterogenen Deutschlands in einem entgrenzten globalen Markt, in einem entgrenzten globalen Raum[43].

---

40 Miyesser Ildem: *Meine pränatale Migration*. In: Hilal Sezgin (Hg.): *Manifest der Vielen*. Berlin 2011, S. 127–132, hier S. 131.
41 Ebenda.
42 Naika Foroutan: *Gemeinsame Identität im pluralen Deutschland*. In: Hilal Sezgin (Hg.): *Manifest der Vielen*. Berlin 2011, S. 143–152, hier S. 147.
43 Vgl. ebenda, S. 151.

Aus diesen Worten liest man schon den modernen Ruf nach einer Befreiung aus einem überkommenen Begriffskorsett heraus, das die Identität als eine nationale Angelegenheit umschreibt. Seyran Ateş hält diese Form der Identifikation für Vergangenheit und spricht von transkultureller Identität:

> Selbstverständlich wird es durch die Auflösung der Grenzen Verluste der kulturellen Vielfalt geben, aber transkulturelle Identitäten sind keine uniformen Identitäten. Die unterschiedlichen Menschen bilden durch ihre je eigenen Erfahrungen und Begegnungen unterschiedliche kulturelle Schnittmengen, die ihre transkulturelle Identität ausmachen. Sie können in ihrer Unterschiedlichkeit als Bürger in einem Staat zusammenleben, verbunden durch für alle gültige Werte und Gesetze, die sich sowohl rechtlich als auch kulturell begründen. Begriffe wie ‚Leitkultur' und ‚Multikulturalismus' sind verbrannte Instrumente und zur Diskussion über Integration und Identitäten in einer multikulturellen Gesellschaft völlig ungeeignet[44].

In *Wahlheimat* beruft sich Ateş auf die Philosophen Wolfgang Welsch und Byung-Chul Han, der sogar die Entität Transkulturalität in Hyperkulturalität umtaufen will – eine Vorstellung, die alle Grenzen in einer völlig globalisierten Welt auflöst, die Unterschiede zwischen eigen und fremd als nicht existent sowie die Welt als virtuell und frei verfügbar betrachtet. Ob wir tatsächlich als ‚heitere Touristen' im Cyberraum die ganze Welt bereisen werden und uns nichts und niemand fremd sein wird, bleibt dahingestellt. Wesentlich zu sein scheint bei Ateş' Reflexionen die Hervorhebung der Werte und Gesetze, auf die sich alle in einer Gesellschaft einigen sollten und die nach dem Ausschalten des PCs, also über virtuelle Realitäten hinaus, weiter gelten.

4. Positive Beispiele der Integration

Die Politik kümmerte sich bekanntlich wenig um die Integration der Immigranten in die Mehrheitsgesellschaft[45]. Alle dachten zunächst an die Kurzfristigkeit des Aufenthaltes der Gastarbeiter in der Bundesrepublik, eine Denkweise, die in dem Begriff Gastarbeiter selbst ihren Ausdruck fand[46]. Günter Lachmann präsentiert die damalige Lage zusammenfassend, indem er die kurzfristigen Folgen der Anwerbeabkommen der 1960er Jahre als eine Situation schildert, die gar nicht eingeplant und bedacht worden war. Zunächst strömten nach Deutschland Massen von Arbeitern, vor allem aus dem Osten der Türkei, aus den verarmten Regionen Anatoliens, aber

---

44 Vgl. Seyran Ateş: *Wahlheimat*..., a. a. O., S. 112.
45 Vgl. Lachmann: *Tödliche Toleranz*..., a. a. O., S. 18ff.
46 Vgl. Anna Picardi-Montesardo: *Die Gastarbeiter in der Literatur der Bundesrepublik Deutschland*. Berlin 1985, S. 3.

auch aus Portugal, Spanien und Griechenland. Und erst später wurde deutlich, dass beide Seiten auf dieses Experiment nicht vorbereitet gewesen waren. Die Gastarbeiter besaßen zumeist keine brauchbare Berufsausbildung, und sie wussten nicht, was sie in der boomenden Bundesrepublik erwartet. Die Bundesrepublik war wiederum auf sie nicht vorbereitet. „Diejenigen, die sie für gering qualifizierte Beschäftigungen nach Deutschland geholt hatten, sahen in den Gastarbeitern nichts weiter als eine Kalkulationsgröße in einer nüchternen Kosten-Nutzen-Rechnung"[47]. Die sozialen Problematiken sowie kulturellen bzw. durch Tradition bedingten Differenzen zwischen muslimischen Migranten und den Einheimischen, die sich bald abzeichneten, fasst Necla Kelek anschaulich zusammen. In *Die fremde Braut* spricht die Autorin von einer übrigens typischen Reaktion[48] einer Menschengruppe in der Diaspora. Unter anderem das Desinteresse der Nachbarn verursachte bei vielen Immigranten, auch unter den Religionsindifferenten, eine Rückkehr zu Religion und Tradition. Gemeinsam fühlten sie sich wieder stärker „und das Leben wurde einfacher – man musste sich nicht mehr um Kontakte zu den Deutschen bemühen, sich nicht mehr mit der deutschen Sprache quälen"[49]. Da es genügend Landsleute mit gemeinsamer Sprache und vertrauten Sitten gab und das Leben sowieso schon schwer war, entschieden sich viele weiter so wie früher zu leben.

Heute sieht die Lage ganz anders aus. Immer öfter spricht man von der BRD als einem Einwanderungsland[50]. Und die Immigranten sowie ihre Nachfahren, die durch ihren Pass, ihre Sprache und nicht zuletzt durch die Verinnerlichung der hier herrschenden Werte zu Deutschen wurden, äußern oft Postulate, sie endlich als Ebenbürtige zu betrachten[51]. Manche von ihnen erheben keine Ansprüche, viele zeigen durch ihre tägliche Leistung, dass Angst vor Fremden, Ausländern oft nur ein Propagandamittel ist.

Zum Abschluss soll an einigen ausgewählten Beispielen diese Entwicklung aufgezeigt werden. Begonnen sei mit einem Vermerk aus *Die Blaue Reise* von Iris Alanyali, die sich zu ihrem Deutschsein folgenderweise bekennt:

---

47 Günther Lachmann: *Tödliche Toleranz...*, a. a. O., S. 18.
48 Vgl. Seyran Ateş: *Wahlheimat...*, a. a. O., S. 50.
49 Necla Kelek: *Die fremde Braut...*, a. a. O., S. 144.
50 *Merkel: Deutschland ist ein Einwanderungsland*. In: „Frankfurter Allgemeine Zeitung" vom 1.06.2015. http://www.faz.net/aktuell/politik/ausland/europa/angela-merkel-sieht-deutschland-als-einwanderungsland-13623846.html [Zugang: 3.07.2015].
51 Vgl. Seyran Ateş: *Wahlheimat.*, a. a. O., S. 23; Naika Foroutan: *Gemeinsame Identität...*, a. a. O., S. 152.

> Ich bin stolz darauf, Deutsche zu sein.
>
> Huch.
>
> Aber ich kann das erklären. Es heißt doch immer, dass man nur stolz sein könne auf etwas, was man selbst erreicht hat, und nicht auf ein zufälliges biographisches Detail. Eben. Ich kann guten Gewissens sagen: Ich habe einiges durchgemacht, bevor ich Deutsche wurde. Deutsch war ich schon immer, aber Deutsche bin ich erst mit achtzehn geworden. Ich bin in Deutschland auf die Welt gekommen, meine Mutter ist Deutsche, mein Vater aber Türke, und so galt auch ich automatisch als Türkin[52].

Auf über 250 Seiten erzählt die Autorin weiter über die Schicksale ihrer Familie in Deutschland und während ihrer Reisen in der Türkei. Sie macht das mit viel Humor und ohne Komplexe. Sie zeigt, wie irreführend Stereotype und klischeehaftes Denken sind. Durch ihre Feuilletons und Bücher, auch durch das oben zitierte, beweist sie, dass sie nicht nur zur deutschen Gesellschaft gehört, sondern sie auch mitgestaltet. Ihr Bekenntnis zum Deutschtum, auch wenn innerhalb einer Bucherzählung[53], ist heute keine Seltenheit mehr.

Laut einer Studie der Forschungsgruppe JUNITED (Junge Islambezogene Themen in Deutschland) am Berliner Institut für empirische Integrations- und Migrationsforschung (BIM) der Humboldt Universität bestätigt die große Mehrheit der Befragten ihre positive Einstellung zu Deutschland. Während 80 Prozent aller Untersuchten die Frage „Lieben sie Deutschland?" bejahten, gaben 77 Prozent der Migranten an, sich in großen Teilen als deutsch zu fühlen, ferner versicherten sie die Identifikation mit diesem Land[54]. Jan-Hendrik Olbertz, Präsident der Humboldt-Universität kommentiert diese völlig neue Situation in Bezug auf die Definition des Begriffes nationale Identität der Deutschen wie folgt: „Wir sehen hier deutlich, dass sich die nationalen Identitätsbezüge wandeln und ausweiten – immer mehr Menschen nehmen für sich in Anspruch, deutsch zu sein, auch wenn ihre Namen anders klingen und ihre Vorfahren nicht immer hier lebten"[55]. Diese Ergebnisse werden auch immer öfter im deutschen öffentlichen Leben belegt, durch deutsche Politiker, Künstler, Sportler, Autoren, Entertainer türkischer Herkunft, aber auch namentlich nicht weiter bekannte Nachbarn der sogenannten Bio-Deutschen, die verschiedenen Berufen nachgehen, manchmal auch dem in Vergessenheit geratenen Beruf der Hausfrau. Das, was sie verbindet, ist die Akzeptanz der in Deutschland herrschenden Regeln. Eine davon malt Feridun Zaimoglu in seinem Roman

---

52 Iris Alanyali: *Die Blaue Reise* …, a. a. O., S. 9.
53 Über den Wahrheitsgrad des Buches vgl. ebenda, S. 255.
54 Vgl. Claudia Mende: *Lieben Sie Deutschland?* – a. a. O.
55 Ebenda.

Leyla aus, als der Schwiegervater der Titelheldin am Ende des Romans über die bevorstehende (Aus-)Reise aus der Türkei nach Deutschland spricht. Die Protagonistin wundert sich über das deutsche Vokabular, das Schafak Bey sich anzueignen versucht, und es kommt zu folgendem Gespräch zwischen ihnen:

> Wärme. Schweinefleischsalami. Seidenstrümpfe, ruft Schafak Bey plötzlich aus. Was meinen Sie Herr Vater? Deutsche Wörter, sagt er, das sind die einzigen Wörter, die ich kenne. Der Luxus der Deutschen hat sich bis zu uns herumgesprochen. Ich kenne die ungefähre Bedeutung: Deutsche Wärme ist gut. Und was heißt das? frage ich. Das heißt soviel wie: Es wird bei uns gut geheizt, niemand muss frieren, und wer doch friert, ist selber schuld. Soviel Bedeutung in vier Worten! sage ich. Siehst du! Es hat mich eine ganze Woche gekostet, um herauszufinden, wieviel Sinn in einem kurzen Satz steckt. Es scheint, als sei jedes Wort ein Laib Brot, in dem ein Goldtaler versteckt ist[56].

Die Schicksale der beiden werden unterschiedlich enden, Leyla kann aber die weise Lehre ihres Schwiegervaters mit auf die Reise nehmen. Diese Weisheit hat deutlich autothematische Züge und zeugt abermals davon, was Jens Jessen dem Schriftsteller treffend bescheinigt hat, nämlich, dass Zaimoglu etwas könne, was kein Autor seiner Generation schaffe: Er verfüge über das ganze Arsenal der Mittel der deutschen Literaturgeschichte und bediene sich deren, wo es ihm geboten scheine[57]. Die Sprache wird in der zitierten Passage zum Vehikel einer transnationalen bzw. transkulturellen Reise. Bezeichnend ist dabei das Bild eines Brotlaibes mit einem innewohnenden Wert.

Interessant wäre in diesem Zusammenhang zu erfahren, ob der Transfer der Werte und Vorstellungen zwischen der deutschen und türkischen Kultur auch in die umgekehrte Richtung verlaufen kann. Zahlreiche Belege dafür findet man bestimmt in der Belletristik. An dieser Stelle sei nur ein Beispiel aus Hatice Akyüns Bestseller *Einmal Hans mit scharfer Soße* angeführt. In der kurzen Vorstellung ihrer Familie am Anfang der Erzählung, bei der die Vor- und Nachteile des Lebens in beiden Ländern heiter dargeboten werden (z.B. Herzlichkeit der Menschen, aber ein schlecht funktionierendes Gesundheitswesen, Stromausfälle sowie Korruption der Beamten in der ersten Heimat), erinnert sich die Erzählerin an einen Bestandteil des Lebens in der zweiten Heimat:

> Dabei es ist gar nicht so lange her, dass die Deutschen die Nase über die türkischen Gastarbeiter rümpften, die mit ihren Familien im Sommer die Parks belagerten und mit einer

---

56 Feridun Zaimoglu: *Leyla*. Roman. Köln 2006, S. 510–511.
57 Vgl. Jens Jessen: *Am Anfang war der Hass. Feridun Zaimoglus neuer Roman Isabel*. In „Die Zeit" vom 24. 03.2014. http://www.zeit.de/2014/12/feridun-zaimoglu-isabel [Zugang: 13.05.2015].

Gelassenheit grillten, als befänden sie sich an einer offenen Feuerstelle im anatolischen Hinterland. Lange hat es nicht gedauert, bis auch deutsche Arbeiter und Akademiker sich vor ihren Gartenlauben versammelten und einen Grill aufstellten. Plötzlich tauchten ihre Frauen Marinadenrezepte aus, und Klassenunterschiede konnte man nur daran erkennen, ob das Fleisch beim Metzger des Vertrauens oder im Supermarkt gekauft worden war[58].

Der Austausch von Kochrezepten, die Aufnahme neuer Speisen und Essgewohnheiten in den Katalog der Selbstverständlichkeiten einer Gesellschaft sind, genauso wie die Aufnahme neuer Worte in den finalen Wortschatz, kleine Zeichen eines kulturellen Transfers. Es sei daran erinnert, dass der türkische Begriff arabischer Herkunft „Kismet" bereits im Duden verzeichnet ist und im Deutschen auch in übertragener Bedeutung verwendet wird[59]. Andererseits ist darauf hinzuweisen, dass deutsche Autoren türkischer Herkunft sehr oft vom Verzehr des Schweinefleisches in ihren Haushalten bzw. im Bekanntenkreis erzählen, sei es in Form der Reportage, sei es in der schöngeistigen Literatur[60]. Der Wandel in der Esskultur und im täglichen Leben scheint doch zu erfolgen. Man hat sich gewöhnt, im Fernsehen Türken nicht nur in der Rolle von Gemüsehändlern zu sehen: Kabarettisten türkischer Herkunft amüsieren die ganze Nation, genauso wie viele Schauspieler und Regisseure, die vom Publikum geliebt und für ihre Leistung geehrt werden. Diejenigen, die das wichtigste Gebot des Lebens in der zweiten Heimat achteten, sprechen heute ein brillantes Deutsch und schreiben Bücher, die von Belang sind, nicht nur für die deutsche Kultur.

5. Zusammenfassung

Viele der genannten Autoren, aber auch viele ungenannte, bekennen sich zu zwei Kulturen und sprechen über Heimat im Plural[61]. Den wohl schönsten Ausdruck, den ich gehört habe, ist Akyüns Spruch von dem deutschen Herz und der türkischen Seele. Necla Kelek, die seit vierzig Jahren in Deutschland lebt und seit fast zwei Jahrzehnten deutsche Staatsbürgerin ist, fühlt sich in zwei Kulturen zu Hause. Sie spricht offen von ihrer Sozialisation in einer türkisch-muslimischen Familie und ihrer Ausbildung in der deutschen Gesellschaft, in der sie insbesondere Selbstbestimmung und Verantwortungsbereitschaft gelernt hat – Eigenschaften, die sie am meisten schätzt. Diese doppelte Verankerung hält sie für ein Privileg,

---

58 Hatice Akyün: *Einmal Hans mit scharfer Soße*. Goldmann 2007, S. 26.
59 Vgl. http://www.duden.de/rechtschreibung/Kismet.
60 Vgl. Şinasi Dikmen: *Freundschaft*. In: ders.: *Hurra, ich lebe in Deutschland*. München/Zürich 1995, S. 106–114, hier S. 107; Necla Kelek: *Himmelsreise*..., a. a. O., S. 163.
61 Vgl. Seyran Ateş: *Wahlheimat* ..., a. a. O., S. 30–31.

das ihr ermöglicht, auf beide Kulturen mit Distanz zu schauen. Ihr ‚fremder Blick' auf die spannungsgeladenen Differenzen[62] hat bekanntlich für Kontroversen gesorgt[63]. Sie hat auch das Interesse des nichtmuslimischen Teils der Bevölkerung für seine türkischen Nachbarn geweckt, was schon ein und für sich eine Leistung ist.

Auch für Hatice Akyün, der es immer schwer fiel, auf die Herkunftsfrage exakt zu antworten, sind die zwei Kulturen, in denen sie groß geworden ist, eine Bereicherung. Sie meint dazu:

> Als Kind, muss ich gestehen, habe ich mich oft seltsam gefühlt. Ich dachte meine Familie und ich seien sonderbar: Meine Mutter trägt Kopftuch, wir essen anders, wir sprechen anders, wir riechen anders. Das habe ich als schlimm empfunden. Erst als ich älter wurde, merkte ich, mit welchem Reichtum ich gesegnet war, da ich die Chance hatte, mit zwei Sprachen und zwei Kulturen gleichzeitig aufzuwachsen; und dass ich eine Menge vermissen würde, wenn ich mich für eine meiner Welten entscheiden müsste […] Als Deutsche mit türkischer Herkunft – oder Türkin mit deutschen Eigenschaften – bin ich in der Lage, all die Sitten und Unsitten meiner türkischen und deutschen Landsleute zu beobachten und sie liebevoll oder auch mit spitzer Zunge zu kommentieren. So bin ich mal die deutsche, mal die türkische Botschafterin[64].

Iris Alanyali wiederum hat sich so sehr an ihr Deutschsein gewöhnt, dass sie eigentlich nur über ihr Türkischsein nachdenkt. Sie kommt zu dem Schluss, dass sie zu Hobby-Türkin geworden ist, einer freiwilligen Türkin, die sich über Deutsche und Türken lustig machen darf und es genießt, weil man ihr Ausländerfeindlichkeit nur schwer vorwerfen kann. Sie begreift sich als eine ungewöhnliche Deutschtürkin. Sie könne Plateauschuhe nicht ausstehen und habe keine Brüder mit ohnmächtiger Wut im Bauch, sie habe lediglich eine Schwester. „Mein Vater schlägt weder mich noch unsere Mutter und kann sogar deutsche Relativsätze bilden. Aber immerhin haben meine Eltern eine Satellitenschüssel auf dem Dach. Weil sie so gerne amerikanische Golfsport-Kanäle gucken"[65]. Ihr distanzierter Umgang mit Vorurteilen und ihr großes Sprachvermögen machen die von ihr erzählten Stoffe zu wahren Geschichten, die den Namen Literatur verdienen.

Am Ende sei noch eine Laufbahn erwähnt, die fern der Medien und des Büchermarktes von einer gelungenen Integration erzählt. Es ist das Wirken von Hafize Sucu, Rektorin an der Humboldt-Grundschule in Offenbach am Main. Sie stammt

---

62 Necla Kelek: *Himmelsreise* …, a. a. O., S. 155.
63 Vgl. Yasemin Karakaşoğlu/ Mark Terkessidis: *Gerechtigkeit für Muslime*. In: zeit online vom 1.02.2006 http://www.zeit.de/2006/06/Petition [Zugang: 28.08.2013].
64 Hatice Akyün: *Was ist Heimat*. In: Hilal Sezgin (Hg.): *Manifest*…, a. a. O., S. 213–220, hier S. 214.
65 Iris Alanyali: *Die Blaue Reise*…, a. a. O., S. 16.

aus einer türkischen Einwandererfamilie und kann ihre persönlichen Erfahrungen auch im Berufsleben gut ausnutzen. Bevor von ihr erzählt wird, soll noch zusammenfassend gesagt werden, dass die Integration der Immigranten und ihrer Nachfahren in Deutschland in sehr vielen Fällen gelungen ist. Die obige Analyse versuchte das exemplarisch zu zeigen. Personen, die in die Bildung ihrer Kinder investieren, diejenigen, die vor allem die Sprache erlernen sowie die hier herrschenden Regeln achten, haben die Chance, eine glückliche Zukunft aufzubauen. Viele haben ihre Chance in Erfolg verwandelt. Aus ihren Äußerungen geht hervor, dass es möglich ist, sich für Deutschland als Wahlheimat zu entscheiden, auch wenn dies nicht immer leicht fällt. Bei allen diesen Erfolgsgeschichten werden Werte hervorgehoben, die selbstverständlich für Deutsche und Europäer sind, wie etwa Achtung des Rechtes, Emanzipation, Verantwortungsbereitschaft, Leistung, Gleichstellung der Geschlechter, aber auch von Menschen verschiedener Herkunft. Diese Werte und Eigenschaften gehören zum Kanon der Überzeugungen in der modernen westlichen Welt. Sie können als Vorbild für das künftige Europa mit seiner Migrantenfrage sein. Mit einer richtig verstandenen Toleranz und freiwilliger Unterordnung unter solche Maßstäbe können wir gemeinsam ein friedliches Leben gestalten.

Das letzte hier präsentierte Beispiel bestätigt nur das Gesagte. Frau Sucu, die von Zuhause aus mit der muslimischen Kultur vertraut ist, kann ihre privaten Erkenntnisse in der von ihr geleiteten Schule anwenden. Sie kann den Lehrern vieles erklären sowie die Familien mit Migrationshintergrund beruhigen, wenn zum Beispiel Klassenfahrten anstehen, und sie muslimischen Eltern versichert, dass kein Schweinefleisch auf dem Speiseplan steht und Jungen und Mädchen getrennt schlafen. Frau Sucu erinnert sich an den Beginn ihrer Arbeit, als viele sich gewundert haben, dass sie nicht Türkisch, sondern Deutsch unterrichten wird. Manche Schüler wollten nicht glauben, dass eine ‚Ausländerin' Deutschlehrerin werden darf. Sie stellt ihre Vorbildfunktion für die Jugendlichen und die ganze Gesellschaft mit Stolz dar und weist auf eine weitere wichtige Eigenart der deutschen Kultur hin. Sie betont: „Ich bin sicher für viele Jungen und Mädchen aus Migrantenfamilien auch ein Vorbild dafür, dass sie in Deutschland beruflich erfolgreich sein können. Im September bekommen mein Mann und ich unser zweites Kind. Wenn ich meinen Sohn Timur zu Bett bringe, gehört zu unseren Ritual, dass ich ihm Geschichten zu Bilderbüchern erzähle. Kindern aus Büchern vorzulesen, das ist etwas, was ich aus deutscher Kultur übernommen habe"[66].

---

66 *Mein deutscher Alltag. Hafize Sucus Eltern kamen aus der Türkei nach Deutschland*. In: http://www.goethe.de/lhr/prj/daz/mag/mig/de14281519.htm [Zugang: 2.07.2015].

Literatur

Hatice Akyün: *Einmal Hans mit scharfer Soße. Leben in zwei Welten.* München 2007.

Hatice Akyün: *Was ist Heimat.* In: Hilal Sezgin: *Manifest der Vielen.* Berlin 2011, S. 213–220.

Iris Alanyali: *Die Blaue Reise und andere Geschichten aus meiner deutsch-türkischen Familie.* Reinbek bei Hamburg 2009.

Seyran Ateş: *Der Multikulti-Irrtum. Wie wir in Deutschland besser zusammen leben können.* Berlin 2010.

Seyran Ateş: *Der Islam braucht eine sexuelle Revolution.* Berlin 2011.

Seyran Ateş: *Wahlheimat. Warum ich Deutschland lieben möchte.* Berlin 2013.

Klaus J. Bade: *Einwanderung und Gesellschaftspolitik in Deutschland – Quo vadis Bundesrepublik.* In: Klaus J. Bade (Hg.): *Menschen über Grenzen, Grenzen über Menschen.* Heitkamp-Edition 1995, S. 204–223.

Klaus J. Bade: *Europa in Bewegung. Migration vom späten 18. Jahrhundert bis zur Gegenwart.* München 2002.

Berlin-Institut für Bevölkerungsentwicklung (Hg.): *Ungenutzte Potenziale. Zur Lage der Integration in Deutschland.* Berlin 2009.

Şinasi Dikmen: *Freundschaft.* In: ders.: *Hurra, ich lebe in Deutschland.* München/Zürich 1995, S. 106–114.

Piotr Fijałkowski: *Nie chcemy imigrantów z Afryki. Pikieta narodowców.* In: „Gazeta Wyborcza" vom 22.05.2015 http://wyborcza.pl/1,75248,17960942,_Nie_chcemy_imigrantow_z_Afryki_Pikieta_narodowcow.html.

Naika Foroutan: *Gemeinsame Identität im pluralen Deutschland.* In: Hilal Sezgin (Hg.): *Manifest der Vielen.* Berlin 2011, S. 143–152.

Heiner Geißler: *Bürger, Nation, Republik – Europa und die multikulturelle Gesellschaft.* In: Klaus J. Bade (Hg.): *Menschen über Grenzen, Grenzen über Menschen.* Heitkamp-Edition 1995, S. 112–131.

Magdalena Górnicka, Michał Jarocki: *Migracje w USA.* In: http://www.psz.pl/168-archiwum/migracje-w-usa.

Miyesser Ildem: *Meine pränatale Migration.* In: Hilal Sezgin (Hg.): *Manifest der Vielen.* Berlin 2011, S. 127–132.

Jens Jessen: *Am Anfang war der Hass. Feridun Zaimoglus neuer Roman Isabel.* In „Die Zeit" vom 24. 03.2014. http://www.zeit.de/2014/12/feridun-zaimoglu-isabel.

Yasemin Karakasoglu: *Türkische Arbeitswanderer seit Mitte der 50er Jahre.* In: Klaus J. Bade u.a. (Hg.): *Enzyklopädie Migration in Europa: vom 17. Jahrhundert bis zur Gegenwart.* Zürich 2007, S. 1054–1061.

Yasemin Karakaşoğlu/ Mark Terkessidis: *Gerechtigkeit für Muslime*. In: zeit online vom 1.02.2006 http://www.zeit.de/2006/06/Petition.

Necla Kelek: *Islam im Alltag. Islamische Religiosität und ihre Bedeutung in der Lebenswelt von Schülerinnen und Schülern türkischer Herkunft*. Münster 2002.

Necla Kelek: *Die fremde Braut. Ein Bericht aus dem Inneren des türkischen Lebens in Deutschland*. Köln 2005.

Necla Kelek: *Die verlorenen Söhne. Plädoyer für die Befreiung des türkisch-muslimischen Mannes*. Köln 2006.

Necla Kelek: *Bittersüße Heimat. Bericht aus dem Inneren der Türkei*. München 2009.

Necla Kelek: *Himmelsreise. Mein Streit mit den Wächtern des Islam*. München 2011.

Necla Kelek: *Chaos der Kulturen. Die Debatte um Islam und Integration*. Köln 2012.

Günther Lachmann: *Tödliche Toleranz. Die Muslime und unsere offene Gesellschaft. Mit einem Beitrag von Ayaan Hirsi Ali über die Situation der muslimischen Frauen*. München/ Zürich 2007.

Stefan Luft: *Wege aus der Integrationskrise. Vortrag bei den Garchinger Gesprächen in Zusammenarbeit mit der Akademie für Politik und Zeitgeschehen der Hanns-Seidel-Stiftung am 17. Januar 2007*. In: http://www.hss.de/uploads/tx_ddceventsbrowser/070117_Stefan_Luft_01.pdf.

Józef Łucyszyn: *Polska tradycja tolerancji w kontekście kształtowania nowego społeczeństwa. Od Pawła Włodkowica do Jana Pawła II – recepcja myśli teologicznej i politycznej*. Kraków 2014.

Mein deutscher Alltag. Hafize Sucus Eltern kamen aus der Türkei nach Deutschland. In: http://www.goethe.de/lhr/prj/daz/mag/mig/de14281519.html.

Claudia Mende: Lieben Sie Deutschland? – Die Studie ‚Deutschland postmigrantisch'. In: http://www.goethe.de/lhr/prj/daz/mag/igd/de13847779.html.

Merkel: Deutschland ist ein Einwanderungsland. In: „Frankfurter Allgemeine Zeitung" vom 1.06.2015. http://www.faz.net/aktuell/politik/ausland/europa/angela-merkel-sieht-deutschland-als-einwanderungsland-13623846.html.

Neues Flüchtlingsdrama im Mittelmeer. 40 Tote nach Schlauch-Boot Havarie. In: tagesschau.de, vom 5.05.2015. http://www.tagesschau.de/ausland/fluechtlinge-327.html.

„Pegida"-Demonstration in Köln. Köln verhindert Kögida Aufmarsch. In: http://www1.wdr.de/themen/politik/sp_pegida/pegida-koeln-100.html.

Christoph Peters: Geleitwort. In: Hilal Sezgin (Hg.): *Manifest der Vielen*. Berlin 2011, S. 7–10.

Anna Picardi-Montesardo: *Die Gastarbeiter in der Literatur der Bundesrepublik Deutschland*. Berlin 1985.

Heribert Prantl: *Willkommen und Abschottung – Migration in Europa*. In: http://www.goethe.de/lhr/prj/daz/mag/mip/de13649715.html.

Anna Reimann: ,*Ehrenmord*' *an Hatun Sürücü: Unvergessen, ungesühnt*. In: „Spiegel-Online" vom 7.02.2008, http://www.spiegel.de/panorama/justiz/ehrenmord-an-hatun-sueruecue-unvergessen-ungesuehnt-a-533755.html.

Thilo Sarrazin: *Deutschland schafft sich ab. Wie wir unser Land aufs Spiel setzen*. München 2012.

Faruk Şen/ Andreas Goldberg: *Türken in Deutschland. Leben zwischen zwei Kulturen*. München 1994.

Faruk Şen/ Hayerettin Aydın: *Islam in Deutschland*. München 2002.

Ungarn will Flüchtlinge mit Grenzzaun aufhalten. In: „Zeit-Online" vom 17.06.2015. http://www.zeit.de/politik/ausland/2015-06/fluechtlinge-ungarn-grenze-zaun-serbien.

Anna Warakomska: *Osman Engins Bild Deutschlands und der Deutschen im Roman ,Kanaken-Gandhi'*. Materialien der Konferenz *Deutsch ohne Grenzen*. České Budějovice 18-19.09.2014, in Druck gegeben.

Feridun Zaimoglu: *Leyla*. Roman. Köln 2006.

Janine Ziegler: *Das Kopftuchverbot in Deutschland und Frankreich. Ein Beitrag zur Interpretation der Deutschen und französischen Islam-Politik*. Paderborn 2011.

Andere Quellen

http://www.duden.de/rechtschreibung/Kismet.

http://www.osmanengin.de/.

Mehmet Öztürk (Elazığ)

Die Reise der Hoffnung dauert an

Zusammenfassung: In der Geschichte der Menschheit kommt es immer wieder vor, dass Menschen ihr Leben nicht dort verbringen, wo sie geboren und aufgewachsen sind. Aus den verschiedensten Gründen, wie etwa aufgrund politischer, wirtschaftlicher oder religiöser Ursachen, müssen Menschen innerhalb ihres eigenen Staates umsiedeln oder auch in ein anderes Land immigrieren – in der Hoffnung, auf diese Weise der politischen oder religiösen Verfolgung zu entkommen oder auch sich an einem anderen Ort ein besseres Leben aufbauen zu können. Was auch immer die Gründe für die Auswanderung sein mögen, sie hat in jedem Fall schwerwiegende soziale, politische wie auch wirtschaftliche Folgen – und zwar sowohl für die Herkunfts- als auch für die Aufnahmeländer, die jeweils gezwungen sind, zur Bewältigung der (z.T. negativen) Folgen von Migration verschiedene Maßnahmen zu ergreifen.

In der vorliegenden Arbeit wird die türkische Migration in die westeuropäischen Länder, insbesondere in die Bundesrepublik Deutschland, ab den 1960er Jahren bis heute untersucht. Das Augenmerk gilt den Folgen dieser Migration und den Veränderungen im sozialen, politischen und wirtschaftlichen Status von Migrantinnen und Migranten aus der Türkei.

Schlüsselwörter: Migration, Türken in Deutschland, Migrantenliteratur, Integration.

The Journey of hope continues

Abstract: Throughout history of man, it repeatedly occurs that people are not able to spend their life, where they have been born and raised. For a numerous number of reasons, political ones, as well as economical or religious motives, men have to move within their own state or even have to migrate to another country – aspiring to escape from political or religious persecution or in order to establish a better life in a different place. Whatever the reason for emigration may be, it results into serious consequences, both for the countries of origin as well as for the host countries, that therefore feel obliged to take various steps in order to deal with the (sometimes negative) consequences of migration.

The following paper is dealing with Turkish migration towards Western European countries, especially Germany, from the 1960s until today. Particular focus is being put on the consequences of migration and the changing political and economic status of Turkish migrants.

Keywords: Migration, Turks in Germany, migration literature, integration.

1. Zur Geschichte einer Migration

Über die Geschichte und Entwicklung einer Migration aus der Türkei in die Bundesrepublik Deutschland wurde seit mehreren Jahrzehnten sehr viel geschrieben. Daher möchte ich hier darauf nicht ausführlich eingehen, will aber nur erwähnen, dass die Migration der türkischen Arbeitskräfte in die BRD richtig mit dem Anwerbeabkommen angefangen hat, welches im Jahre 1961 zwischen Deutschland und der Türkei abgeschlossen wurde (früher gab es vereinzelte Beispiele der Gastarbeiter, die von manchen Firmen direkt, also ohne staatliche Maßnahmen, eingeladen und beschäftigt wurden). „Dem frühen Anwerbevertrag mit Italien folgten erst 1960 die Verträge mit Spanien und Griechenland, 1961 mit der Türkei, 1963 mit Marokko, 1964 mit Portugal, 1965 mit Tunesien und schließlich mit Jugoslawien"[1].

Bei der Migration der türkischen Arbeitnehmer ist die Tatsache auffällig, dass viele dieser Menschen vor ihrer Reise nach Deutschland schon eine Binnenmigration hinter sich hatten, da sie zum größten Teil aus kleinen Städten und aus Dörfern stammen und zuerst in eine Großstadt, z.B. nach Istanbul ziehen mussten. Dort suchten sie nach Arbeit oder bewarben sich bei einem deutschen Anwerbebüro um eine Stelle in Deutschland. Sie wurden bereits vor ihrer Ankunft in Deutschland mit der deutschen Bürokratie und manchmal mit Menschenverachtung konfrontiert, die später von türkischstämmigen Autoren in Deutschland satirisch behandelt wird (etwa von Osman Engin)[2]. Zu bemerken ist hier noch, dass sich die Binnenmigration in der Türkei immer von Osten nach Westen vollzieht. Auch innerhalb der Grenzen einer Provinz oder einer kleinen Kreisstadt in der Türkei spürt man den großen Unterschied zwischen östlichen und westlichen Stadtteilen. Die westlichen Stadtteile sehen moderner und urbaner aus als die östlichen, was an und für sich ein kulturwissenschaftlich interessantes Phänomen zu sein scheint.

---

1 Vgl. Mark Terkessidis: *Migranten*. Rotbuch Verlag, Hamburg 2000, S. 18.
2 Den Schwierigkeiten einer Migration nach Deutschland beggenen die angeworbenen Arbeitskräfte schon vor ihrer Reise. Neben vielen bürokratischen Angelegenheiten musste man sich auch einer gesundheitlichen Untersuchung unterziehen, und zur Untersuchung Urin abgeben, worauf Osman Engin in einer Geschichte satirisch eingeht und darzustellen versucht, dass die Arbeitskräfte auch Urin kaufen mussten, um durch die gesundheitliche Untersuchung durchzukommen: „Mit dem Fläschchen in der Hand gehen wir auf den Hof. Draußen verkauft jemand Urin, bei dem schon erwiesen ist, dass sein Urin gesund ist." Osman Engin: *Drei schwarze Oliven und Urin oder: So fing alles an*. In: Osman Engin: *Der Deutschling. Alle Dackel umsonst gebissen*. Hrsg. Von Klaus Walter. Hamburg 1994, S. 10.

Jeder Ortswechsel ist mit vielen Schwierigkeiten verbunden. Für die türkischen Migranten fangen diese Schwierigkeiten schon bei der Bewerbung an und setzen sich bei der Abreise in das fremde Deutschland fort. Sie vermehren sich mit der Ankunft im Zielland, sodass seit mehreren Jahrzehnten über die Anwesenheit der Migranten, insbesondere der türkischen Migranten in Deutschland, und über ihre Probleme diskutiert wird. Sowohl auf der Landes- als auch auf der Bundesebene werden Behörden wie z.B. *das Ministerium für Integration, das Bundesamt für Migration und Flüchtlinge* u.a. ins Leben gerufen, die sich institutionell mit der Migrationsproblematik auseinandersetzen, um die Integration der Migranten, vor allem die der türkischen in die deutsche Gesellschaft zu ermöglichen und zu erleichtern. Trotz all dieser institutionellen Maßnahmen dauert die Diskussion über die Integrationsfähigkeit der türkischen Migranten an: an erster Stelle werden die kulturellen bzw. religiösen Differenzen dieser Gruppe im Vergleich zu der einheimischen Bevölkerung hervorgehoben. Die Mehrheit der türkischen Migranten sind bekanntlich Muslime.

Die Debatten verlaufen unterschiedlich, manchmal kann sogar von Islamophobie gesprochen werden, die durch solche Demonstrationen wie die der „Patriotischen Europäer gegen die Islamisierung des Abendlandes" (PEGIDA) öffentlich zum Ausdruck gebracht wird. Unter den 10 Forderungen, die die PEGIDA auf ihrer Facebook-Seite bekannt macht, zeigt die 8. Forderung das Ausmaß der Islamfeindlichkeit dieser Gruppe:

> Wir fordern, dass das Flüchtlingsproblem grundsätzlich vor Ort, in den eigenen Kulturkreisen geklärt wird! Unsere sogenannten Volksvertreter sollen endlich Rückgrat zeigen und Saudi Arabien, Katar und die Arabischen Emirate in die Pflicht nehmen. Die steinreichen, riesigen Sharia-Paradiese sind viel besser geeignet für die Aufnahme der Massen von islamischen Asylanten, als ein Europa der Ungläubigen![3]

Hier wird deutlich, dass die Bekenner des Islam nicht einfach als Individuen, sondern immer als Moslems, als Zugehörige einer Gruppe wahrgenommen werden. Als Folge dieser Einstellung wird der Islam oft mit dem islamistischen Terrorismus gleichgesetzt[4].

---

3 https://www.facebook.com/pegidaevdresden/posts/979362725435484:0. [Zugang: 24.10.2015].

4 Vgl. http://www.zeit.de/gesellschaft/zeitgeschehen/2015-01/islamfeindlichkeit-bertelsmann-studie-hintergruende. [Zugang: 30.08.2015].

2. Eine qualvolle Reise in die Fremde

Nach der Unterzeichnung des Anwerbeabkommens, in welchem die Aufenthaltsdauer für türkische Arbeitnehmer auf maximal zwei Jahre befristet war, begann die Reise der türkischen Arbeitskräfte in das ersehnte Deutschland, welche heute noch kein Ende gefunden hat, obwohl seit dem Anwerbeabkommen mehr als 50 Jahre vergangen sind. Die erste Gruppe der türkischen Gastarbeiter kam nach Deutschland mit der Absicht, ein paar Jahre zu arbeiten, das Geld für den Kauf eines Traktors, eines für sie wichtigen Ackerlandes im Dorf, oder einer Wohnung in der nächstgelegenen Kreisstadt zu sparen, und dann so schnell wie möglich zurückzukehren. Doch diese Absichten änderten sich rasch, die zuerst eingereisten Männer beschlossen, in Deutschland länger zu bleiben, und begannen, im Rahmen der Familienzusammenführung ihre in der Heimat gebliebenen Ehefrauen und Kinder nachzuholen. Durch den Beschluss zum längeren Aufenthalt und den Nachzug von Familienangehörigen wanderten immer mehr Ausländer in die BRD ein, sodass ihre Zahl dann zu Beginn der 1970er Jahre den Höhepunkt erreichte. Dies führte dazu, dass die deutsche Regierung neue Regelungen treffen musste, um den Zuwachs von ausländischen Gastarbeiterinnen und Gastarbeitern zu verhindern. Daher verhängte die deutsche Regierung am 23. November 1973 einen Anwerbestopp für Arbeitskräfte aus den südlichen Ländern. Denn

> einen Plan, was mit den nach Deutschland geholten Menschen langfristig geschehen sollte, gab es nicht. Vorgesehen war, dass die „Gastarbeiter" nach einer bestimmten Zeit wieder in ihre Heimatländer zurückkehren und durch andere ersetzt werden sollten. Durch dieses Rotationsprinzip wollte man verhindern, dass sie sich dauerhaft niederließen. Deshalb war auch beabsichtigt, dass sie ohne Familie kamen[5].

Daraufhin begann in Deutschland die Diskussion über den rechtlichen Status derjenigen Gastarbeiter, die schon in Deutschland angekommen waren. Dafür wurde das Staatsangehörigkeitsrecht reformiert und bezüglich des Aufenthaltsstatus der Ausländer und Ausländerinnen wurden neue Regelungen eingeführt, von denen eigentlich die Türken als die größte ausländische Bevölkerung in Deutschland besonders betroffen waren. Durch einen Artikel im *Gesetz über den Aufenthalt, die Erwerbstätigkeit und die Integration von Ausländern im Bundesgebiet* erschwerte die Bundesregierung auch eine Familienzusammenführung, indem sie neben vielen anderen Voraussetzungen zusätzlich vorgeschrieben hat, dass die/der nachzuholende Ehegatte auch über die Kenntnisse der deutschen Sprache verfügen

---

5 http://www.zeit.de/gesellschaft/zeitgeschehen/2013-11/einwanderung-anwerbestopp. [Zugang 30.08.2015].

musste. „Dem Ehegatten eines Ausländers ist eine Aufenthaltserlaubnis zu erteilen, wenn der Ehegatte sich zumindest auf einfache Art in deutscher Sprache verständigen kann"[6]. Die Ehegatten müssen daher schon ihre Deutschkenntnisse nachweisen, bevor sie ein Einreisevisum beantragen. Dafür werden in der Türkei sowohl beim Goethe-Institut in Ankara, Istanbul und Izmir als auch von privaten Sprachschulen in fast allen Städten der Türkei Sprachkurse angeboten. Um darzustellen, wie schwer es für diese Menschen ist, die deutsche Sprache zu erlernen und Deutschkenntnisse nachzuweisen, möchte ich nur auf Folgendes hinweisen: Die nachzuholenden Ehegatten, in den meisten Fällen die Frauen, die im Rahmen der Familienzusammenführung einen deutschen Sprachkurs besuchen müssen, wohnen meistens in Kreisstädten oder in den Dörfern, wo kein Sprachkurs angeboten wird, und müssen daher in die nächstgelegene Stadt umziehen, dort für ein paar Monate eine Wohnung mieten oder bei Bekannten/Verwandten wohnen, um den Deutschkurs zu besuchen. Ein anderes Problem und noch größeres als eine vorläufige Unterkunft besteht darin, dass die meisten dieser Ehegatten keine Ausbildung haben und sogar des Lesens und Schreibens nicht kundig sind. Das war bei der ersten Generation der Gastarbeiter auch der Fall, worauf u.a. Klaus J. Bade hinweist:

> Die meisten stammten aus wenig entwickelten Regionen, wo sie kaum Chancen hatten, Arbeit zu finden, um sich und ihre Familien zu ernähren. Der Großteil hat keine für Deutschland verwertbare Ausbildung, viele hatten nur kurz die Schule besucht, teilweise waren sie Analphabeten. Deutsch konnte so gut wie keiner[7].

Einen Extremfall stellt die Situation im ost- und südostanatolischen Gebiet der Türkei dar, aus dem viele Gastarbeiter in Deutschland arbeiten. Viele der nachzuholenden Ehegatten können kein Türkisch, da in diesem Gebiet Kurdisch gesprochen wird. Somit wird das Erlernen der deutschen Sprache in einem Sprachkurs, wo der Sprachlehrer türkisch spricht, für sie noch schwieriger.

Wie oben angedeutet wurde, waren die meisten der ersten Gastarbeiterinnen und Gastarbeiter aus der Türkei ungebildete Menschen, manche konnten weder lesen noch schreiben und waren bis zu der Reise nach Deutschland nicht mal in einer Großstadt in der Türkei gewesen. Nachdem ihre Bewerbungen angenommen wurden und sie die Einladungen nach Deutschland bekommen hatten, packten sie ihre Koffer und fuhren in Gruppen nach Deutschland mit der Absicht, ein

---

6 Vgl. § 30 Abs. 1 Satz 1 Nr. 2 AufenthG.
7 Bade, Klaus J.: *Anwerbestopp 1973. Als Deutschland zum Einwanderungsland wurde.* In: „Zeit Online" vom 23. November 2013. http://www.zeit.de/gesellschaft/zeitgeschehen/2013-11/einwanderung-anwerbestopp: [Zugang: 30.08.2015].

paar Jahre zu arbeiten, ihre finanzielle Lage aufzubessern, das Geld für wichtige Investitionen in der Türkei zu sparen. An ein Dauerbleiben der Gastarbeiter in Deutschland haben anfangs wenige gedacht, und dies sowohl unter den Türken wie unter den Deutschen.

Erst die Entwicklungen der späteren Jahre haben die Lage zugespitzt. In fünf vergangenen Dekaden hat man über die Ausländer in Deutschland nicht nur Diskussionen geführt, sondern auch versucht, sie institutionell und begrifflich zu verorten. Alleine die Vielfalt der Bezeichnungen (wie etwa: *Aufenthaltsbewilligung, Aufenthaltsbefugnis, Aufenthaltserlaubnis* und *Aufenthaltsberechtigung*), die den jeweiligen Status des Migranten markieren und mit bestimmten, für die Betroffenen schwer zu erfüllenden Voraussetzungen verbunden sind, bilden Indizien dafür, wie schwer es für einen Ausländer ist, sich in Deutschland niederzulassen. Eine positive Entwicklung in dieser Hinsicht besteht darin, dass ab dem ersten Januar 2000 die in Deutschland geborenen Kinder von Ausländern die deutsche Staatsangehörigkeit per Gesetz erhalten können.

Trotz des Anwerbestopps und der gesetzlichen Maßnahmen setzt sich die Migration der türkischen Bevölkerung nach Deutschland heute noch fort. Diese gesetzlichen Maßnahmen werden wiederum durch andere rechtliche Mittel umgangen, die den Ausländerinnen und Ausländern die Einreise nach Deutschland ermöglichen, wie z.B. binationale Ehen zwischen Deutschen und Ausländern – so wurden z.B. im Jahre 2013 insgesamt 43.727 Ehen[8] geschlossen, davon waren 18.934 Eheschließungen zwischen einer deutschen Frau und einem ausländischen Mann, und bei 24.793 Ehen war der Ehemann ein Deutscher und die Ehefrau eine Ausländerin. Im Jahre 2012 haben 4.366 türkische Männer eine Ehe mit einer deutschen Frau geschlossen und in dem selben Jahr heirateten 2.488 türkische Frauen einen deutschen Mann[9] – und die Ausländerbehörden hegen nicht selten den Verdacht, dass viele dieser Ehen nur zum Schein[10] geschlossen werden. Nach einer Fokus-Studie der deutschen nationalen Kontaktstelle für das

---

8   https://www.destatis.de/DE/ZahlenFakten/GesellschaftStaat/Bevoelkerung/Eheschliessungen/Tabellen/EheschliessungenDeutschAuslaender.html. [Zugang: 27.08.2015].
9   https://www.destatis.de/DE/Publikationen/Thematisch/Bevoelkerung/Bevoelkerungsbewegung/Bevoelkerungsbewegung2010110127004.pdf?__blob=publicationFile. [Zugang: 27.08.2015].
10 „Häufig wird ein Visum zum Zwecke des Ehegattennachzugs abgelehnt, weil die deutsche Botschaft oder die Ausländerbehörde davon ausgeht, dass die Ehe nur zum Schein besteht und so eine Aufenthaltserlaubnis erschlichen werden soll. Eine Scheinehe besteht, wenn eine Ehe mit jemandem geschlossen wird, mit dem man nicht in ehelicher Lebensgemeinschaft leben möchte. Zweck der Scheinehe ist es meist, einen Aufenthalt

Europäische Migrationsnetzwerk (EMN) belief sich im Jahre 2004 die Zahl der tatverdächtigten Scheinehen auf 7.527, und bei 6.071 Verdachtsfällen war der Tatort Deutschland und bei 1.456 verdächtigen Eheschließungen ist der Tatort als Ausland angegeben[11].

Der Schriftsteller Osman Engin bearbeitet das Thema der Scheinehe in einem seiner satirischen Romane: „Frau Tanja, ich muß mit einer deutschen Frau eine Scheinehe eingehen, damit die Ausländerbehörde mich nächste Woche nicht abschiebt" sagt der Protagonist Osman[12].

Aber wo ein Wille ist, da findet sich auch eine Lösung des Problems. Diese gesetzlichen Vorkehrungen, die für die Ausländerinnen und Ausländer eine Einreise in die BRD erschweren oder gar unmöglich machen, führen nicht selten dazu, dass sich die Einreisewilligen illegaler Wege bedienen, wie der Einreise mit dem gefälschten Reisepass, oder durch Schlepperorganisationen, welche dafür hohe Geldbeträge kassieren. Als ein authentisches Beispiel kann hier folgende Aussage einer türkischen Migrantin in einer Gerichtsakte genannt werden:

> Es war so, dass ich von Anfang an nach Deutschland wollte. Ich habe dann eine Freundin in der Stadt getroffen, die auch ohne Probleme nach Deutschland gekommen ist. Sie hat mir dann auf meinen Wunsch hin die Telefonnummer von dem Herrn gegeben, der sie nach Deutschland vermittelt hat. Ich habe dann mit dem Herrn Kontakt aufgenommen. Er hat dann zu mir gesagt, dass er im Konsulat arbeiten würde, und er mich ohne Probleme normal mit Ticket ohne illegale Umstände nach Deutschland bringen könne [...] und deshalb bin ich von meiner Heimatstadt nach Istanbul geflogen, habe dem Mann, mit dem ich vorher telefoniert hatte, Geld gegeben [...] Er sagte zu mir, dass er das Geld bräuchte, um die Angelegenheit zu bearbeiten. Er hat mir gesagt, dass er im Konsulat arbeiten würde und von möglicherweise gefälschten Pässen beziehungsweise dass es eventuell um Immigrantenschmuggel gehen würde, davon hatte ich keinerlei Kenntnis. Ich bin davon ausgegangen, dass die Sache legal abläuft[13].

An dieser Schleusung sind viele Organisationen beteiligt, die in den Ländern auf der Strecke von der Türkei bis nach Deutschland tätig sind und meistens zusammenarbeiten. Der Menschenschmuggel erfolgt manchmal in einem Tank-Wagen

---

    in Deutschland zu begründen." In: http://www.rechtsanwalt-familienzusammenfuehrung.de/ehegattennachzug-scheinehe.html. [Zugang: 27.08.2015].
11 Vgl. Tabelle 1 in: http://www.bamf.de/SharedDocs/Anlagen/DE/Publikationen/EMN/Nationale-Studien-WorkingPaper/emn-wp43-missbrauch-familiennachzug.pdf?__blob=publicationFile. [Zugang: 29.08.2015].
12 Engin, Osman: *Kanaken-Gandhi – Satirischer Roman*. Elefanten Press, Berlin 1998, S. 147.
13 Das Aktenzeichen und der Name des Gerichts werden aus Datenschutzgründen geheim gehalten.

oder im Kofferraum eines PKWs u.a. Eine andere Möglichkeit, um die Einreisebeschränkungen der Bundesregierung zu umgehen, bietet der Asylantrag, mit der Begründung, dass man in der Türkei politisch verfolgt ist, aber in den meisten Fällen wird das deutsche Asylrecht missbraucht, um sich überhaupt in Deutschland aufhalten zu dürfen.

> Viele Asylanten kommen aus sicheren Staaten! Ein Großteil der Flüchtlinge, die bei uns selbstbewusst Asyl einfordern, kommen aus demokratischen EU-Balkanstaaten oder sicheren Entwicklungsländern. Diese Menschen kommen nicht, weil sie politisch, ethnisch oder religiös verfolgt werden, sondern weil es in ihrem Heimatland zu wenig Arbeit gibt und die Sozialleistungen minimal sind[14].

Trotz der vielen Einschränkungen und Vorkehrungen leben nach Angaben des Statistischen Bundesamtes zurzeit mehr als 1,5 Millionen Menschen türkischer Herkunft in Deutschland[15]. Dazu kommen noch ca. 2,8 Millionen mit türkischem Migrationshintergrund, die die deutsche Staatsbürgerschaft erworben haben[16]. Somit kann man von einer Bevölkerung mit türkischer Herkunft sprechen, deren Zahl vier Millionen übersteigt.

3. Die türkischen Migranten/innen und ihre Rolle beim demographischen Wandel Deutschlands

Lässt man beiseite, auf welchem Weg, auf welche Art und Weise und aus welchem Grund die Migranten nach Deutschland kommen, muss dennoch festgestellt werden dass ihr Dasein, insbesondere deren türkischer Herkunft, in vielerlei Hinsicht einen wichtigen und unüberschaubaren Stoff für Untersuchungen auf vielen Gebieten bietet. Denn im Laufe des Migrationsprozesses verändern sie rasch und wesentlich die demographische Struktur der deutschen Gesellschaft. Unter Einfluss der Aufnahmegesellschaft verändern sie aber auch ihre eigenen Identitäten, so dass es angebracht zu sein scheint, zu fragen „Was aus diesen Türken, ihren nachgeholten und in Deutschland geborenen Kindern geworden sei?" Es fällt schwer, diese Frage zu beantworten.

---

14 http://www.tabuthemen.com/asylmissbrauch.html. [Zugang: 22.11.2015].
15 https://www.destatis.de/DE/ZahlenFakten/GesellschaftStaat/Bevoelkerung/MigrationIntegration/AuslaendischeBevoelkerung/Tabellen/Geschlecht.html. [Zugang: 27.08.2015].
16 Statistisches Bundesamt: Fachserie 1, Reihe 2.2. *Bevölkerung und Erwerbstätigkeit, Bevölkerung mit Migrationshintergrund – Ergebnisse des Mikrozensus 2013*. Wiesbaden 2014, S. 208.

Die erste Generation, die in einer ihnen völlig fremden Gesellschaft angekommen ist, musste in Arbeiterwohnheimen ihres Arbeitgebers wohnen und kannte keinen anderen Weg außer dem vom Wohnheim zur Arbeitsstelle und zurück. Sie hatte es am schwersten in Deutschland, da es damals noch kein türkisches Lebensmittelgeschäft, kein türkisches Café und keine Moschee gab. Weder die Türkei noch Deutschland hatte daran gedacht, dass diese Menschen in ein christliches Land einwandern, und aufgrund ihrer Kultur und Religion andere Bedürfnisse haben werden. Doch die Not machte die Betroffenen erfinderisch, und es dauerte nicht lange, bis die Türken sich in Vereinen organisiert, Räume gemietet und sie für das tägliche Gebet eingerichtet hatten. Innerhalb dieser Gebetsräume entstanden auch Teestuben, kleine Lebensmittelgeschäfte, dessen Kapital aus Spenden der Vereinsmitglieder zusammenkam, und dessen Gewinn für die Kosten des jeweiligen Gebetraums ausgegeben wurde. Neben der Teestube oder in einer Ecke der Teestube konnte man einen Friseur sehen, dessen Friseursalon nur aus einem einfachen Stuhl und einem großen Spiegel an der Wand bestand, wo er nach Feierabend oder am Wochenende seine Landsleute billig rasiert und ihnen die Haare geschnitten hat.

Ich hatte die Möglichkeit gehabt, viele dieser ersten Generation persönlich zu sprechen und mich mit ihnen über ihre Probleme in der ersten Phase der Migration zu unterhalten, da sehr viele Einwohner in meiner Stadt[17] in Deutschland arbeiteten[18]. Sie erklärten, dass damals neben den Problemen wie Lebensmittelversorgung, fehlendes Sozialleben, Wohnungssuche u.a. auch die Bestattung eines verstorbenen Gastarbeiters für sie eine große Herausforderung gewesen sei, da sie nicht wussten, wo sie mit der Leiche hin sollten. Heute wird diese Angelegenheit von türkischen Bestattungsfirmen in Deutschland erledigt; die Verstorbenen werden entweder auf den muslimischen Grabfeldern in Deutschland[19] bestattet, oder in die Türkei überführt.

Da die erste Generation zum größten Teil aus Männern bestand, die ihre Ehefrauen nicht mitgebracht hatten, wurde das Thema „ein Türke ohne Frau in Deutschland" in vielen türkischen Filmen der 1970er Jahre bearbeitet. Man zeigte türkische Männer, die deutsche Frauen heirateten und dabei manchmal ihre früheren Familien – ihre Ehefrauen und ihre Kinder vergaßen. Nachher wurden

---

17 Ich komme aus Elazig, einer ostanatolischen Stadt mit ca. 550 Tausend Einwohnern.
18 Eine interessante Studie zum Thema vgl. Margret Spohn: *Die türkischen Männer in Deutschland*. Bielefeld 2002.
19 In Deutschland gibt es schon zahlreiche muslimische Grabfelder. Ausführliche Informationen über muslimische Grabfelder und Bestattungskultur sind auf der Webseite http://www.initiative-kabir.de/ zu finden.

und werden noch bis heute ähnliche Szenarien tatsächlich durch binationale Ehen praktiziert. Diese Männer konnten ohne Schwierigkeiten gleich eine deutsche Frau heiraten, da sie meistens in der Türkei nicht standesamtlich, sondern nur religiös getraut waren. In dem im Jahre 1972 gedrehten Film *Dönüş* (die Rückkehr) geht es um die romantisch-dramatische Geschichte eines jungen Ehepaars in einem kleinen Dorf in der Türkei[20]. In dem Film werden die Eheschließung eines in der Türkei schon verheirateten türkischen Gastarbeiters mit einer deutschen Frau, die Treue der türkischen Frau, die in der Hoffnung darauf wartet, dass ihr Mann eines Tages zurückkehrt, und die sozialpolitische Macht eines Großgrundbesitzers (türkisch: Ağa) thematisiert. In einem anderen Film mit dem Titel *Banker Bilo*, der 1980 gedreht wurde, geht es um den Menschenschmuggel nach dem Anwerbestopp[21]. Ab den 1980er Jahren, in denen die türkischen

---

20 Inhalt des Films: Gülcan heiratet Ibrahim, einen Mann aus ihrem Dorf, sie bekommen ein Kind. Ibrahim entfremdet sich von seiner Gesellschaft und beschließt, als Arbeitskraft nach Deutschland zu gehen. In den ersten Monaten schreibt Ibrahim Briefe an seine Frau Gülcan, die diese Briefe sich von dem Dorfvorsteher und den Schulkindern vorlesen lässt, da sie selber nicht lesen kann. Daher fängt sie an, beim Dorflehrer lesen und schreiben zu lernen, um die Briefe ihres Ehemanns selber lesen zu können. Der Großgrundbesitzer des Dorfes ließ aber das Gerücht verbreiten, dass Gülcan und der Dorflehrer eine Affäre haben, da er eigentlich selber Gülcan heiraten möchte, obwohl sie verheiratet ist und schon ein Kind hat. Daraufhin schlagen die Dorfbewohner Gülcan und sperren sie mit ihrem Kind in ihrem Haus ein. Der Dorfvorsteher schreibt einen Brief an Gülcans Mann in Deutschland, in dem er ihm die Situation im Dorf mitteilt. Inzwischen betrügt Ibrahim seine Frau Gülcan, indem er eine deutsche Frau heiratet, er hat auch von ihr schon ein Kind. Auf den Brief des Dorfvorstehers hin macht sich Ibrahim auf den Weg in die Heimat zurück, mit seiner deutschen Frau und seinem Kind. Der Großgrundbesitzer hetzt seine Leute auf Gülcan und diese Männer versuchen, Gülcan zu vergewaltigen, während sie sich mit ihrem Kind am Fluss befindet. Während des Vergewaltigungsversuchs der Männer fällt das Kind in den Fluss und ertrinkt. Der Großgrundbesitzer wiederholt seinen Heiratswunsch, und Gülcan tut so, als ob sie einverstanden wäre und erschießt den Großgrundbesitzer auf der Brücke über dem Fluss, in dem ihr Kind ertrank. Ihr Mann Ibrahim verlässt mit seiner deutschen Frau und seinem Kind das Dorf, hat aber unterwegs einen Unfall, bei dem er und seine deutsche Frau ums Leben kommen. Als Gülcan zufällig am Unfallort vorbeigeht, zeigt sie durch ihr Weinen an seiner Leiche, dass sie Ibrahim immer noch liebt. Da fällt ihr das Kind auf, welches den Unfall überlebt hat und sie bemerkt, dass es noch lebt, nimmt es mit und geht weg.
21 Inhalt des Films: In den Hauptrollen zu sehen sind Maho und Bilo, zwei Männer aus demselben Dorf. Maho kassiert Geld von Bilo und von anderen aus dem Dorf und gelobt ihnen, sie nach Deutschland zu bringen. Auf der bedeckten Ladefläche eines LKWs kommen sie angeblich bis zur deutschen Grenze, wo Maho sie auf einem Hügel

Gastarbeiter in Deutschland fest Fuß gefasst haben, wurde in den türkischen Filmen der unternehmerische und erfinderische Charakter der Türken thematisiert, wie es in dem Film *Gurbetçi Şaban* (1985) dargestellt wird, ferner auch der Missbrauch des deutschen Kindergeldrechts[22].

Es dauerte aber nicht lange, bis die unternehmerische Seite des Charakters vieler türkischer Migranten in Deutschland sich tatsächlich in der realen Welt zeigte. Wie *Gurbetçi Şaban* haben sich viele Türken in unterschiedlichen Branchen verselbständigt und große Erfolge erzielt. In einem umfangreichen Artikel mit dem Titel *Der Erfolg der Süpertürken* unterstreicht Katja Michel mit folgendem Satz die unternehmerischen Charakterzüge der Türken: „Döner und Gemüse, das war einmal: Deutsch-türkische Unternehmer zeigen, wie viel sie mit Einfallsreichtum, Unerschrockenheit und der Familie erreichen"[23]. Die Türken sind fast in jedem Wirtschaftssektor tätig. Um das Wirtschaftsvolumen der Türken in Deutschland darzustellen, braucht man sich nur folgende Zahlen und die Vielfalt der Unternehmer zu merken:

> Rund 80.000 (Unternehmer) [...] beschäftigen 400.000 Arbeitskräfte und setzen jährlich rund 35 Mrd. Euro um. Sie sind Anwälte, Ärzte und Unternehmensberater, sind Herrenfriseure und Änderungsschneider, Lebensmittelimporteure und Computerspielentwickler. Und nicht mehr nur Gemüsehändler und Dönerbudenbesitzer. Seit den zaghaften

---

aussteigen lässt und von der Stadt, die man vom Hügel aus sehen kann, behauptet, sie sei Berlin, und den Rest des Weges müssten die Männer zu Fuß laufen. Als Bilo und sein Freund einen Zettel mit einer angeblichen Adresse in Berlin bekommen und versuchen den weiteren Weg alleine zu gehen, stellt sich heraus, dass sie nicht in Berlin, sondern in Istanbul sind, und sie bemerken, dass sie von Maho betrogen worden sind.

22 Inhalt des Films: *Gurbetçi Şaban, der Gastarbeiter Şaban,* stammt aus einem Dorf in der Türkei und ist ein naiver aber gleichzeitig auch ein schlauer Mann, der nach Deutschland fährt, um dort zu arbeiten. Genauso wie viele andere Landsleute ist er auch ohne Arbeitserlaubnis den Ausbeutungen eines deutschen Arbeitgebers ausgeliefert und muss unter ungesunden Arbeitsbedingungen arbeiten. Aber der schlaue Şaban, der ein türkisches Mädchen, das mit ihm in der gleichen Fabrik arbeitet, heiratete, hält das nicht lange aus, dass seine Frau bei ihrem Chef zu Hause putzen geht und lässt sich vieles einfallen. Zuerst kauft er eine Kuh und verkauft täglich frische Milch, dann fährt er in sein Dorf und lässt vom Dorfsvorsteher alle Kinder, deren Vater Şaban heißt, als sein eigenes Kind bescheinigen und kassiert für diese Kindergeld von deutschen Behörden, wodurch er schnell reich wird und die Firma, bei der er arbeitet, billig ankauft, da der Besitzer immer ums Geld spielt und verliert. Als neuer Besitzer der Firma rächt sich Şaban an seinem ehemaligen Chef und lässt dessen Frau bei ihm zu Hause putzen.

23 http://www.impulse.de/diverses/der-erfolg-der-superturken/1017731.html. [Zugang: 13.09.2015].

Anfängen in den 70er-Jahren mit Lebensmittelläden, Reisebüros und Dolmetschern für die türkische Kundschaft hat sich das deutschtürkische Unternehmertum ausdifferenziert[24].

Die Tätigkeiten der Migranten bleiben nicht auf die wirtschaftliche Ebene beschränkt, sondern diese Menschen beteiligen sich mit großem Erfolg auch am kulturellen und künstlerischen Leben in Deutschland, worauf auch Chiellino hinweist:

> Schriftsteller und Verleger, Maler und Bildhauer, Theatergruppen und Pantomimen, Musiker und Komponisten, Publizisten und Kulturvermittler aus den verschiedensten Herkunftskulturen setzen sich mit ihrer Kunst dafür ein, daß die ausländischen Minderheiten in der Bundesrepublik nicht zu einem Umschlagplatz für fremde Kulturgüter verkümmern, sondern daß aus ihnen entwicklungsfähige Kulturenklaven werden; und darüber hinaus, daß die Bundesrepublik sich zu einer offenen Kulturgesellschaft entwickelt[25].

Diese Vielfalt treffen wir auch bei türkischen Migranten. Während einer als Regisseur eine erfolgreiche Karriere (z.B. Fatih Akin) macht, tritt ein anderer als Komiker und Fernsehmoderator (z.B. Kaya Yanar) auf und nicht wenige griffen zur Feder, um das Dasein und die Probleme der türkischen Migranten in Deutschland darzustellen. Diese Autoren und Autorinnen leisten einen großen Beitrag zum Literaturbetrieb in Deutschland und wurden für ihre literarische Leistung auch mit vielen Preisen ausgezeichnet. Themen ihrer Werke sind: Migrationserfahrungen, Fremdheit, Identität, Integration, Auseinandersetzung mit der deutschen Gesellschaft u.a. Am Anfang werden die eigenen Migrationserfahrungen zum Ausdruck (z.B. Aras Ören) gebracht, weshalb diese Literatur auch mit dem Begriff „Betroffenheitsliteratur" bezeichnet wird. Um nur einige Beispiele zu nennen, möchte ich auf folgende Autoren und Autorinnen hinweisen: Şinasi Dikmen, Satiriker, Kabarettexter, erhielt den Deutschen Kleinkunstpreis 1988 für Knobi-Bonbon-Kabarett; Yüksel Pazarkaya, Lyriker, Erzähler, Dramatiker, literarischer Übersetzer, Träger des Bundesverdienstkreuzes; Emine Sevgi Özdamar, Romanautorin, Erzählerin, Dramatikerin, wurde u.a. mit Ingeborg-Bachmann-Preis (1991), Walter-Hasenclever-Preis der Stadt Aachen (1993), Adelbert-von-Chamisso-Preis (1999), Künstlerinnenpreis des Landes NRW (2001) ausgezeichnet; Osman Engin, Romanautor, Satiriker, er „erhielt für seine Satiren diverse Auszeichnungen, neben einem Literaturpreis in seiner Heimatstadt Bremen unter anderem auch

---

24 http://www.impulse.de/diverses/der-erfolg-der-superturken/1017731.html. [Zugang: 13.09.2015].

25 Chiellino, Carmine (1988): *Die Reise hält an. Ausländische Künstler in der Bundesrepublik*. Beck, München 1988. S. 7.

Literaturpreise in Berlin und Gelsenkirchen. 2006 folgte der ARD-Medienpreis, für den Engin bereits 2004 einmal nominiert war"[26]. Durch ihre Werke lenken die Autoren und Autorinnen türkischer Herkunft die Aufmerksamkeit der deutschen Öffentlichkeit auf das Dasein der türkischen Bevölkerung in Deutschland und leisten damit einen großen Beitrag zur Verständigung der Migranten mit einheimischer Bevölkerung.

Die Schreibtätigkeiten der türkeistämmigen Migranten bleiben nicht nur auf Erzählungen, Romane und Gedichte beschränkt, sondern es gibt auch Sachbuchautoren und -autorinnen wie Serap Çileli, die gegen Zwangsehen und für die Rechte der muslimischen Frauen kämpft und in ihrer Autobiografie *Wir sind Eure Töchter, nicht Eure Ehre* beschreibt, wie sie zwangsverheiratet wurde und vom Ehrenmord bedroht war; Seyran Ateş, Sachbuchautorin, Expertin für Menschenrechtsfragen und Migrationspolitik; Necla Kelek, Soziologin und Sachbuchautorin u.a.

Die Bevölkerung mit Migrationshintergrund ist auch in der deutschen Politik aktiv. Nach der Wahl zum 18. Deutschen Bundestag am 22. September 2013 finden sich 37 Parlamentarier mit eigener Migrationserfahrung oder mindestens einem Elternteil, das eingewandert ist[27], darunter 11 Abgeordnete aus türkischen Einwandererfamilien.

In vielen Untersuchungen wird von dem Leben und Pendeln der Migranten zwischen zwei Kulturen gesprochen. Infolgedessen wachsen die zweite und die folgenden Generationen zweisprachig und zweikulturig auf. Es kommt aber öfters vor, dass sie weder die Sprache ihres Heimatlandes noch die des Landes gut beherrschen, in das sie eingewandert sind. Sie sprechen eine Mischsprache vom Türkisch und Deutsch, indem sie situationsabhängig während des Gesprächs immer wieder die Sprache wechseln und in einer Situation deutsche Wörter wie z.B. „Dummkopf", „Idiot" verwenden, als ob diese Wörter türkisch wären und jeder sie verstehen würde. Aber diese Zweisprachigkeit kommt den Migranten auch zugute, sodass sie aufgrund ihrer Zweisprachigkeit als Schauspieler auftreten. In vielen türkischen Fernsehserien ist es jetzt gang und gäbe, dass Schauspieler und Schauspielerinnen in der Rolle eines Türken oder einer Türkin spielen, der/die in Deutschland gelebt hat oder noch dort lebt. Bei manchen ist das tatsächlich der Fall, dass sie türkeistämmige Migranten in Deutschland sind. In der Fernsehserie *Süleyman der Prächtige* spielte z.B. Meryem Uzerli, eine deutsch-türkische Schauspielerin, Hürrem Sultan, die Gemahlin Sultans. Durch ihren deutschen Akzent

---

26 http://www.ammanu.edu.jo/wiki1/de/articles/o/s/m/Osman_Engin_e60c.html. [Zugang: 15.11.2015].
27 https://mediendienst-integration.de/fileadmin/Dateien/Abgeordnete_Bundestag_Ergebnisse.pdf. [Zugang: 15.11.2015].

lenkte sie in dieser Rolle eine große Aufmerksamkeit auf sich, da Hürrem Sultan[28] in der osmanischen Geschichte auch eine ausländische Frau war.

4. Zusammenfassung

In der vorliegenden Arbeit wurde versucht, die Geschichte der mühsamen Migration der Menschen türkischer Herkunft nach Deutschland darzustellen, die seit Anfang der 60er Jahre andauert. Die Folgen dieser Migration sind genauso interessant wie ihre Geschichte. Denn als die größte Migrantengruppe haben die Türken in Deutschland einen tief greifenden sozialen, wirtschaftlichen, politischen und kulturellen Wandel erlebt. Aus den einfachen Gastarbeitern sind Ärzte, Rechtsanwälte, Unternehmer in fast allen Berufsbranchen, sogar Abgeordnete geworden. Dazu kommen noch Sachbuchautoren und Schriftsteller, die in ihren Werken die Migration und ihre Folgen, ihre eigene Migrationserfahrung, die deutsche Migrationspolitik, die Beziehungen zwischen den Migranten und der deutschen Bevölkerung, die Frauen- und Menschenrechte thematisieren, und zwar mit großem Erfolg. Hätte Max Frisch noch gelebt, hätte er seinen bekannten Ausspruch „Man hat Arbeitskräfte gerufen, und es kamen Menschen" in „Man hat Arbeitskräfte gerufen, und es kamen Schriftsteller" umformulieren können.

Literatur

Klaus J. Bade: *Anwerbestopp 1973. Als Deutschland zum Einwanderungsland wurde.* In: „Zeit Online" vom 23. November 2013. http://www.zeit.de/gesellschaft/zeitgeschehen/2013-11/einwanderung-anwerbestopp.

Carmine Chiellino: *Die Reise hält an. Ausländische Künstler in der Bundesrepublik.* Beck, München 1988.

Osman Engin: *Drei schwarze Oliven und Urin oder: So fing alles an.* In: Osman Engin: *Der Deutschling. Alle Dackel umsonst gebissen.* Hrsg. Von Klaus Walter. Hamburg 1994.

Osman Engin: *Kanaken-Gandhi – Satirischer Roman.* Elefanten Press, Berlin 1998.

Margret Spohn: *Türkische Männer in Deutschland. Familie und Identität. Migranten der ersten Generation erzählen ihre Geschichte.* Bielefeld 2002.

---

28 Hürrem Sultan (von persisch ḫurram, ‚die Freudvolle'; auch *Roxelane, Roxelana, Roxolana, Ruziac* oder *Rossa* genannt; *zwischen 1500 und 1506 mit dem vermuteten Geburtsnamen Anastasia oder Aleksandra Lisowska im damals polnischen Teil Rutheniens; † 17. April 1558 in İstanbul) war die Lieblingsgemahlin des osmanischen Sultans Süleyman I. https://de.wikipedia.org/wiki/Roxelane. [Zugang: 15.11.2015].

Statistisches Bundesamt: Fachserie 1, Reihe 2.2. *Bevölkerung und Erwerbstätigkeit, Bevölkerung mit Migrationshintergrund – Ergebnisse des Microzensus 2013.* Wiesbaden 2014.

Mark Terkessidis: *Migranten.* Rotbuch Verlag, Hamburg 2000.

Andere Quellen

http://www.ammanu.edu.jo/wiki1/de/articles/o/s/m/Osman_Engin_e60c.html.

Aufenthaltsgesetz § 30 Abs. 1 Satz 1 Nr. 2.

AuslaendischeBevolkerung/Tabellen/Geschlecht.html.

Bevoelkerungsbewegung2010110127004.pdf?__blob=publicationFile. https://www.destatis.de/DE/ZahlenFakten/GesellschaftStaat/Bevoelkerung/Eheschliessungen/Tabellen/EheschliessungenDeutschAuslaender.html.

https://www.destatis.de/DE/Publikationen/Thematisch/Bevoelkerung/Bevoelkerungsbewegung/.

https://www.destatis.de/DE/ZahlenFakten/GesellschaftStaat/Bevoelkerung/MigrationIntegration/.

https://www.facebook.com/pegidaevdresden/posts/979362725435484:0.

http://www.initiative-kabir.de/.

http://www.impulse.de/diverses/der-erfolg-der-superturken/1017731.html.

https://mediendienst-integration.de/fileadmin/Dateien/Abgeordnete_Bundestag_Ergebnisse.pdf.

http://www.rechtsanwalt-familienzusammenfuehrung.de/ehegattennachzugscheinehe.html.

Tabelle 1 in: http://www.bamf.de/SharedDocs/Anlagen/DE/Publikationen/EMN/Nationale-Studien-WorkingPaper/emn-wp43-missbrauch-familiennachzug.pdf?__blob=publicationFile.

http://www.tabuthemen.com/asylmissbrauch.html.

https://de.wikipedia.org/wiki/Roxelane.

http://www.zeit.de/gesellschaft/zeitgeschehen/2015-01/islamfeindlichkeit-bertelsmann-studie-hintergruende.

http://www.zeit.de/gesellschaft/zeitgeschehen/2013-11/einwanderung-anwerbestopp.

Über die Autoren der Beiträge

Bojana Bajić (Kroatien),
Studium der Anglistik und Germanistik an der Philosophischen Fakultät der Universität Rijeka. Längere Studienaufenthalte in Berlin als Stipendiatin der Copernicus-Stiftung (Studium an der Humboldt-Universität zu Berlin) und der vom DAAD geförderten Germanistischen Institutspartnerschaft zwischen dem Institut für deutsche Philologie an der Freien Universität Berlin und der Abteilung für Germanistik an der Philosophischen Fakultät in Rijeka (Aufenthalt als Gastwissenschaftlerin an der Freien Universität zu Berlin). An den vom Institut für Translationswissenschaft der Universität Graz veranstalteten Sommerkollegs „Literarisches Übersetzen" sammelte sie erste Erfahrungen in der Übersetzung von literarischen Texten. Momentan nimmt sie als Stipendiatin des Slawischen Seminars der Universität Tübingen an einem dreijährigen Programm für literarisches Übersetzen und internationalen Kulturmanagement teil.

Erfahrungen in verschiedenen Bereichen der Arbeit mit Fremdsprachen (Untertitelung, Verlagsredaktion, Fremdsprachenunterricht). Ihr Interesse liegt noch im Bereich der interkulturellen Kommunikation, Sozio- und Psycholinguistik. Momentan arbeitet sie in der Redaktion eines Verlags und als freischaffende Übersetzerin.

Kontakt: bojanaelt@yahoo.com

Sabri Eyigün (Türkei), Prof. Dr.
(geb. 1963, verh., drei Kinder) studierte Germanistik an der Universität Atatürk in Erzurum und Soziologie an der Universität Hannover in Deutschland. 1987 begann er als wissenschaftlicher Mitarbeiter an der Abteilung für Deutschlehrerausbildung an der Dicle-Universitat tätig zu sein. Im Jahre 1993 promovierte bzw. habilitierte er sich in diesem Fach an der Universität Ankara. Er ist Professor für Deutschlehrerausbildung an der Dicle-Universitat und ist zugleich tätig als Vizerektor an derselben Universität.

Forschungsschwerpunkte: Migrantenliteratur, Frauenliteratur, politischer Roman, Literatur des 20. Jahrhunderts, insbesondere Literatursoziologie.

Kontakt: seyigun@dicle.edu.tr

Marie-Noëlle Faure, (Frankreich),

Professeur de chaire supérieure in literarischen Vorbereitungsklassen BL (Schwerpunkt: Kultur- und Sozialwissenschaft) am Lycée Henri IV in Paris. Unterrichtet dort deutsche Geschichte und Kultur.

Germanistikstudium an den Universitäten Saint-Etienne, Bonn und Lyon, hat über *die Werke Ulrichs von Hutten, 1520–1523* promoviert und Beiträge über den deutschen Humanismus und die Reformation veröffentlicht.

Hat auch Beiträge zum aktuellen Deutschland veröffentlicht, zu der türkischen Gemeinschaft in Deutschland, zum Buch Thilo Sarrazins *Deutschland schafft sich ab*, zu den deutsch-griechischen Beziehungen.

Forschungsinteressen: Humanismus und Reformation, interkulturelle Literatur, Identitätssuche.

Kontakt: mn.faure@free.fr

Martin Waldemar Gillo (Deutschland), Prof. Dr.

(geb. 23.3.1945) ist ein deutsch-US-amerikanischer Sozial- und Organisationspsychologe. In Leipzig geboren und in Niedersachsen aufgewachsen, studierte Gillo zunächst an der Universität Hamburg bis zum Vordiplom. Als Fulbright Student studierte er an der University of Kansas in Lawrence in den USA, wo er auch promovierte. Nach zwei Jahren als Assistant Research Professor an der University of Washington wechselte er für sechs Jahre als Unternehmensberater zu Hay Associates in Frankfurt und San Francisco.

Von 1989 bis 2002 arbeitete er als Manager bei Advanced Micro Devices in Sunnyvale, Kalifornien, Genf und als einer der Geschäftsführer in Dresden. Von Mai 2002 bis November 2004 war er Sächsischer Wirtschafts- und Arbeitsminister tätig. Von 2004 bis 2014 saß er für die CDU als Abgeordneter im Sächsischen Landtag. Von 2009 bis Dezember 2014 diente er als Sächsischer Ausländerbeauftragter.

Im Jahr 2010 wurde Gillo als Gastprofessor für Sozial- und Organisationspsychologie an der Technischen Universität Bergakademie Freiberg berufen. Sein Schwerpunkt ist Scenario Planning, Langfristplanung über die gegenwärtige Generation hinaus.

Seine optimistische gesellschaftliche Perspektive fasste Gillo in seinem Buch: *Go Deutschland Go. Denkanstöße eines deutschen Amerikaners* zusammen, das 2005 im Murmann Verlag erschienen ist.

Gillo engagiert sich für Einheit in Vielfalt in unserer Gesellschaft, besonders für das konstruktive, wertschätzende und gleichwertige Zusammenleben der verschiedenen Religionen und Weltanschauungen in unserer Mitte.

Kontakt: martin.gillo@gmail.com

Anna Górajek (Polen), Dr.
Germanistin und Kulturwissenschaftlerin, Institut für Germanistik (Abteilung Studien zur Kultur und Geschichte der deutschsprachigen Länder), Universität Warschau.
Studium am Institut für Germanistik/ Universität Warschau.
Wissenschaftliche Forschungsschwerpunkte: deutsch-polnische Beziehungen; nationale und ethnische Minderheiten in Polen und Deutschland, Wechselwirkungen zwischen Politik und Literatur, das Bild des Fremden in der deutschen Literatur.
Publikationen (Artikel und Beiträge) zu obigen Themen; Monographie zum Thema Polenbild in der deutschen Literatur (*Wydarzenia społeczno-polityczne w Polsce w niemieckiej literaturze i publicystyce lat osiemdziesiątych*).
Kontakt: a.gorajek@uw.edu.pl

Slavija Kabić (Kroatien), O. Univ.-Prof. Dr.,
lehrt am Institut für Germanistik der Universität Zadar, Kroatien. Studium der Anglistik und Germanistik an der Philosophischen Fakultät in Zadar, wissenschaftliche Magisterarbeit über *Die Frauengestalten im Roman Gruppenbild mit Dame Heinrich Bölls* (1986), Doktordissertation über *Das Tagebuch als literarische Form in der deutschen Literatur nach 1945: Max Frisch, Marie Luise Kaschnitz und Peter Handke* (1999). Publikationen über W. Borchert, H. Böll, M. Frisch, M. L. Kaschnitz, U. Plenzdorf, M. Moron, Ö. v. Horváth, J. W. v. Goethe, A. v. Arnim, F. Grillparzer, D. Ugrešić, S. Drakulić, u.a. Vorträge auf internationalen wissenschaftlichen Tagungen.
Bücher: Ein Königreich für ein Kind. Kindheit und Jugend in der deutschsprachigen Kurzgeschichte zwischen 1945 und 1989 (Köln 2007) und Njemački književni dnevnik. Max Frisch, Marie Luise Kaschnitz, Peter Handke (Zagreb 2013). Mitherausgeberin der Sammelbände Mobilität und Kontakt. Deutsche Sprache, Literatur und Kultur in ihrer Beziehung zum südosteuropäischen Raum (Zadar 2009) und Opfer – Beute – Boten der Humanisierung? Zur künstlerischen Rezeption der Überlebensstrategien von Frauen im Bosnienkrieg und im Zweiten Weltkrieg (Bielefeld 2012).
Forschungsschwerpunkte: Deutschsprachige Literatur des 20. und 21. Jahrhunderts (Holocaust, literarische Tagebücher und Autobiografien, DDR- und post-DDR-Literatur).

Bülent Kırmızı (Türkei), Dr. habil.
Am 12. Januar 1971 in Mönchengladbach geboren, studierte von 1992 bis 1997 Germanistik an der Atatürk-Universität in Erzurum/Türkei. Im Jahre 2007 promovierte

er an der Gazi-Universität in Ankara zum Thema *Mit Gedichten Deutsch lernen*. Seit 2012 unterrichtet er in der Abteilung für deutsche Sprache und Literatur der Firat-Universität in Elazig/Türkei.

Kontakt: bulentkirmizi@windowslive.com

Dorota Masiakowska-Osses, (Polen), Dr. phil.
1991–1996 Studium der Germanistik an der Adam-Mickiewicz-Universität in Poznań/Posen und an der Universität Göttingen. Forschungsaufenthalte an den Universitäten in Berlin, Freiburg i.Br. und Kiel. 2001 Promotion (Vielfalt und Einheit im Europabild August Wilhelm Schlegels, Peter Lang 2002). Wissenschaftliche Mitarbeiterin am Institut für Deutsche Philologie der Adam-Mickiewicz-Universität Poznań/Posen, Abteilung für Kultur des deutschen Sprachraums, Forschungsschwerpunkte: deutsche Romantik, interkulturelle Literatur, Geschichte und Gedächtnis.

Kontakt: domaska@amu.edu.pl

Mehmet Öztürk, (Türkei), Dr. phil.
1981–1985 Studium der Deutschen Sprache auf Lehramt an der Çukurova-Universität in Adana/Türkei. Nach dem Studium hat er zwei Monate lang als DAAD-Stipendiat am internationalen Sommerkurs an der Ruhr-Universität Bochum teilgenommen und wurde dort zum Studium der Germanistik zugelassen, welches er aus finanziellen Gründen aufgeben musste. Ab 1993 wurde er als Forschungsassistent an der Abteilung für deutsche Sprache und Literatur der Gaziosmanpaşa-Universität in Tokat/Türkei eingestellt und bekam ein staatliches Stipendium für ein Weiterstudium in Deutschland. Im Rahmen dieses Stipendiums studierte er 1994–1998 Deutsch als Fremdsprache an der Ruprecht-Karls-Universität in Heidelberg. 1999–2006 promovierte er an der Hacettepe-Universität in Ankara in der Literaturwissenschaft mit dem Thema *Deutsche Verhaltensmuster in den Werken von Şinasi Dikmen, Osman Engin und Yüksel Pazarkaya*. Seit 2006 ist er wissenschaftlicher Mitarbeiter an der Abteilung für deutsche Sprache und Literatur der Firat-Universität in Elazig/Türkei. Er unterrichtet Übersetzung Deutsch-Türkisch und umgekehrt, Konversation, deutsche Grammatik, deutsche Literaturgeschichte.

Sein Forschungsschwerpunkt liegt in der Literatur der deutsch-schreibenden Migranten mit türkischer Herkunft. Neben seiner Tätigkeit an der Universität arbeitet er auch als freiberuflicher Übersetzer und hat schon ein Buch vom Deutschen ins Türkische übertragen, Original Titel: Horst Unbehaun, *Klientelismus und politische Partizipation in der ländlichen Türkei: Der Kreis Datça (1923–1992)* / Horst Unbehaun. Deutsches Orient-Institut, Hamburg, 1994.

Titel der Übersetzung: Horst Unbehaun, *Türkiye Kırsalında Kliyentalizm ve Siyasal Katılım* / Datça Örneği: 1923–1992, Ütopya Yay., Ankara 2006.

Kontakt: mehmetozturk@firat.edu.tr

Nuran Özyer, (Türkei), Prof. Dr,
arbeitete seit 1994 als Professorin in der Germanistischen Abteilung der Hacettepe-Universität in Ankara. Sie war:
 Leiterin des Instituts für Sozialwissenschaften der Hacettepe-Universität (2000–2005);
 Vizerektorin der Hacettepe-Universität (2005–2008);
 arbeitete in YÖK für die Gründung der Türkisch-Deutschen Universität in Istanbul (2009–2010).
 seit 2014 ist sie in der Rente.
 Arbeitsschwerpunkte: Deutsche Gegenwartsliteratur, vergleichende Literaturwissenschaft, Migrantenliteratur, Kinder- und Jugendliteratur.
 hat schriftliche Artikel in den nationalen und internationalen Zeitschriften.
 hat Vortrage in nationalen und internationalen Tagungen.
 hat Bücherübersetzungen vom Deutschen ins Türkische.

Kontakt: oezyer@hacettepe.edu.tr

Raluca Rădulescu, (Rumänien), Dr. phil.,
ist Dozentin am Institut für Germanistik der Universität Bukarest. Forschungsstipendien und Gastdozenturen führten sie unter anderem an die Friedrich-Schiller-Universität Jena, an das Institut für deutsche Kultur und Geschichte Südosteuropas in München sowie nach Iași, Salerno und Braga.
 Ihre Forschungsschwerpunkte liegen in den Bereichen Migrationsliteraturen, rumäniendeutsche Literatur und deutschsprachiges Pressewesen in der Bukowina.

Dieter Hermann Schmitz, (Finnland), Lic. phil., M.A.,
ist langjähriger Lektor im Fachbereich Sprach-, Translations- und Kommunikationswissenschaften der Universität Tampere, Finnland.
 Forschungsinteressen: Didaktik der Translation, Übersetzung von Humor, Einsatz von Film im Unterricht, finnisch-deutsche Kulturbeziehungen. Neben wissenschaftlichen Publikationen auch mehrere belletristische Veröffentlichungen und Mitherausgeber der >editon sagenhaft<.

Kontakt: Dieter.Hermann.Schmitz@staff.uta.fi

Felicitas Söhner, (Deutschland), Dr.,
BA-Studium der Kulturwissenschaften (Geschichte, Philosophie, Literatur und Soziologie) (Univ. Hagen, 2006). MA-Studium der Geschichte und Literatur in Hagen (Univ. Hagen, 2008). Dissertation *Vom Konfliktherd zur Modellregion – Selbst- und Fremdbilder in Schlesien* (Univ. Hagen, Prof. Peter Brandt / Prof. Friedhelm Boll zum Thema 2012). Wissenschaftl. Mitarbeiterin am Philosophischen Institut der Universität Passau (Prof. Jutta Mägdefrau 2012–2013). Seit 2013 wissenschaftl. Mitarbeiterin am Institut für Geschichte, Theorie und Ethik der Medizin der Universität Ulm sowie an der Klinik für Psychiatrie und Psychotherapie II der Universität Ulm (Prof. Thomas Becker). Seit 2015 wissenschaftl. Mitarbeiterin am Institut für Geschichte und Ethik der Medizin der Universität zu Köln (Prof. Heiner Fangerau).
Forschungsschwerpunkte:
Neuere Sozial- und Medizingeschichte, Psychiatriegeschichte sowie deren biographische Verarbeitung, Europäische Gedächtniskultur.
Publikationen (Auswahl): Söhner F (2014) *Ökonomische und ökonomistische Ansätze im Gesundheitswesen aus medizinhistorischer Perspektive*, in: IABLIS Jahrbuch für europäische Prozesse. „Ökonomismus – Endstation, Durchgangsstation oder Missverständnis", 13. Jg., Institut für Neuere deutsche und europäische Literatur, Univ. Hagen; Söhner F (2014) *Der Umbruch von 1989 – eine Betrachtung semantischer Diskurse und historischer Verantwortung*, in: Gehler M/ Brait A, Grenzöffnung 1989: Innen- und Außenperspektiven und die Folgen für Österreich, Böhlau, Wien, S. 329–344; Söhner F (2014) *Wurzeln und Identität aus der Perspektive der Enkelgeneration. Schwäbisch-schlesische Familiengeschichten/ Historia szwabsko-śląskiej rodziny z perspektywy czasu...*, in: Czejarek, Karol/ Pszczółkowski, Tomasz G., Erlebte und erinnerte Geschichte. Deutsch-polnische Biografien, Ost-West-Forum, Gut Gödelitz/ Pułtusk, S. 287–292; Söhner F (2013) *Zum Schreiben von Geschichte – Aufgabe und Ethik historischer Forschung*, in: IABLIS Jahrbuch für europäische Prozesse. „Emanzipation. Der Mehrwert der Geschichte", 12. Jg., 2013, Institut für Neuere deutsche und europäische Literatur, Univ. Hagen; Söhner F (2011) *Przemiany w stosunkach niemiecko-polskich z perspektywy historycznej/ Der Wandel der deutsch-polnischen Beziehungen im geschichtlichen Rückblick*, in: Czejarek, Karol/ Pszczółkowski, Tomasz G., Polska między Niemcami a Rosją/ Polen zwischen Deutschland und Russland, Akademia Humanistyczna im. Aleksandra Gieysztora, Pułtusk, S. 153–166/351–352.
Kontakt: Felicitas.Soehner@uk-koeln.de

Maria del Pino Valero Cuadra (Spanien), Dr. in Spanische Philologie studierte Hispanistik an der Universität von Alicante. Nach verschiedenen Lehraufträgen an der Universität Bielefeld (Deutschland) als Dozentin für Spanische Literatur, im Jahr 1996 trat sie in die Abteilung von German Studies an der Universität von Alicante ein, wo sie seitdem tätig ist. Zurzeit ist sie Professorin der Abteilung für Übersetzen und Dolmetschen der Universität von Alicante und unterrichtet im Bachelor und Master in diesem Fachbereich. Ihre Hauptforschungsrichtlinien sind die Übersetzung Spanisch-Deutsch in Spanien und Lateinamerika, die Didaktik der Übersetzung Deutsch-Spanisch und die deutschprachige interkulturelle Literatur und ihre spanischen Übersetzungen. Sie war Mitglied des Forschungsprojektes BITRA, derzeit ist sie Mitglied des Forschungsprojektes FRASYTRAMs, sowie der Forschungsgruppe MHISTRAD und HISTRAD.

Veröffentlichungen (über Translationswissenschaft): „La traducción al alemán en la sección ‚Revista de prensa' de EL PAÍS", Actas de las II Jornadas sobre la traducción del/al alemán, Salamanca: Universidad de Salamanca, 2003, S. 256–268; „La traducción de la literatura intercultural turco-alemana", en: Pilar Blanco García – Pilar Martino Alba (eds.), Traducción y multiculturalidad, Madrid: Instituto Universitario de Lenguas Modernas y Traductores, 2006, S. 297–308; „La traducción-adaptación de ‚Beim nächsten Mann wird alles anders' de Eva Heller: una propuesta didáctica", en Belén Santana – Silvia Roiss – María Ángeles Recio (eds.), Puente entre dos mundos: Últimas tendencias en la investigación traductológica alemán-español, Salamanca: Universidad de Salamanca, 2007, S. 366–374; Las bragas, de Carl Sternheim (estudio introductorio y traducción), Madrid, Cátedra, 2009; „La traducción española de ‚Marcos Ramírez', del costarricense Carlos Fallas", en: Letras, 4 (2009), S. 78–105; „Lo árabe en Heine y sus traducciones", en: Cristina Jarillot Rodal (ed.), Bestandsaufnahme der Germanistik in Spanien, Berna: Peter Lang, 2010, S. 755–768; „Una experiencia didáctica en el aula de Traducción general: la traducción de un guión de cine", en: ReDit 5 (revista online sobre didáctica de la traducción (diciembre 2010), S. 34–47; „Una experiencia didáctica de trabajo multicooperativo: la traducción de cómics y textos publicitarios en el aula de traducción general", en: Mª Cecilia Gómez Lucas / José Daniel Álvarez Teruel (coords.), El trabajo colaborativo como indicador de calidad del Espacio Europeo de Educación Superior, Publicaciones de la Universidad de Alicante, vol. I, S. 261–275; und viele andere.

Kontakt: pino.valero@ua.es

Anna Warakomska (Polen), Dr. habil.
seit 2004 wissenschaftliche Mitarbeiterin der Abteilung für Studien zur Kultur und Geschichte der deutschsprachigen Länder (Institut für Germanistik der Warschauer Universität). Dissertation zum Thema *Der bürgerliche Realismus*; Habilitation zum Thema *Ironie*. Ehemalige DAAD-Stipendiatin, Studienaufenthalte in Deutschland (Universität zu Köln, Freie Universität Berlin), Gastvorträge in der Türkei über Stereotype in der Literatur (Firat-Universität in Elazig, Dicle-Universität in Dyiarbakir). Mitherausgeberin der deutsch-polnischen Biographien im Rahmen des Projektes unter demselben Namen.

Forschungsschwerpunkte: Wechselwirkungen zwischen Literatur und Politik, Ironie in der Literatur, deutsch-polnische Beziehungen in Politik, Kultur und Literatur, kulturwissenschaftliche Theorien, interkulturelle Literatur, die Literatur der türkeistämmigen Migranten und ihrer Nachfahren in Deutschland.

Verfasserin von zahlreichen wissenschaftlichen Artikeln und anderen Publikationen zu diesen Themen, u.a.: Anna Warakomska: *Państwo pruskie w latach 1850–1870 i jego pisarze. Od Realpolitik do realizmu mieszczańskiego*, IG UW, Warszawa 2005, 336 S. Anna Warakomska: *Prawda wyższej instancji. O ironii na przykładzie prozy Herberta Rosendorfera*, Warszawa 2009, 435 S. Anna Warakomska unter Mitwirkung von Tomasz G. Pszczółkowski (Hg.): *Erlebte und erinnerte Geschichte. Deutsch-polnische Biographien*. Pułtusk 2014, 364 S. Anna Warakomska: *Ich habe schon in der Türkei den Koran gelesen, hier frische ich eigentlich nur auf. Die Erfahrung der realen Fremdheit muslimischer Frauen in Deutschland am Beispiel des Berichts von Zeynep in Necla Keleks 'Die fremde Braut'*. In: Miłosława Borzyszkowska, Eliza Szymańska, Anastasia Telaak (Hg.): Bild Reflexion Dialog. Interkulturelle Perspektiven in der Literatur und im Theater. Studia Germanica Gedanensia 30. Gdańsk 2014, S. 30–40.

Kontakt: a.warakomska@uw.edu.pl

Elena Witschewa, (Bulgarien),
geb. 1979 in Dobritsch (Bulgarien); 1999–2005 Studium der Rechtswissenschaften an der St.-Kyrill-und-St.-Method-Universität in Weliko Tarnowo, Bulgarien; 2005–2007 Aufbaustudium „Europäisches Recht" (LL.M. Eur.) an der Julius-Maximilians-Universität Würzburg mit Jahresstipendium des Bayerischen Hochschulzentrums für Mittel-, Ost- und Südosteuropa (BayHOST). Beruflicher Werdegang: 2008–2012 – Seniorexpertin im Bulgarischen Justizministerium, Direktorin für „Internationale rechtliche Zusammenarbeit und europäische Angelegenheiten" der Abteilung „Internationale Beziehungen und Rechtshilfe in Strafsachen". Seit 2012 – Hilfsrichterin an der Strafkammer des

Obersten Kassationsgerichts der Republik Bulgarien. Weiterbildung als DAAD-, BayHOST-, Walter-Hallstein- und Europäisches Forum Alpbach-Stipendiatin. Teilnahme als Vertreterin des Justizministeriums der Republik Bulgarien an Expertgruppen zu dem Rat der EU auf dem Gebiet der europäischen Zusammenarbeit in Strafsachen. Veröffentlichungen in der Fachpresse über aktuelle Entwicklungen des Europäischen Rechts. Forschungsschwerpunkte: Strafrecht und Strafprozessrecht, Europäisches Recht und Europäisches Strafrecht, Internationales Strafrecht und Grundrechtschutz.

Kontakt: (privat): e_vicheva@yahoo.com.